"金税四期"管控下
税务
风险防控

李旭东◎编著

中国铁道出版社有限公司
CHINA RAILWAY PUBLISHING HOUSE CO., LTD.

图书在版编目（CIP）数据

"金税四期"管控下税务风险防控 / 李旭东编著. —北京：
中国铁道出版社有限公司，2024.5
ISBN 978-7-113-31072-1

Ⅰ.①金… Ⅱ.①李… Ⅲ.①税收管理-风险管理-
中国 Ⅳ.①F812.423

中国国家版本馆CIP数据核字（2024）第052269号

书　　名：**"金税四期"管控下税务风险防控**
　　　　　JINSHUI SIQI GUANKONG XIA SHUIWU FENGXIAN FANGKONG

作　　者：李旭东

责任编辑：马慧君　　　**编辑部电话**：（010）51873005
封面设计：宿　萌
责任校对：苗　丹
责任印制：赵星辰

出版发行：中国铁道出版社有限公司（100054，北京市西城区右安门西街8号）
网　　址：http://www.tdpress.com
印　　刷：河北京平诚乾印刷有限公司
版　　次：2024 年 5 月第 1 版　2024 年 5 月第 1 次印刷
开　　本：710 mm×1 000 mm 1/16　**印张**：22.75　**字数**：382千
书　　号：ISBN 978-7-113-31072-1
定　　价：88.00元

序

　　《关于进一步深化税收征管改革的意见》明确提出，要着力建设以服务纳税人、缴费人为中心，以发票电子化改革为突破口、以税收大数据为驱动力的智慧税务，深入推进精确执法、精细服务、精准监管、精诚共治。"四精"既是智慧税务的战略布局，也是推进智慧税务建设的实践指南和具体路径。为了落实"四精"要求，数据的整合利用是关键。从经验式执法向科学精确执法转变，需要涉税数据精确分析导航；从无差别服务向精细化、智能化、个性化服务转变，需要涉税数据精细分析识别；从"以票管税"向"以数治税"分类精准监管转变，需要涉税数据精准分析定位。这是时代新发展、改革新趋势带来的新需要，"金税四期"的上线实现了数据要素业务化、数据集成标准化、数据应用智能化，进一步提升了税费数据的采集、运用能力，创造了管好数、用好数的有利条件，也成为更加有效落实"四精"要求、全方位提升税收治理能力水平的重要突破口和有力抓手。目前税务机关已经从盯户、盯票、盯流程的经验管税模式，转变为在"四精"落实的各个场景、各种业务、各项措施中主动学数、懂数、用数，提高了执行落实"四精"要求和各项措施的适应力。

　　创新是引领发展的第一动力。随着数字经济时代的到来，发票电子化改革的持续深化实现了交易过程涉税要素的全面归集，以大数据为驱动力的智慧税务为税收工作创新提供了更广阔的舞台，基于税费大数据集成运用的税务执法、服务、监管的各类创新举措将会持续涌现，从事后报税转变为事前算税的数据采集，实现了对税费数据进行多角度、多维度的深度分析和智能研判，及时发现、及时预警、快速协同处置，使得税收治理实现了从"治已病"向"治未病"的转变。

　　"金税四期"究竟会给企业日常运营带来哪些改变？社会上一直存在着各种各样不同的声音，有的宣扬"金税四期""无所不能"，蓄意制造恐慌；有的宣扬"金税四期"作用有限，只是将之前的纸质票变为数电票。由于信息获取途径的限制，目前市面上介绍"金税四期"的书籍,"金税四期"几乎都只是个宣传营销的噱头,关于"金税四期"的介绍只是将有限的新闻报道进行摘抄加工,对"金税四期"介绍得不深,也不透,甚至挂着羊头卖狗肉,严重误导了读者。

也正因如此,我撰写了本书,对"金税四期"进行深入细致地系统性介绍,因为"金税四期"不仅是一个信息化项目,更是推进税收现代化的系统性改革,每一家企业都已经感受到或者正在感受着改革带来的新变化。为了行稳致远,每一家企业都应当积极主动地认识"金税四期",了解"金税四期",适应"金税四期",尤其是在"金税四期"要切实做好涉税风险管理,因为在之前或许并不是问题,但现在却成为不得不面对的问题;以前或许只是小问题,但如今已经演变成为大问题。只有积极地防范和化解各种显性或者潜藏的风险,才能促进企业健康快速地发展。

李旭东

2024 年 1 月

目　录

第一部分
"金税四期"是推进税收现代化的系统性改革

第二部分
“金税四期”企业重点涉税风险扫描

第三部分
"金税四期"重点行业涉税风险管理

第一部分
"金税四期"是推进税收现代化的系统性改革

"金税四期"是国家金税工程的第四期。金税工程是经国务院批准的国家级电子政务工程，是税收管理信息系统工程的总称。

"金税四期"不只是一个信息化项目，它将会推动思维与理念、业务与制度、组织与岗责、技术与平台实现跨时代的转型升级，聚焦打造具有高集成功能、高安全性能、高应用效能的智慧税务体系，推动实现从"以票控税"向"以数治税""以数治队"的重大转变，进而实现税收治理体系和治理能力现代化。

第一章 "金税四期"建设情况

"金税四期"紧紧依托税费大数据，以发票电子化为切入点，向前延展至税费种认定、实名认证、信息确认，向后延展至申报征收、风控稽查等环节；打破按事逐级分散设岗惯式，推动职能配置由层级化向扁平化转变，统筹设计与发票电子化、智慧税务相适应的职能岗责体系；基于支撑电子发票应用功能，按照筑牢基础层、完善数据层、做强支撑层、优化应用层、拓宽渠道层的思路，全面强化税费数据综合应用能力，全面建立税务内部风险控制与一体化监督格局，持续推进税务执法服务监管与税费大数据智能化应用深度融合。

◉ 第一节 "金税四期"的总体架构与展望

一、"金税四期"的总体架构

"金税四期"立足于推动思维和理念的提升、业务和制度的创新、组织和岗责的优化、技术和平台的升级，依托税费大数据，深入分析上、下层结构与上、下游环节，建立以纳税人信用为主导的差异化税收征管新模式，让"守信者一路绿灯，失信者处处受限"。

"金税四期"建设按照先立后破、先试后推的原则，通过新建一部分、优化一部分、整合一部分，实现各层级人员同一平台操作、单一账户使用、统一任务管理，构建智能稳定、高效安全的税收治理大平台。

二、"金税四期"建设路径

"金税四期"的目标是以中共中央办公厅、国务院办公厅印发的《关于进一步深化税收征管改革的意见》为引领，力主建成国内标杆、国际一流的智慧税务和中国特色、治税带队的智慧税务。

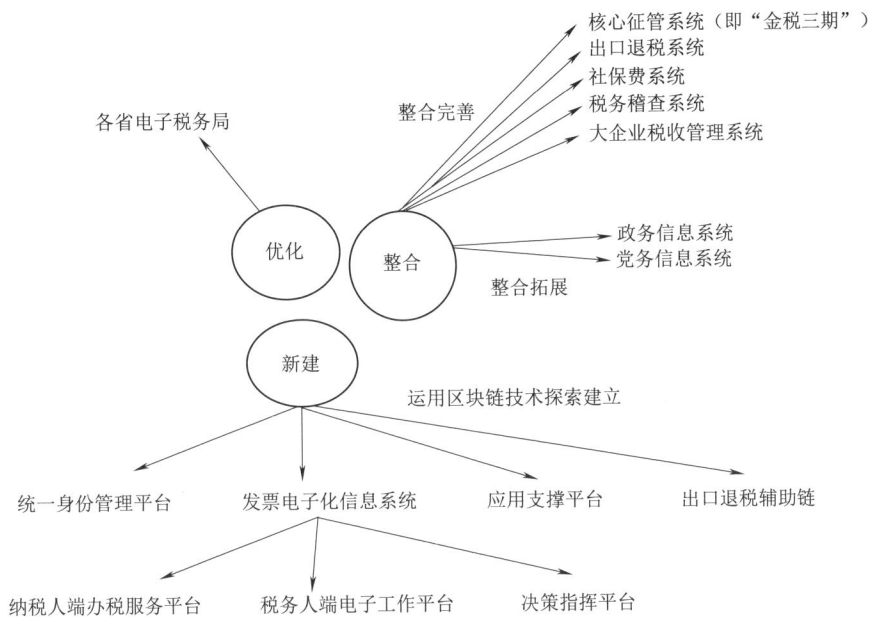

图 1-1 "金税四期"建设总体架构

"金税四期"的理念是数字化转型升级与智能化融合升级，数字化转型升级以发票电子化改革为突破口，实现各类业务的标准化与数据化，可以根据业务需要，多维度、适时应用全量税收缴费数据，实现税费大数据可归集、可比较、可连接与可聚合。智能化融合升级是基于新一代信息技术，像串珍珠一样自动灵活地组合数字化信息，使得税费大数据能够更好地反映现状、揭示问题、预测未来，从而更好地服务纳税人、缴费人，更好地防范化解征管风险，更好地服务国家治理。

在应用方面，"金税四期""三端"并举，全面优化纳税人端、税务人端、决策人端的应用。在纳税人端，"金税四期"全新打造税务数字账户，实现法人和自然人税费信息的智能归集与智敏监控；在税务人端，"金税四期"全新打造"一局式"和"一员式"应用平台，对单位和员工进行智能归集和智效管理；在决策人端，"金税四期"为管理决策者提供一览可知的税费信息，不断提升他们智慧决策的能力和水平。通过强化"三端应用"，"金税四期"实现数据要素业务化、数据集成标准化与数据应用智能化。

在业务方面，"金税四期"通过"四精变革"推动业务升级，也就是通过精确执法打造税务执法新体系，通过精细服务打造税费服务新体系，通过精准监管打造税务监管新体系，通过精诚共治打造税收共治新体系。

在技术方面，"金税四期"通过完善"五层架构"实现"五化"，基于统一用户访问、统一优化资源、统一数据赋能、统一完善供给，以分层、云化、服务化为设计原则，实现渠道层、应用层、支撑层、数据层与基础层的贯通，实现技术产品国产化、应用平台一体化、技术架构全云化、身份行为确定化与算法标准国际化。

在集成方面，"金税四期"推动实现"六大融合"，通过税费业务贯通融合、信用风险联动融合、征管内控绩效融合、执法服务监管融合、业务党务政务融合与技术业务组织融合，最终实现多方共赢，引领国际税收治理。

"金税三期"是对税收核心征管系统的迭代升级，原国税机关使用的中国税收信息系统（CTAIS），后来被称为"金税二期"，被停用；使用其他征管系统的原地税机关也使用"金税三期"，为之后的国、地税机构合并提供了技术支撑。"金税四期"上线后，税务机关的核心征管系统仍为"金税三期"，只是进行了相应的完善升级，同时与新上线系统相连通，以"小成本"来撬动"大改革"。

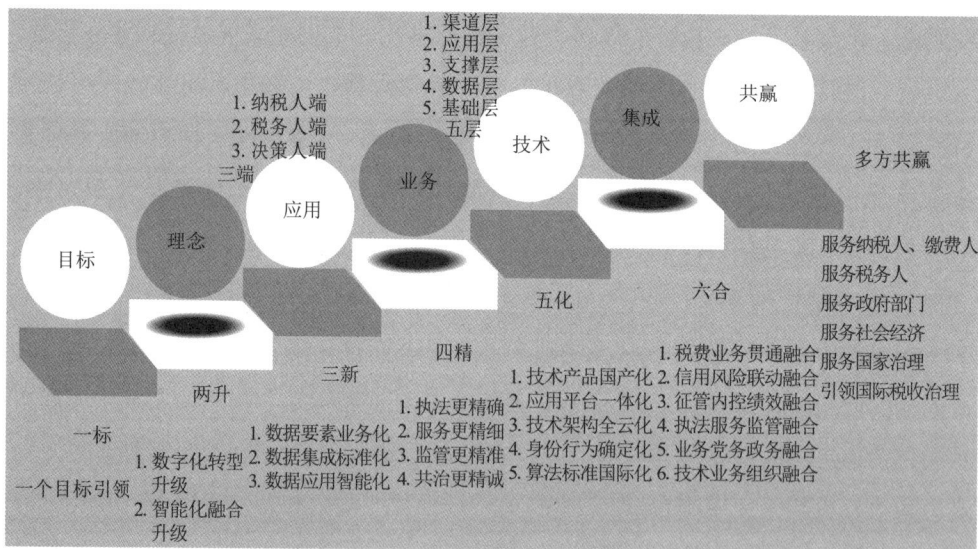

图 1-2 "金税四期"建设路径

三、"金税四期"带来的变革展望

发票电子化推动经济社会数字化转型，发票要素数字化、流转无纸化是继货币电子化支付之后，对我国实现经济社会数字化的又一次重大推动，将会带来一系列制度革新，重构商事凭证证据链条，深度改变市场交易方式，进一步促进生产要素自由流动，持续降低经济运行成本，有效提升经济社会运行效率。

税费大数据将成为国家治理的基础战略性资源和重要生产要素，"金税四期"覆盖全行业，溯及供应链、产业链上下游，覆盖面广、颗粒度细、时效性强，宏观到经济社会、中观到产业行业、微观到企业个人，可以据此强化各类经济运行分析与宏观政策效应分析，税务部门更好履行经济社会运行建言者、区域产业行业献策者、企业个人服务者的职责，更好地服务于国家决策、区域发展与微观主体运行。

智能办税服务走向"私人定制"，通过不断优化"全事项场景化推送"工作机制，落实"数据＋规则"理念，提升智能化、场景化应用程度，不断提高对纳税人、缴费人税费政策措施宣传辅导的针对性、精准性和及时性，实现从"人找政策"到"政策找人"的转变，根据纳税人、缴费人差异化需求提供"私人定制"服务。

"非接触式"办税缴费持续拓展深化，按照"尽可能网上办"的原则，充分运用信息技术手段和税费大数据，聚焦办税缴费"高频事项"，逐步实现申报缴税、信息报告、优惠备案等常规事项全程网上办；围绕纳税人、缴费人"急难愁盼"事项，通过电子税务局实现跨区域办理涉税事项、跨区域电子缴款；创新举措持续扩大"非接触式"服务覆盖面，针对注销税务登记、复议申请等复杂事项，实现线上、线下融合办，积极扩大"网上办"、持续推进"线上办"、不断拓展"掌上办"，推动在线办理、移动办理成为常态，努力使纳税人、缴费人足不出户便可实现办税缴费。

让纳税人、缴费人找到跨区域办税"新体验"，随着经济社会发展，经营主体生产经营业务跨区域、多样化特征愈发明显，"异地办税、就近办税"的需求日益增强，克服各地业务标准尚未统一、系统功能还需完善、资源配置分布不均、配套保障支撑不足等诸多不利因素，在"同城通办"的基础上将常规业务升级为"全省通办"，甚至是"全国通办"。

税务信息化全面迈向云时代，采用更先进、最新型的加密技术，利用数字信封技术最大限度保障交易安全性，通过对发票数据传输通道进行加密，充分保证数据流转的安全性，防止数据被窃取、篡改、冒充，有效防范和打击虚开骗税、偷逃税款等违法行为，通过隐私保护技术确保用户数据安全，避免信息泄露。

　　税务区块链技术应用成为数据共享和业务协同的社会性典型范例和潜在标准，以税费大数据为驱动力，充分运用区块链技术，提升大规模业务数据上链、下链和跨部门、跨地区、跨层级业务协同能力，税务部门在可管理、可控制的基础上，开展平等、互利的数据共享，按照便捷接入、业务可控和结果可信的模式积极与其他部门实现数据共享与业务协同。

　　GIS 地理信息应用将给税务时空分析能力带来革命性变革，综合运用三维地图、GIS 地理信息技术等技术，运用地理系统可视化优势，将税收经济指标映射到地图相应区域，实现全景式展现、可视化跟踪、立体化分析，解决传统图表报告中信息维度不足、直观度不够、聚合度不高，无法便捷开展区域间比较分析的问题，实现税源信息的全景式展现、可视化跟踪、立体化分析。采用网格化管理模式，通过对统一社会信用代码、纳税人名称、地名、地址等进行搜索定位，精确定位同类型纳税户，结合优惠政策落实和企业诉求，有针对性地开展纳税辅导服务和跟踪管理，对指定区域范围内的多个纳税人对比分析，为税务机关提供决策支持服务。

　　动态"信用＋风险"让无痛无感监管成为现实，构建"信用＋风险"新型动态监管机制，依托税费大数据开展分析监控预警，提高风险应对的精准性，促进纳税人依法诚信纳税，多措并举推动公平、有序的税收营商环境建设。

　　"以数治队"呈现新风貌，顺应公务员绩效管理试点，构建"一体化推进、嵌入式考核、智能化运用"的智慧税务考核考评体系，推进个人绩效与组织绩效的深度融合。优化平时考核程序，规范平时考核结果运用，主动适应税收改革发展，积极推进"嵌入式"考核，通过持续归集各类考核资源，进一步提升评价结果的可信度与鉴别度。

● 第二节　发票电子化改革是"金税四期"的突破口

　　发票电子化改革以业务制度改革和岗责体系优化为基础，采取分层解耦、云化服务设计模式，确立一体化、平台化设计建设思路，建成三大服务平台、四个应用集群、三项支撑体系，有效支撑税收现代化发展。

　　虽然发票电子化改革是一项极其庞大的系统，但纳税人日常接触到的主要是纳税人端服务平台，也就是电子发票服务平台，最直观的感受就是多年来一直使

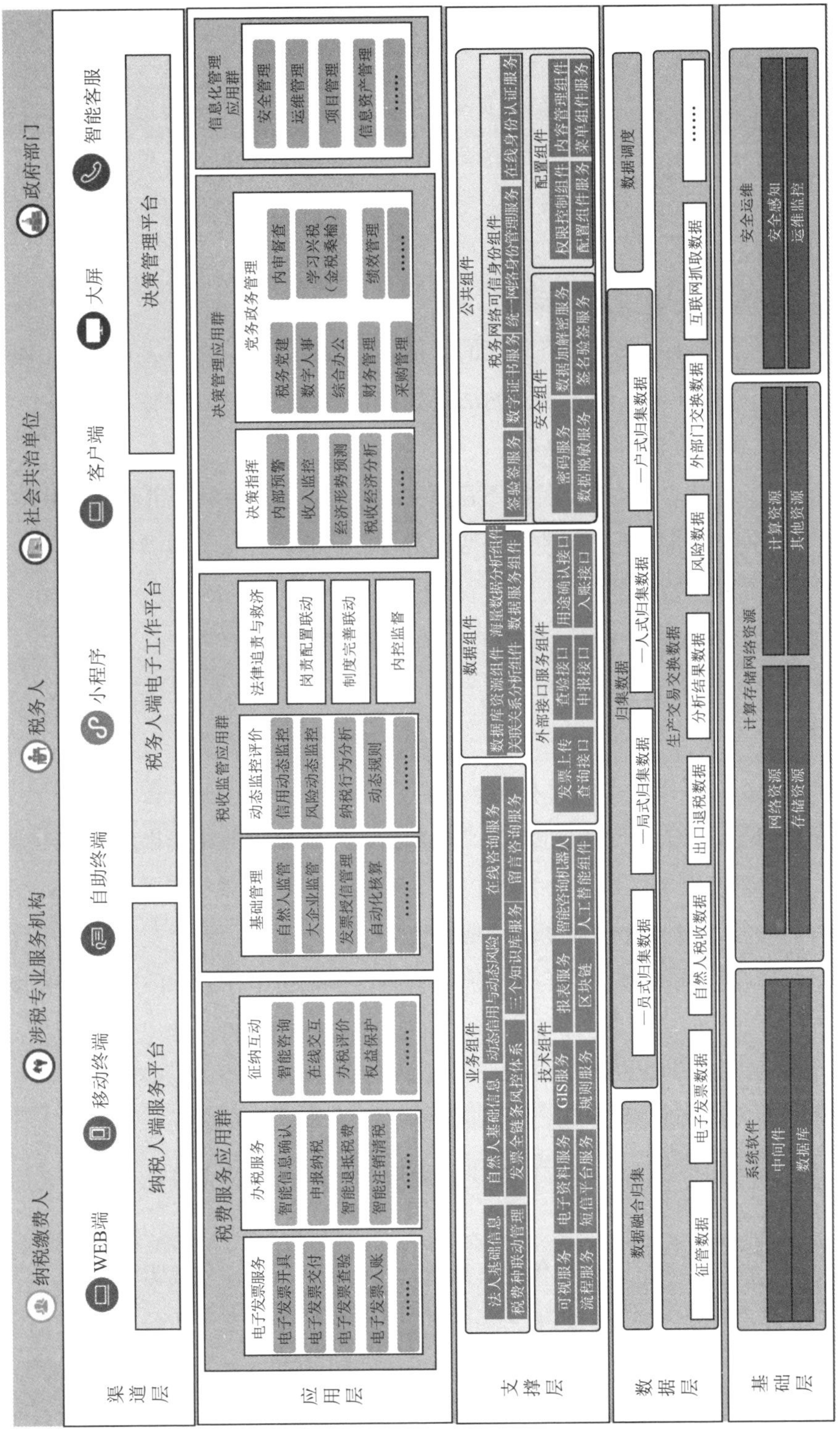
渠道层
纳税缴费人
涉税专业服务机构
税务人
社会共治单位
政府部门
WEB端
移动终端
自助终端
小程序
客户端
大屏
智能客服
纳税人端服务平台
税务人端电子工作平台
决策管理平台
应用层
税费服务应用群
电子发票服务
电子发票开具
电子发票交付
电子发票查验
电子发票入账
……
办税服务
智能信息确认
申报纳税
智能退抵税费
智能注销清税
……
征纳互动
智能咨询
在线交互
办税评价
权益保护
……
税收监管应用群
基础管理
自然人监管
大企业监管
发票授信管理
自动化核算
……
动态监控评价
信用动态监控
风险动态监控
纳税行为分析
动态规则
……
法律追责与救济
岗责配置联动
制度完善联动
内控监督
决策管理应用群
决策指挥
内部预警
收入监控
经济形势预测
税收经济分析
……
党务政务管理
税务党建
数字人事
综合办公
财务管理
采购管理
内审督查
学习兴税（金税桑榆）
绩效管理
……
信息化管理应用群
安全管理
运维管理
项目管理
信息资产管理
……
支撑层
业务组件
法人基础信息
自然人基础信息
动态信用与动态风险
在线咨询服务
税费种联动管理
发票全链条风控体系
三个知识库服务
留言咨询服务
数据组件
数据库资源组件
海量数据分析组件
关联关系分析组件
数据服务组件
公共组件
税务网络可信身份组件
签验签服务
数字证书服务
统一网络身份管理服务
在线身份认证服务
技术组件
可视服务
电子资料服务
GIS服务
报表服务
智能咨询机器人
流程服务
短信平台服务
规则服务
区块链
人工智能组件
外部接口服务组件
发票上传
查验接口
用途确认接口
查询接口
申报接口
入账接口
安全组件
密码服务
数据加解密服务
数据脱敏服务
签名验签服务
配置组件
权限控制组件
内容管理组件
配置组件服务
菜单组件服务
数据层
数据融合归集
归集数据
一员式归集数据
一局式归集数据
一人式归集数据
一户式归集数据
数据调度
生产交易交换数据
征管数据
电子发票数据
自然人税收数据
出口退税数据
分析结果数据
风险数据
外部门交换数据
互联网抓取数据
……
基础层
系统软件
中间件
数据库
计算存储网络资源
网络资源
存储资源
计算资源
其他资源
安全运维
安全感知
运维监控

图 1-3 发票电子化改革

用的纸质发票换成了全面数字化的电子发票，这种发票曾经一度被称为"全电发票"，目前其规范性简称为"数电票"。

数电票是与纸质发票具有同等法律效力的全新发票，不以纸质形式存在、不用介质支撑、不需申请领用，通过标签管理将多个票种集成归并为单一票种，实现全国统一赋码、系统智能赋予发票额度，同时设立税务数字账户，实现发票自动流转交付和数据归集。

一、数电票与纸电票的不同

数电票是发票发展到数字经济时代的新形态，顺应了数字经济发展潮流，将成为交易行为的有效证明、财务收支的法定凭证、会计核算的原始依据，同时也将成为税务机关执法检查的重要依据。

数电票开具、打印、查验与交付都不需要支付任何费用，真正做到了免费用票。2020年，全国各类纸质发票印制使用份数约为300亿张，如果数电票能够彻底取代纸质票，那么每年可以节约用票成本1 000亿元以上，相当于每年保护了1 200万棵树木不被砍伐，符合低碳节能、绿色环保的发展需要。

除此之外，纳税人还会大幅降低发票开具、打印、邮寄、存储等管理成本，增值税一般纳税人也不用再购置税控专用设备并按年支付服务费，有效减轻了纳税人的经济负担，切实提升了纳税人获得感。

其实在数电票诞生之前，电子发票已经存在，为了与目前正在推广的数电票进行区分，将原来的电子发票称为"纸电票"。纸电票是纸质票的电子化映像，仍旧依托原有的业务逻辑与管理制度，只是凭借信息系统实现了纸质发票的电子化开具与交付，两者只是载体不同，一个是纸质的，一个是电子的，除此之外并没有什么实质性差别，但数电票却是与纸质票、纸电票截然不同的全新发票种类。

一是开票前置环节不同。开票之前，纸电票需进行发票票种核定申请，还需申领税控设备并向主管税务机关领用纸电票的号码段，数电票却不需要进行票种核定，不需要申领税控设备，也不需要进行发票领用，开业并完成税务登记之后就可以开具数电票。

二是发票开票限制不同。纸电票发票数量、票面限额管理与纸质发票一样，只能在给定的份数和限额内开具，如果无法满足正常业务需要，需要进行发票的增版增量。数电票采用授信制，纳税人可在系统智能赋予的发票开具总额度内开具任意金额、任意份数的数电票，既可以开具增值税专用发票，也可以开具普通发票。

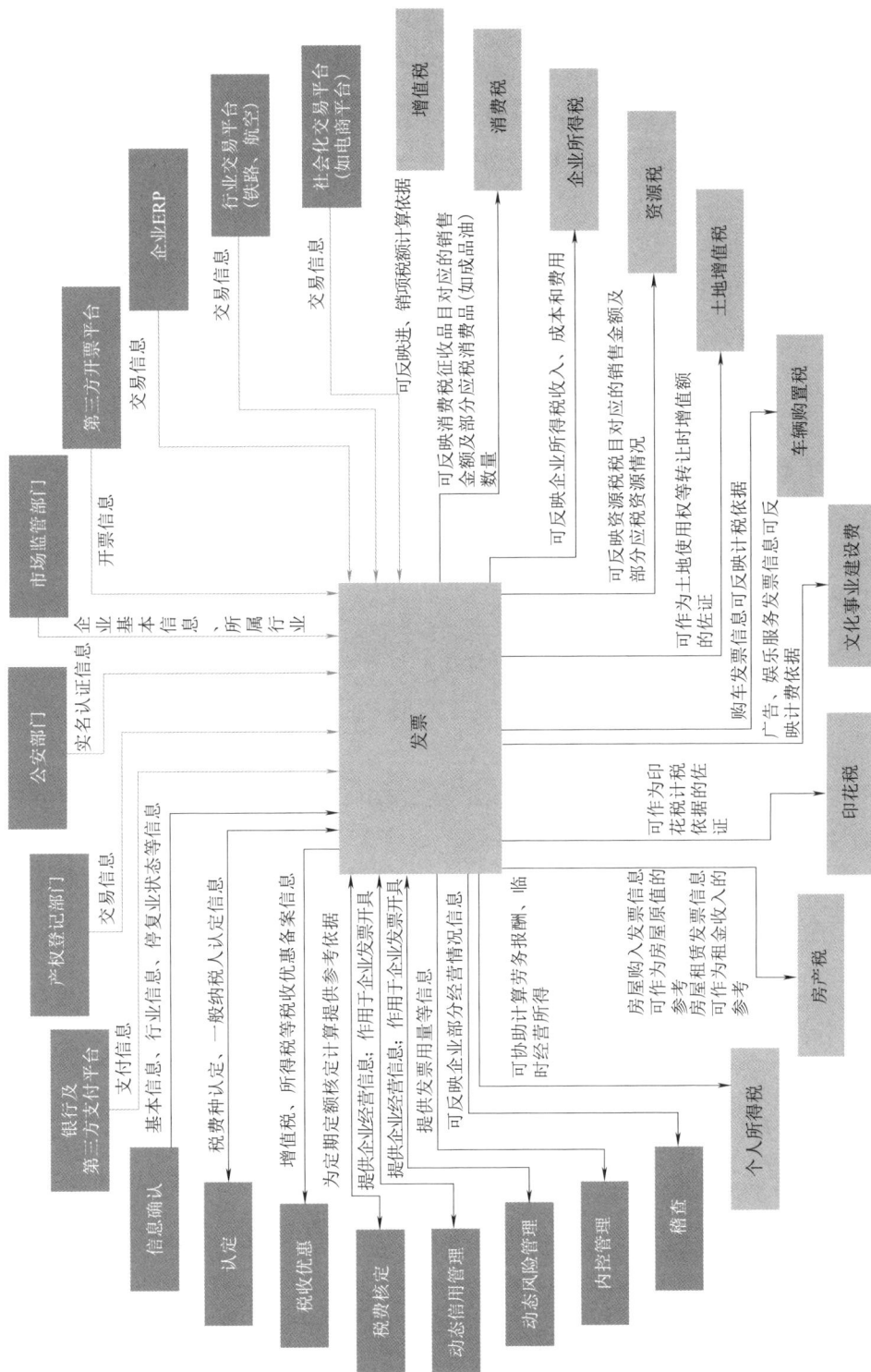

图 1-4 以发票为引领的大数据模式

三是票面展示内容不同。数电票票面更为简洁，删除了纸电票票面上的地址、银行账户账号、发票代码等栏次，不再设密码区，购买方和销售方信息并列展示，更加直观。数电票号码为 20 位，包含年度、行政区划代码、开具渠道、顺序编码等信息。纸电票发票号码为 8 位，按年度、分批次编制。纸电票开具的项目不能超过 8 行，但数电票却取消了行数限制，即便开票信息再繁多，也能在数电票中进行展示，不用像之前那样在开具发票的同时附加清单。

四是发票开具平台不同。纸电票在公共服务平台上开具，可以离线开票。数电票在电子发票服务平台上开具，目前仅允许纳税人在线开票。

五是发票种类构成不同。纸电票仅包括增值税电子普通发票、增值税电子专用发票两种。除了上述种类的发票外，数电票还将陆续推出机动车销售统一发票、二手车销售统一发票、航空运输客票电子行程单、铁路电子客票、医疗服务发票等发票种类，无论是内涵还是外延，较之纸电票都更为丰富，可以充分满足纳税人的不同需求。

六是发票交付手段不同。纸电票开具后，开票方需要将发票电子数据版式文件（即 OFD 等）通过邮件、短信等方式人工交付给受票方，但数电票开具之后，发票电子数据文件会自动发送至开票方和受票方的税务数字账户，并可对各类发票数据自动进行归集。

七是版式文件格式不同。纸电票电子数据版式文件为 OFD 等格式。数电票电子数据文件增加了国际通行的 XML 纯数据电文格式，同时保留了 OFD、PDF 等格式。

二、数电票的鲜明特征

数电票具有"两去两化两制"六大特征：

第一大特征是去介质。纳税人不再需要预先领取专用税控设备，通过网络可信身份等新型技术手段就可以开具数电票，摆脱了专用算法与特定硬件的束缚，从过去"认盘"改为现在的"认人"。

第二大特征是去版式。数电票可以选择以数据电文形式（XML）交付，破除了 PDF、OFD 等特定版式要求，也降低了发票使用成本，提升了纳税人用票的便利度，纳税人还可以根据实际业务需要进行数电票差异化展示。

之前纸电票推出后，财务人员依旧习惯于让报销人将 PDF、OFD 等特定版式的纸电票打印出来作为原始凭证。纸电票虽然比纸质票领用更为便捷，却不具有唯一性，产生了同一张纸电票多次打印、多次报销的问题。纸质票虽然具有唯

纸质票	纸电票	数电票
采用高标准的防伪技术印制 以纸质形式存在 具有固定版面、格式 由国家统一定版发行 统一数字编号 制式发票	2015年推行电子普通发票 2020年试点电子专用发票 基于现行纸质发票样式和管理流程 将纸质发票票面电子化 是纸质发票的电子映像和电子记录	具有同等法律效力的全新发票 去版式、去介质、不需领用 票面信息全面数字化

纸质票	纸电票	数电票
具有增值税专用发票、增值税普通发票、通用机打发票、通用定额发票等多个票种	与纸质发票票种对应	通过标签管理将多个票种集成归并为单一票种
• 纳税人向税务机关申请领用 • 其中增值税发票依托专用税控设备等介质开具	• 减少了发票印制和存储环节 • 领用、发售、开具、限额、缴销等沿用纸质发票管理模式	• 无需申领税控设备 • 无需票种核定、最高开票限额审批 • 智能授信赋予、自动定向交付 • 实现全国统一赋码

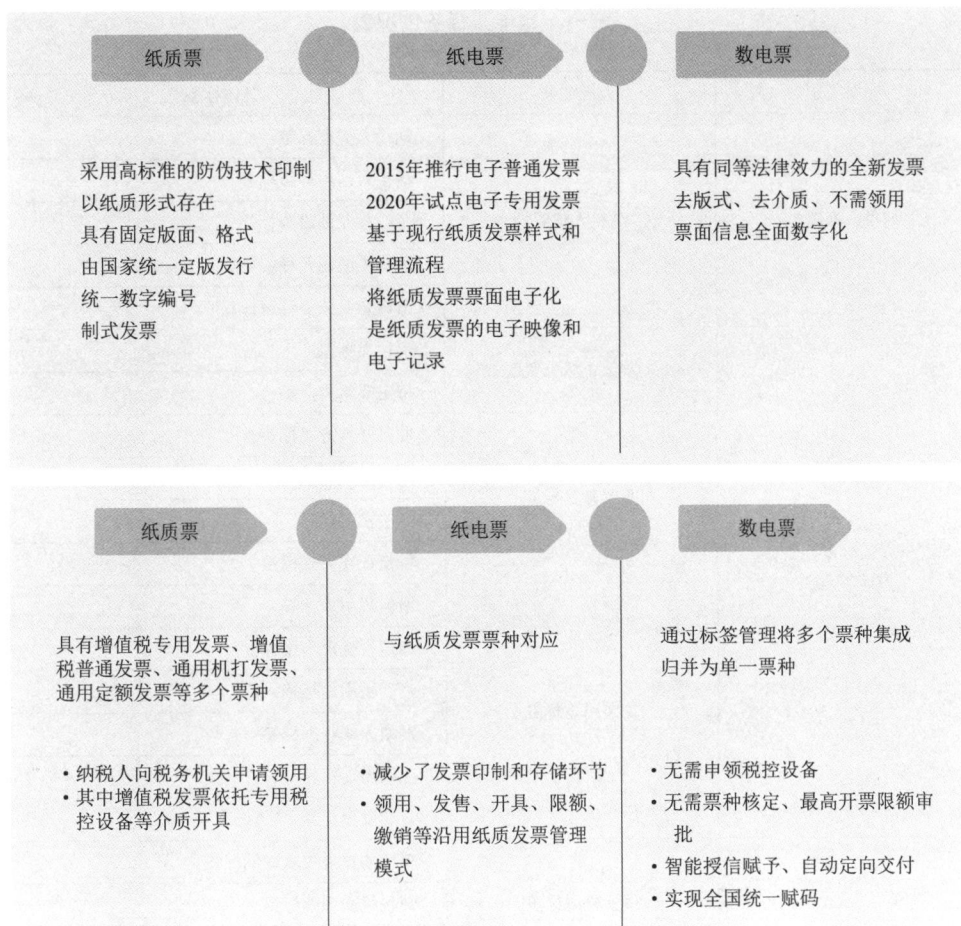

图 1-5　纸质票、纸电票、数电票

一性，却又面临着丢失的风险，空白发票丢失后将会面临行政处罚。如果是已经开具的发票丢失，虽然不会被处罚，但丢失后手续却比较麻烦，需要提供记账联复印件等相关证明材料。

数电票既没有联次，又并非纸质，自然也就不存在丢失的风险，还彻底摆脱了传统报销模式。数电票直接计入税务数字账户，完全可以满足在线报销的需要，当然企业也可以继续沿用传统的报销模式将数电票打印出来，但数电票右侧会自动标记下载次数，以便日后进行核查。

第三大特征是标签化。标签是指在发票开具、取得、使用和申报纳税等环节，税务机关根据税源管理、税费联动、风险管理、纳税服务的需要，赋予数电票不同类型的标识。

表1-1 数电票标签情况表

标签类别	类别细分	具体标签
纳税人管理类	纳税人标签	纳税人类型标签
		纳税人信用等级标签
		企业行业性质类标签
		消费税纳税人标签
		出口企业分类管理标签
发票管理类	发票集成标签	票种类标签
		特定要素类标签
	发票开具标签	发票开具方式标签
		差额征税标签
		红字发票标签
		特定征税方式标签
	发票用途标签	增值税用途标签
		增值税优惠用途标签
		消费税用途标签
		发票入账状态标签
		注销用途标签
		有奖发票标签
税种管理类	税款缴纳标签	车辆购置税税款缴纳标签
		契税税款缴纳标签
		自然人自开发票税款缴纳标签
	其他管理标签	出口业务适用政策标签
		出口退税类标签
	税收优惠标签	增值税即征即退标签
		其他税种优惠标签
风险管理类	风险管理标签	成品油异常标识标签
		发票风险类型标签

　　以"纳税人管理"类标签为例，纳税人类型标签会将纳税人细分为一般纳税人、小规模纳税人、辅导期一般纳税人等五个类型；纳税人信用等级标签会将纳税人细分为A，B，C，D，M五个等级；企业行业性质类标签会标识机动车、二手车、卷烟、稀土等36个重点行业。

　　电子发票服务平台会根据不同纳税人的不同特征自动给其开具的发票添加不

同的标签。成品油一直是税收征管的薄弱环节，数电票推广后将在很大程度上补足短板。标签为"成品油经销"的企业开具成品油发票时，如果成品油库存为零，电子发票服务平台将会自动阻断其开票，实现了事前源头防控；对成品油单价过低的发票，在开具时电子发票服务平台也会自动标识并加注"成品油单价异常"标签，锁定该发票，无法交付至受票方税务数字账户，实现了事中风险防控。

即将上线的数电票（机动车销售统一发票）、数电票（二手车销售统一发票）将依据机动车 VIN 码与机动车车架号全程记录机动车全生命周期流转信息，彻底实现源头环节"票车相符"、流通环节"以进控销"、过户环节"全面记录"，防范票实不符、发票虚开低开、一车多票等涉税风险。

第四大特征是要素化。发票要素是发票记载的具体内容，是构成电子发票信息的基本数据项，也是构成电子发票的最小单元，生成后用于交付、使用和归档等环节。根据发票基本属性和特定行业、特殊商品服务及特定应用场景，对纳税人相关行为及时进行规范。

纸质票与纸电票在发票最下方有"收款人""审核""开票人"三个栏次需要填写，但数电票却仅需填写"开票人"，右下方也不再需要加盖本企业的发票专用章。购货方与销售方也仅需填写"名称""统一社会信用代码/纳税人识别号"两栏，不需要再填写"地址、电话""开户行及账号"等信息，版面显得更为简洁。

图 1-6　数电票发票要素构成

基本要素是在原增值税发票基础上总结提炼的发票必须具备的通用要素，主要包括：二维码、发票号码、开票日期、购买方信息、销售方信息、项目名称、规格型号、单位、数量、单价、金额、税率/征收率、税额、合计、价税合计（大写、小写）、备注、开票人等信息。

特定要素实际上就是之前在纸质票或纸电票备注栏填写的相关信息，目前包括稀土、卷烟、建筑服务、旅客运输服务、货物运输服务、不动产销售、不动产经营租赁服务、农产品收购、光伏收购、代收车船税、自产农产品销售、差额征税13 项特定业务。

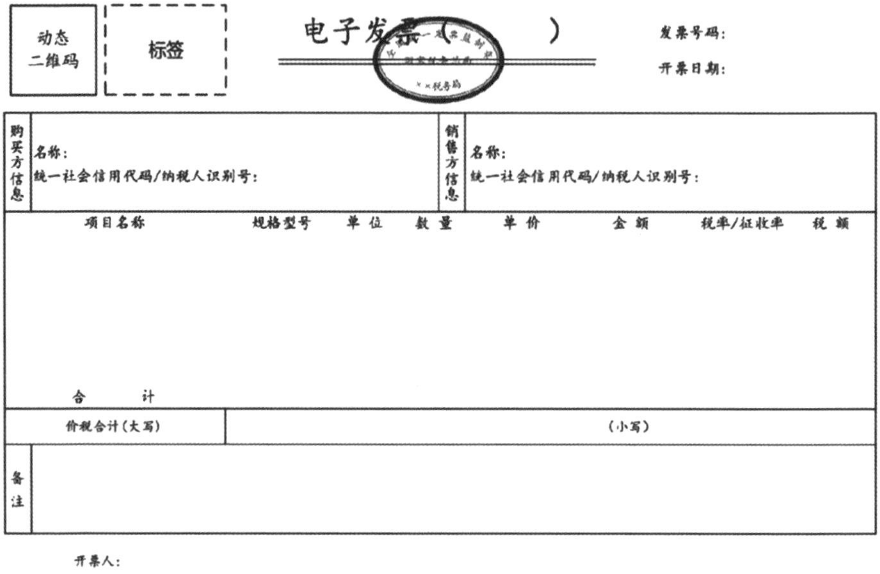

图 1-7 数电票（通用样式）

之前提供货物运输的纳税人开具增值税专用发票时要将起运地、到达地、车种车号以及运输货物等信息填写在发票备注栏中，如果内容较多则另附清单，清单上必须加盖货物运输企业的公章。如果发票备注栏填写不规范，那么这张增值税专用发票就不能进行抵扣。

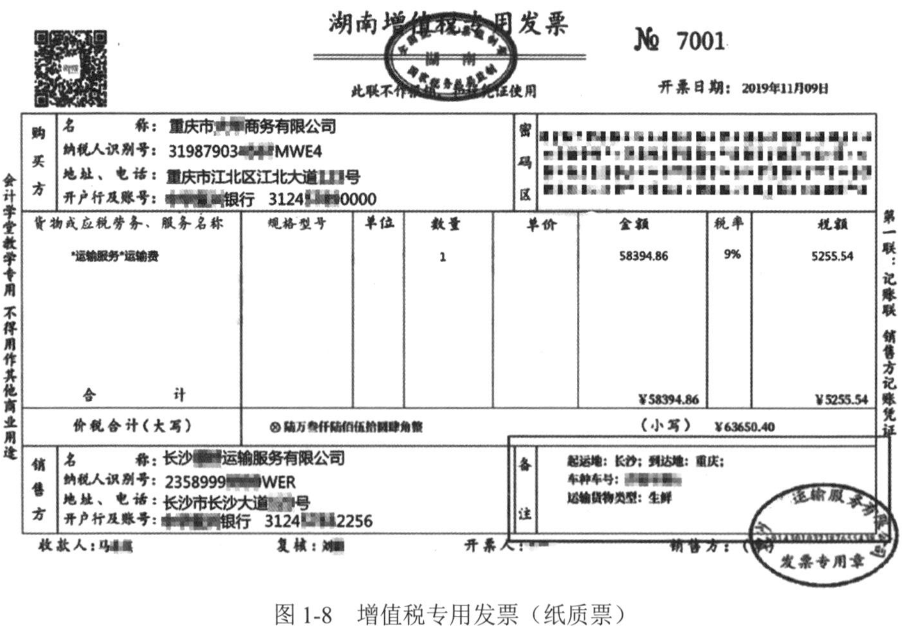

图 1-8 增值税专用发票（纸质票）

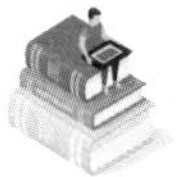

案例：广东 ×× 食品有限公司

2021 年 11 月，广东 ×× 食品有限公司取得福建 ×× 物流有限公司填开的增值税专用发票 1 份，金额 14 379.82 元，税额 1 294.18 元，合计 15 674 元，该公司于所属期 2021 年 11 月申报增值税时作进项认证抵扣税额 1 294.18 元。借记“销售费用”，账面摘要：运费。该运输发票票面填写不规范，没有填写起始地、车牌号等，需要将进项税额转出。

之前由于技术限制只能对发票备注栏信息进行人工识别、统计与分析，但数电票却自动将这些重要信息纳入税费大数据库，可以实现实时的信息比对与风险筛查。由于数电票的载体为电子文件，没有最大开票行数的限制，因此所有交易项目明细都能够在数电票中得以展示，企业也不需要开具销货清单。

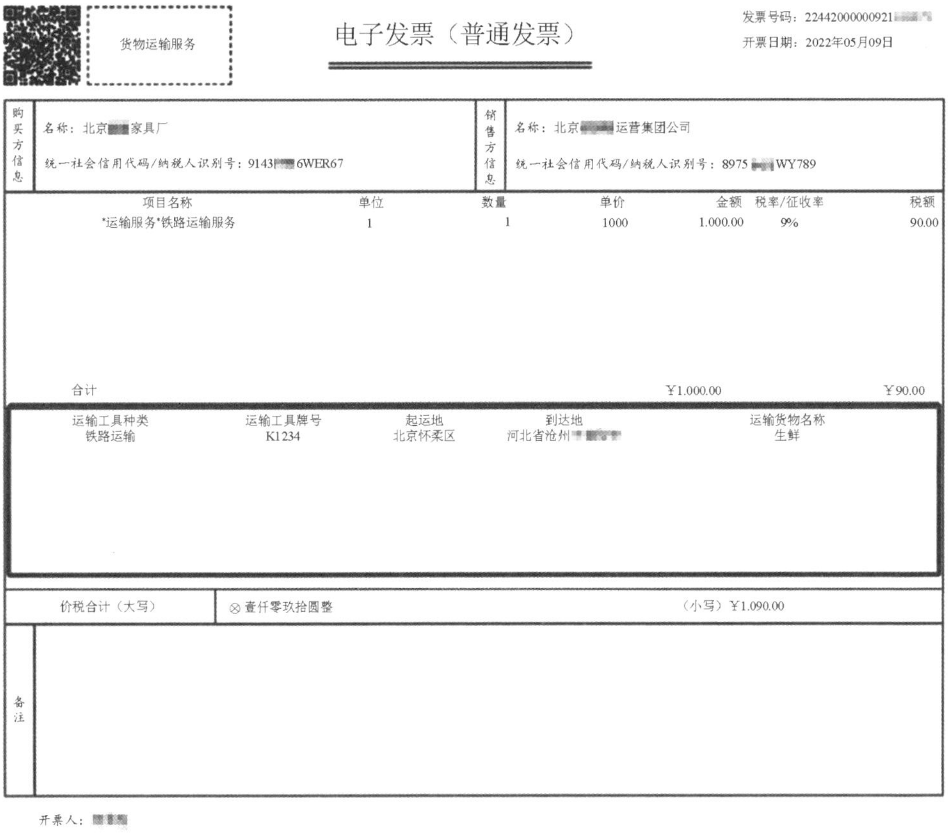

货物运输服务

电子发票（普通发票）

发票号码：22442000000921[redacted]

开票日期：2022年05月09日

购买方信息 名称：北京[redacted]家具厂

统一社会信用代码/纳税人识别号：9143[redacted]6WER67

销售方信息 名称：北京[redacted]运营集团公司

统一社会信用代码/纳税人识别号：8975[redacted]WY789

项目名称	单位	数量	单价	金额	税率/征收率	税额
*运输服务*铁路运输服务	1	1	1000	1,000.00	9%	90.00
合计				￥1,000.00		￥90.00

运输工具种类	运输工具牌号	起运地	到达地	运输货物名称
铁路运输	K1234	北京怀柔区	河北省沧州[redacted]	生鲜

价税合计（大写） ⊗壹仟零玖拾圆整 （小写）￥1,090.00

备注

开票人：[redacted]

图 1-9 数电票（专用于货物运输服务）

销售或者租赁不动产的纳税人应在发票“产权证书 / 不动产权证号”栏填写产权证书号码（无产权证书的可不填写），备注栏注明不动产的详细地址。数电票中的所有信息均自动汇入税费大数据库，同一房产重复开票的情形将得以杜绝。

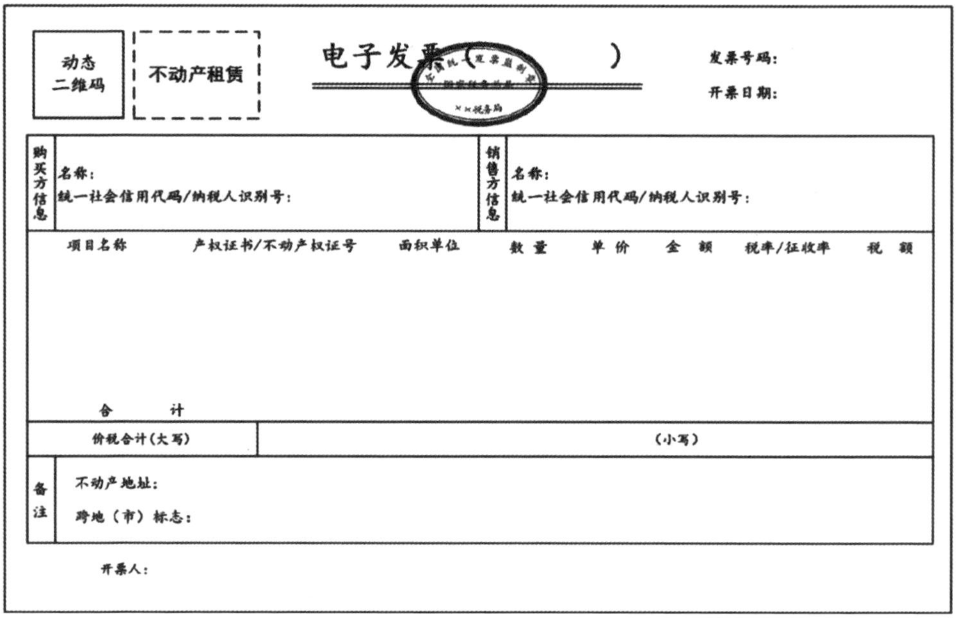
动态二维码
不动产租赁
电子发票（ ）
发票号码：
开票日期：
购买方信息 名称：
统一社会信用代码/纳税人识别号：
销售方信息 名称：
统一社会信用代码/纳税人识别号：
项目名称 产权证书/不动产权证号 面积单位 数量 单价 金额 税率/征收率 税额
合计
价税合计（大写） （小写）
备注 不动产地址：
跨地（市）标志：
开票人：

图 1-10　数电票（专用于不动产租赁）

附加要素是数电票最大的特色，纳税人可以根据所属行业特点和生产经营需要在发票备注栏填写相关信息，还可以在“选择场景模板”下拉菜单中选择适合自己的场景，填写该场景自带的需要填列的信息，满足不同纳税人的不同需要。不过备注栏中填写的文字不能超过 200 个字符，如果超过了上述限制，需要点击【添加附加内容】按钮，这样可以不再受上述字数限制。

数电票的要素化使得税务机关可以对纳税人的经营交易行为进行全量化采集、要素化处理、标签化管理，税费大数据颗粒度更细、覆盖面更广，实现了管理重点从纸质发票本身转向发票所承载的数据的重大跨越，能够更好地服务特定行业经济分析，更好地防范潜在税收风险。

第五大特征是授信制。依托动态“信用 + 风险”的体系，结合纳税人生产经营、开票和申报行为，自动为纳税人赋予发票开具金额总额度并进行动态调整，实现“以系统授信为主，人工调整为辅”的授信制管理。

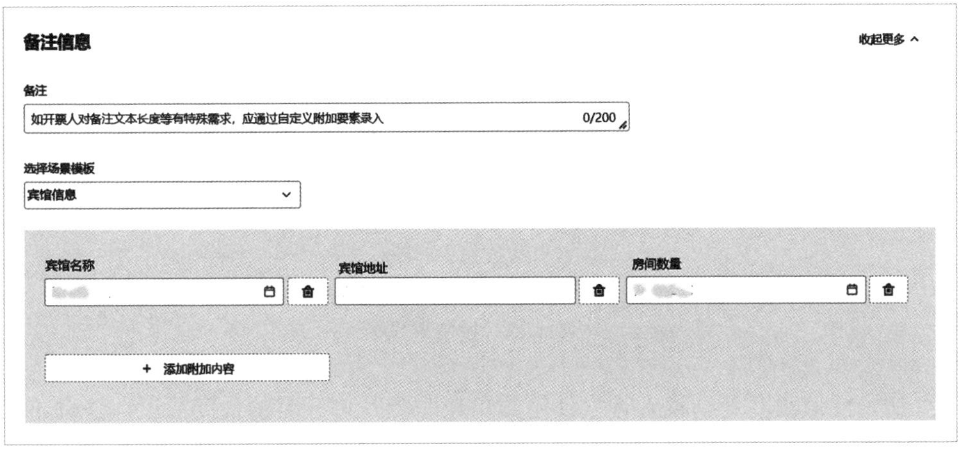

图 1-11　数电票附加要素

授信额度指纳税人在一个所属期内（一般是按月）最多可以开具发票金额的合计值。之前进行票种核定时需要核定纳税人每月可以领取多少份增值税专用发票，每张最大开票限额是多少；可以领取多少份普通发票，每张最大开票限额是多少。如果一次领购数量过多无疑会存在虚开风险，但领用数量过少或者增值税专用发票与普通发票数量搭配不当又无法满足正常的业务需要，后期还需要进行增版增量。

实行授信制之后，上述问题便不再是问题，数电票既没有开票限额的限制，也没有数量的限制，更没有增值税专用发票与普通发票的比例限制，只要不超额度按实际业务开就可以，在减轻税务机关工作量的同时，也极大地方便了纳税人。

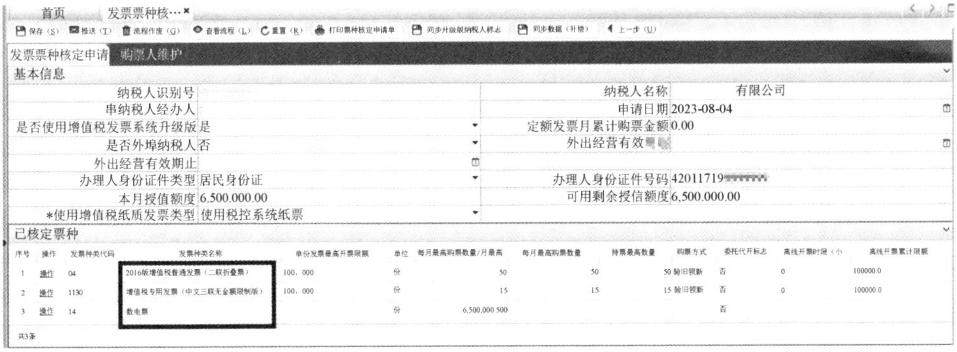

图 1-12　票种核定情况

电子发票服务平台将纳税人分为四个等级，每个等级设定一个默认的授信额度，最高为 1 000 万元，最低仅为 1 000 元，各省级税务机关可以对不同等级纳税人出台更精细的分类标准。

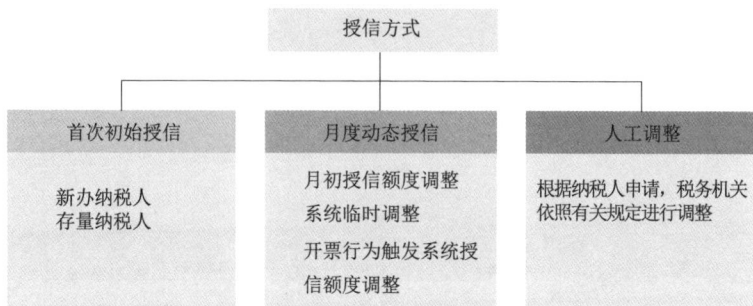

图 1-13　授信方式

初始授信额度是纳税人首次使用数电票时当月可开具的最高额度，注意不仅包括通过电子发票服务平台开具的数电票、纸质票，还包括通过传统的增值税发票管理系统开具的纸质票、纸电票。

图 1-14　开票业务与用票业务界面

月度动态授信分为定期调整与临时调整两种：定期调整是指电子发票服务平台每月自动对纳税人发票开具总额度进行调整；临时调整是指税收风险程度较低的纳税人发票开具额度首次达到授信额度一定比例时，电子发票服务平台当月自动为其临时增加一次授信额度。

如果月度动态授信还满足不了实际需求，纳税人还可以自主进行人工调整，通过电子发票服务平台"税务数字账户—发票额度调整申请"模块申请调整授信额度，主管税务机关依法依规进行审核。

纳税人在增值税申报期内，按规定完成增值税申报前，可在上月剩余可用额度且不超过当月开具金额总额度的范围开具发票，按规定完成增值税申报后，可以按照当月剩余可用额度开具发票。

假如某纳税人 10 月授信额度是 100 万元，实际使用了 50 万元，剩余 50 万元，11 月的授信额度调整为 80 万元，在申报前，该纳税人最多可以开具 50 万元的发票，但如果在申报前已经使用了 50 万元的额度，那么在申报后只能再使用 30 万元；假设 11 月的授信额度调整为 30 万元，那么申报前只能开具 30 万元而不是 50 万元的发票，即便申报后也不能再开具发票，对于这种情形只能申请人工调整。

在改革过渡期内，纳税人可以通过电子发票服务平台开具纸质票，但纸质票设有最高开票限额，单张发票开具金额不得超过最高开票限额，也不得超过当月剩余可用额度。

辅导期一般纳税人当月首次申请人工调整授信额度或者当月第二次领用增值税专用发票应当按照当月已开具带有"增值税专用发票"字样的数电票和已领用并开具的增值税专用发票销售额的 3% 预缴增值税；多次申请人工调整授信额度或者多次领用增值税专用发票，应当自本月上次申请人工调整授信总额度或者上次领用增值税专用发票起，按照已开具带有"增值税专用发票"字样的数电票和已领用并开具的增值税专用发票销售额的 3% 预缴增值税。

第六大特征是赋码制。电子发票服务平台在数电票开具时自动赋予每张发票唯一的编码。

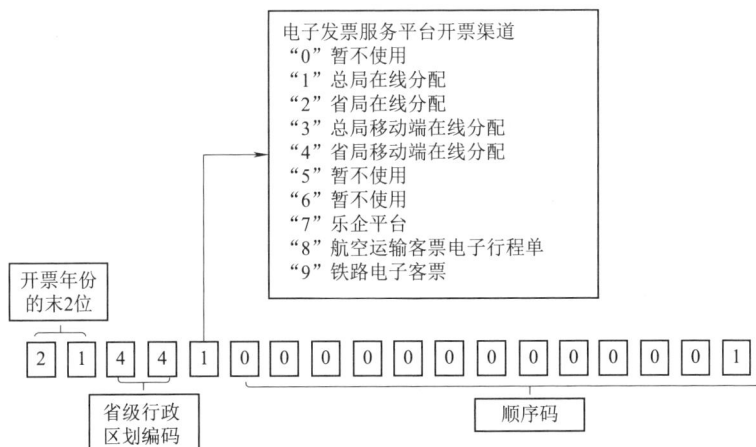

图 1-15　数电票赋码规则

三、数电票的独特优势

依托云计算、大数据、人工智能技术，电子发票服务平台为市场主体交易双方提供 7×24 小时全国统一、规范可靠、安全便捷的数电票服务，全程留痕、不可篡改。数电票实现了要素数字化、流转无纸化，有力地促进政府部门、市场主体和其他组织的数字化转型，有效提升经济社会运行效率。

一是领票流程便捷化，由于数电票彻底实现了"去介质"，纳税人开业与开票真正地实现了"无缝衔接"，不再需要预先领取税控专用设备，"赋码制"的实施取消了特定发票号段申领，发票信息生成后，系统将会自动分配唯一的发票号码，同时系统也会自动为纳税人赋予授信额度，实现了开票"零前置"。

二是发票开具多途径，电子发票服务平台全部功能上线后，发票开具渠道更为多元，纳税人不仅可以通过电脑网页端开具数电票，还可以通过客户端、移动端手机 App 随时随地开具数电票。"一站式"服务更便捷，纳税人登录电子发票服务平台后，可进行发票开具、交付、查验以及勾选等系列操作，享受"一站式"服务，无须再登录多个平台完成相关操作。发票数据应用更广泛，通过"一户式""一人式"发票数据归集，加强各税费数据之间的联动，为实现"一表集成"式税费申报预填服务奠定了数据基础。

数电票样式根据不同业务进行差异化展示，为纳税人提供更优质的个性化服务。电子发票服务平台提供征纳互动相关功能，如增加了智能咨询，纳税人在开票、受票等过程中，平台自动接收纳税人业务处理过程中存在的问题并进行智能答疑；增设异议提交功能，纳税人对开具金额总额度有异议时，还可以通过平台向税务机关进行申辩。

三是入账归档一体化，通过制发电子发票数据规范、出台电子发票国家标准，实现数电票全流程数字化流转，进一步推进企业和行政事业单位会计核算、财务管理信息化。

数电票全面推行后，在开票方面：去介质，"认人不认盘"，纳税人不再需要预先购置专用税控设备，通过可信身份体系登录电子发票服务平台开票；去审核，"开票零前置"，不再需要进行增值税专用发票最高开票限额审批和发票票种核定，通过"授信制"自动为纳税人赋予开票总额度；去申领，"赋码即开具"，纳税人不再需要进行特定发票号段申领，通过"赋码制"自动分配唯一的发票号码。除此之外，数电票还支持扫码开具，极大地方便了开票人与受票人。

　　在受票方面：发票去版式，受票方可以选择以数据电文形式交付至税务数字账户，"开具即交付"，便利交付入账，减少人工收发；平台零切换，税务数字账户集成各种功能，纳税人登录电子发票服务平台后，可进行发票接收、查询、查验、勾选、抵扣等一系列操作，打造"一站式服务"；业财一体化，符合条件的企业可以通过"乐企"嵌入式系统免费对接税务信息系统，未来还将制定发布相关标准并向社会公开，纳税人无须再租用第三方平台，可谓是"没有中间商赚差价"。

　　在管票方面：发票"要素化"使得交易信息更集成，将发票所承载的信息全量归集，推动发票数据颗粒度更细、可信度更高，便利税企双方统计、分析与管理，促进政府和市场主体实现数字化转型，有效提升经济社会运行效率；发票"标签化"使得联动管理更高效，以发票标签为抓手"集成归并一张票"，推动从票种分割管理向联动管理转变，打破以票种为界的发票信息壁垒；发票"授信制"使得智能赋额更科学，发票开具额度以系统赋予为主，人工调整为辅，将税务人员从人工审核等事务性工作中解放出来，也降低了税务人员的执法风险。

第二章 数电票带来的开票模式变化

电子发票服务平台中的税务数字账户是面向纳税人、缴费人归集各类涉税涉费数据，集查询、用票、业务申请于一体的身份通行证明和办税操作工具，通过对全量发票数据的归集，提供发票用途勾选确认、发票交付、发票查询统计等服务，满足发票查验、发票入账标识、税务事项通知书查询、税收政策查询、发票开具额度调整申请等需求。

税务数字账户既可以查询自身的开票与用票信息，也可以查询对方的用票状态，有效地规避了因双方信息不对称产生的涉税风险与财务管理风险，推动从税务机关的"他治"向纳税人之间"自治""共治"的重大转变。

● 第一节 数电票的开具

电子发票服务平台嵌入之前已经上线的各省电子税务局之中，如果需要开具发票，可以点击【开票业务】－【蓝字发票开具】按钮。

图 2-1 电子税务局界面

"蓝字发票开具"页面上方显示纳税人的发票额度、纸质发票情况、本月蓝票开具情况，方便纳税人在开具发票前参考，如果当前可用发票额度不能满足纳税人开票需求，可以点击【去调增】按钮，增加纳税人的授信额度。

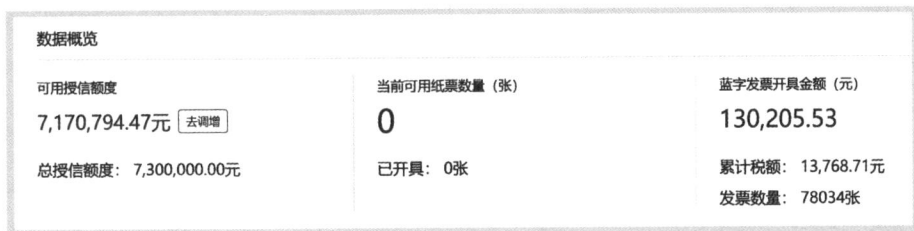

图 2-2　蓝字发票开具金额

"蓝字发票开具"页面下方有【立即开票】、【发票草稿】、【扫码开票】、【复制开票】、【批量开具】与【添加快捷方式】等按钮，开票人可以根据自身需要选择最适合自己的开票模式，下面将对上述六大开票功能逐一进行介绍。

图 2-3　开票功能

图 2-4　立即开票界面（可以选择电子发票，即数电票，或者纸质发票）

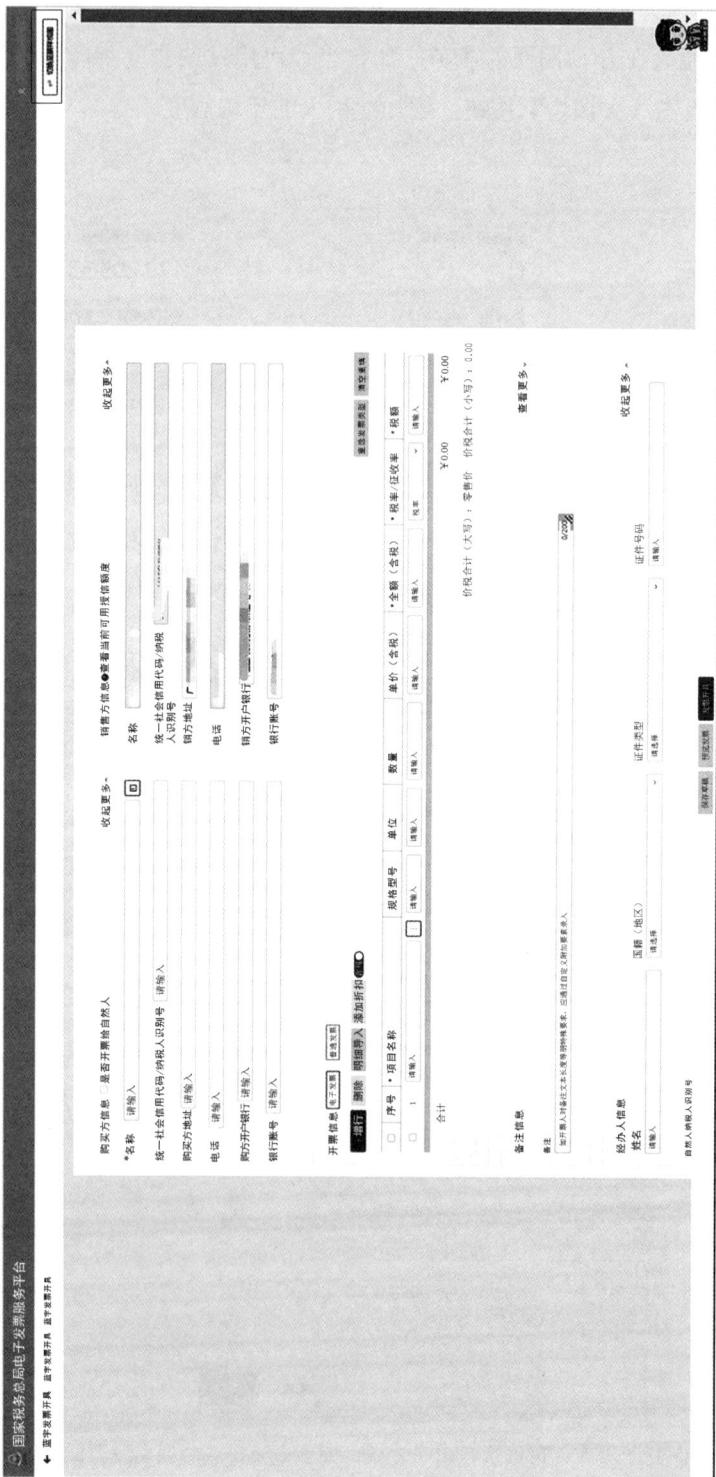

图 2-5 蓝字发票开具界面（点击右上角"切换至票样视图"切换成票样视图）

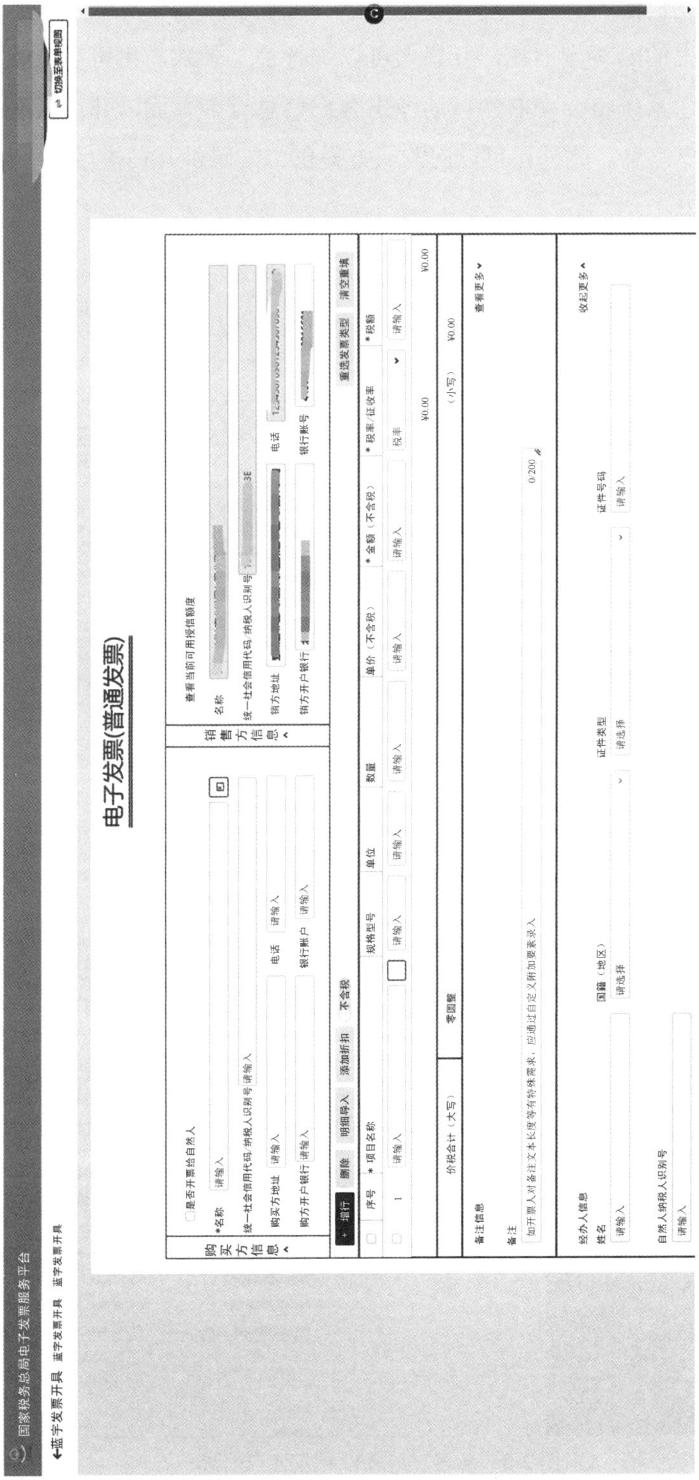

图 2-6　蓝字发票样视图

一、立即开票

对于发票上的购买方信息，开票人可以进行手工录入，也可以点击名称旁边的【回】按钮，系统将会在右侧自动弹出客户信息查询页面，开票人选择之前已经维护过的客户信息，此外还可以向购买方提供二维码供其扫描后填写相关信息，再上传到系统中。

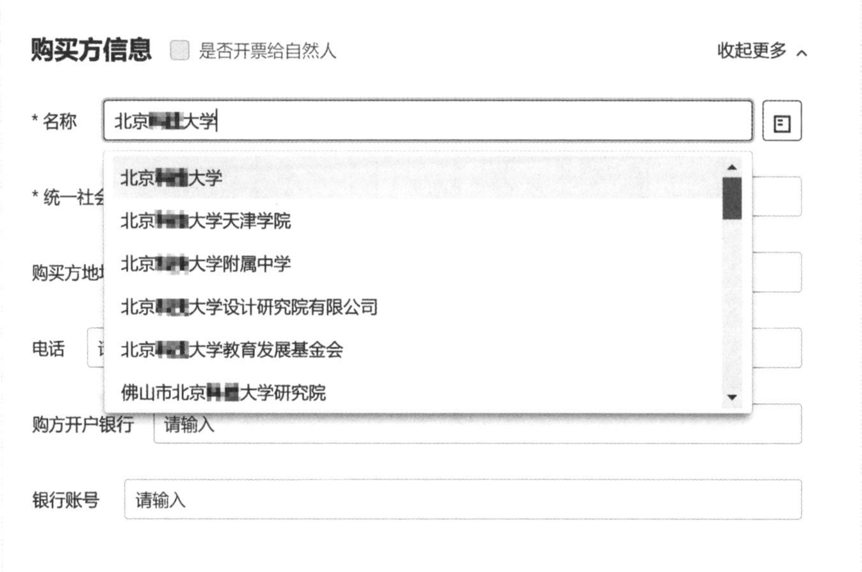

图 2-7　手工录入购买方信息

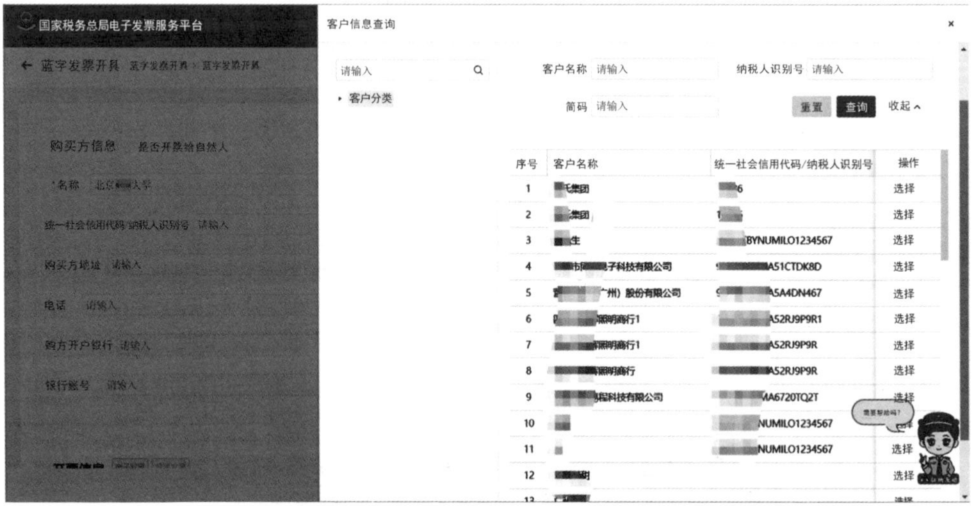

图 2-8　从客户列表中导入客户信息

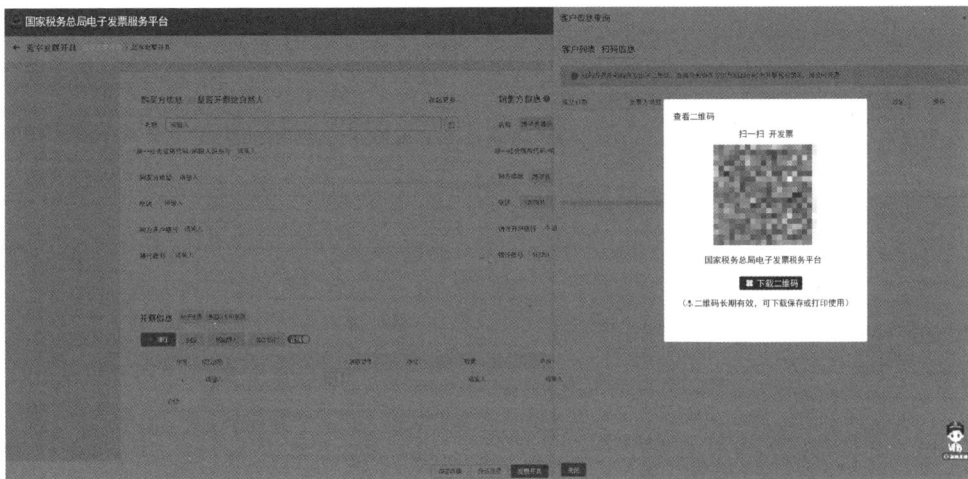

图 2-9　客户通过扫描二维码自行填写相关信息

发票信息中的项目信息可以手工填写，系统也会智能匹配相似选项供开票人选择；也可点击"项目名称"栏旁边的【 ⋮ 】按钮，系统将会自动在右侧弹出项目信息查询页面，可以选择之前已经维护过的项目信息；还可以点击"明细导入"，在弹出的明细导入页面下载 Excel 模板填写完成后导入相关信息。

图 2-10　手工填写项目信息

纳税人还可以在勾选完项目信息后，点击【添加折扣】，弹出添加折扣页面，折扣方式可选择按金额折扣或按比例折扣，折扣录入方式可以选择批量折扣录入或逐条折扣录入。

需要添加项目可以点击【增行】按钮，如果录入信息有误，可以点击【删除】按钮。

纳税人还可以根据实际需求和个人习惯自由选择单价、金额是不含税还是含税，按钮默认为含税金额，颜色为蓝色，切换为不含税金额后，按钮颜色变为灰色，如果还需要进行切换，可以点击按钮旁边的蓝色字【设置默认】。

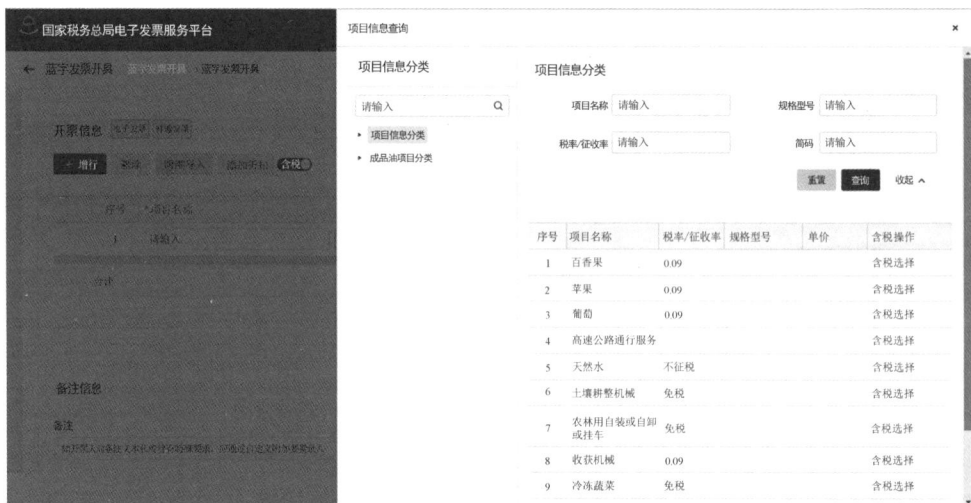

图 2-11 查询所需的项目信息

图 2-12 添加折扣

数电票既可以开具增值税专用发票，也可以开具增值税普通发票，图 2-12 左上角"电子发票"旁边有"增值税专用发票"标识，不过目前增值税专用发票不允许开具免税、不征税、零税率的发票。

如果开具的发票属于特定业务还会添加特殊标识，以旅客运输服务为例，黄色"增值税专用发票"标识旁边会有蓝色标识"旅客运输服务",开票人需要填写出行人、出行日期、出行人证件类型、出行人证件号码、出发地、到达地、交通工具类型、等级等特定要素。

纳税人基础信息中的"登记自定义类别"为特定业务时,才允许选择开具含有特定要素的发票,也就是说只有旅客运输企业才能开具旅客运输发票。

纳税人还可以根据实际需求填写经办信息,包括购买方经办人姓名、经办人国籍(地区)、经办人证件类型、经办人证件号码以及自然人纳税人识别号,不过这并非必选项。

发票信息填写完毕之后,开票人可以点击"保存草稿",将所填信息同步保存到发票草稿模块,随后点击【预览发票】按钮,对即将开具的发票进行预览。审核无误之后,开票人可点击【发票开具】,系统将会自动对发票填写规范、业务逻辑进行校验。校验通过之后,系统自动进行发票赋码,加盖税务机关电子印章并生成电子发票,显示开票成功提示;如果校验不通过,系统会显示失败原因,开票人需要对相关内容进行修改。

二、发票交付

之前使用的纸质票的交付较为麻烦,有的是客户现场等待取票,有的采取邮寄,有的派人去送,发票有时会在中途遗失。纸电票的交付比纸质票简单一些,不会再出现遗失的情形,但仍旧需要通过邮箱发送发票下载链接等形式进行交付。

数电票的交付更为便捷,开具成功之后,发票电子数据将会自动发送到开票方、受票方双方的税务数字账户之中,这个账户将会对各类发票数据自动进行归集,真正实现了"开票即交付"。

不过并非所有受票人都有税务数字账户,如行政机关、部分事业单位以及个人有可能并没有税务数字账户,将数电票交给这些客户仍旧需要沿用纸电票的交付手段,主要有以下四种方式:

第一种是邮箱交付,点击【邮箱交付】按钮,在弹出页面选择文件格式和输入邮箱地址,点击"发送"进行交付。

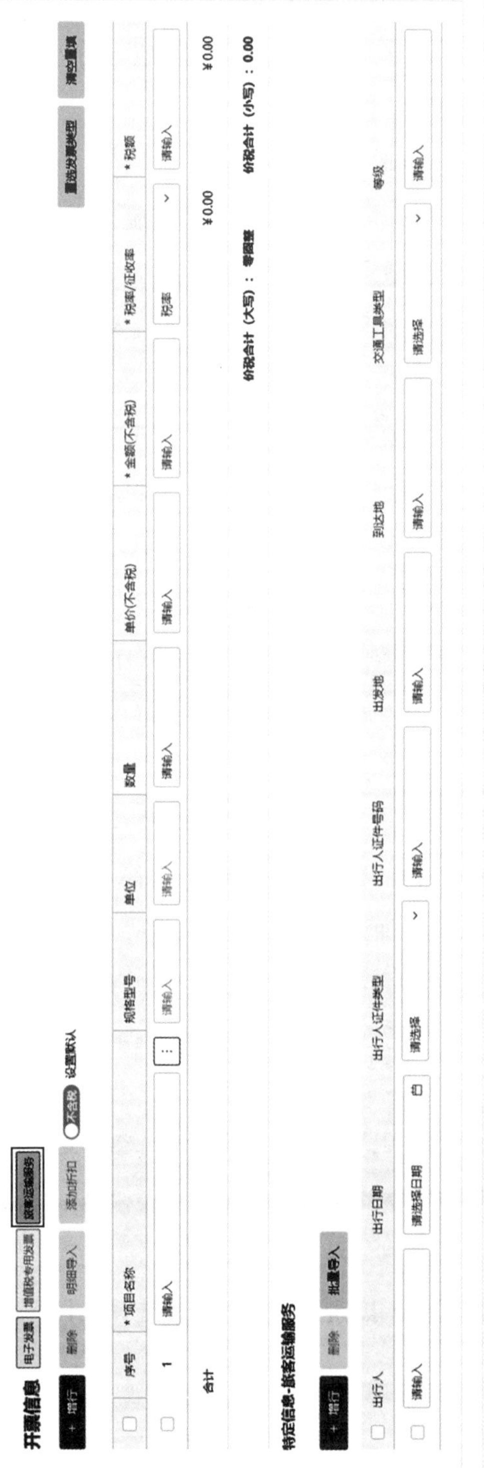

图 2-13 特定要素发票

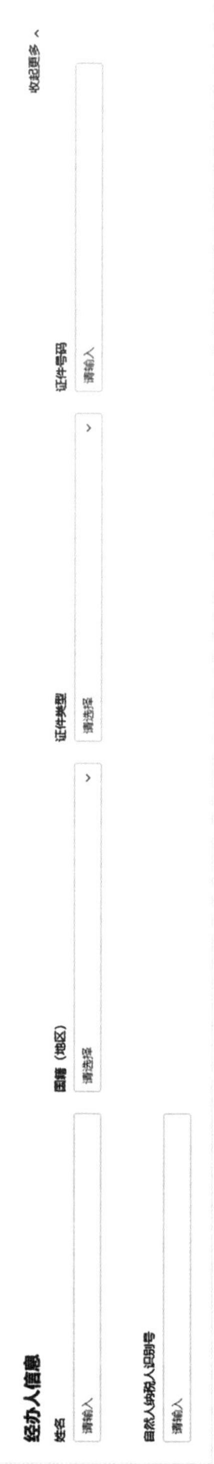

图 2-14 经办人信息

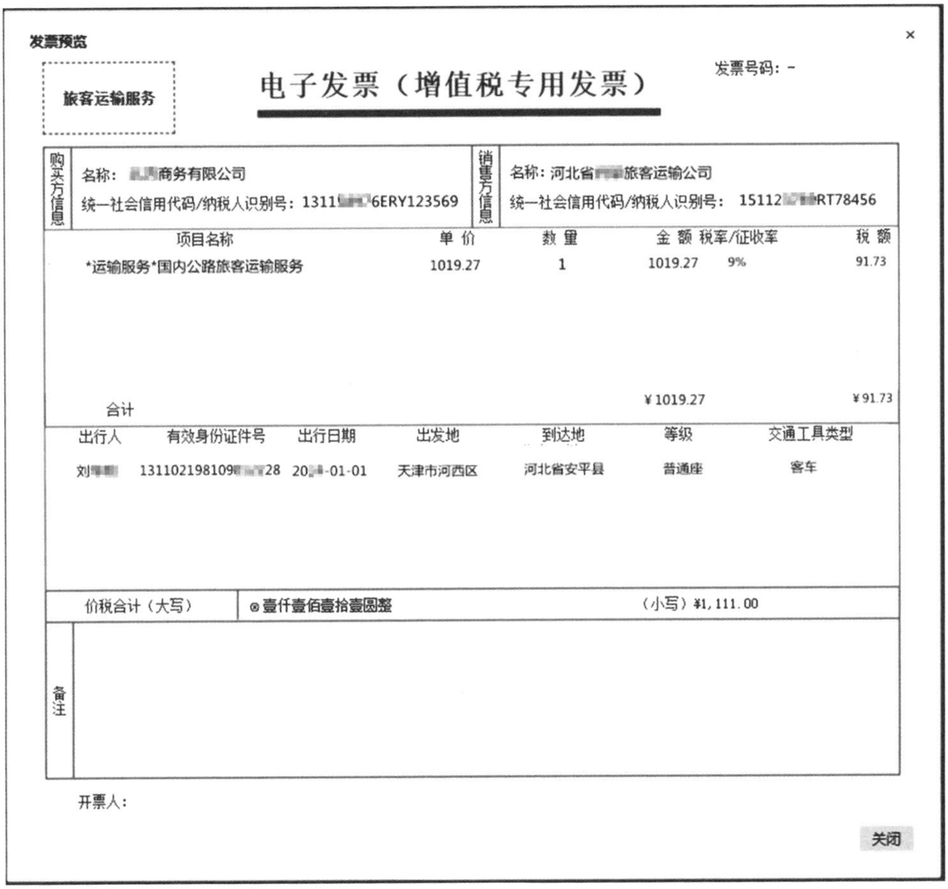
发票预览

旅客运输服务

电子发票（增值税专用发票）

发票号码：-

购买方信息 名称：[illegible]商务有限公司
统一社会信用代码/纳税人识别号：1311[illegible]6ERY123569

销售方信息 名称：河北省[illegible]旅客运输公司
统一社会信用代码/纳税人识别号：15112[illegible]RT78456

项目名称	单价	数量	金额	税率/征收率	税额
*运输服务*国内公路旅客运输服务	1019.27	1	1019.27	9%	91.73
合计			¥1019.27		¥91.73

出行人	有效身份证件号	出行日期	出发地	到达地	等级	交通工具类型
刘[illegible]	131102198109[illegible]28	20[illegible]-01-01	天津市河西区	河北省安平县	普通座	客车

价税合计（大写）　⊗壹仟壹佰壹拾壹圆整　（小写）¥1,111.00

备注

开票人：

关闭

图 2-15　发票预览界面（发票号码为空，也没有税务机关电子印章）

图 2-16　开票成功界面

图 2-17 邮箱交付（可以选择交付格式，图中为 PDF 格式）

第二种方式是二维码交付，点击【二维码交付】，弹出页面将二维码展示给购买方，由购买方扫描二维码获取发票。

图 2-18 二维码交付

第三种方式是下载交付，点击【发票下载 PDF】、【发票下载 OFD】或【下载为 XML】按钮，将发票下载到本地电脑，再通过其他方式交付给购买方。

图 2-19 下载交付界面

第四种方式是打印交付，点击【发票打印】按钮，通过打印机打印发票，再将打印版数电票交付给对方。

三、发票草稿

开票人通过"立即开票"功能填写发票信息时，由于某些原因需要中断当前开票操作，可以将已经填写的发票内容保存成草稿，后续可以在草稿的基础上继续开具发票。

开票人点击【立即开票】旁边的【发票草稿】按钮就可以进入发票草稿操作页面，系统将会自动弹出所有存入草稿箱的发票列表，每张发票右侧都会有【选择】【删除】这两个按钮，如果某张发票草稿已经没有了使用价值，开票人可以点击【删除】按钮，弹出删除提示框，点击【确认】之后便可删除选中的草稿，点击【取消】便可取消删除操作。

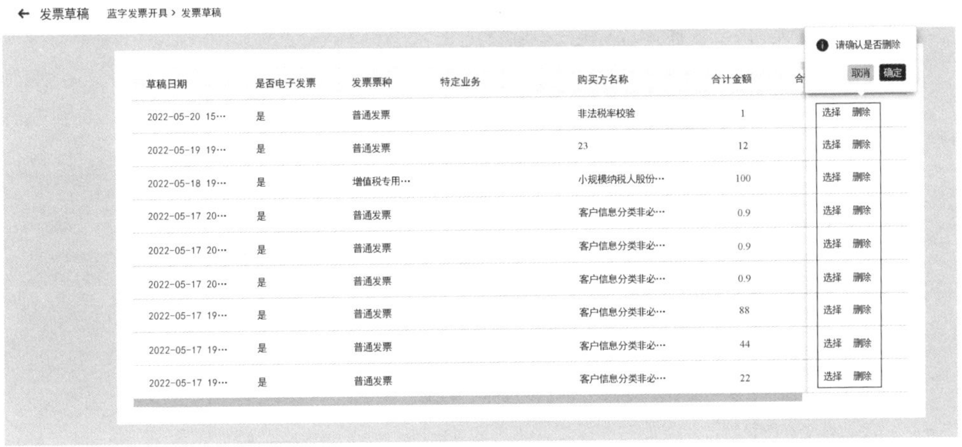

图 2-20　发票草稿列表

如果需要对某张发票草稿继续进行编辑，开票人可以点击【选择】按钮，进入"蓝字发票开具"界面，操作方法与"立即开票"一样。

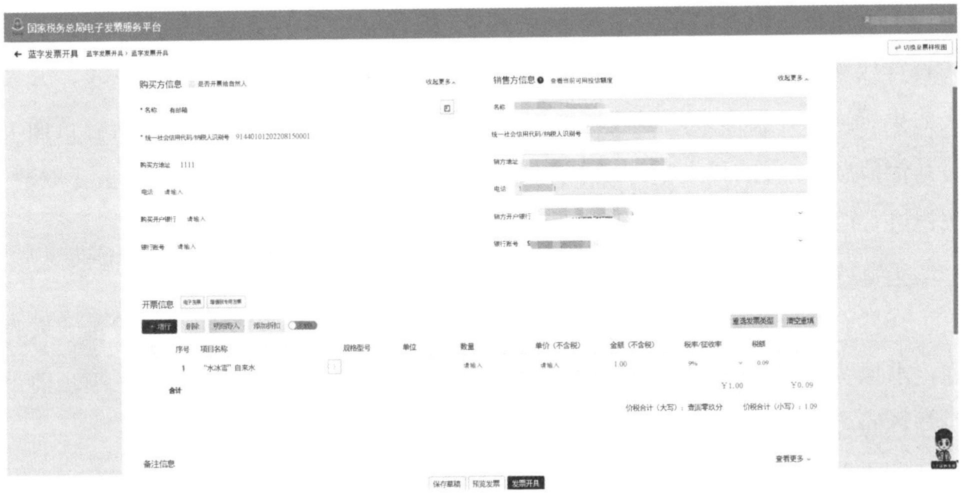

图 2-21　蓝字发票开具界面

四、快捷开票

开票人可以根据实际需求对所需发票类型、票种标签、特定业务等添加快捷方式，以便后续有类似开票需求时可以直接点击快捷方式进入既定的内容页面进行发票开具。

开票人点击【添加快捷方式】功能，系统将会自动弹出新建快捷方式页面。

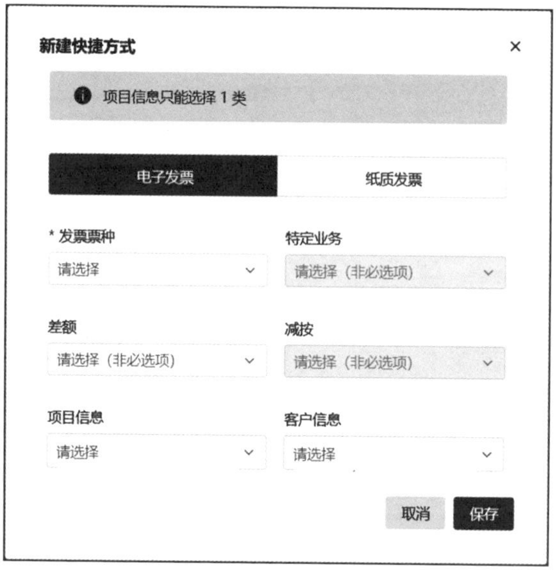

图 2-22　新建快捷方式页面

开票人可以根据实际需求对不同的发票类型、票种标签、特定业务、差额开票、项目信息、客户信息等内容进行设置。填写完毕后，点击"保存"便可将相关设置保存为快捷方式并展示在【蓝字发票开具】二级首页【发票填开】，开票人如果后续有开票需求，可以直接点击相关快捷方式，进入既定发票内容页面填写其他信息。如果纳税人觉得某个开票快捷方式没有使用价值了，可以点击【取消】按钮进行取消。

五、复制开票

一些企业会定期给同一客户开具相同金额的发票，例如定期缴纳或者收取租金、水电费、物业费等，此时开票人可以使用复制开票功能，也就是复制之前已经开具的某张发票的相关信息，这样可以减少重复录入的压力。

开票人点击【复制开票】按钮，左上方有【近 24 小时】与【全量】两个按钮，如果需要复制的是最近 24 小时内开具的发票就点击【近 24 小时】按钮，如果开票时间超过了 24 小时就点击【全量】按钮，还可以选择查询时间，缩小搜索范围。

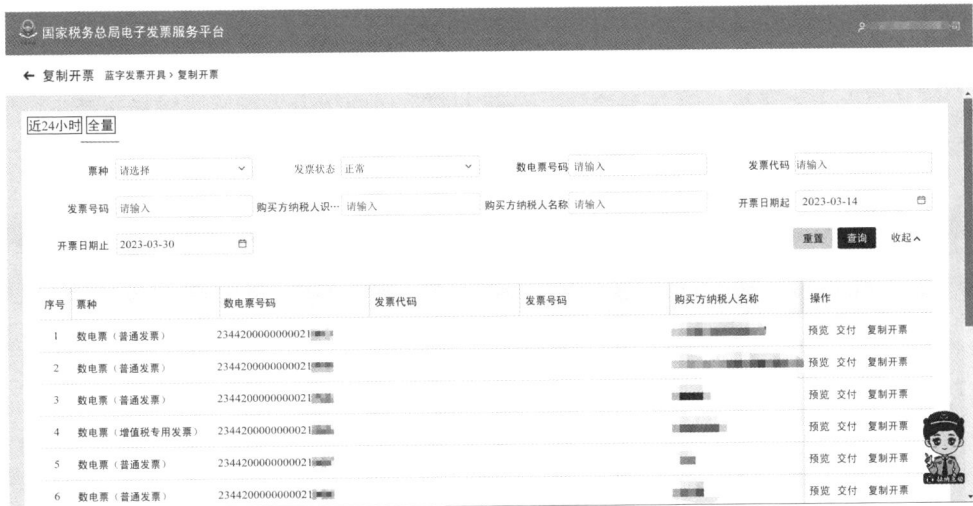

图 2-23 复制开票

点击查询结果中想要复制的发票，系统会将原发票的票面信息自动带入发票开具界面，纳税人可以在这个基础上对相关信息进行修改，修改完毕之后点击【发票开具】按钮就完成了发票开具。

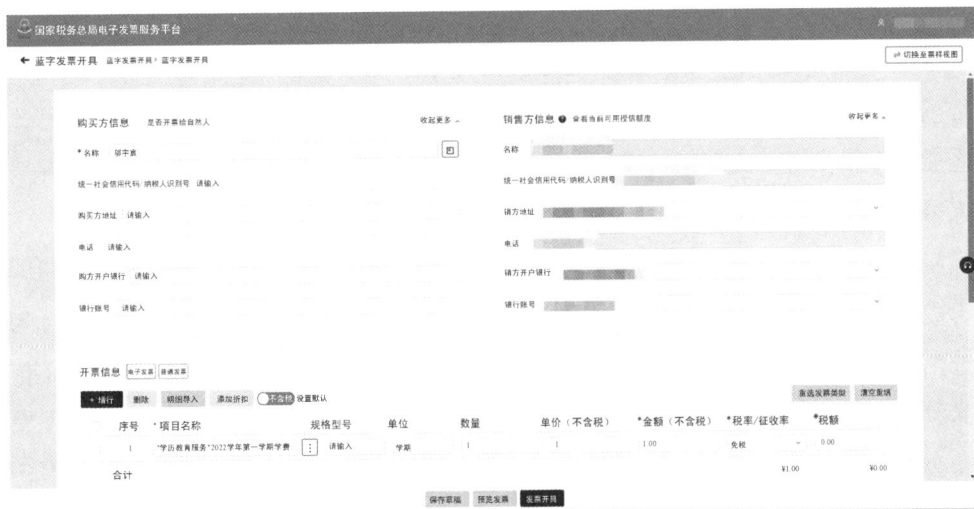

图 2-24 发票复制开具

六、批量开票

旅客运输、货物运输企业面临的开票压力非常大，一个航班可以搭载数百名旅客，一趟列车可以运输数千名旅客，如果采取传统的开票方式很难满足其开票需求，因此电子发票服务平台准许特殊行业的企业将通用发票要素信息和特殊标签发票要素信息导入模板批量开具发票。

开票人点击【批量开具】按钮，页面上有蓝色字体"批量开具模板下载"，纳税人下载模板之后根据模板要求填写批量开票信息。

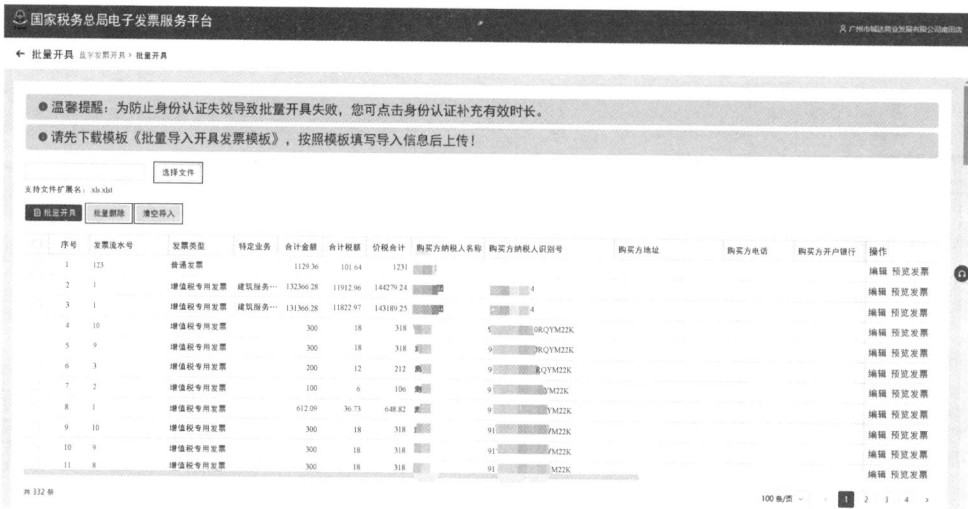

图 2-25　批量开具

填写完毕之后，开票人点击【选择文件】按钮，将已经填写好的模板文件上传到系统。如果上传失败，系统将会提示上传失败的原因，开票人按照要求修改之后再上传。上传成功后，系统将会通过列表形式展示所有待开发票，此时开票人可以预览发票，也可以对某张或者全部发票进行编辑。

开票人可以全选，也可以勾选列表中的某些发票，点击【批量开具】按钮即可成功开具多张发票；如果开票人发觉部分待开发票信息有误，可以对其进行勾选然后点击【批量删除】按钮；如果模板信息填写有误，所有待开发票均存在信息有误的情形，那么可以点击【清空导入】按钮，这样所有已经导入的待开发票将会被全部清除。

七、电子发票服务平台开具的纸质发票

在过渡期内，个别纳税人可以获准继续使用纸质票，与之前通过增值税发票管理系统开具的纸质票唯一的区别在于右上角没有密文区，其他信息都一致。

不过在电子发票服务平台开具纸质票需要获得税务机关的批准，事先核定相

关发票票种，确定最高开票限额和月最大领用份数，开具的纸质票金额也会从当月授信额度中予以扣除。与之前不同的是，领用的纸质票使用完之后，再次领用时无须进行发票验旧，不过纸质票很快便会被数电票彻底取代！

● 第二节　红字发票的开具

之前，纸质票几乎都有作废功能，因为在打印过程中难免会出现打印异常的问题，不过如果对方已经抵扣或者月度终了之后才发现存在问题，那么就只能开具一张与原发票相同金额的负数发票，由于发票上的数字为红色，不同于正常的正数发票即蓝字发票，因此被称为"红字发票"。

随着纸质票逐渐被数电票彻底取代，发票的打印问题自然也就不存在了，因此数电票一旦开具就无法作废，如果遇到销货退回（包括全部退回与部分退回）、开票有误、服务中止（包括全部中止和部分中止）、销售折让等情形，纳税人只能开具红字发票。

一、红字发票开具的规则

如今正值"金税四期"在全国全面推广的过渡期，纸质票、纸电票并未彻底退出历史舞台，使用的发票开具平台也不一致，有的通过新推出的电子发票服务平台，有的仍在继续使用增值税发票管理系统（即防伪税控系统），这无疑为发票冲红带来了一定的麻烦。

通过电子发票服务平台开具的数电票或是增值税发票管理系统开具的纸电票冲红时，无须追回被冲红的发票或者纸质打印件，只有纸质票才需要追回。

表2-1　发票种类的选择

蓝字发票开具平台	蓝字发票类别	红字发票平台	红字发票类别
电子发票服务平台	数电票	电子发票服务平台	数电票
	纸质票		数电票或纸质票
增值税发票管理系统（即防伪税控系统）	纸质票	电子发票服务平台	数电票
		增值税发票管理系统	纸质票、纸电票
	纸电票	电子发票服务平台	数电票、纸电票
		增值税发票管理系统	纸电票

虽然数电票可以对所有系统开具的所有发票进行冲红，不过仍旧提倡原路径、

原票种开具红字发票，通常只在防伪税控设备已经注销的情形下才会通过数电票对在原系统开具的纸质票、纸电票进行冲红。

一些开票人可能还会有这样的误解，以为只要开具了红字数电票，那么授信额度就会相应增加，其实并非一定如此，如果是当月开具的发票被冲红，通常会同步增加授信额度，但如果是因发生销售折让而产生的冲红，并不会增加可开具发票额度。如果是跨月开具红字数电票，电子发票服务平台并不会增加冲红当月的授信额度。

除此之外，需要特别注意的是以下几种情形不允许开具红字数电票：

（1）蓝字发票已经作废、已全额冲红、已被认定为异常扣税凭证不允许发起冲红；已经发起冲红流程，在撤销之前，也不允许再度发起冲红流程。

（2）蓝字发票增值税用途为"待退税""已退税""已抵扣（改退）""已代办退税""不予退税且不予抵扣"时，不允许发起冲红。

（3）蓝字发票税收优惠类标签中，"冬奥会退税标签"为"已申请冬奥会退税"时，不允许发起冲红，不过随着冬奥会的落幕，这种情形几乎不再出现了。

（4）发起冲红时，如果对方纳税人为"非正常""注销"等状态、无法登录系统进行相关操作时，不允许发起冲红。

蓝字发票已经用于申请出口退税或代办退税，暂时不允许开具红字发票。

二、电子发票服务平台的冲红流程

纳税人根据业务实际情况自由选择发票冲红原因，但如果原蓝字发票商品服务编码为货物时，冲红原因不允许选择"服务中止"；商品服务编码为服务时，冲红原因不允许选择"销货退回"；兼营销售不会受到相应限制。

如果受票方还没有将相应的蓝字发票进行用途确认或者入账确认，只能由受票方发起红字发票开具流程，如果已经进行勾选抵扣或者入账确认，双方都可以发起冲红流程。

在用途确认或者入账确认前，冲红流程相对比较简单，开票人在红字发票业务模块点击【红字发票确认信息申请】，系统会自动跳转到"①选择票据"界面，查询到需要冲红的蓝字发票，选择之后进入"②信息确认"界面，需要冲红的蓝字发票信息会自动带入，核实无误之后点击页面最下方的【提交】按钮。

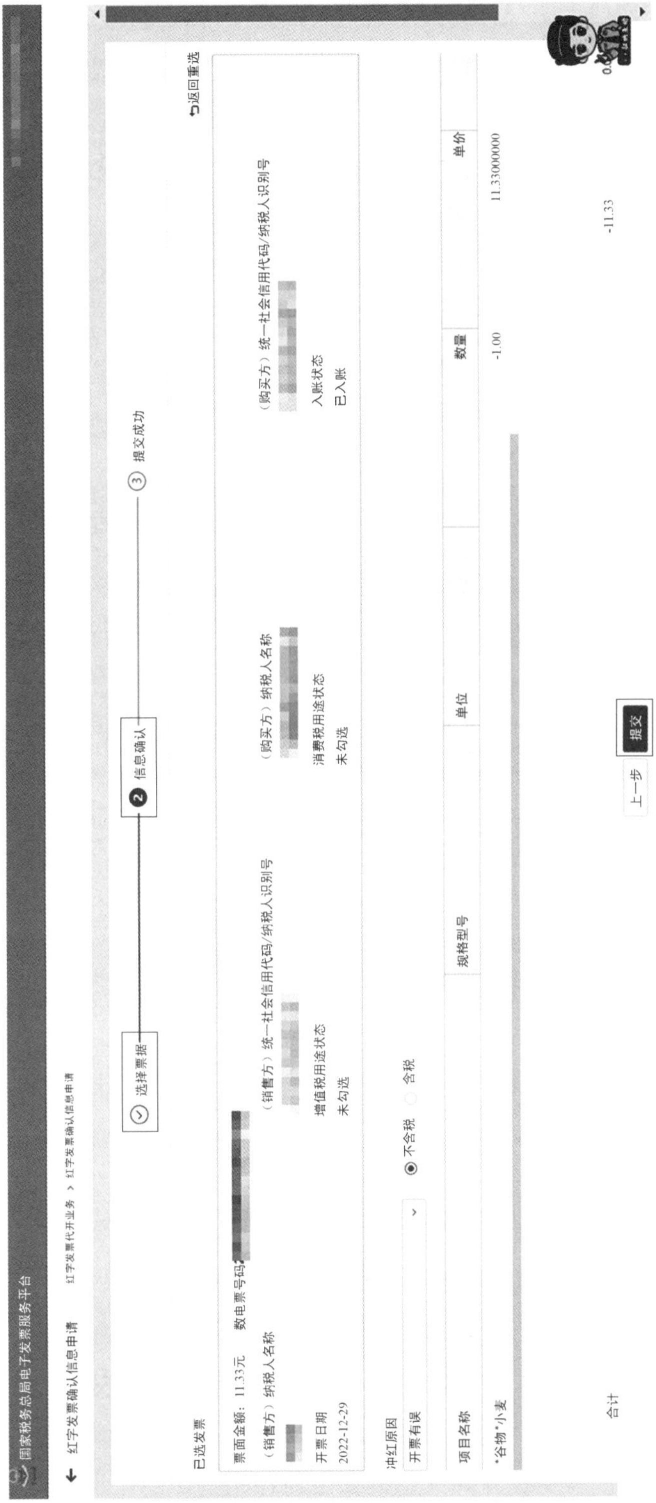

图 2-26　红字发票确认信息申请

开票人可以全额或者部分开具红字数电票，无须得到受票方的确认，不过需要注意的是如果开具原因选择的是"开票有误"，那么只能全额冲红，其他原因可以选择部分冲红。

发起冲红流程之后，对应的数电票会被系统自动锁定，不允许受票方再进行发票用途确认操作。如果数电票并没有确认用途，但已经入账，开票方部分开具红字发票，受票方可以对该数电票未冲红的部分进行抵扣勾选；若开票方全额开具红字发票，不允许继续进行抵扣勾选。

进行用途确认或者入账确认之后，开票方与受票方都可以发起冲红流程，但另一方需要在 72 小时内进行确认，未在规定时间内确认的，该流程自动作废；如果仍旧需要开具红字发票，只能重新发起流程。

如果想要查找"红字发票信息确认单"，纳税人可以在【我发出的确认单】或者【发给我的确认单】中进行查找。

经过对方确认之后，开票方才能开具红字发票，如果已经抵扣，受票方应当暂依"红字发票信息确认单"所列增值税税额从当期进项税额中转出，待取得开票方开具的红字发票后，与"红字发票信息确认单"一并作为记账凭证。

试点过渡期内，如果受票方不是数电票受票试点纳税人，受票方可以通过增值税发票综合服务平台填开传统的"红字增值税专用发票信息表"，也可以由开票方通过电子发票服务平台填开"红字发票信息确认单"。

过渡期内还会存在这样一类特殊的受票人，虽然不使用电子发票服务平台开具发票，但使用电子发票服务平台进行发票用途确认，对于这样的纳税人，也需要在电子发票服务平台中发起红字发票开具流程。

开票方通过电子发票服务平台开具的纸质发票如果需要冲红，与数电票的冲红流程一样。

三、红字发票开具流程

开票方填开不需要对方确认的"红字发票信息确认单"，在没有实际开具红字发票之前，可以自行撤回"红字发票信息确认单"。

对于需要对方确认的情形，发起方在提交"红字发票信息确认单"之后，对方尚未确认前，发起方不允许对其进行修改，但可以撤销"红字发票信息确认单"。已经得到对方确认的"红字发票信息确认单"，发起方不允许进行撤销，但确认方可以在确认后并且在没有实际开具红字发票之前撤销，如果已经开具红字发票，

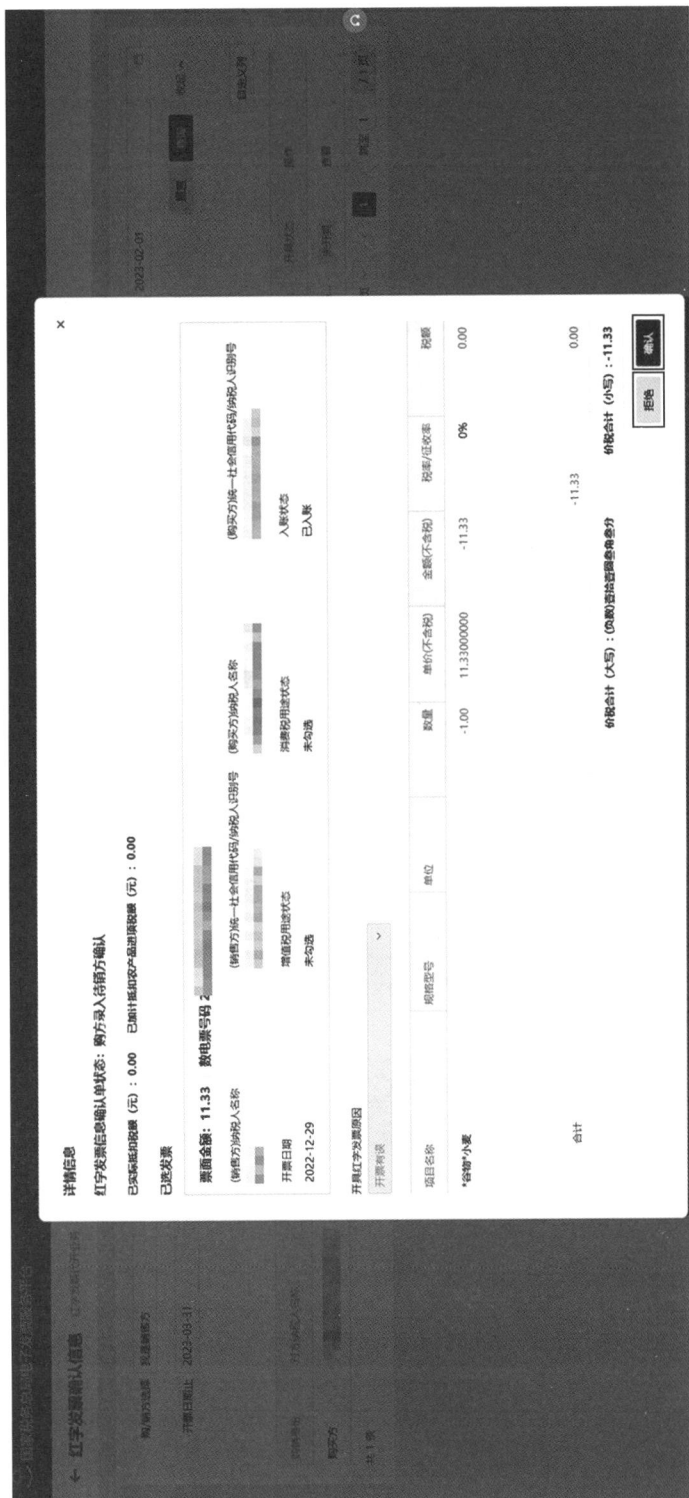

图 2-27　"红字发票信息确认单"对方确认页面（可以点击右下方的【拒绝】或者【确认】按钮）

"红字发票信息确认单"不允许撤销。

发起冲红流程之后，在开具红字发票前，如果蓝字发票被税务机关认定为异常凭证，相应的冲红流程将会自动作废。

四、增值税发票管理系统的冲红流程

开票人通过增值税发票管理系统（即防伪税控系统）开具的纸质票或者纸电票需要冲红，但受票人却是使用电子发票服务平台的试点纳税人，如果发票尚未交付受票方，或者受票方并未用于抵扣并将发票联与抵扣联退回，开票方可以在增值税发票管理系统中填开并上传"红字增值税专用发票信息表"，需要在表上准确填写相对应的蓝字专用发票信息。

如果受票方已经抵扣或者未用于抵扣但发票联或抵扣联无法退回，受票方可以在电子发票服务平台中填开并上传开具"红字增值税专用发票信息表"（注意不是"红字发票信息确认单"），暂时按照上面所列增值税税额从当期进项税额中转出，待取得开票方开具的红字专用发票后，与"红字增值税专用发票信息表"一并作为记账凭证。开票方凭借"红字增值税专用发票信息表"开具红字发票，在增值税发票管理系统中以负数开具，红字发票上的信息应与信息表保持一致。

通过增值税发票管理系统开具的发票，既可以在原系统开具红字发票，也可以通过电子发票服务平台开具红字数电票，但"红字增值税专用发票信息表"与"红字发票信息确认单"不能互相转换，对校验通过的"红字增值税专用发票信息表"需要通过增值税发票管理系统开具红字发票，不能在电子发票服务平台中直接开具数电票。

五、部分冲红与多次冲红的规定

如果冲红原因为"开票有误"，必须全额冲红，但如果为销货退回、服务中止、销售折让，可以对蓝字发票上的部分金额进行冲红，之后还可以再次申请冲红，也就是对同一张发票准许多次冲红，但如果蓝字发票标签标注为"差额征税—差额开票"，只能全额冲红。

部分发票冲红时允许删除项目行，但销货退回只允许修改数量，自动计算金额和税额，不能修改单价，也不能直接修改金额；如果蓝字发票没有数量仅有金额，才允许修改金额，税额自动计算；服务中止，允许修改金额和数量，不能修改单价，自动计算税额；销售折让，先选择需要给予折让的商品，录入折让比例或金额，

不能修改单价和数量，税额自动计算。

如果蓝字发票对应的"增值税优惠用途标签"为"待农产品全额加计扣除"或"已用于农产品全额加计扣除"的，必须全额冲红。"增值税优惠用途标签"为"待农产品部分加计扣除"或"已用于农产品部分加计扣除"的，第一次冲红只能对未加计部分全额冲红或整票全额冲红，如果第一次对未加计部分全额冲红，第二次冲红仅允许对剩余部分（即已加计部分）全额冲红。

六、临时开通原适用税率数电票权限

近几年增值税税率变动比较频繁，有时需要对多年以前开具的发票进行冲红，但目前系统中已经没有了 17%、16%、11%、10% 这四档税率，在这种情况下，纳税人只能申请开通原适用税率，但需要符合下面这四种情形：

（1）一般纳税人在税率调整前开具的发票有误需要重新开具，且已按照原适用税率开具了红字发票，现重新开具正确的蓝字发票。

（2）一般纳税人在税率调整前发生增值税应税销售行为，且已申报缴纳税款但未开具增值税发票，现需要补开原适用税率增值税发票。

（3）转登记纳税人在一般纳税人期间开具的适用原税率发票有误需要重新开具，且已按照原适用税率开具了红字发票，现重新开具正确的蓝字发票。

（4）转登记纳税人在一般纳税人期间发生增值税应税销售行为，且已申报缴纳税款但未开具增值税发票，现需要补开原适用税率增值税发票。

开票人点击【税务数字账户】-【申请原税率】按钮。

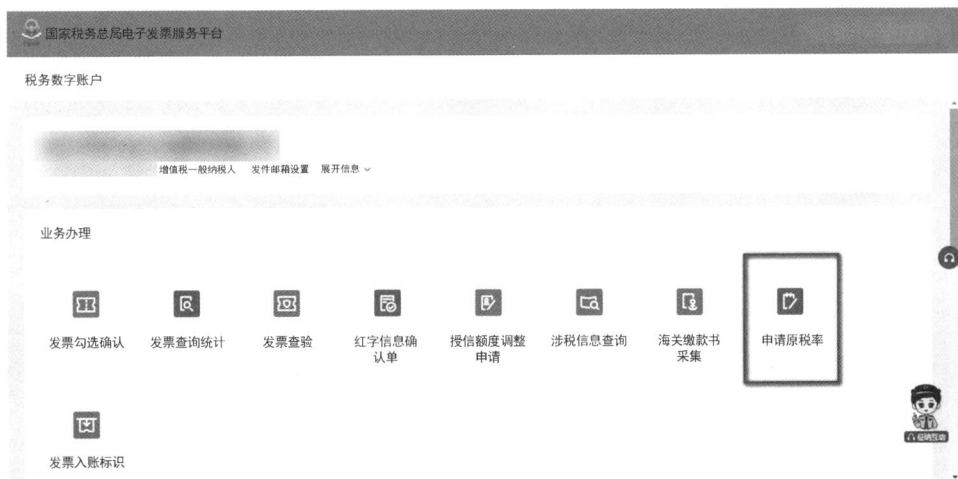

图 2-28　申请原税率功能路径

输入条件和申请理由，录入附件后，点击页面最下方的【提交】按钮。

图 2-29　申请原税率页面

临时开票权限有效期限为 24 小时，纳税人应在获取临时开票权限的规定期限内通过电子发票服务平台开具原适用税率发票。

● 第三节　数电票的纳税申报

一般纳税人开具的带有"增值税专用发票"字样的数电票的金额与税额应填入"增值税及附加税费申报表附列资料（一）"（本期销售情况明细）第 1 列、第 2 列"开具增值税专用发票"栏次中；开具的带有"普通发票"字样的数电票的金额及税额应填列在"增值税及附加税费申报表附列资料（一）"（本期销售情况明细）第 3 列、第 4 列"开具其他发票"栏次中。

小规模纳税人开具的带有"增值税专用发票"字样的数电票的金额应填入"增值税及附加税费申报表（小规模纳税人适用）"第 2 栏"增值税专用发票不含税销售额"、第 5 栏"增值税专用发票不含税销售额"；开具的"普通发票"字样的数电票的金额应填列在"增值税及附加税费申报表（小规模纳税人适用）"第 3 栏、第 6 栏、第 8 栏"其他增值税发票不含税销售额"。

增值税及附加税费申报表附列资料（一）

（本期销售情况明细）

税款所属时间：20　年1月1日至20　年1月31日

纳税人名称：（公章）■■■■商务咨询公司

金额单位：元（列至角分）

项目及栏次			开具增值税专用发票		开具其他发票		未开具发票		纳税检查调整		合计			服务、不动产和无形资产扣除项目本期实际扣除金额	扣除后	
			销售额	销项(应纳)税额	销售额	销项(应纳)税额	销售额	销项(应纳)税额	销售额	销项(应纳)税额	销售额	销项(应纳)税额	价税合计		含税(免税)销售额	销项(应纳)税额
			1	2	3	4	5	6	7	8	9=1+3+5+7	10=2+4+6+8	11=9+10	12	13=11-12	14=13÷(100%+税率或征收率)×税率或征收率
一、一般计税方法计税	全部征税项目	13%税率的货物及加工修理修配劳务	1														
		13%税率的服务、不动产和无形资产	2														
		9%税率的货物及加工修理修配劳务	3														
		9%税率的服务、不动产和无形资产	4														
		6%税率	5														
	其中：即征即退项目	即征即退货物及加工修理修配劳务	6	——									——	——	——	——	——
		即征即退服务、不动产和无形资产	7	——									——	——	——	——	——
二、简易计税方法计税	全部征税项目	6%征收率	8														
		5%征收率的货物及加工修理修配劳务	9a														
		5%征收率的服务、不动产和无形资产	9b														
		4%征收率	10														
		3%征收率的货物及加工修理修配劳务	11														
		3%征收率的服务、不动产和无形资产	12														
		预征率　　%	13a														
		预征率　　%	13b														
		预征率　　%	13c														
	其中：即征即退项目	即征即退货物及加工修理修配劳务	14	——									——	——	——	——	——
		即征即退服务、不动产和无形资产	15	——									——	——	——	——	——
三、免抵退税		货物及加工修理修配劳务	16	——									——	——	——	——	——
		服务、不动产和无形资产	17	——									——	——	——	——	——
四、免税		货物及加工修理修配劳务	18	——									——	——	——	——	——
		服务、不动产和无形资产	19	——									——	——	——	——	——

图2-30　增值税及附加税费申报表附列资料（一）

增值税及附加税费申报表

（小规模纳税人适用）

纳税人识别号(统一社会信用代码)：□□□□□□□□□□□□□□□□□□

纳税人名称：　　　　　　　　　　　　　　　　　金额单位：元（列至角分）

税款所属期：　　年　月　日至　　年　月　日　　　填表日期：　　年　月　日

项目		栏次	本期数		本年累计	
			货物及劳务	服务、不动产和无形资产	货物及劳务	服务、不动产和无形资产
一、计税依据	（一）应征增值税不含税销售额（3%征收率）	1				
	增值税专用发票不含税销售额	2				
	其他增值税发票不含税销售额	3				
	（二）应征增值税不含税销售额（5%征收率）	4	—		—	
	增值税专用发票不含税销售额	5	—		—	
	其他增值税发票不含税销售额	6	—		—	
	（三）销售使用过的固定资产不含税销售额	7(7≥8)	—		—	
	其中：其他增值税发票不含税销售额	8	—		—	
	（四）免税销售额	9=10+11+12				
	其中：小微企业免税销售额	10				
	未达起征点销售额	11				
	其他免税销售额	12				
	（五）出口免税销售额	13(13≥14)				
	其中：其他增值税发票不含税销售额	14				

图 2-31　增值税及附加税费申报表（小规模纳税人适用）

第三章 数电票引发的增值税抵扣政策变化

增值税是以商品、服务、无形资产、不动产在流转过程中产生的增值额为计税依据而征收的一种流转税，对于一般纳税人而言究竟需要缴纳多少税款不仅取决于销项税额的多少，还取决于进项税额的多少，不过抵扣进项税额时必须获得法律上认可的抵扣凭证。

● 第一节 抵扣凭证与抵扣方式

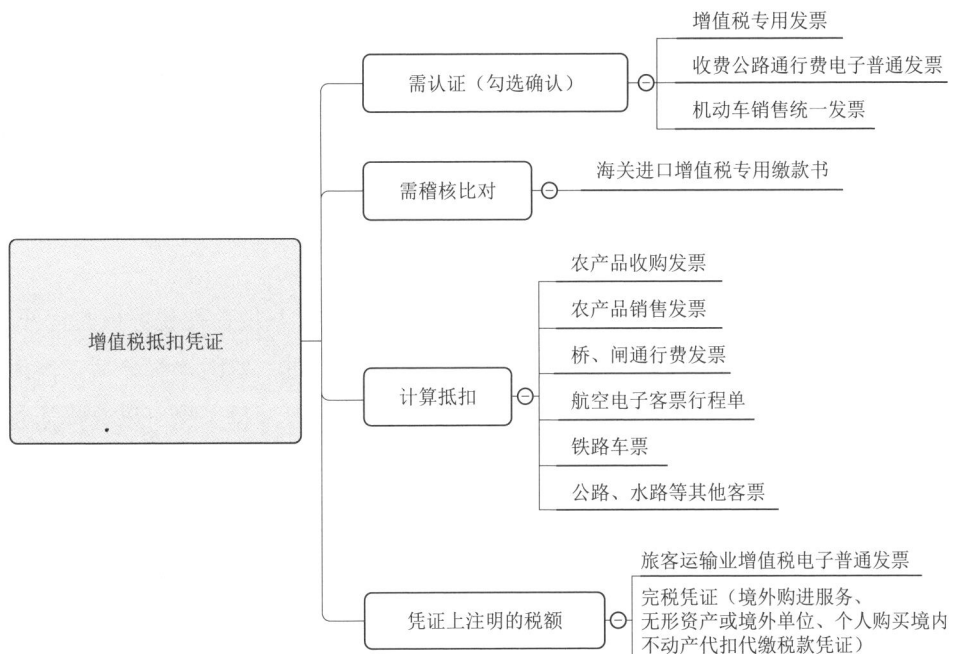

图 3-1 数电票推广前抵扣凭证的抵扣路径

一、准予抵扣增值税的抵扣凭证

（一）增值税专用发票

最常见的增值税抵扣凭证是增值税专用发票，纸质增值税专用发票开具的时候必须要通过防伪税控系统，所以发票右上方设有密码区，采用复合式加密认证算法，一机一密，一次一密，具有很强的保密性和安全性，随着信息技术水平的提高，增值税防伪税控系统还可以开具纸电票。

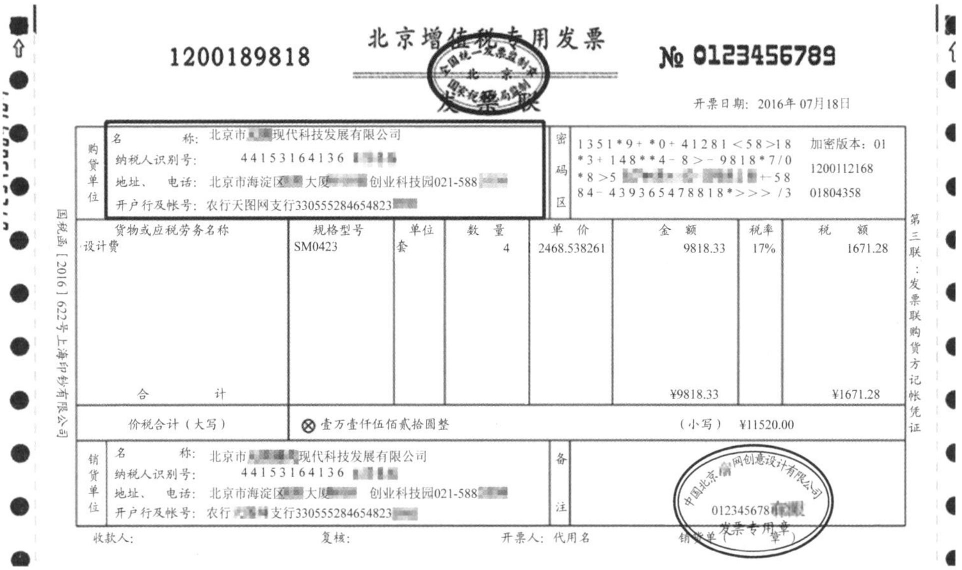

图 3-2　增值税专用发票（税控纸质票）

随着"金税四期"的上线，无论是纸质票，还是纸电票都即将成为历史，今后增值税专用发票都将会是数电票。

小规模纳税人原本并不能自行开具增值税专用发票，只能前往税务机关代开，同时实行简易计税方法，不能抵扣增值税进项税额。不过"营改增"之后，一般纳税人与小规模纳税人之间的界限变得越来越模糊，一般纳税人也可以选择简易计税方法，小规模纳税人也可以自行开具增值税专用发票。

小规模纳税人自行开具增值税专用发票变化情况：

由于一般纳税人与小规模纳税人之间的界限变得越来越模糊，或许在不久的将来，将不用再对两者进行区分，只分为采用一般计税方法的纳税人与采用简易计税方法的纳税人，或是两者兼有的纳税人。增值税小规模纳税人自行开具增值税专用发票时间轴如下：

2016年8月1日起	91个城市住宿业小规模纳税人试点自行开具增值税专用发票。见《关于部分地区开展住宿业增值税小规模纳税人自开增值税专用发票试点工作有关事项的公告》（国家税务总局公告2016年第44号）。
2016年11月4日起	全国住宿业小规模纳税人纳入自行开票试点。见《国家税务总局关于在境外提供建筑服务等有关问题的公告》（国家税务总局公告2016年第69号）第十条。
2017年3月1日起	鉴证咨询业小规模纳税人纳入自行开票试点。见《国家税务总局关于开展鉴证咨询业增值税小规模纳税人自开增值税专用发票试点工作有关事项的公告》（国家税务总局公告2017年第4号）。
2017年6月1日起	建筑业小规模纳税人纳入自行开票试点。见《国家税务总局关于进一步明确营改增有关征管问题的公告》（国家税务总局公告2017年第11号）第九条。
2018年2月1日起	工业以及信息传输、软件和信息技术服务业等三个行业小规模纳税人纳入自行开票试点。见《关于增值税发票管理若干事项的公告》（国家税务总局公告2017年第45号）第二条。
2019年3月1日起	租赁和商务服务业、科学研究和技术服务业、居民服务、修理和其他服务业的小规模纳税人纳入自行开票试点。见《关于扩大小规模纳税人自行开具增值税专用发票试点范围等事项的公告》（国家税务总局公告2019年第8号）第一条。
2020年2月1日	所有行业的小规模纳税人（不含自然人）可以自行开具增值税专用发票。见《国家税务总局关于增值税发票管理等有关事项的公告》（国家税务总局公告2019年第33号）第五条。

（二）机动车销售统一发票

按照税收理论，上游纳税人实际缴纳的增值税，下游纳税人才可以凭借合法凭证进行抵扣。机动车销售统一发票本质上虽属于一种特殊形式的普通发票，不过可以作为进项税额抵扣凭证。

小规模纳税人月销售额未超过 10 万元（按季申报不超过 30 万元）可以享受免征增值税政策，但如果开具了增值税专用发票，不管金额大小均需要缴税，但享受免税政策的小规模纳税人开具的机动车销售统一发票并没有相关要求[1]。

虽然这项政策增加了涉税风险，但税务机关可以依托"金税四期"快速反应机制识别疑点开票行为，以便及时进行风险应对。

1　国家税务总局实施减税降费工作领导小组办公室《2019 年减税降费政策答复汇编》第 64 道问答。

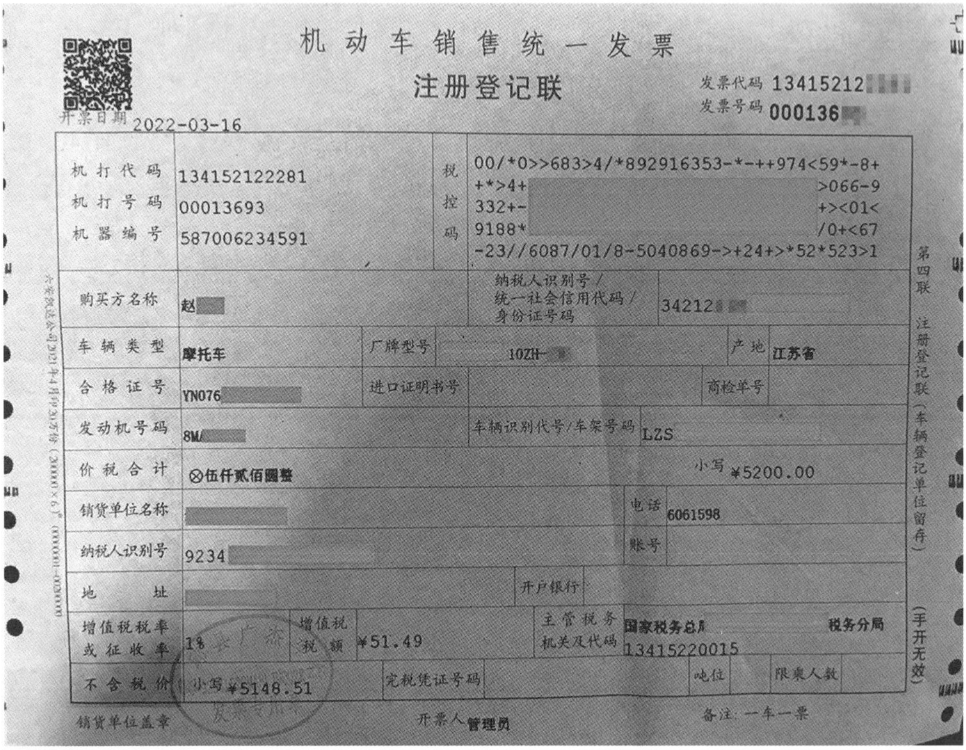

图 3-3　目前使用的机动车销售统一发票

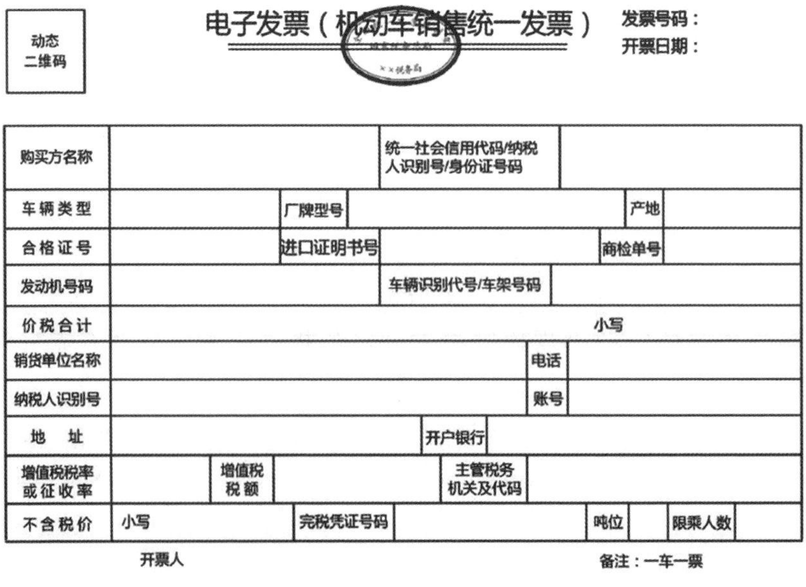

图 3-4　数电票（机动车销售统一发票）（即将上线）

需要注意的是，能够抵扣增值税的凭证是机动车销售统一发票，二手车销售统一发票不能作为抵扣凭证。

动态二维码	电子发票（二手车销售统一发票）			发票号码：开票日期：	
买方单位/个人		单位代码/身份证号码			
买方单位/个人住址				电话	
卖方单位/个人		单位代码/身份证号码			
卖方单位/个人住址				电话	
车牌照号		登记证号		车辆类型	
车架号/车辆识别代码		厂牌型号		转入地车辆管理所名称	
车价合计（大写）				小写	
经营、拍卖单位					
经营、拍卖单位地址			纳税人识别号		
开户银行、账号				电话	
二手车市场		纳税人识别号			
		地址			
开户银行、账号				电话	
备注：				开票人	

图 3-5　数电票（二手车销售统一发票）（即将上线）（不能抵扣增值税）

（三）海关进口增值税专用缴款书

进口环节的增值税由海关代缴，因此海关开具的专用缴款书也可以作为增值税抵扣凭证，不过却需要进行稽核比对，稽查比对的结果分为相符、不符、滞留、缺联、重号五种。

对于稽核比对结果为不符、缺联的海关缴款书，纳税人应当持海关专用缴款书原件向主管税务机关申请数据修改或核对，属于纳税人数据采集错误的，数据修改后再次进行稽核比对；不属于数据采集错误的，纳税人可向主管税务机关申请数据核对，主管税务机关会同海关进行核查。经核查，海关专用缴款书票面信息与纳税人实际进口货物业务一致的，纳税人可以凭此申报抵扣或办理出口退税。

对于稽核比对结果为重号的海关专用缴款书，纳税人可以向主管税务机关申请核查。经核查，海关专用缴款书票面信息与纳税人实际进口货物业务一致的，纳税人可以凭此申报抵扣或办理出口退税。

对于稽核比对结果为滞留的海关缴款书，可继续参与稽核比对，纳税人不需申请数据核对[1]。

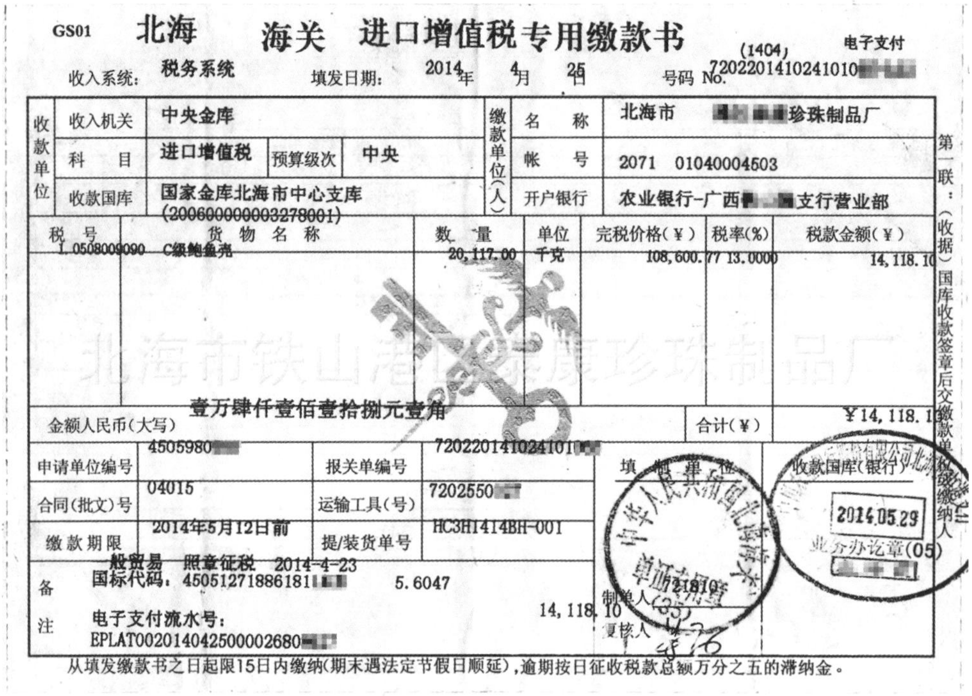

图 3-6 海关进口增值税专用缴款书

（四）农产品收购发票、农产品销售发票

农产品收购发票与农产品销售发票是农业生产者销售自产农产品开具或者使用的发票，并非专门印制的发票，使用的其实就是增值税普通发票。

纳税人向农业生产者个人购买自产农产品时才会开具农产品收购发票，发票左上角通常打印有"收购"两字，税率栏写有"免税"字样，发票通常都由卖方开具，但农产品收购发票却恰好相反，实际上是自己给自己开票。

与农产品收购发票有所不同，农产品销售发票符合日常开票惯例，由作为卖方的农业生产者开具，有的自行领用发票后开具，有的请税务机关代开。农产品销售发票与农产品收购发票的区别在于并不打印"收购"两字。

---

1 《关于增值税发票管理等有关事项的公告》（国家税务总局公告 2019 年第 33 号）第三条。

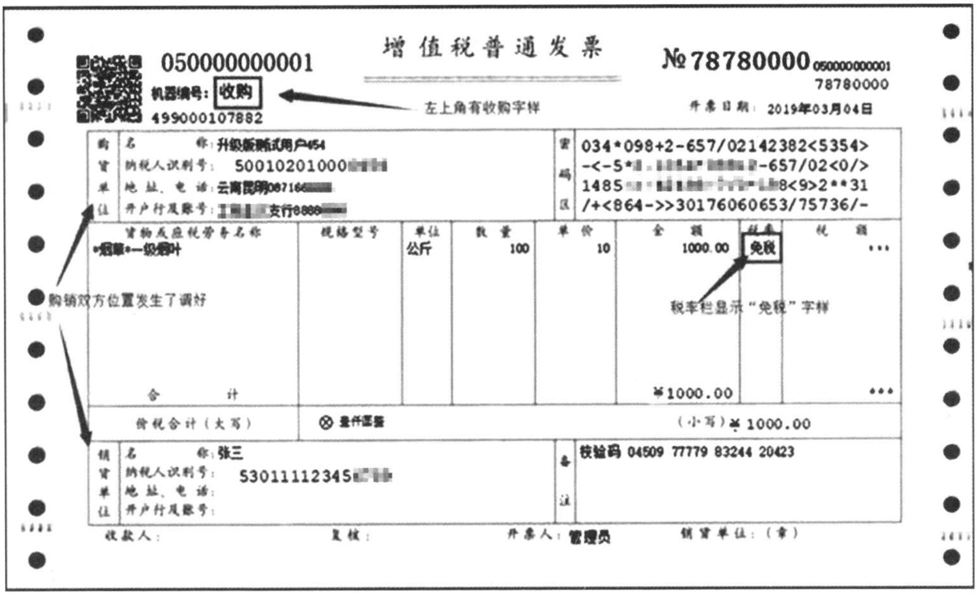
增值税普通发票
050000000001
№78780000 050000000001
78780000
机器编号：收购
499000107882
左上角有收购字样
开票日期：2019年03月04日
购买单位 名称：升级版测试用户454
纳税人识别号：50010201000[redacted]
地址、电话：云南昆明087166[redacted]
开户行及账号：[redacted]支行8888[redacted]
密码区 034*098+2-657/02142382<5354>
-<-5*[redacted]-657/02<0/>
1485[redacted]8<9>2**31
/+<864->>3017060653/75736/-

货物或应税劳务名称	规格型号	单位	数量	单价	金额	税率	税额
*烟草*一级烟叶		公斤	100	10	1000.00	免税	***
合计					¥1000.00		***
价税合计（大写）	⊗壹仟圆整				（小写）¥1000.00		

购销双方位置发生了调好
税率栏显示“免税”字样
销售单位 名称：张三
纳税人识别号：53011112345[redacted]
地址、电话：
开户行及账号：
备注 校验码 04509 77779 83244 20423
收款人： 复核： 开票人：管理员 销售单位：（章）

图 3-7 农产品收购发票

农产品收购发票、农产品销售发票的开具范围主要有：

（1）直接从事植物的种植、收割和动物的饲养、捕捞的单位和个人销售自产的农业产品[1]。上述单位和个人销售外购的农业产品，以及对外购农业产品进行生产、加工后再销售的农业产品不属于开具范围。

（2）对农民专业合作社销售本社成员生产的农业产品，视同农业生产者销售自产农业产品。

（3）纳税人采取“公司＋农户”经营模式，纳税人回收再销售畜禽，制种企业在规定的生产经营模式下生产销售种子，属于农业生产者销售自产农产品。

对承担粮食收储任务的国有粮食购销企业销售粮食、大豆虽然可以免征增值税，但对免税业务只能开具增值税专用发票；享受免征增值税优惠政策的批发零售蔬菜、部分鲜活肉蛋产品、种子、种苗等业务只能开具增值税普通发票，上述两种情况都不能开具农产品收购发票或农产品销售发票。

1 具体范围参见《财政部 国家税务总局关于印发〈农业产品征税范围注释〉的通知》（财税字〔1995〕52 号）。

由于农产品收购发票或农产品销售发票涉及的全都是免税业务，发票上并没有标注税额，因此准许抵扣的税额是计算出来的，也就是用买价（因为有价无税，不需要进行价税分离）直接乘以扣除率，计算得出扣除额。

下面是农产品收购发票农产品销售发票扣除率变化时间线：

1994年1月1日—2001年12月31日	扣除率为10%（见《财政部 国家税务总局关于增值税、营业税若干政策法规的通知》（财税字〔1994〕26号）。
2002年1月1日—2017年6月30日	扣除率升至13%（见《财政部 国家税务总局关于提高农产品进项税抵扣率的通知》（财税〔2002〕12号）。
2017年7月1日—2018年4月30日	扣除率降为11%，但购进用于生产销售或委托受托加工17%税率货物的农产品扣除率仍为13%（见《财政部 国家税务总局关于简并增值税税率有关政策的通知》（财税〔2017〕37号）。
2018年5月1日—2019年3月31日	扣除率降为10%，但购进用于生产销售或委托加工16%税率货物的农产品可以再加计扣除1%（见《财政部 税务总局关于调整增值税税率的通知》（财税〔2018〕32号）。
2019年4月1日以后	扣除率降为9%，但购进用于生产或者委托加工13%税率货物的农产品可以再加计扣除1%（见《关于深化增值税改革有关政策的公告》（财政部税务总局海关总署公告2019年第39号）。

由于农产品收购发票与农产品销售发票的特性，对其进行管理一直是一个难点。

案例：惠州××锯板厂逃避缴纳税款案[1]

2020年10—11月期间，惠州××锯板厂与木材供应商覃某强、杨某荣签订了采购桉木的协议，但覃某强、杨某荣却因缺货迟迟不能交付桉木。为了不影响正常生产，该厂临时从其他木材批发商采购木材，相应木材由木材批发商运输到该厂，货款以现金支付。该厂从批发商处购买的木材也自行开具了农产品收购票并于所属期2020年11月向税务机关申报抵扣，共抵扣增值税36 612.81元，发票所列金额于2020年企业所得税税前扣除，税务机关最终要求其补缴少缴的税款并处于以少缴税款50%的罚款。

覃某强、杨某荣属于农业生产者，惠州××锯板厂向其采购自产的桉木，按照税法规定可以向其开具农产品收购发票，但两人却迟迟无法交付货物，惠州

---

1 处罚文号：国家税务总局惠州市税务局稽查局惠税稽罚〔2023〕58号。

××锯板厂只得向其他木材批发商采购木材，这原本无可厚非，但向农业生产者个人以外的单位和个人购买农产品，应当向对方索取增值税专用发票或者普通发票，但惠州××锯板厂却违法自行开具农产品收购发票，最终遭到了税务机关的处罚。

（五）公路通行费与桥、闸通行费发票

2018年1月1日以后，使用ETC卡或用户卡缴纳的通行费，以及ETC卡充值费可以开具通行费电子发票，不得再开具纸质票据。收费公路通行费电子普通发票左上角标识“通行费”字样，且税率栏次显示适用税率或征收率。注意如果左上角并没有“通行费”字样，“税率”栏显示“不征税”，“税额”不显示金额，那么这种发票就属于不征税发票，不得申报抵扣。

桥、闸通行费是有关单位依法或者依规设立并收取的过路、过桥和过闸费用可以计算抵扣进项税额，其他的纸质通行费发票一律不得抵扣进项，由于票面上并未标注税额，也需要人工计算扣除额，但与农产品收购发票、农产品销售发票有所不同的是需要先计算不含税金额再乘以税率。

桥、闸通行费可抵扣进项税额＝桥、闸通行费发票上注明的金额÷（1+5%）×5%。

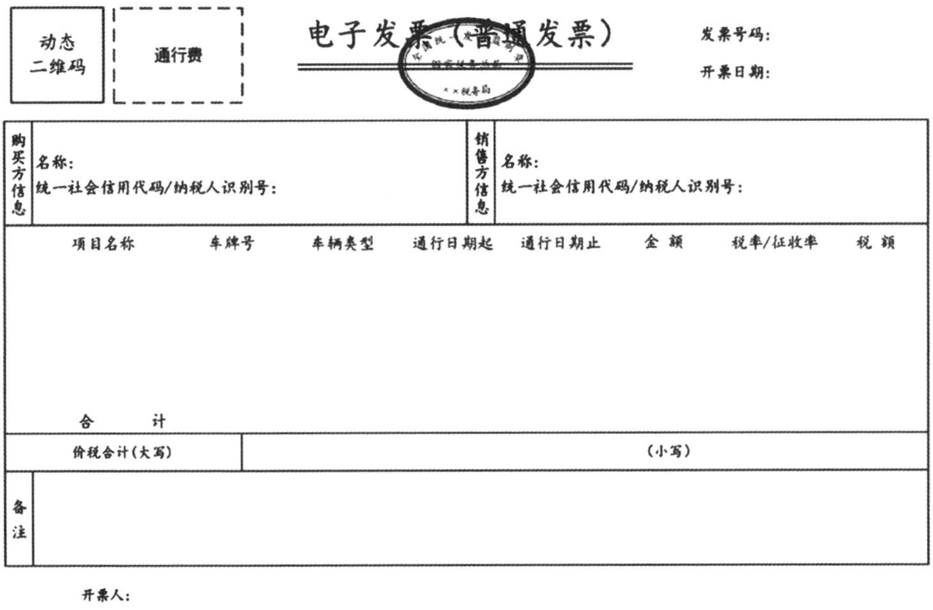
动态二维码　通行费

电子发票（普通发票）

××税务局

发票号码:

开票日期:

购买方信息	名称: 统一社会信用代码/纳税人识别号:	销售方信息	名称: 统一社会信用代码/纳税人识别号:

项目名称	车牌号	车辆类型	通行日期起	通行日期止	金额	税率/征收率	税额
合计							

价税合计（大写）	（小写）
备注	

开票人:

图3-8　数电票（通行费专用）（即将上线）

（六）旅客运输发票

在"营改增"之后，旅客运输服务在很长一段时间内并不允许抵扣增值税，只有 2019 年 4 月 1 日之后开具的符合要求的旅客运输发票才允许抵扣[1]。

允许抵扣增值税凭证通常抬头必须是该企业名称，但旅客运输发票无疑是个特例，旅客运输发票上所载信息为个人信息，但必须与报销人的身份信息一致，报销人必须是本企业职工或是劳务派遣人员。没有旅客身份信息的客票，比如出租车票等暂时还不能抵扣进项税额。由于旅客运输发票通常并不会显示增值税税额，因此也需要手工计算扣除额。

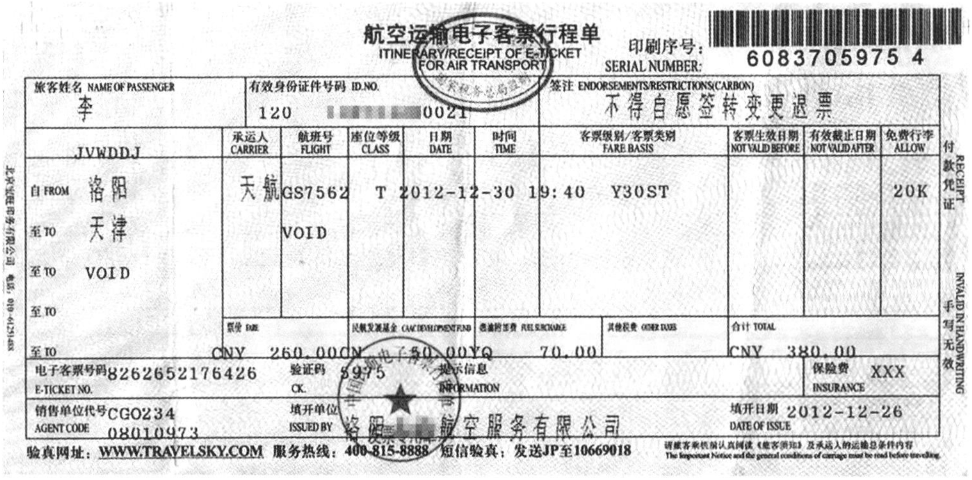

图 3-9　航空运输电子客票行程单（即将停用）

航空旅客运输进项税额 =（票价 + 燃油附加费）÷（1+9%）×9%，燃油附加费可以与票价一起合计计算进项税额，但民航发展基金不计入计算进项税额的基数。

不过数电票（航空运输电子客票行程单）推出后省去了计算的烦恼，票面上票价与燃油附加费均为不含税价格，还会直接显示增值税税额。

---

1 《关于深化增值税改革有关政策的公告》（财政部　国家税务总局　海关总署公告 2019 年第 39 号）第六条。

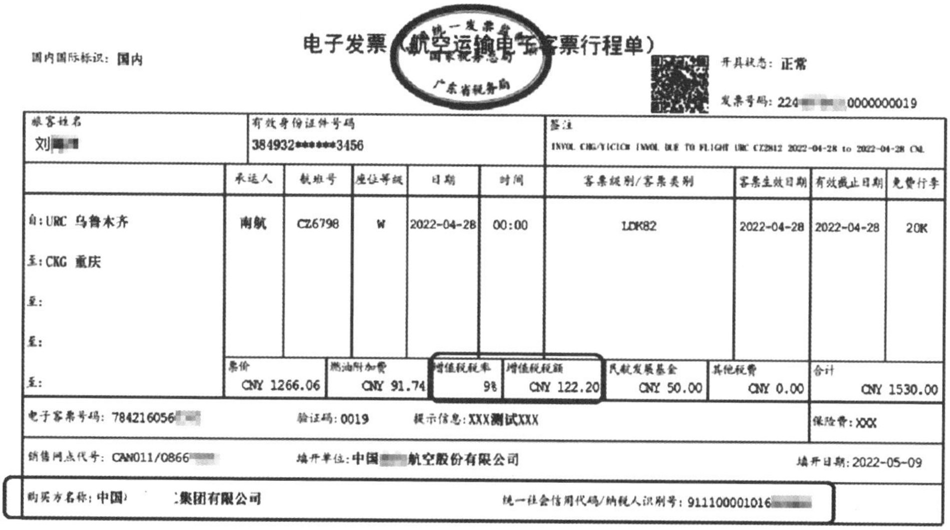

图 3-10　数电票（航空运输电子客票行程单）

之前乘坐火车前需要领取纸质火车票，后来推出铁路电子客票，旅客购票后，铁路运输企业不再提供纸质车票，旅客可以持购票时使用的有效身份证件原件快速、自助进站检票乘车，如果需要报销可以在 180 天内领取铁路电子客票报销凭证，上面会注明"仅供报销使用"。

铁路旅客运输进项税额＝票面金额 ÷（1＋9%）×9%。

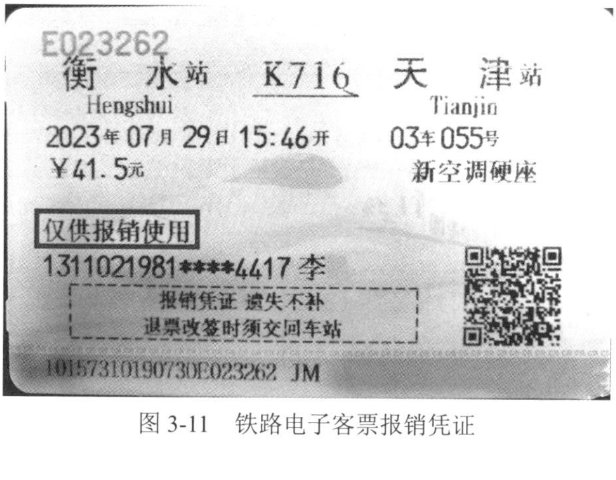

图 3-11　铁路电子客票报销凭证

不过如今又推出了数电票（铁路电子客票），上面也会显示增值税税额，省去了计算的烦恼。

图 3-12　数电票（铁路电子客票）

除了航空运输与铁路运输外，公路、水路等领域还有其他客票，进项税额＝票面金额÷（1+3%）×3%。

除了上述发票外，提供国内旅客运输服务的企业开具的增值税电子普通发票也可以抵扣增值税，其进项税额为发票上注明的税额，但发票品名必须为运输服务。随着"金税四期"的上线，增值税电子普通发票已经基本停用了，如今改为数电票。

图 3-13　国内旅客运输服务企业开具的增值税电子普通发票（已经停用）

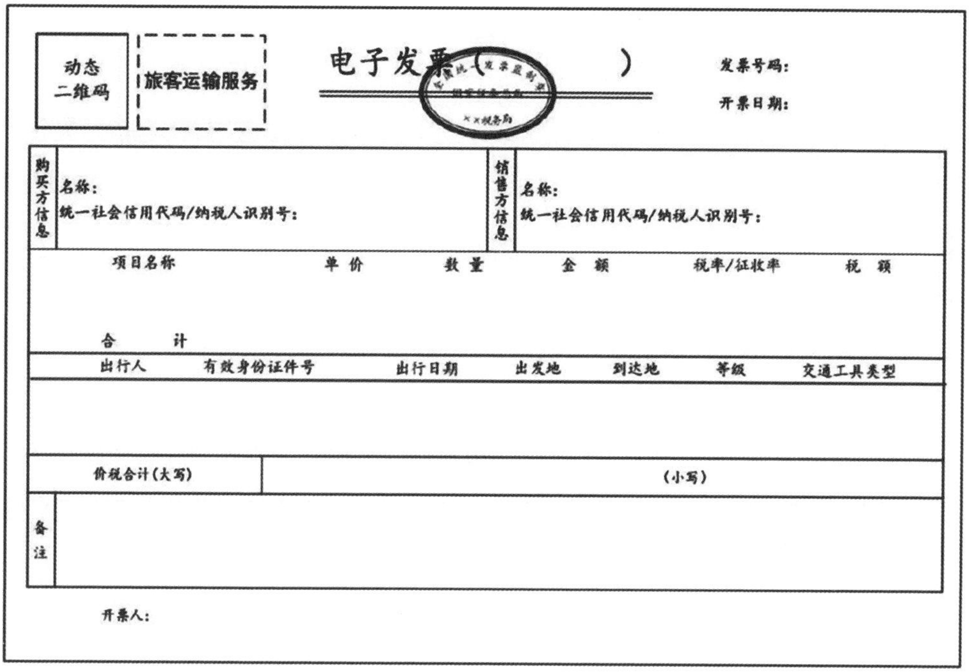
动态二维码
旅客运输服务
电子发票（　　）
发票号码：
开票日期：
购买方信息　名称：
统一社会信用代码/纳税人识别号：
销售方信息　名称：
统一社会信用代码/纳税人识别号：

项目名称	单价	数量	金额	税率/征收率	税额
合计					

出行人	有效身份证件号	出行日期	出发地	到达地	等级	交通工具类型

价税合计（大写）　（小写）
备注
开票人：

图 3-14　数电票（旅客运输服务专用）

如果出行计划有变化，无论是退票，还是改签，通常都会产生一定的费用，纳税人为客户办理退票而向客户收取的退票费、手续费等收入，按照“其他现代服务”缴纳增值税[1]，因此支付退票费时可以要求对方开具增值税专用发票，不过航空运输电子客票行程单上列明的机票改签费，可以按照有关规定计算抵扣进项税，无须另行开具增值税专用发票[2]。

（七）完税凭证

进口货物可以凭借海关专用缴款书抵扣进口环节缴纳的增值税，但劳务、服务、无形资产都不具备实物形态，由于各国税收征管制度存在较大差异，很多国家并没有发票，因此从境外单位或个人购进劳务、服务、无形资产或不动产，自税务机关或者扣缴义务人取得的解缴税款的完税凭证上注明的增值税额准予扣除，但应当留存合同、付款证明和境外单位的对账单或者发票，如果资料不

1 《财政部 税务总局关于租入固定资产进项税额抵扣等增值税政策的通知》（财税〔2017〕90 号）第二条。
2 国家税务总局 12366 纳税服务平台 2020 年 3 月 18 日留言回复。

全，相关进项税额不得从销项税额中抵扣[1]。

二、四种抵扣方式的适用

增值税抵扣通常都是据实抵扣，也就是抵扣凭证上注明的税额或是计算得出的税额是多少就抵扣多少。如果企业购进的货物发生非正常损失，或者改变用途用于简易计税项目、免税项目、集体福利、个人消费，抑或购货方发生销售折让、中止或者退回，那么就需要将之前已经抵扣的进项税额转出。

除了据实抵扣外，增值税还存在另外三种特殊的抵扣方式：第一种是核定抵扣，第二种是加计抵扣，第三种是加计抵减。

核定抵扣主要是为了解决农产品收购发票管理漏洞而推出的具有一定探索性质的特殊抵扣制度，从 2012 年 7 月 1 日开始，以已购进农产品为原料生产销售液体乳及乳制品、酒及酒精、植物油的增值税一般纳税人纳入农产品增值税进项税额核定扣除试点范围[2]。随后为了扩大政策覆盖面，2013 年又授权各省、自治区、直辖市和计划单列市结合本地特点选择部分行业扩大试点范围，逐步探索和建立更加完善的农产品抵扣机制[3]。

实行进项税额核定扣除的企业在抵扣增值税的时候不再与抵扣凭证脱钩而是通过产品生产情况反向推算出进项税额，计算公式为：

当期允许抵扣农产品增值税进项税额 = 当期销售农产品数量 /（1 - 损耗率）× 农产品平均购买单价 × 适用税率 /（1 + 适用税率）；

损耗率 = 损耗数量 / 购进数量。

购进农产品用于生产经营但不构成货物实体的（包括包装物、辅助材料、燃料、低值易耗品等），进项税额按照以下方法核定扣除：

当期允许抵扣农产品增值税进项税额 = 当期耗用农产品数量 × 农产品平均购买单价 × 适用税率 /（1+ 适用税率）。

---

1 《财政部 国家税务总局关于全面推开营业税改征增值税试点的通知》（财税〔2016〕36 号）附件一《营业税改征增值税试点实施办法》第二十六条。
2 《财政部 国家税务总局关于在部分行业试行农产品增值税进项税额核定扣除办法的通知》（财税〔2012〕38 号）。
3 《财政部 国家税务总局关于扩大农产品增值税进项税额核定扣除试点行业范围的通知》（财税〔2013〕57 号）。

除了免税的农产品外，其他农产品大多适用优惠税率，之前是 13%，后来降为 11%，现为 9%。

加计扣除是指纳税人购进用于生产或者委托加工 13% 税率货物的农产品，在一般性规定 9% 扣除率的基础上再加计 1% 的扣除率[1]，也就是按照 10% 的扣除率进行扣除。加计扣除与后面要介绍的加计抵减的区别在于，加计扣除是在销售额的基础上加计，加计抵减是在税额的基础上加计。比如销售额为 100 元，税率为 9%，假设加计扣除率为 1%，那么增加的扣除额为 100×1%=1 元；如果换作是加计抵减率为 1%，那么增加的扣除额为 100×9%×1%=0.09 元。

加计抵减，2019 年 4 月 1 日至 2021 年 12 月 31 日，允许生产、生活性服务业纳税人按照当期可抵扣进项税额加计 10% 抵减应纳税额。2019 年 10 月 1 日至 2021 年 12 月 31 日，生活性服务业纳税人加计扣除额度提高到了 15%[2]，上述政策到期后一直延续执行到 2022 年 12 月 31 日[3]。

允许享受这项优惠政策的纳税人具体指提供邮政服务、电信服务、现代服务、生活服务取得的销售额占全部销售额的比重超过 50% 的纳税人[4]。2019 年 3 月 31 日前设立的纳税人，其销售额比重按 2018 年 4 月至 2019 年 3 月期间的累计销售额进行计算；实际经营期不满 12 个月的，按实际经营期的累计销售额计算。2019 年 4 月 1 日后设立的纳税人，其销售额比重按照设立之日起 3 个月的累计销售额进行计算。

虽然加计抵减政策只适用于一般纳税人，但在确定主营业务时参与计算的销售额，不仅指纳税人在登记为一般纳税人以后的销售额，其在小规模纳税人期间的销售额也是可以参与计算的。比如某公司成立于 2018 年 1 月，当年 9 月登记为一般纳税人，在计算四项服务销售额占比时，应当计算 2018 年 4 月至 2019 年 3 月的销售额。

1　《关于明确增值税小规模纳税人减免增值税等政策的公告》（财政部　国家税务总局公告 2023 年第 1 号）第十一条。
2　《关于明确生活性服务业增值税加计抵减政策的公告》（财政部　国家税务总局公告 2019 年第 87 号）第一条。
3　《关于促进服务业领域困难行业纾困发展有关增值税政策的公告》（财政部　税务总局公告 2022 年第 11 号）第一条。
4　《关于深化增值税改革有关政策的公告》（财政部　国家税务总局　海关总署公告 2019 年第 39 号）第七条。

随着生产生活逐渐走上正轨，2023 年 1 月 1 日至 2023 年 12 月 31 日，邮政服务、电信服务、现代服务业纳税人加计抵扣比例从 10% 降至 5%，生活性服务业纳税人加计抵扣比例降为 10%[1]。2023 年 1 月 1 日至 2027 年 12 月 31 日，允许先进制造业企业（即高新技术企业中的制造业一般纳税人）按照当期可抵扣进项税额加计 5% 抵减应纳增值税税额[2]。对生产销售先进工业母机主机、关键功能部件、数控系统的增值税一般纳税人，允许按当期可抵扣进项税额加计 15% 抵减企业应纳增值税税额。

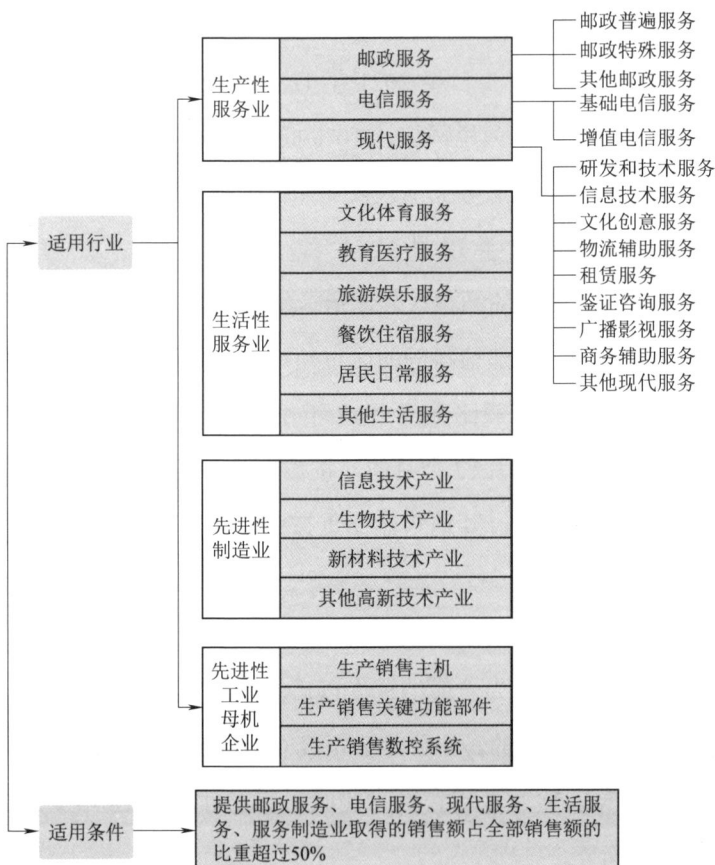

图 3-15 享受优惠政策的生产、生活性服务业纳税人

---

1 《关于明确增值税小规模纳税人减免增值税等政策的公告》（财政部 国家税务总局公告 2023 年第 1 号）第十一条。
2 《关于先进制造业企业增值税加计抵减政策的公告》（财政部 国家税务总局公告 2023 年第 43 号）第一条。

需要特别注意的是一旦发生进项税额转出，需要同时调减加计扣除额，否则将会面临税务机关的核查。

加计抵减有效降低了特定行业纳税人的税负，不法企业虚开发票也有了较大的风险，后面将进行详细介绍。

案例：上海空壳企业虚开发票案

以唐某、张某、高某等人为首的三个职业虚开犯罪团伙为牟取不法利益，在上海市注册成立了 400 余家服务类空壳公司，在没有真实交易的情况下，大肆对外虚开增值税专用发票，帮助受票企业偷逃税款并骗取国家留抵退税。

空壳企业 1 向空壳企业 2 虚开了一张不含税金额为 100 万元的发票，需要缴纳 6% 的增值税。空壳企业 2 拿到这张增值税专用发票后可以加计抵减，也就是可以抵扣 6.9 万税款，如果其开具 115 万的发票，销项税额为 6.9 万元，并不需要缴纳增值税。随着层级的增多，可以虚开的金额也就会变得越来越大，等到了第 20 家空壳企业的时候，它可以抵扣的进项税额增加到 85.39 万元，这也就意味着它可以虚开 1 423.18 万元的增值税专用发票，如果收取 5% 的开票费，就可以获利 71.16 万元，如果扣除最开始缴纳的 6 万元税款，净获利 65.16 万元。

虽然这种犯罪手段很隐蔽，但税务机关通过税收大数据监测到其申报的抵扣金额与企业经营规模严重不符，存在虚开的嫌疑，于是通过层层深挖，最终锁定了这些违法犯罪分子。

随着"金税四期"的上线，发票流、货物流、人员流的溯源能力有了极大提升，税务机关可以便捷地对上游虚开企业和下游受票企业进行全链条打击，因此识时务的企业一定要远离涉税风险。

● 第二节　确认抵扣凭证的勾选

税务数字账户依托税费大数据，以数据集中与共享为途径，彻底打通信息壁垒，形成一套可供多部门使用的全国通用账户。税务数字账户具有极强的开放性，可由纳税人自行开发满足自身需要的子系统接入税务数字账户，成为高度契合纳税人生产经营需要的一站式平台。随着数电票的普及，抵扣增值税进项税额也改由通过税务数字账户进行相关操作。

一、发票的抵扣勾选

数电票全面推广之后，税务数字账户嵌入电子税务局之中，纳税人抵扣时依次选择【税务数字账户】－【发票勾选确认】。首页正中间有"抵扣类勾选""不抵扣类勾选""逾期抵扣勾选"与"注销勾选"四个选项，出口企业还会有【出口退税类勾选】按钮，准许代办退税的企业还会有【代办退税类勾选】。

图 3-16　发票勾选功能路径

"发票勾选确认"页面提供红字发票提醒、取得不得抵扣增值税专用发票提醒、开具或取得的不动产发票不规范提醒、上游风险企业提醒功能，不仅可以查看本属期增值税进项发票已经勾选情况，也可查看当年或以前年度各属期勾选情况。

（一）特殊情况下的勾选

不抵扣类勾选指用于免税项目、集体福利、个人消费、非正常损失等用途的增值税扣税凭证进行勾选，需要录入不抵扣原因。

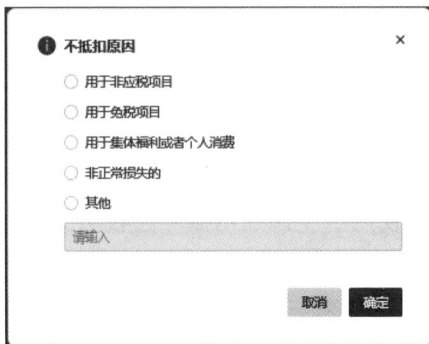

图 3-17　不抵扣原因

增值税一般纳税人取得 2016 年 12 月 31 日以前开具的增值税专用发票、海关进口增值税专用缴款书、机动车销售统一发票、收费公路通行费增值税电子普通发票需要在 360 天内进行认证确认、稽核比对、申报抵扣,之后取得的抵扣凭证取消了相应的时间限制,如果之前开具的抵扣凭证出现了逾期的情形,需要进行"逾期抵扣勾选"。

开票人点击【录入】按钮,显示手工录入框,手工录入相关信息后点击【提交】按钮;如果逾期的发票或者海关专用缴款书数量比较多,还可以点击【清单导入】按钮,下载"逾期抵扣申请发票导入模板"或"逾期抵扣申请海关缴款书导入模板",按照模板要求填写好之后,点击【清单导入】将相关信息批量导入系统。

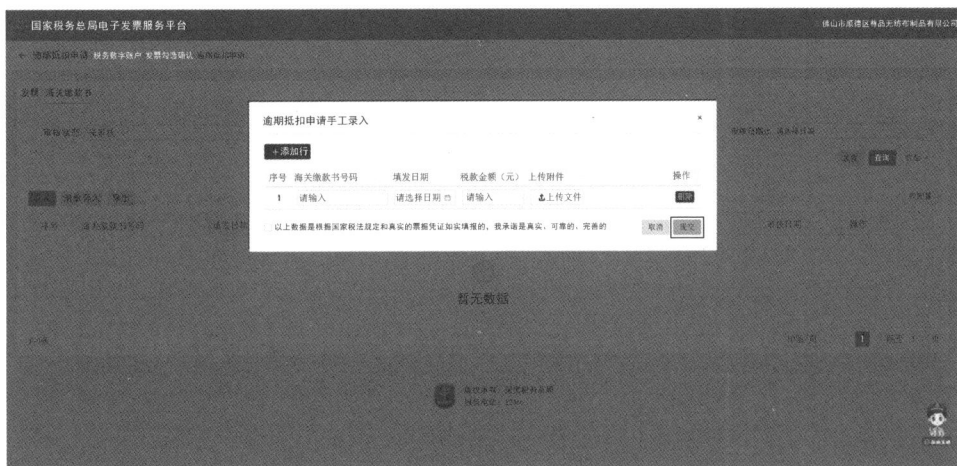

图 3-18 手工录入逾期海关专用缴款书信息

"注销勾选"指办理注销业务时,对当期的扣税凭证进行抵扣统计确认。正常情况下,纳税人当月只申报上个月或者上个季度的增值税,但如果是注销就需要结清当月的税款,需要勾选当月的抵扣凭证。

点击【注销勾选】按钮,系统将会自动弹出提示,询问是否继续。注销勾选与后面即将介绍的抵扣类勾选的操作完全一致,只是选择对象是需要在当月进行抵扣的相关凭证。

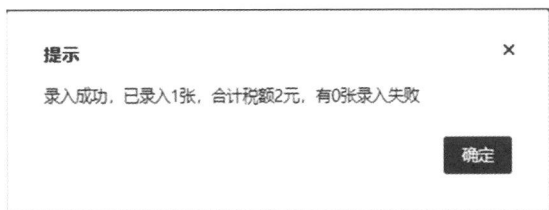

图 3-19 清单导入逾期发票或海关缴款书信息

图 3-20 注销勾选提示

(二)正常抵扣类勾选

纳税人最常用的是抵扣勾选,需要注意的是如果发票风险等级为"疑点发票",那么这张发票就是黄色发票,受票人勾选该类发票时系统将会自动弹出相关提示,此时应当谨慎操作,最好先联系开票方,对开票人目前状态和发票相关信息进行核实确认后再进行勾选。如果风险等级为"异常凭证",那么这张发票就是红色发票,受票人无法进行抵扣勾选。

图 3-21　抵扣类勾选初始化页面

"抵扣勾选"下方并排有【发票】【海关缴款书】【代扣代缴凭证】三个按钮,如果勾选抵扣的是发票就点击【发票】按钮,选择相关发票进行勾选,操作完成之后点击最下方的【提交勾选】按钮。

如果勾选有误,勾选状态选择"已勾选",设置查询截止时间,点击【查询】按钮,可查询当前税款所属期已勾选的全部发票,选择要撤销勾选的发票,点击【撤销勾选】按钮即可。

一般纳税人勾选用于本期抵扣的带有"增值税专用发票"字样的数电票的份数、金额及税额,填列在"增值税及附加税费申报表附列资料(二)"(本期进项税额明细)第 2 栏"其中:本期认证相符且本期申报抵扣"或第 3 栏"前期认证相符且本期申报抵扣"。如果出现了冲红的情况,对应的"红字发票信息确认单"所列增值税税额填列在"增值税及附加税费申报表附列资料(二)"(本期进项税额明细)第 20 栏"红字专用发票信息表注明的进项税额"。

增值税及附加税费申报表附列资料（二）

（本期进项税额明细）

税款所属时间：　年　月　日至　　年　月　日

纳税人名称：（公章）　　　　　　　　　　　　　　　　　　金额单位：元（列至角分）

一、申报抵扣的进项税额				
项目	栏次	份数	金额	税额
（一）认证相符的增值税专用发票	1=2+3			
其中：本期认证相符且本期申报抵扣	2			
前期认证相符且本期申报抵扣	3			
（二）其他扣税凭证	4=5+6+7+8a+8b			
其中：海关进口增值税专用缴款书	5			
农产品收购发票或者销售发票	6			
代扣代缴税收缴款凭证	7		—	
加计扣除农产品进项税额	8a	—	—	
其他	8b			
（三）本期用于购建不动产的扣税凭证	9			
（四）本期用于抵扣的旅客运输服务扣税凭证	10			
（五）外贸企业进项税额抵扣证明	11	—	—	
当期申报抵扣进项税额合计	12=1+4+11			
二、进项税额转出额				
项目	栏次		税额	
本期进项税额转出额	13=14 至 23 之和			
其中：免税项目用	14			
集体福利、个人消费	15			
非正常损失	16			
简易计税方法征税项目用	17			
免抵退税办法不得抵扣的进项税额	18			
纳税检查调减进项税额	19			
红字专用发票信息表注明的进项税额	20			
上期留抵税额抵减欠税	21			
上期留抵税额退税	22			
异常凭证转出进项税额	23a			
其他应作进项税额转出的情形	23b			

图 3-22　增值税及附加税费申报表附列资料（二）

二、海关专用缴款书与代扣代缴完税凭证的抵扣勾选

如果需要进行抵扣的是海关专用缴款书，那么就点击【海关缴款书】这个按钮，勾选状态选择"未勾选"，输入截止时间，查询到想要勾选的海关专用缴款

书,选中之后点击最下方的【提交勾选】按钮,撤销勾选方式与发票一样。

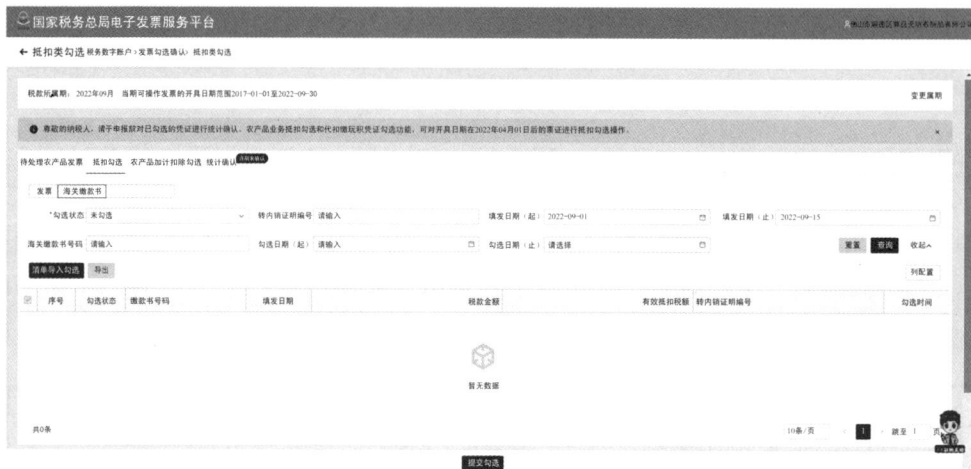

图 3-23 海关专用缴款书的抵扣勾选

抵扣勾选代扣代缴完税凭证时只需选择【海关缴款书】旁边的【代扣代缴完税凭证】,其他操作与海关专用缴款书一样。

三、农产品抵扣勾选

农产品一直是税务管理的重点和难点,能够抵扣的凭证包括增值税专用发票、农产品收购发票、农产品销售发票与海关进口增值税专用缴款书四类,发票还可进一步分为电子服务平台开具的数电票、传统的增值税发票管理系统(即防伪税控系统)开具的税控票以及税务机关的代开票。

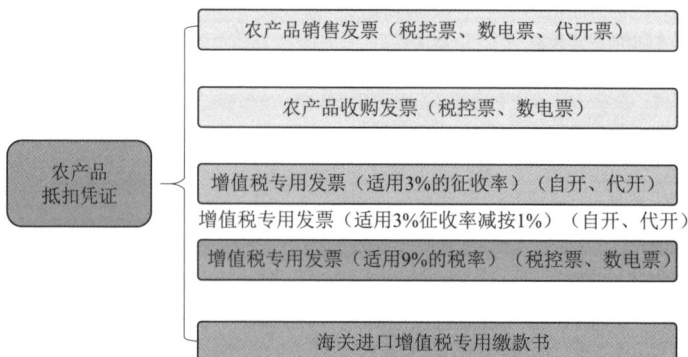

图 3-24 农产品抵扣凭证分类

农产品企业取得增值税一般纳税人开具的适用 9% 税率的增值税专用发票准予按照上面载明的增值税税额进行抵扣,与其他纳税人并无差别,不过取得增值税小规模纳税人自开或者代开的涉及农产品的增值税专用发票就要注意了，如果取得的是适用 3% 征收率的增值税专用发票，可以按照发票上注明的金额和 9% 的扣除率计算进项税额[1]；但如果取得的是减按 1% 征收率开具的增值税专用发票，只能按照票面税额，也就是销售额的 1% 进行抵扣[2]，两者相差了 8 个百分点。

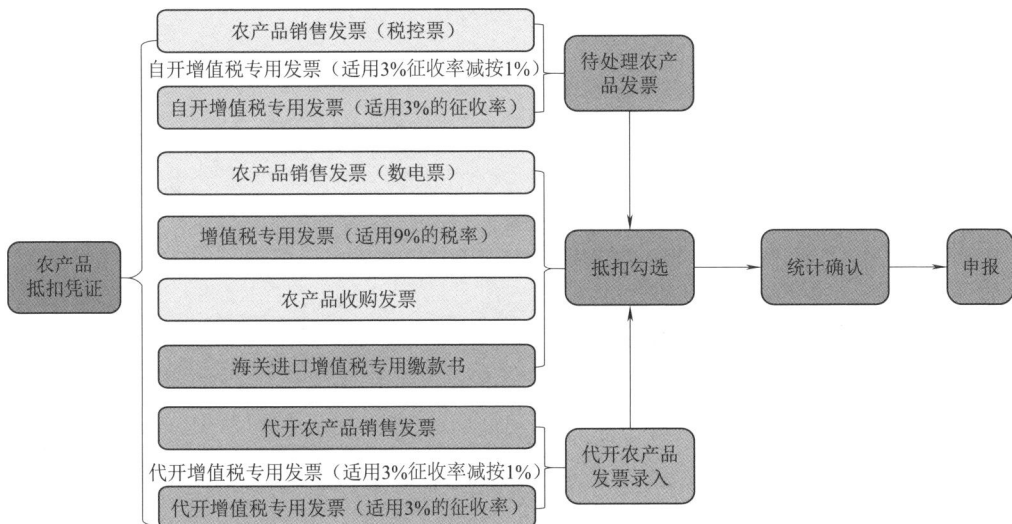

图 3-25　农产品抵扣凭证处理

不同类别的农产品抵扣凭证的处理方式有着很大的差异，农产品销售发票（税控票）、增值税小规模纳税人自开的增值税专用发票在税务数字账户中属于"待处理农产品发票"，需要先在系统中行进行处理，依次点击【发票勾选确认】—【抵扣类勾选】—【待处理农产品发票】。

需要注意的是纳税人启用电子发票服务平台次月开具的发票才能够进行下面的操作，当月及之前开具的相关发票仍旧按照原有方法进行处理，也就是自行计算可抵扣税额后填入《增值税及附加税费申报表附列资料（二）》（本期进项税额明细）第 6 行"农产品收购发票或者销售发票"。

录入"开票日期起""开票日期止""是否处理"三个必录查询条件后，点击【查询】按钮，根据实际情况选择"类型"，点击【提交】按钮，查找想要进行操作的发票。

---

1 《财政部　国家税务总局关于简并增值税税率有关政策的通知》（财税〔2017〕37 号）。

2 《餐饮行业涉税风险手册》（国家税务总局佛山市税务局编）（2023 年 7 月）。

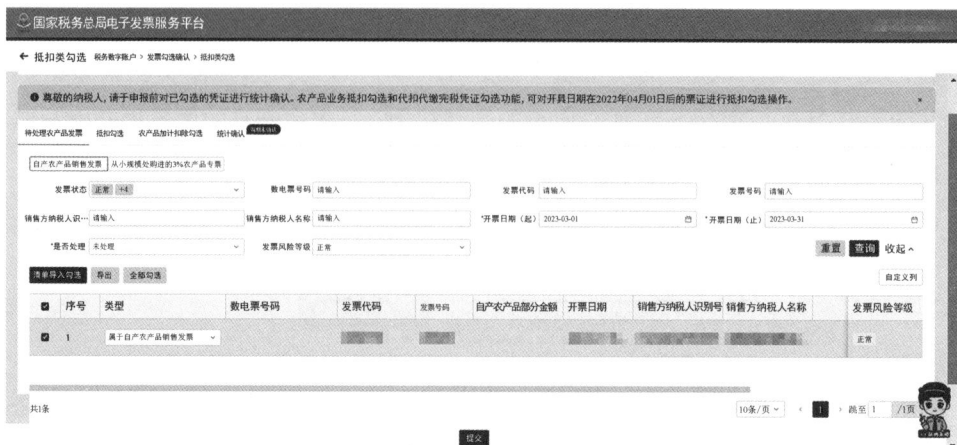

图 3-26 抵扣勾选从小规模处购进的 3% 农产品发票

如果需要处理的是农产品销售发票（税控票），由于开具时并没有添加相关标签，系统无法自行判断究竟是否属于自产农产品销售发票，所以需要点击【自产农产品销售发票】按钮进行信息录入。

同一张发票上既有免税的自产农产品，也有不免税的其他农产品，那么这张发票就属于"部分属于自产农产品发票"。纳税人需要在"农产品部分金额"一列中填入相关金额，之后系统会按照该金额 ×9% 计算可抵扣税额，自动带入【抵扣勾选】页面，后续纳税人需要在【抵扣勾选】页面进一步进行勾选确认操作。

图 3-27 部分属于自产农产品销售发票

纳税人开具的适用 3% 征收率的增值税专用发票可以与农产品收购发票、农产品销售发票一样按照票面金额适用 9% 的抵扣率，但需要纳税人对其进行确认，确认究竟是"按票面税额抵扣"（即常规抵扣模式），还是"按票面金额和基础扣除率计算扣除"（即计算抵扣模式），但不能自行填写金额。确认完成之后，纳税人在【抵扣勾选】界面进行勾选确认操作。

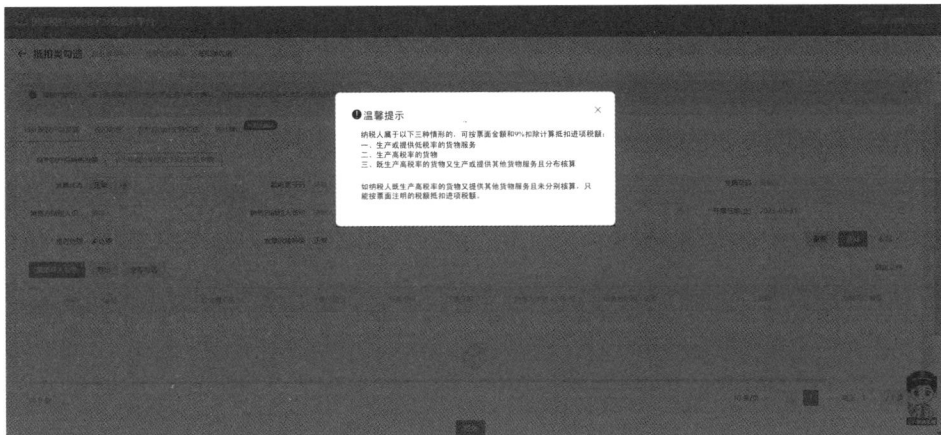

图 3-28 按票面金额和 9% 抵扣率计算的提示

对于小规模纳税人来说，其开具的征收率为 3%，减按 1% 的增值税专用发票必须要分开核算，否则其开出的增值税专用发票只能按照票面税额进行抵扣。

图 3-29 抵扣选择

目前税务机关只能代开纸质票，还不能代开数电票，因此税务机关代开的农产品销售发票、增值税专用发票也没有商品编码，系统无法自动识别是否为农产品发票，需要点击【代开农产品发票录入】按钮采集相关抵扣信息。

填写"发票代码""发票号码"之后，系统将会自动校验上述信息，校验通过之后将会自动带出"开票日期""销售方纳税人识别号""销售方纳税人名称""金额""税额"等开票信息，不过却无法识别税额之中究竟有多少是农产品涉及的税额，需要纳税人手动填写的"有效抵扣税额""农产品部分票面金额"与"农产品部分票面税额"。

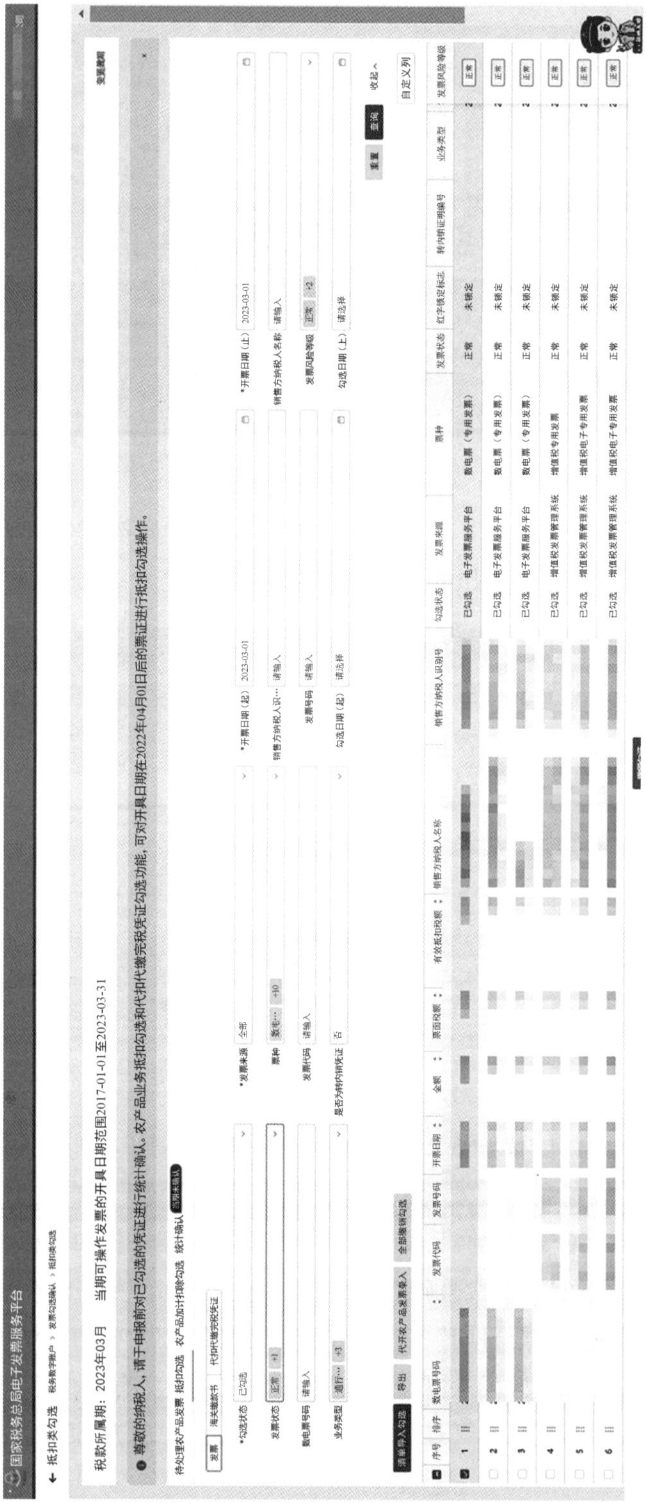

图 3-30 代开农产品发票录入

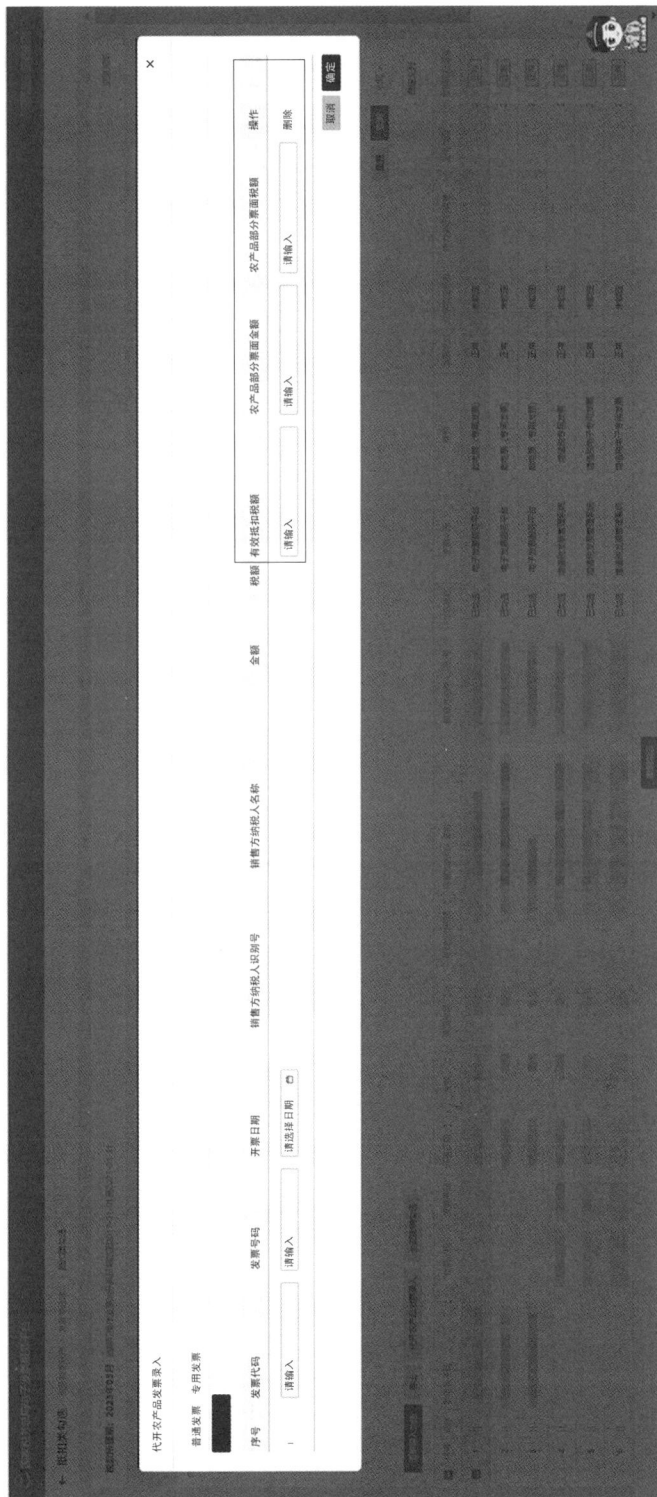

图 3-31 手动填报信息

在不久的将来，税务机关将会开通数电票代开业务，在线申请、线上代开并通过数字账户交付，避免了纳税人领票、交付两头跑。在税务机关之前代开的纸质票上，代开方信息只能填列在备注栏，无法实现信息的自动比对分析，数电票代开业务上线后，代开方信息将会体现在"销售方信息"中，彻底实现了代开方信息的实时采集与事后分析。

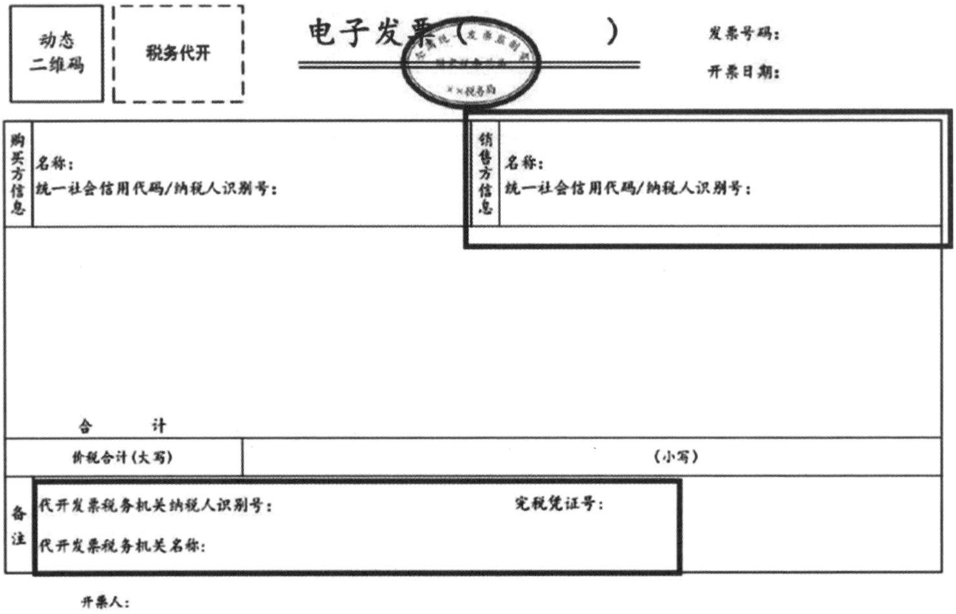

图 3-32　数电票（专用于税务代开）

农产品销售发票（数电票）、农产品收购发票、增值税专用发票（适用 9% 的税率）、海关专用缴款书可以直接进行抵扣勾选，此时已经处理完毕的待处理农产品发票与已采集的代开农产品发票也可以在勾选列表中看到。

已实际领用的农产品涉及的相关发票在完成"抵扣勾选"后、"统计确认"之前，农产品深加工企业还可以点击【农产品加计扣除勾选】按钮。购进用于生产或者委托加工 13% 税率货物的农产品可以加计扣除 1%，不过需要向主管税务机关提出申请，开通加计抵扣确认功能，注意上述方法不适用于实行核定扣除的纳税人。

涉及农产品的海关专用缴款书如果在系统中没有显示，可以点击【农产品加计扣除勾选】，再点击【发票】旁边的【海关缴款书】按钮，手工录入相关信息，录入成功后便可以看见该发票信息，进行加计扣除的方法与发票一样。

图 3-33　加计扣除

上述操作完成之后，点击【农产品加计扣除勾选】旁边的【统计确认】按钮，系统将会自动出现抵扣类勾选统计结果，需要注意的是做过进项税额转出的异常凭证在解除异常状态后，勾选时将会单独进行统计。

图 3-34　统计结果

统计结果核对无误之后，点击最下方的【统计确认】按钮，出现弹窗提示。

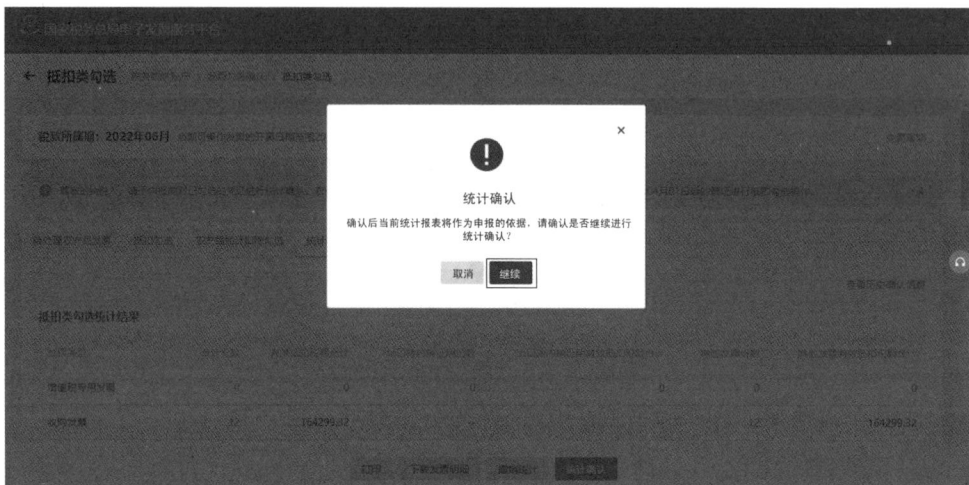

图 3-35　统计确认弹窗

如果确认无误，纳税人可以点击【继续】按钮，弹窗消失后会显示相应的勾选抵扣结果。此时下方按钮变为【撤销确认】，如果纳税人对统计确认结果有异议，还可以撤销，重新进行勾选抵扣。

图 3-36　撤销确认

电子发票服务平台不仅扩大了抵扣凭证勾选范围，更为重要的是增值税纳税申报从过去的手工计算填报变为系统自动预填，系统将会根据纳税人对抵扣凭证勾选扣除情况自动将相关数据预填至申报表中，解决了农产品等特殊业务进项税额计算困难、容易出错的问题，极大地提高了申报的准确性，减轻了纳税人的申报负担，起到了寓管理于服务的作用。

四、出口退税与代办退税勾选

出口的货物、劳务或者服务对应的增值税抵扣凭证需要点击【出口退税勾选】，也是先查询需要勾选的发票，选择后点击"提交勾选"按钮，系统将会自动弹出提示，确认无误后点击"确定"按钮。

图 3-37　出口退税类勾选查询界面

图 3-38　出口退税勾选确认弹窗

发票勾选提交成功后，发票勾选状态由"未勾选"变为"已勾选"。

图 3-39   "已勾选"

勾选完成后，点击【出口退税勾选】旁边的【用途确认】，核对统计数据无误后，点击页面最下方的【用途确认】按钮，系统将会弹出提示框，出口退税凭证一经用途确认便不可撤销，只有在确认无误后才能点击【继续】按钮。

图 3-40   用途确认

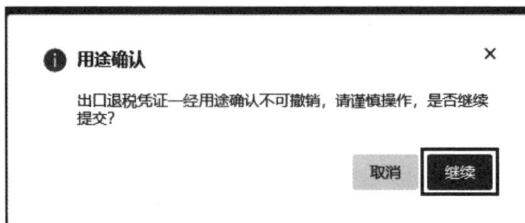

图 3-41   用途确认提示

有时外贸综合服务企业会代国内生产企业办理出口退税事项，生产企业代办退税的出口货物应先按出口货物离岸价和增值税适用税率计算销项税额并按规定申报缴纳增值税，同时向外贸综合服务企业开具备注栏内注明"代办退税专用"的增值税专用发票，该发票不得作为外贸综合服务企业的增值税抵扣凭证[1]。

对于具有代办退税标识的发票，纳税人可以进行代办退税勾选，将勾选状态设置为"未勾选"，选择"发票来源"和"发票状态"等必录项后便可查询到相关发票，选中需要勾选的发票，点击页面最下方的【提交勾选】按钮。代办退税勾选与出口退税勾选一样只要一经确认就不能撤销。

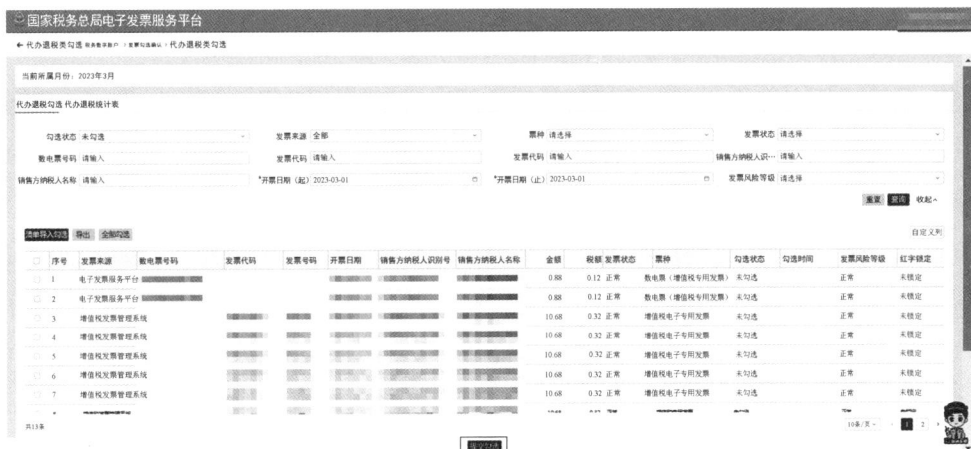

图 3-42　代办退税勾选页面

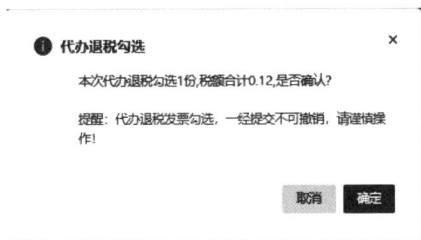

图 3-43　代办退税勾选提示

点击【代办退税勾选】旁边的【代办退税统计表】，查询所属月份的代办退税勾选数据统计表，点击份数，可以查看到已经勾选的发票信息，点击"导出"就可以把发票信息从系统中导出来。

1　《关于调整完善外贸综合服务企业办理出口货物退（免）税有关事项的公告》（国家税务总局公告 2017 年第 35 号）第六条、第七条。

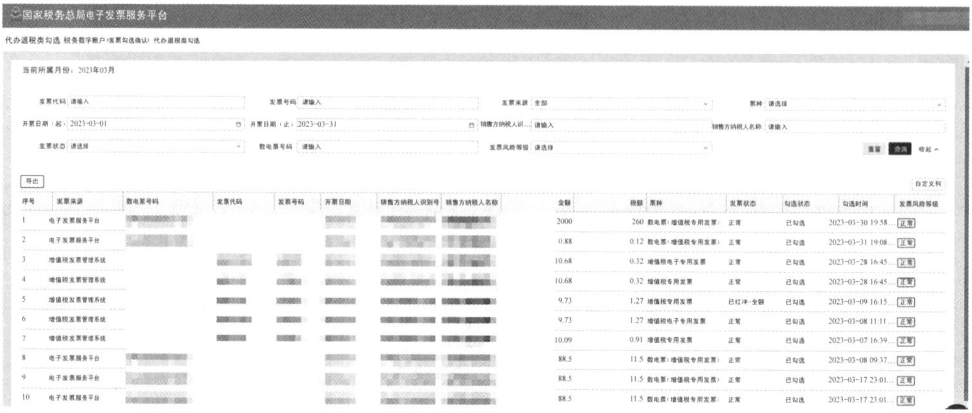

图 3-44　所属月份已勾选发票信息

如果纳税人将出口货物的增值税抵扣凭证错误地进行了"抵扣类勾选"，只能向主管税务机关申请更正，主管税务机关在核实确认相关进项税额已经转出后，为其调整发票用途。如果纳税人将内销的增值税抵扣凭证的发票用途错误地进行了"出口退税勾选"或"代办退税勾选"，也必须要向主管税务机关申请更正。如果纳税人尚未申报出口退税，经主管税务机关确认后，系统将会取消相关发票的用途，纳税人可以重新确认发票用途；如果已经申报办理了出口退税，只能向主管税务机关申请开具出口货物转内销证明，因此出口企业在确认发票用途时一定要谨慎操作！

第三节　抵扣凭证的入账

税务数字账户还为纳税人提供了发票入账功能，主要是为了防范数电票重复入账归档，避免纳税人少缴企业所得税。

点击【税务数字账户】－【发票入账标识】按钮，点击【发票】【海关缴款书】或【代扣代缴凭证】按钮，设置查询条件，入账状态选择"未入账"，查询到想要入账的凭证并进行勾选，点击【批量选择入账用途】按钮，弹出入账状态选择框，点击【确定】按钮，所有被勾选的发票将会同时入账，也可以单独对一张或者几张发票进行入账。

除了通过查询方式进行入账操作外，纳税人还可以选择【清单导入】，导入成功后系统将会自动读取数据并展示数据读取情况，如果文件信息导入失败，点击"下载疑似异常与入账失败明细"便可将失败原因以 Excel 格式导出至本地硬盘进行查看。

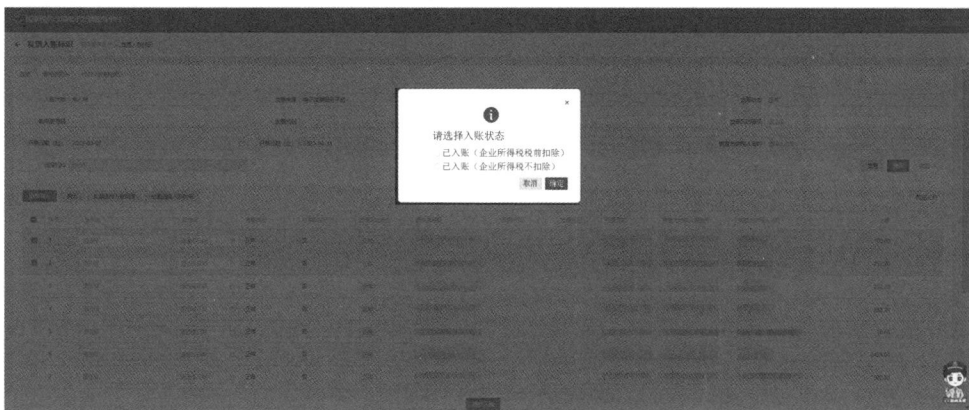

图 3-45　批量入账模式

图 3-46　单张发票入账模式

图 3-47　入账后界面

已经入账的发票可以进行入账调整，比如将"已入账（企业所得税税前扣除）"调整为"已入账（企业所得税税前不扣除）"。

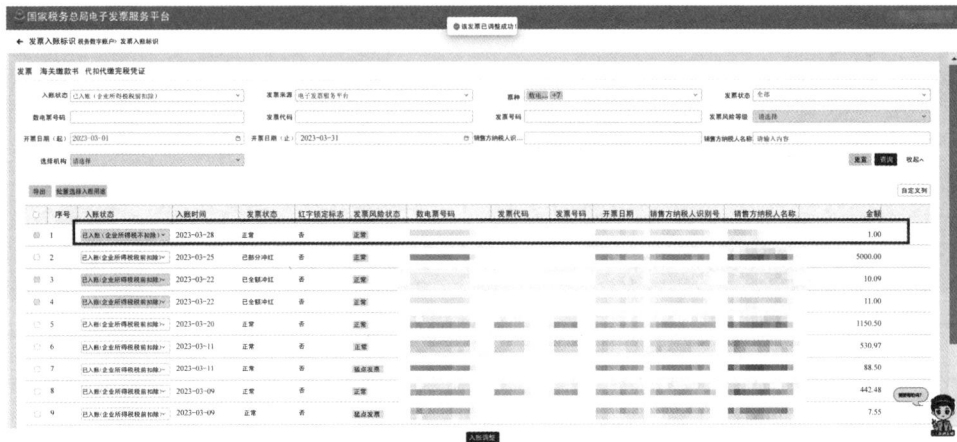

图 3-48　入账调整

海关专用缴款书与代扣代缴完税凭证的入账操作方法与发票一致，在此不赘述。

第四章 "金税四期"引发的新变革

随着数电票在全国的大面积推广,《电子发票全流程电子化管理指南》也应运而生,为会计资料的电子化指明了方向,也将对财务制度产生重大而又深远的影响。

● 第一节 数电票催生了"划时代"变革

一、发票查验真伪

之前很多财务人员很头疼的一件事就是查验发票的真伪,如今电子发票服务平台(包括网页端、客户端、移动端和数据接口服务渠道)可以为纳税人提供7×24小时在线的发票查验服务。

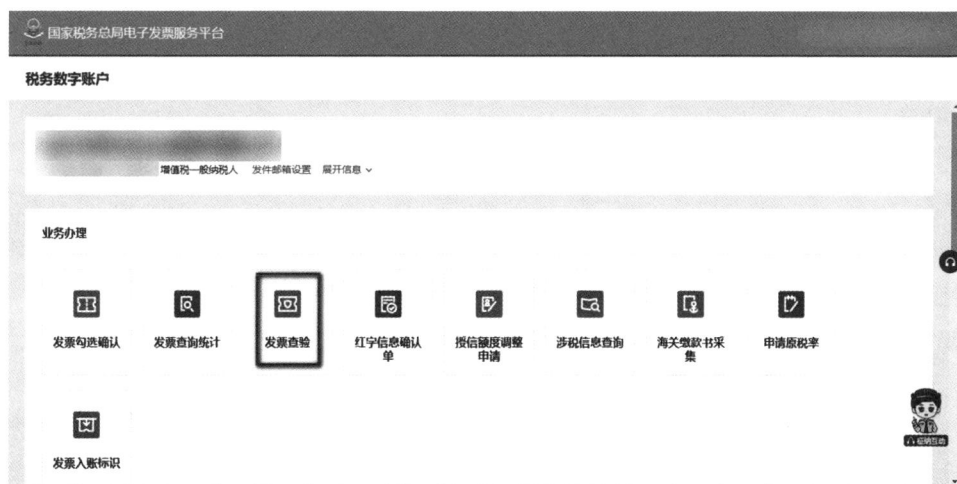

图 4-1　发票查验

发票查验分为"单张查验"与"批量查验"两种,单张查验时,如果是数电票只需填写"发票来源""数电票号码""开票金额"三个必录项就可以点击【查验】，系统将会在下方显示查验结果，如果没有问题，查验结果一栏将会显示"经查验，发票信息一致"。

图4-2　查验结果

如果需要查验的发票量比较大，需要先下载"电子发票服务平台发票批量查验模板"，按照模板要求填写相关信息，然后点击【选择文件】，将模板信息导入系统，点击【查验】按钮，系统将会显示上述发票的查询结果。

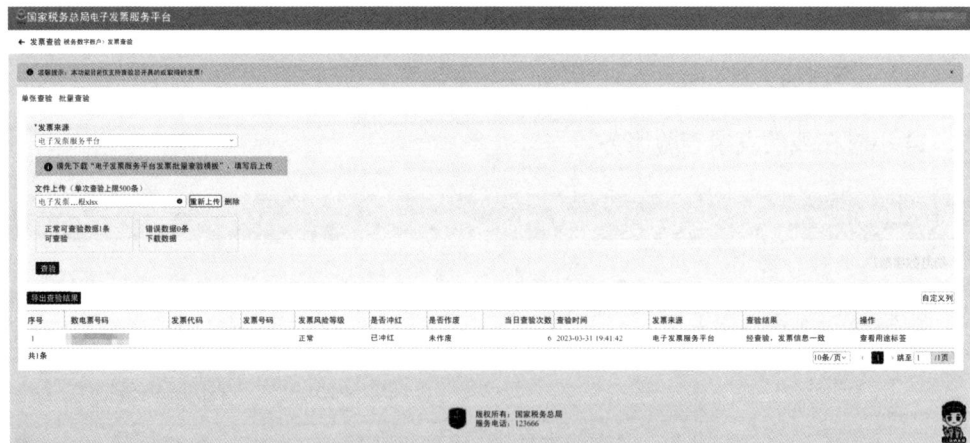

图4-3　电子发票服务平台发票批量查验模板

二、新型报销模式

拥有在线财务系统或者报销系统的企业可以在线完成发票的归集、登记、验真、审批等流程。

报销人在线填写报销单，将数电票与其他原始凭证、相关资料的扫描件上传至财务系统或者报销系统进行归集，系统自动读取票面信息并在线开展相关审核工作，在数电票查验通过之后启动报销审批流程，其所在部门负责人、财务部门负责人、财务总监等审批人员可以在线进行审批，审批完成之后将会形成电子报销单，系统根据报销单上的报销金额生成支付数据，将相关资金划入相关账户。

如果企业目前还不具备在线报销条件，那就只能先沿用传统的报销模式，报销人启动报销流程之后，财务人员完成电子发票的查重、验真与登记。

报销人采用打印纸质件方式进行审批，报销人将打印好的数电票与报销单、其他原始凭证、相关资料一同进行报销审批，同时将数电票电子原件通过电子邮箱等通信方式传输至报销审批人，随后再传送给财务人员入账。

当然报销人也可以仅填写纸质报销单并附加其他原始凭证、相关资料，数电票并不打印，通过电子邮箱等通信方式传输至报销审批人，随后再传输财务人员入账。

三、电子会计档案的归档

如今会计凭证被装订成一本一本的，耗时耗力又耗钱，一旦发生火灾等自然灾害，或是人为损毁之后，将会很难复原。数电票彻底取代纸质票之后，实行财务在线归档管理的单位可以彻底实现会计档案的电子化，通过档案备份的方式防止丢失损毁。

在不久的将来，税务机关甚至会为有需求的企业免费提供电子会计资料的在线存储业务，纳税人再也不用为会计资料的保存而发愁。如果需要对有关企业进行税务检查，经过严格的审批程序之后，税务检查人员可以直接调取相关会计资料，财务人员再也不用将一摞摞厚重的会计资料搬来搬去。

当然纳税人也可以选择自行购置或者租赁相关服务器，在线报销完成之后，相关财务数据自动在线储存在服务器上，还可以采取线上与线下相结合的方式，将电子会计凭证备份存储在存储介质中。

通过线下储存介质储存电子会计资料的企业需要从系统下载电子会计凭证、会计账簿、财务报表等电子会计资料，采取"年度—会计资料类型代码—月份—8位顺序号"的方式命名，会计凭证的类型代码为"PZ"，会计账簿的类型代码为"ZB"，财务报告的类型代码为"BG"，其他会计资料的类型代码为"QT"。

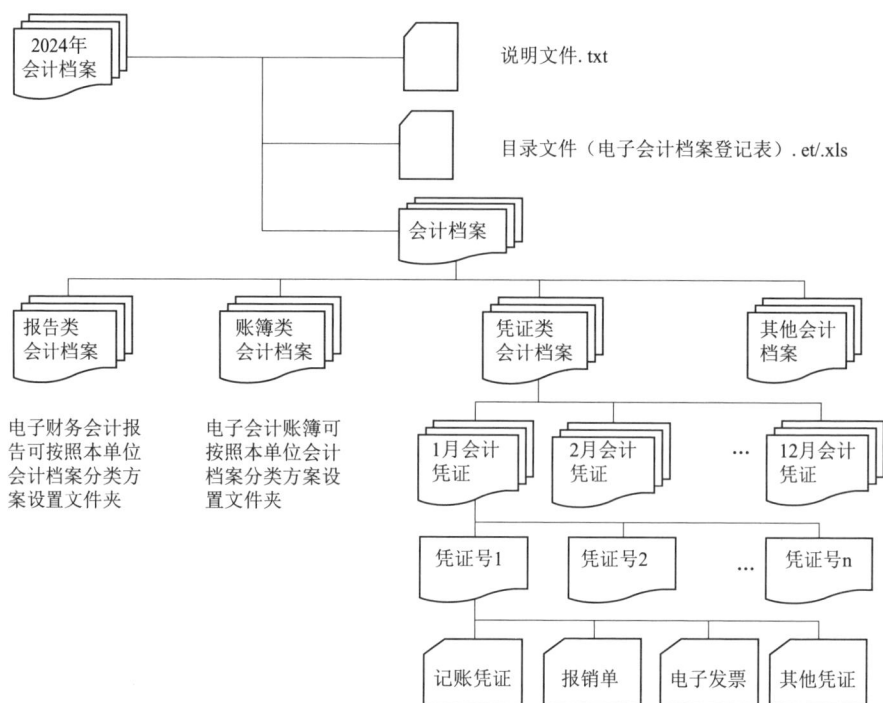

图 4-4　电子会计档案存储结构图

上述会计资料通过真实性、完整性、可用性与安全性检测之后便可以进行组件，也就是将同一凭证号的电子会计凭证拷贝至同一个文件内并按照记账凭证、报销单、电子发票（包括数电票、纸电票、纸质票扫描件）、其他附件的顺序进行排列，一个文件夹视为一件。电子会计账簿按照科目、会计周期，结合单个电子文件可存储的数据量进行组件，每个会计周期为一件。电子财务报告按照会计周期进行组件，一个会计周期为一件。

组件完成之后，根据分类方案和电子资料顺序以件为单位通过确定文件夹名的方式依次排列，编制档案号，按照《会计档案管理办法》的相关规定合理确定保管期限，编制电子会计档案目录和说明文件，说明文件应当包含电子会计档案内容、电子会计档案数量、移交人以及其他需要说明的情况，如：2024 年 1—12月电子会计凭证，共计 6 666 件，李四移交。

电子会计资料移交时需要进行接收检测，检测合格之后填写纸质"归档登记表"，否则档案管理人员可以拒绝接收。检测合格的电子发票至少要备份一份，存储在磁盘、U 盘或者光盘等存储介质中。

四、电子会计档案的管理

企业应当为会计档案的安全存储配置适当的存储设备，档案人员需要定期进行检测，尤其是进行读取速度测试与病毒检测。

企业还应对电子文件来源真实性进行检测，对电子文档所包含的数字摘要、电子签名、电子印章、时间戳等技术措施进行验证；对文件内容真实性进行检测，电子文件的内容数据与元数据或电子台账记录的信息是否一致。

对电子文件数据总量进行检查，归档登记的电子发票数量、字节数与实际归档的电子发票数量是否相符；对电子文件内容完整性进行检测，是否有对应的内容数据，内容数据是否齐全完整；对元数据或电子台账完整性进行检查，逐项比对电子发票内容数据与元数据或电子台账记录的数据。

对电子文件内容可用性进行检测，电子文件的数据格式是否符合归档要求，内容数据是否可以被正常浏览，同时对电子文件软硬环境进行检查，判断软硬件环境是否符合长期保管的要求。

● 第二节　统一身份管理平台实现了"穿透式"管理

统一身份管理平台上线的目的是打造税务网络可信身份，也就是税务人、纳税人和缴费人在税务网络空间中参与各类网络活动，由法定身份映射而来且符合业务场景对身份信任度要求的网络身份。

统一身份管理平台实行一地采集，各地互认，支撑标准化、分等级的身份认证；支撑规范、统一的基础权限管理；支撑业务系统密码应用需求；支撑跨地区、跨部门身份协同，促进一网通办与信息共享，同时强化了实名认证，扩展了"人企"关联管理，将涉税人员划分为法人代表、财务负责人、办税员、代理人、开票员五类，通过口令、短信、扫脸、数字证书、手机协同签名等多因子组合身份认证，替代了基于税控设备的身份认证，实现了"穿透到人"的管理。

统一身份管理平台分为税务人端与纳税人端，税务人身份在统一身份平台有两层意义，一层是税务人员身份，身份平台自动生成，全网唯一，终生唯一；另一层是税务岗位身份，根据所在单位、所在部门、所在岗位赋予相应的权限，依据税务人员工作调动、抽调、借调、挂职等情形进行相应的调整或终止。

税务人员在操作核心征管系统（即"金税三期"）时必须要先登录统一身份管理平台，每位税务人员都需要提前采集证件类型、证件号码、姓名和手机号码而且还要进行实名核验，将个人信息与税务人员代码进行绑定，以便事后追溯某个流程究竟是谁来操作完成的，一些重点业务在操作过程中还会通过向本人发送手机验证码的方式进行验证，进一步确认操作人员究竟是不是本人！

下面我们重点介绍一下纳税人端的有关内容。

一、个人身份信息采集

统一身份管理平台嵌套在电子发票服务平台等信息系统之外，也就是在进行相关操作之前必须要进行实名认证。

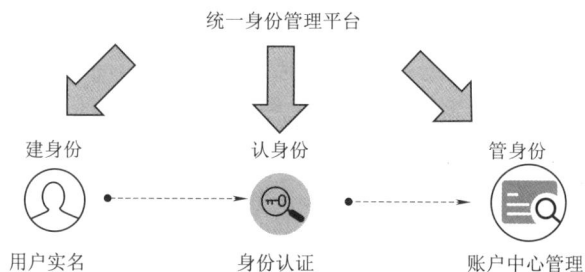

图 4-5   统一身份管理平台

用户注册环节同步完成身份信息校验、基本资料填写与实名认证，如果之前已经进行过实名线上注册，可以通过已采集的手机号接收的验证码完成验证，无须重复采集个人信息。

如果当前手机号在统一身份管理平台已经存在，需要将与该手机号绑定的其他用户置空，置空之后，如果日后仍旧需要使用该用户，还可以通过其他方式找回或者更换手机号码。

二、三类业务的认证方式

统一身份管理平台登录界面分为"企业业务""自然人业务"与"代理业务"三大类，如果办理的是企业业务，登录方式有快捷登录、证书登录与特定主体登录三种。

快捷登录时，操作人员需要输入企业的统一社会信用代码或者纳税人识别号，但密码却并非企业密码而是个人密码。鉴于当事人进行相关涉税操作之后需要承担相应的法律责任，因此企业业务与代理业务均采用双重认证模式，也就是在密码验证的同时，还需要进行扫脸认证或者验证码认证，从而保证操作者就是本人。

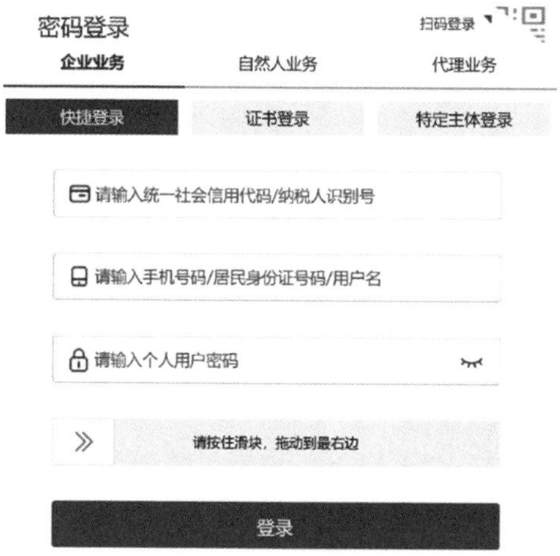

图 4-6　快捷登录

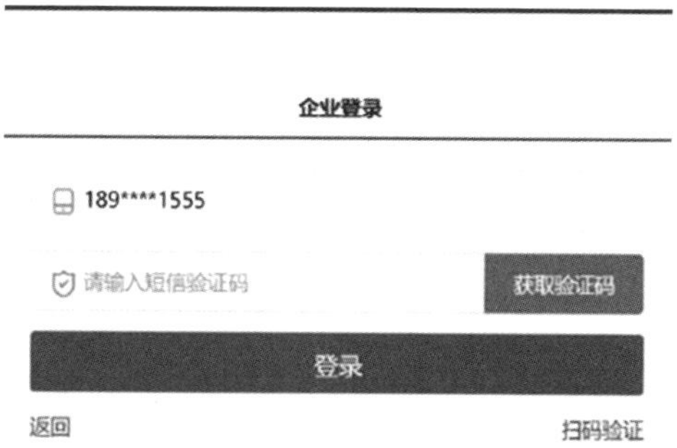

图 4-7　验证码认证

证书登录需要先选择证书类型（税务数字证书、其他数字证书 CA），输入证书密码，但依旧要验证个人身份，填写个人密码。

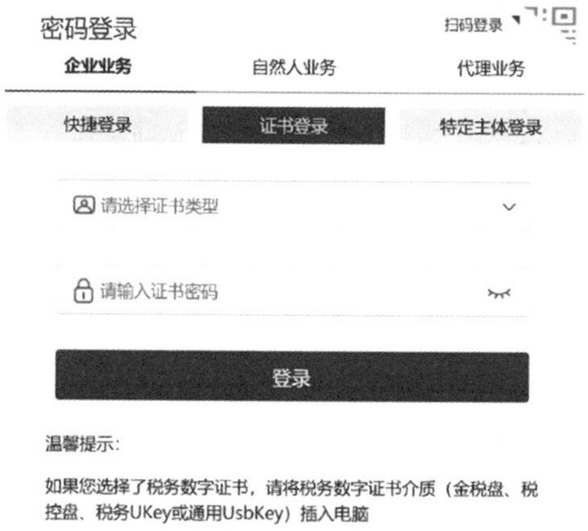

图 4-8　证书登录

图 4-9　证书登录时的个人身份验证

特定主体身份登录主要涵盖五类特定主体，分别是跨区涉税事项报验户、跨区税源户、社保非税专用户、非居民（组织临时登记适用）、职业伤害保障费缴费登记主体，各省税务局可以从上述五类中自由进行配置。特定主体身份登录时，依然要进行个人身份信息验证。

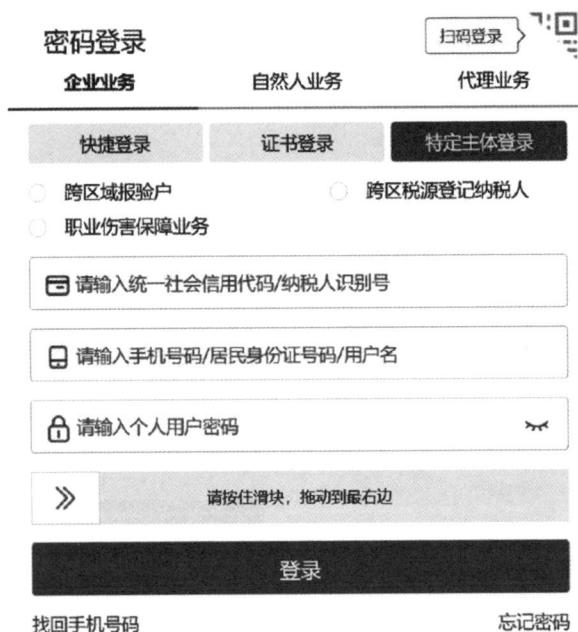

图 4-10　特定主体登录界面（只包括三类特定主体）

个人业务是指办理个人所得税等涉税业务，分为用户名登录、手机号登录、证件登录三种，操作人员可以根据个人喜好进行选择，目前最常用的是手机号登录，因为用户名有时会忘记，身份证号位数太多不方便输入，但无论选用哪种方式，个人密码都是同一个，通常需要进行验证码认证，个别省份实行刷脸认证。

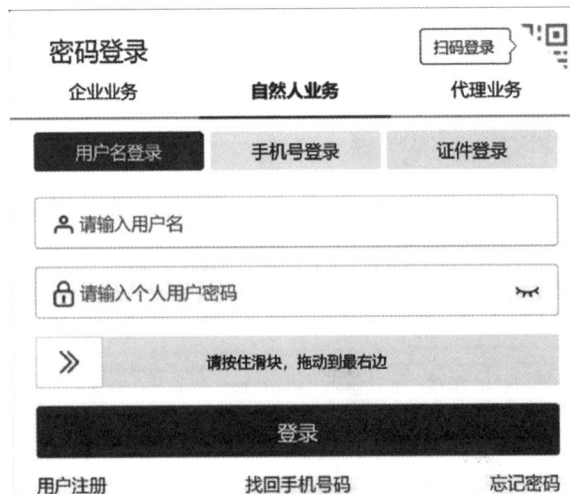

图 4-11　个人业务

代理业务是代理机构的代理办税人员的集成登录方式，登录方式与企业业务基本一致，不过输入的是代理机构并非被代理企业的统一社会信用代码或者纳税人识别号，登录成功之后再选择被代理企业。

图 4-12 选择被代理企业

如果忘记密码，操作人员可以通过手机验证码进行找回，目前涉税系统密码使用最多的是 1 级与 2 级密码，未来将逐渐向高等级密码过渡。

图 4-13 找回密码程序

除了上述登录路径外，统一身份管理平台还支持扫码登录，可以用"税务App 扫码""电子营业执照扫码""政务服务平台扫码""个税 App 扫码"四种方式进行登录。

1	一级核验方式为账号口令验证
2	二级核验方式为手机号、短信码验证
3	三级核验方式为身份证实名核验/社保核验
4	四级核验方式在三级基础上，使用人脸或其他生物特征进行核验
5	五级核验方式在四级基础上，使用身份证专用识别设备或具有射频功能的手机配合专用App进行实证核验

图 4-14　五级密码体系

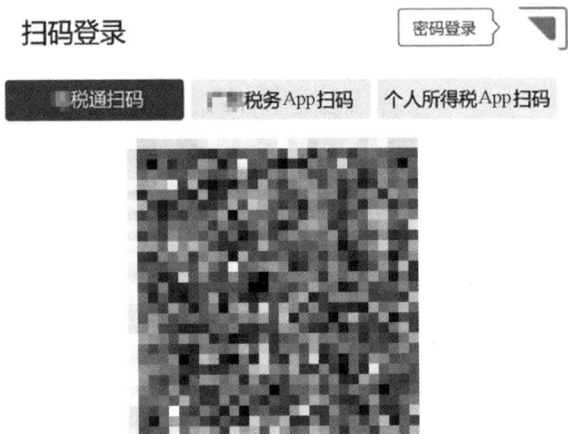

图 4-15　扫码登录

三、账户中心的功能

统一身份管理平台账户中心也整合进了电子税务局，具有查看、修改、添加、切换、注销五大功能，可以满足纳税人的日常业务需要。

图 4-16 账户中心路径

图 4-17 账户中心页面

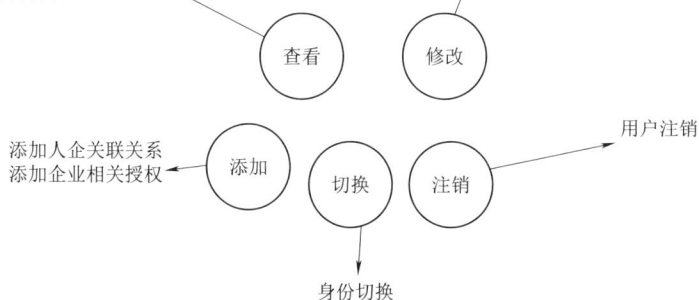

查看企业、个人基本信息
查看办税人员权限
查看税务数字证书、协同签名证书
查看企业代理机构
查看日志管理
查看自然人实名等级
查看服务协议

修改个人手机号码
修改个人密码
修改用户名、证件有效期、邮箱地址、个人住址
修改税务数字证书密码

查看

修改

添加人企关联关系
添加企业相关授权

添加

切换

注销

用户注销

身份切换

图 4-18 账户中心五大功能

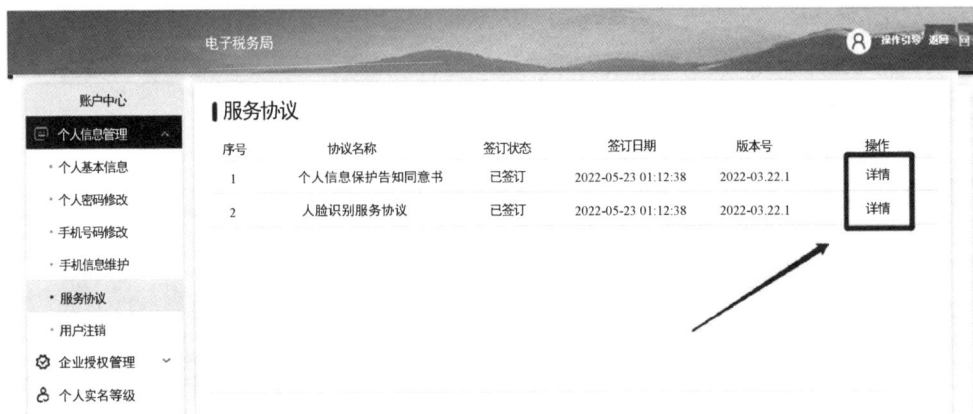

图 4-19　查看服务协议

　　为了满足去专用介质要求，企业可以通过账户查看或者添加协同签名证书，协同签名证书可用于税务信息系统安全登录、办理业务时电子签名等无纸化操作，是数字证书技术的创新应用。

　　下图为电子税务局 App 版，与网页版的区别在于没有代理业务，但可以通过证书管理功能进行证书申请，完成身份认证和数字签名验签等密码应用。

图 4-20　电子税务局 App 版

　　企业与办税人员建立关联关系的时候需要双向确认，但解除关系的时候只需要单方面确认即可。

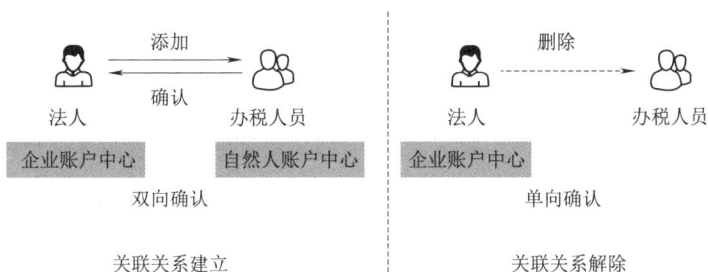

图 4-21 关联关系建立和解除

图 4-22 企业需要对相关人员进行身份授权

操作人员还可以在企业办税、个人办税、跨区域办税等特定主体身份之间进行转换，也就是在为公司办理涉税事宜的同时，也可以切换到个人办税界面办理个人涉税业务，但如果登录时选择是自然人业务，那么就不能切换到企业界面。

图 4-23 账户中心的身份切换

之所以要花费如此之大的力气推广统一身份管理平台既为了与数电票的推广相衔接，也为了维护企业办税安全，更是为了实现"穿透式"管理。

之前企业发生违法犯罪活动之后，通常只能通过嫌疑人、证人的言辞证据来还原事实真相，但言辞证据却容易受主观因素的影响，有时难以保证客观性，统一身份管理平台上线之后，如果企业发生违法犯罪行为，可以快速而又精准地捕捉到究竟是谁操作的，为快速打击违法犯罪活动提供了有利依托。

◉ 第三节　应用支撑平台推动了"跨越式"发展

应用支撑平台的定位是实现生产数据统一管理与服务支撑，为"金税四期"提供各类数据应用支撑和必要公共支撑服务，形成统一的协同联动的全局性数据资源中心，成为"金税四期"的核心底座。

应用支撑平台的建设重点是统筹各级数据支撑需求，分类处理、稳步实施，最终建成"面向全应用、业务数智化、支撑组件化、覆盖全数据、融合全指标、数据快治理、技术全升级、能力全开放、孵化新产品"的新平台。

从建设规划、实施步骤上看，应用支撑平台将首先满足发票电子化改革需要，同步支持全国统一的电子税务局建设，建成全国统一标准的数据汇聚区，包含离线数据专区和实时数据专区；建成全国统一规范的数据加工标准及服务；建成全国统一规范的生产类数据业务指标模型体系；提供全国统一的生产类应用支撑服务；建成全国统一数据治理规范和应用；建成生产交易类数字能力开放平台；支撑"一体式"应用，打造应用生态体系；构建公共应用（数据）支撑组件。

一、"乐企"嵌入式系统

按照"数据驱动＋规则驱动"的原则，根据"统一接入平台、统一渠道上传、统一前台管理、统一流程管控、统一外部交换"的设计思路，向符合一定条件并且具有相关需求意愿的企业提供多元化、全场景、低成本、高聚合的"乐企"嵌入式发票引擎系统（简称"乐企"嵌入式系统），可以与企业自有系统进行直连，实现税企之间"未税先联",促进企业交易行为的合规性,提高税企之间的合作度与纳税人的遵从度。

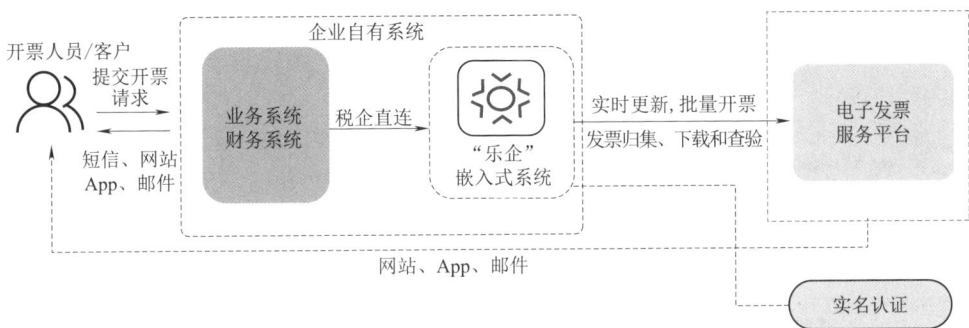

图 4-24 "乐企"嵌入式系统设计思路

企业将税务数据规则输入自有系统,具有内嵌式涉税功能处理能力,企业无须进行人工的业务处理与财务核算,系统便会自动进行税务信息处理加工,既可以使得企业便捷高效地开票与用票,又可以使得税务机关对企业合规情况预先进行判断,真正地实现了业务、财务、税务等数据要素在企业经济活动中的紧密结合与自然流转。

"乐企"嵌入式系统主要由开票规则与控制参数两部分组成,开票规则是开票控制逻辑的集合,控制参数是开票逻辑执行过程中的相关条件数据。

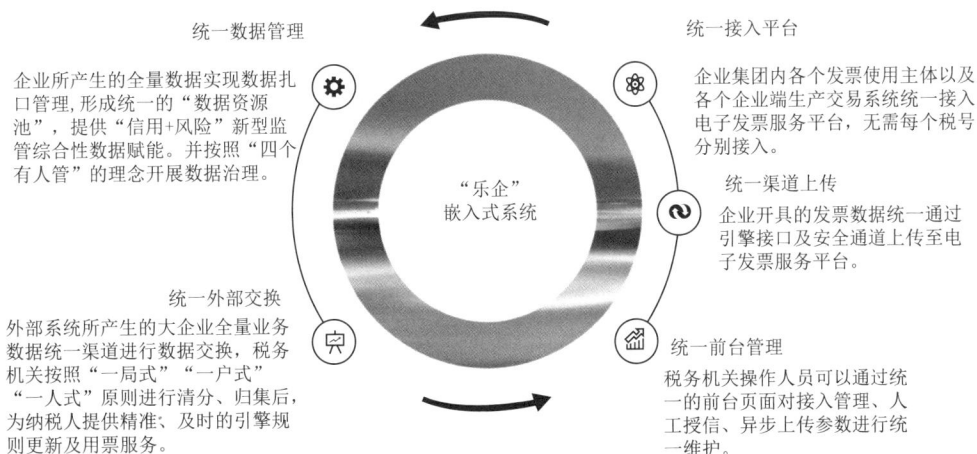

图 4-25 "乐企"嵌入式系统运转流程

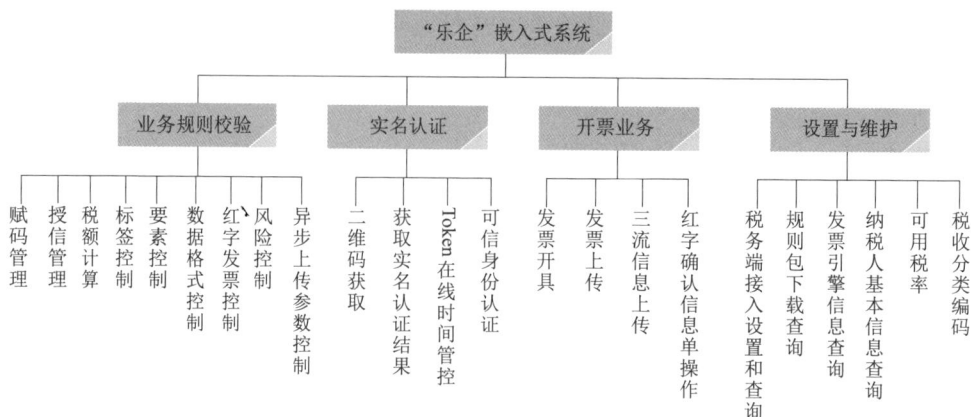

图 4-26   "乐企"嵌入式系统主要功能

税务机关通过"乐企"嵌入式系统充分还权还责于企业，在帮助企业实现"交易即开票"的同时，实时掌握企业开票交易数据，全面了解企业经济状况，实现对纳税人的精准画像，对企业开票用票开展实时监控，有效降低税收管理风险；同时便利了上、下游企业信息交互，降低了企业财务成本，通过持续优化接入机制来强化风险管理与税收治理。

二、自然人个人票夹

为了与企业的税务数字账户相衔接，同时也为了提高个人索要发票的积极性，"个人所得税"App 同步上线了自然人个人票夹业务，具体增加了"我的票夹""发票抬头""扫码开票"三个功能模块。

"我的票夹"模块展示自然人通过电子发票服务平台开具或者取得的所有发票。"发票抬头"模块提供开票抬头维护功能，以便扫码开票时快捷使用。"扫码开票"模块包含扫描基础信息二维码开票和扫描交易信息二维码开票两大功能。

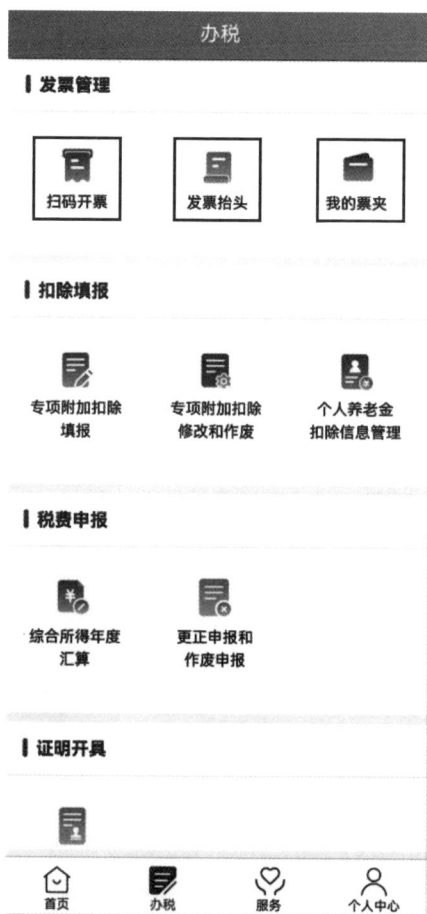

图 4-27   个人票夹页面

（一）我的票夹

点击【我的票夹】按钮，默认的是"我购买的"界面，展示自然人作为购买方获取的所有发票；还可以切换到"我销售的"界面，由于自然人通常情况下并不能领用发票，因此展示的主要是自然人作为销售方请求税务机关代开的发票，此外还有企业开给个人的农产品收购发票。如果发票数量过多，自然人还可以通过设置筛选条件来进行筛选。

找到想要查看的发票后，可以进入该发票详情页面，点击【查看】按钮，检查开票信息是否有误，如果填写有误，可以点击页面右上角的【拒收】按钮，不过需要填写拒收原因；如果拒收之后又后悔了，可以点击右上角的【撤销拒收】按钮，这张发票就又回到了发票夹。

如果检查无误，可以点击【发票下载】按钮，选择以 XML、OFD 或 PDF 格式进行下载。

图 4-28 "我购买的"界面

图 4-29 "我销售的"界面

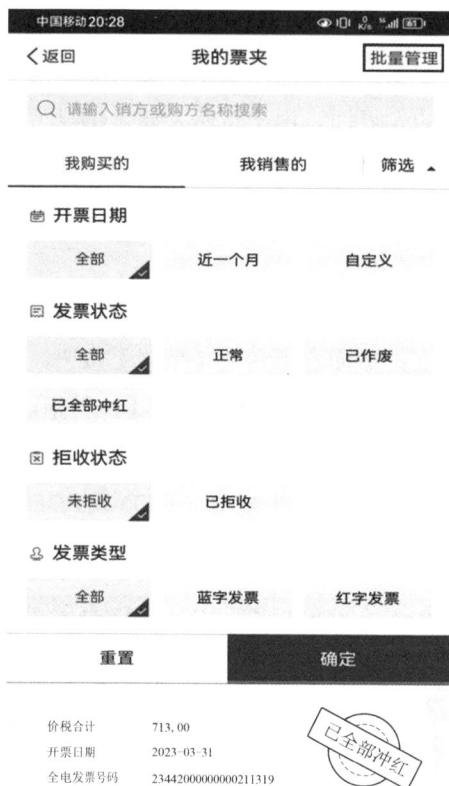

图 4-30　发票筛选界面

图 4-31　查看发票

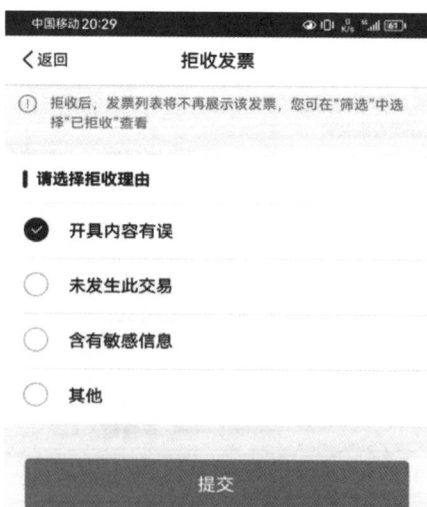

填写拒收原因并点击【提交】按钮

图 4-32　拒收发票

如果自然人需要在所在企业报销，还可以直接点击【发票推送】按钮，系统会自动弹出目前任职受雇的企业，直接推送到任职受雇企业的税务数字账户收票箱。如果想要推送给其他企业，可以点击最下方的"没有找到?"自动转入【发票抬头】界面，填好发票抬头之后推送给该企业。

图 4-33　发票下载

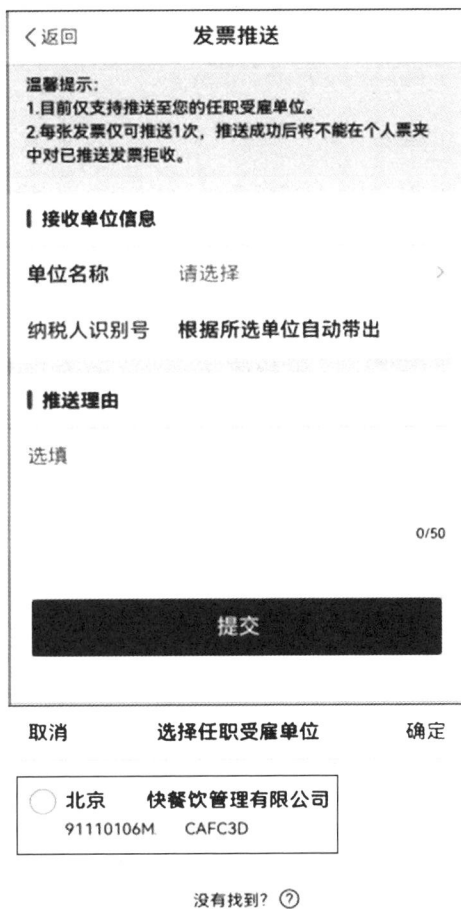

图 4-34　发票推送

如果需要处理的发票比较多，自然人可以在【我的票夹】初始页面点击右上角【批量管理】按钮，可以对票夹内的发票批量删除、批量下载或者批量推送。

（二）发票抬头

如果想要对发票抬头进行维护，任职受雇企业的抬头会自动显示出来，如果想要添加其他企业，可以点击【发票抬头】—【添加抬头】，如果存在多个发票抬头，可以将常用抬头设置为默认抬头。

图 4-35　企业抬头界面

图 4-36　个人抬头界面

（三）扫码开票

企业使用的电子发票服务平台与自然人使用的"个人所得税"App 都具有扫码开票的功能。假设 A 商务有限公司卖给李雷雷一台手机，需要向其开具发票，A 商务有限公司可以登录电子税务局，点击【我要办税】—【开票业务】—【蓝字发票开具】—【扫码开票】按钮，默认进入"基础信息二维码"界面，也可以随时切换到"交易信息二维码"界面。

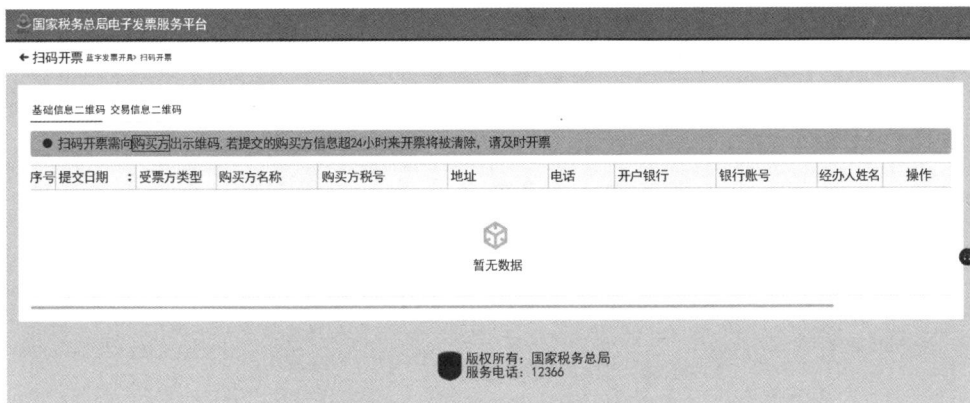

图 4-37 "基础信息二维码"界面

在"基础信息二维码"界面,开票人点击主页面提示语中的"出示二维码",弹出相关页面,下载二维码之后提供给李雷雷。

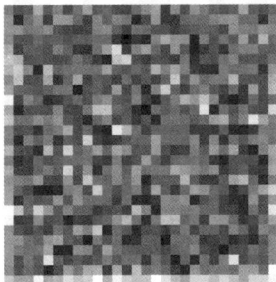

图 4-38 查看二维码

李雷雷点击【扫码开票】按钮,扫描 A 商务有限公司提交的"基础信息二维码",选择发票抬头,虽然他默认的发票抬头为自己任职受雇的北京某快餐有限公司,但他如果是在给自己购买商品,应当使用个人抬头。

李雷雷提交成功之后,抬头信息在开票方 A 商务有限公司"基础信息二维码"界面展示,点击右侧的【选择】进入开票界面。

图 4-39　个人抬头

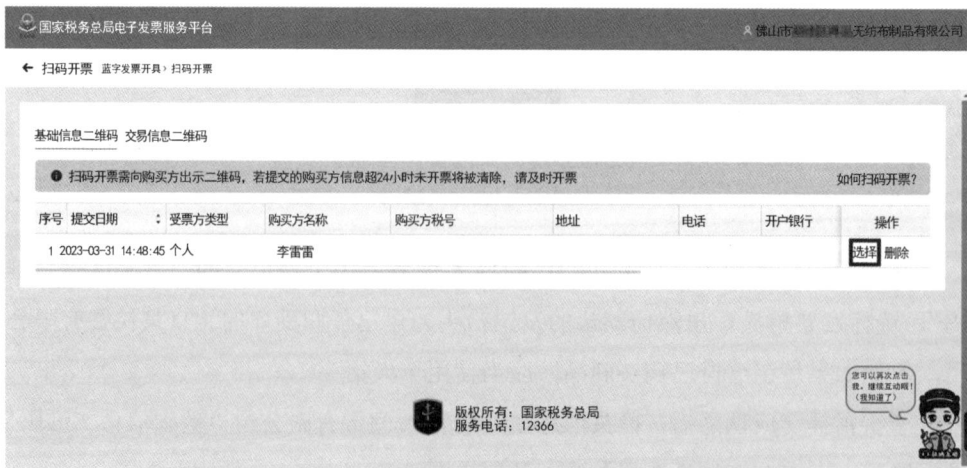

图 4-40　进入开票界面

选择开具信息

电子发票/纸质发票	*发票票种	特定业务	差额征税	减税征税
电子发票 ∨	请选择 ∨	请选择（非必选项）∨	请选择（非必选项）∨	请选择（非必选项）∨

确定

图4-41 选择发票相关信息

"基础信息二维码"是受票人先填写抬头，开票人再开票。"交易信息二维码"恰好相反，开票人先填写相关发票信息，再向对方确认发票抬头。

"交易信息二维码"界面有两个功能模块，分别是"填写并展示二维码"与"备注信息维护"。

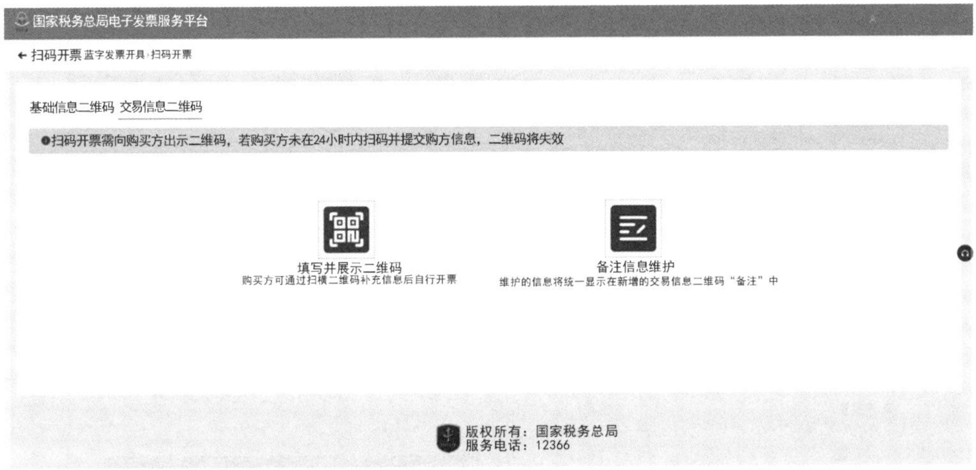

图4-42 "交易信息二维码"的两个功能模块

开票人点击【填写并展示二维码】按钮，进入发票开具页面，填写除发票抬头信息之外的其他信息，生成交易信息二维码之后推送给李雷雷，此外，开票人还可以通过点击【备注信息维护】按钮，将常用备注信息维护在小票备注中。

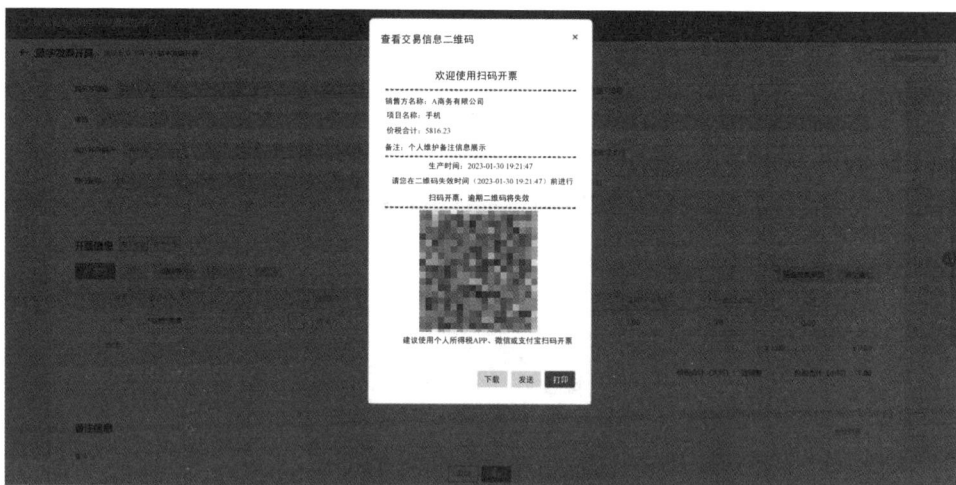

图 4-43　推送交易信息二维码

李雷雷依旧点击【扫码开票】按钮，确认发票上所填信息无误之后，选择发票抬头，点击最下方的【提交开票】按钮。

李雷雷提交成功之后，还需要得到 A 商务有限公司的确认，李雷雷可以点击【查看开票进度】按钮随时查看这张发票是否开具完成，开具完成之后将会自动归入他的个人票夹。

图 4-44　提交开票

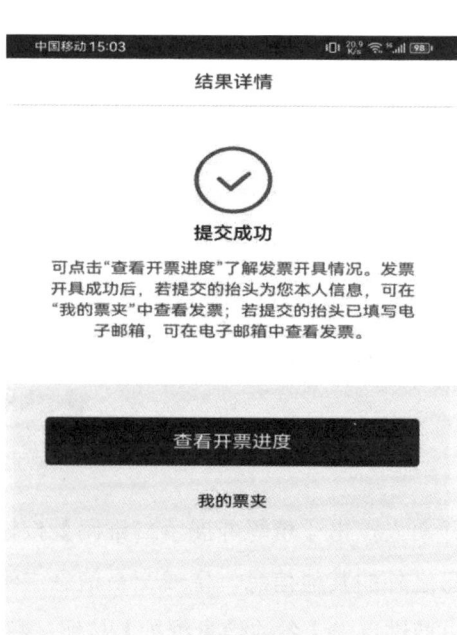

图 4-45　查看开票进度

三、征纳互动服务体系

按照"金税四期"的总体部署，税务机关正积极构建"精准推送、智能交互、办问协同、全程互动"的征纳互动服务，将智能、高效、精准、便捷的互动理念融入税费服务的全过程，实现税务部门对纳税人"单向管理服务"为主转变为"征纳双向互动交流"为主，从"办问分设、多点接触"转变为"办问协同、统一入口"，从"金税一期""金税二期"的"想问无门"到"金税三期"的"有问有答"，再到"金税四期"的"未问先送""想问即得"。

"金税四期"实现了涉税事项的精准推送，根据纳税人自身属性和行为偏好，或者根据纳税人的"菜单式"定制，税务机关向纳税人精准推送税费政策、系统操作、提示提醒、风险告知等信息，提升精准推送效能，满足纳税人差异化、多元化、个性化的信息需求。

"金税四期"推行智能互动，对于纳税人的咨询，一般先由智能机器人来进行解答；当智能机器人几轮互动之后仍旧未能解决纳税人的疑虑，或者纳税人直接提出需要提供人工服务时，可以便捷地转换为人工实时服务。

"金税四期"实施协办、分办相结合的原则，纳税人点击征纳互动图标进入互动窗口，提出想要办理的业务，系统将会自动推送事项办理链接，实现引导办理；纳税人在业务办理过程中遇到疑难问题时，可以点击征纳互动图标进入互动窗口，通过文本、图片、同屏共享等方式，由税务人员远程协助纳税人完成业务办理，实现线上辅助办理；对于暂时无法在线上办理的业务，纳税人还可以通过点击征纳互动图标进入互动窗口，通过电子税务局远程上传业务办理所需材料，由税务人员根据相关流程提供业务办理服务，随时反馈办理结果。当纳税人要求办理的业务超出在线人工权限范围时，相关人员还可以制发工单，交由对应的职能部门去处理，实现远程直接办理。

第二部分

"金税四期"企业重点
涉税风险扫描

　　"金税四期"的上线将会极大地提升各税种、各部门之间的联动效率与质量，提升税务部门与外部信息交换的深度与广度，随着税费大数据实现多渠道获取与多角度分析，税收风险的快速识别、应急处置的能力也将会持续提升，之前许多难以发现的诸如隐瞒收入、虚开发票、虚列支出、虚假抵扣等税务风险行为也将会无处可遁，因此企业需要高度关注税收筹划的合规性与合法性。

图　各税种联动监管体系

第五章　收入确认与抵扣扣除的涉税风险

● 第一节　增值税与企业所得税收入差异的原因

增值税与企业所得税申报的收入不一致，尤其是企业所得税申报收入低于开票收入，相关企业通常会收到来自税务机关的风险自查通知，有的企业会很紧张，也不知道究竟从哪些切入点进行自查，其实可以尝试从以下几个方面寻找原因。

一、核算口径不一致

增值税年度申报收入通常会提取当年 12 月份"增值税及附加税费纳税申报表"主表上的年度累计数，包括按适用税率计税销售额、按简易办法计税销售额、免抵退办法销售额和免税销售额等四项收入。

表5-1　增值税及附加税费申报表 （一般纳税人适用）

根据国家税收法律法规及增值税相关规定制定本表。纳税人不论有无销售额，均应按税务机关核定的纳税期限填写本表，并向当地税务机关申报。

税款所属时间：自　　年　月　日至　　年　月　日　　填表日期：　　年　月　日　金额单位：元（列至角分）

纳税人识别号(统一社会信用代码)：□□□□□□□□□□□□□□□□□□□□□　　所属行业：

纳税人名称：		法定代表人姓名	注册地址	生产经营地址	
开户银行及账号			登记注册类型		电话号码
项目	栏次	一般项目		即征即退项目	
		本月数	本年累计	本月数	本年累计
销售额 （一）按适用税率计税销售额	1				
其中：应税货物销售额	2				
应税劳务销售额	3				
纳税检查调整的销售额	4				
（二）按简易办法计税销售额	5				
其中：纳税检查调整的销售额	6				
（三）免、抵、退办法出口销售额	7			—	—
（四）免税销售额	8			—	—
其中：免税货物销售额	9			—	—
免税劳务销售额	10			—	—

企业所得税申报收入通常会提取"企业所得税年度纳税申报表（A类）"主表第1行营业收入，包括主营业务收入与其他业务收入，营业外收入一般不体现，不过有时与企业开票金额进行比对时，也会将营业外收入涵盖进来。

表5-2　企业所得税年度纳税申报表（A类）

A100000

中华人民共和国企业所得税年度纳税申报表（A类）

行次	类别	项　目	金　额
1	利润总额计算	一、营业收入（填写 A101010\101020\103000）	
2		减：营业成本（填写 A102010\102020\103000）	
3		减：税金及附加	
4		减：销售费用（填写 A104000）	
5		减：管理费用（填写 A104000）	
6		减：财务费用（填写 A104000）	
7		减：资产减值损失	
8		加：公允价值变动收益	
9		加：投资收益	
10		二、营业利润（1-2-3-4-5-6-7+8+9）	
11		加：营业外收入（填写 A101010\101020\103000）	
12		减：营业外支出（填写 A102010\102020\103000）	
13		三、利润总额（10+11-12）	
14	应纳税所得额计算	减：境外所得（填写 A108010）	
15		加：纳税调整增加额（填写 A105000）	
16		减：纳税调整减少额（填写 A105000）	
17		减：免税、减计收入及加计扣除（填写 A107010）	
18		加：境外应税所得抵减境内亏损（填写 A108000）	
19		四、纳税调整后所得（13-14+15-16-17+18）	
20		减：所得减免（填写 A107020）	
21		减：弥补以前年度亏损（填写 A106000）	
22		减：抵扣应纳税所得额（填写 A107030）	
23		五、应纳税所得额（19-20-21-22）	
24	应纳税额计算	税率（25%）	
25		六、应纳所得税额（23×24）	
26		减：减免所得税额（填写 A107040）	
27		减：抵免所得税额（填写 A107050）	
28		七、应纳税额（25-26-27）	
29		加：境外所得应纳所得税额（填写 A108000）	
30		减：境外所得抵免所得税额（填写 A108000）	
31		八、实际应纳所得税额（28+29-30）	
32		减：本年累计实际已缴纳的所得税额	
33		九、本年应补（退）所得税额（31-32）	

续表

行次	类别	项　目	金　额
34	应纳税额计算	其中：总机构分摊本年应补（退）所得税额（填写 A109000）	
35		财政集中分配本年应补（退）所得税额（填写 A109000）	
36		总机构主体生产经营部门分摊本年应补（退）所得税额（填写 A109000）	
37	实际应纳税额计算	减：民族自治地区企业所得税地方分享部分：（□免征□减征：减征幅度 ____%）	
38		十、本年实际应补（退）所得税额（33-37）	

表5-3　一般企业收入明细表

A101010

行次	项　目	金　额
1	一、营业收入（2+9）	
2	（一）主营业务收入（3+5+6+7+8）	
3	1. 销售商品收入	
4	其中：非货币性资产交换收入	
5	2. 提供劳务收入	
6	3. 建造合同收入	
7	4. 让渡资产使用权收入	
8	5. 其他	
9	（二）其他业务收入（10+12+13+14+15）	
10	1. 销售材料收入	
11	其中：非货币性资产交换收入	
12	2. 出租固定资产收入	
13	3. 出租无形资产收入	
14	4. 出租包装物和商品收入	
15	5. 其他	
16	二、营业外收入 (17+18+19+20+21+22+23+24+25+26)	
17	（一）非流动资产处置利得	
18	（二）非货币性资产交换利得	
19	（三）债务重组利得	
20	（四）政府补助利得	
21	（五）盘盈利得	
22	（六）捐赠利得	
23	（七）罚没利得	
24	（八）确实无法偿付的应付款项	
25	（九）汇兑收益	
26	（十）其他	

增值税属于流转税，计算时主要采用收付实现制，为了防止税基受到侵蚀，纳税人发生应税交易时取得的全部价款和价外费用都会被认定为销售额，价外费用包括价外向购买方收取的手续费、补贴、基金、集资费、返还利润、奖励费、违约金、滞纳金、延期付款利息、赔偿金、代收款项、代垫款项、包装费、包装物租金、储备费、优质费、运输装卸费以及其他各种性质的价外收费。除了代为收取的符合规定的政府性基金或者行政事业性收费、代垫运费以及以委托方名义开具发票代委托方收取的款项之外，几乎所有的价外费用都应计入销售额计算申报缴纳增值税。

企业所得税核算时更倾向于采用权责发生制，与会计核算规则更为接近，因此很多价外收费并不会计入营业收入，如收取的延期利息费用通常会冲减财务费用，收取的包装费、储备费、运输装卸费会冲减销售费用，收取的违约金、赔偿金、滞纳金会计入营业外收入，代收、代垫款项会计入往来科目，虽然这种核算差异最终并不会影响应纳税所得额的计算，但也造成了增值税收入与企业所得税收入的不一致。

二、视同销售认定不一致

视同销售是工商企业经常会遇到的一种特殊的销售行为，虽然大多数情况下并没有给企业带来直接的现金流，但税收却认为已经实现了销售，应当按照税法要求缴纳税款，增值税、消费税、企业所得税、土地增值税、资源税都有视同销售的情形，口径并不完全一致。

纳税人将自产或委托加工的货物用于集体福利（注意不是职工福利），如生产水泥的企业将自产水泥用于建造职工宿舍，在此种情况下货物的所有权并没有发生转移，更没有相关经济利益的流入，因此会计核算上只会结转成本，并不会确认收入，企业所得税也不会确认收入，但在增值税上却视同销售。

纳税人将外购的货物（注意不包括自产、委托加工的货物）用于职工福利、以其持有的非上市公司股权对外进行非货币资产交换或偿还债务等情形，所有权已经发生了实质性转移，企业所得税视同销售，计入营业外收入，但增值税却并不会视同销售，而是转出进项税额。

三、资产处置方式不一致

在生产经营过程中，无论是转让固定资产，还是转让无形资产，需要按照不含税的销售收入乘以适用税率或征收率计算缴纳增值税，因为取得时的相关成本此前已经抵扣。在会计处理与企业所得税纳税申报时，资产处置收入按照扣除账面价值和相关税费后的余额计入营业外收入或营业外支出，这也就造成增值税申报收入大于企业所得税申报收入。

纳税人在经营过程中还会转让金融商品，具体包括外汇、有价证券、非货物期货以及基金、信托、理财产品等，虽然是按照卖出价扣除买入价之后的余额为销售额计算缴纳增值税 [1]，但在纳税申报时依旧会按照并不减除买入价的卖出价填入"增值税及附加税费申报表"主表销售额之中，该金融产品的买入价计入"增值税及附加税费申报表附列资料（三）"第 1 列"本期服务、不动产和无形资产价税合计额（免税销售额）"。在会计处理与企业所得税纳税申报时，往往将买入价减去卖出价之后的投资收益体现在当期损益及应纳税所得额中，由此造成增值税申报收入大于企业所得税收入。

四、不征税收入与免税收入核算方式不一致

纳税人取得的财政补贴与其销售货物、劳务、服务、无形资产、不动产的收入或者数量直接挂钩，应按规定计算缴纳增值税，纳税人取得的其他情形的财政补贴收入，不属于增值税应税收入，不征收增值税 [2]。

在进行会计核算、企业所得税纳税申报时，对于纳税人取得的财政补贴并不会区分是否与营业活动具体挂钩，之前根据企业会计制度，财政补贴计入补贴收入；如今根据企业会计准则，财政补贴计入营业外收入。

增值税纳税人发生应税行为适用免税规定的，不得开具专用发票，但可以开具税率栏注明"免税"的普通发票。纳税人进行增值税免税业务纳税申报时，将相关销售额填报在"增值税及附加税费申报表"主表第 8 行"免税销售额"栏次。

增值税免税收入在会计上究竟如何核算目前还不够明确，之前《财政部关于减免和返还流转税的会计处理规定的通知》（财会字〔1995〕6 号）虽然曾经对此有过专门规定，但随着企业会计制度被企业会计准则取代，这项规定其实已经废止，目前存在两种不同的处理方法。

第一种是将免税销售额全部计入主营业务收入，另一种是将计提的销税额计入营业外收入，将免税销售额减去计提的销项税额之后的余额计入主营业务收入。

---

1 《财政部 国家税务总局关于全面推开营业税改征增值税试点的通知》（财税〔2016〕36 号）附件二《营业税改征增值税试点有关事项的规定》第一条第三项第 3 目。
2 《关于取消增值税扣税凭证认证确认期限等增值税征管问题的公告》（国家税务总局公告 2019 年第 45 号）第七条。

若采用第一种方法核算，并不会出现收入不一致的问题，但如果采用第二种方法进行核算，增值税收入会大于企业所得税收入的情况。

五、收入确认原则不一致

增值税与企业所得税是我国最重要的两大税种，全都以收入作为起点计算应纳税额，但两者在收入确认上却存在着很大的差异。

增值税更关注收取款项或者取得相关凭证，如果先开具发票，需要在开票日确认收入。企业所得税更注重经济业务实质，收入确认上的差异势必导致收入的差异。

表5-4 增值税与企业所得税收入确认情况[1]

项 目	增值税确认收入标准	企业所得税收入确认标准	是否存在差异
直接收款销售货物	不论货物是否发出，均为收到销售款或者取得索取销售款凭据的当天	商品销售合同已经签订，企业已将商品所有权相关的主要风险和报酬转移给购货方；企业对已售出的商品既没有保留通常与所有权相联系的继续管理权，也没有实施有效控制；收入的金额能够可靠地计量；已发生或将发生的销售方的成本能够可靠地核算	企业所得税更强调所有权发生实质性转移。按照企业所得税的规定，销售商品需要安装和检验，在购买方接受商品以及在安装和检验完毕时确认收入；如果安装程序比较简单，可在发出商品时确认收入，但增值税对此却并无要求
托收承付和委托银行收款方式销售货物	发出货物并办妥托收手续的当天	办妥托收手续时确认收入	企业所得税不要求实际发出货物，若纳税人先办妥托收手续后发出货物，企业所得税要先于增值税确认收入
采取赊销和分期收款方式销售货物	书面合同约定的收款日期当天，无书面合同的或者书面合同没有约定收款日期，为货物发出的当天	按照合同约定的收款日期确认收入的实现	企业所得税严格按照合同约定的收款日期确认收入，增值税可以在货物发出日确认收入
采取预收货款方式销售货物	货物发出的当天，但生产销售生产工期超过12个月的大型机械设备、船舶、飞机等货物，为收到预收款或者书面合同约定的收款日期的当天	在发出商品时确认收入	对于生产销售生产工期超过12个月大型机器设备等货物，增值税以收到预收款或者书面合同约定的收款日期的当天确认收入，但企业所得税却并无此要求

---

1 依据《增值税暂行条例实施细则》第三十八条、《国家税务总局关于确认企业所得税收入若干问题的通知》（国税函〔2008〕875号）、《企业所得税法实施条例》第二十三条、《国家税务总局关于印发〈增值税若干具体问题的规定〉的通知》（国税发〔1993〕154号）。

项　　目	增值税确认收入标准	企业所得税收入确认标准	是否存在差异
纳税人提供租赁服务采取预收款方式	收到预收款的当天	在各个纳税期末应采用完工进度（完工百分比）法确认收入	企业所得税按照权责发生制原则确认收入，增值税按照收付实现制原则确认收入
委托其他纳税人代销货物	收到代销单位的代销清单或者收到全部或者部分货款的当天。未收到代销清单及货款的，为发出代销货物满180天的当天	销售商品采用支付手续费方式委托代销，在收到代销清单时确认收入	如果先收到代销清单后收到货款，两者同时确认收入。如果先收到货款后收到代销清单，增值税先确认收入。如果纳税人既没有收到代销清单也没有收到货款，在发出代销货物满180天的当天增值税要确认收入，企业所得税还要继续等待代销清单

第二节　误报或瞒报收入的风险

不同销售方式的收入确认方式有所不同，不同税种的纳税义务时间也有所不同，这使得一些企业因对税法存在误解造成少缴税款，当然也有企业为了不缴税或者少缴税款故意误报或瞒报收入。

一、误解税收政策导致收入确认有误

为了鼓励重点人群就业，企业招用建档立卡贫困人口，以及在人力资源社会保障部门公共就业服务机构登记失业半年以上且持"就业创业证"或"就业失业登记证"的人员，与其签订1年以上期限劳动合同并依法缴纳社会保险费，在3年内按照实际招用人数予以定额依次扣减增值税、城市维护建设税、教育费附加、地方教育附加和企业所得税优惠。定额标准为每人每年6 000元，最高可以上浮30%，各省级人民政府可根据本地区实际情况在此幅度内确定具体定额标准[1]。

这项税收优惠政策是在正常计算增值税应纳税额之后，城市维护建设税、教育费附加、地方教育附加都以增值税为计算基数，如果直接减除增值税，势必会造成少缴附加税，因此不能用税收优惠数额直接减除收入。

---

1 《财政部　国家税务总局　人力资源社会保障部　国务院扶贫办关于进一步支持和促进重点群体创业就业有关税收政策的通知》（财税〔2019〕22号）第二条，《关于延长部分扶贫税收优惠政策执行期限的公告》（财政部　国家税务总局　人力资源社会保障部　国家乡村振兴局公告2021年第18号）。

案例：广东××食品有限公司逃避缴纳税款案[1]

广东××食品有限公司 2019 年度在增值税纳税申报时按享受招用贫困和失业人员税收优惠政策后的增值税应纳税额作为计税依据自动计算出城市维护建设税、教育费附加、地方教育附加，造成少缴税费情况，2019 年享受增值税税收优惠合计 15 600 元，应当根据该全额补缴城市维护建设税、教育费附加、地方教育附加。

广东××食品有限公司 2019 年度纳税调整减少额 21 600 元（其中招收贫困户及下岗人员增值税税收减免 15 600 元、县财政拨付疫情就业补助 6 000 元）；2020 年度纳税调整减少额 79 227.34 元（其中招收贫困户及下岗人员增值税税收减免 54 600 元，市县拨付疫情就业补助及稳岗补助 24 623.34 元）；2021 年度纳税调整减少额 51 350 元（招收贫困户及下岗人员增值税税收减免 51 350 元），但该公司对上述款项并没有单独进行核算，不符合不征税收入条件，不得在计算应纳税所得额时扣除。

近年来，很多地区为了稳定就业会向企业发放稳岗补助、稳岗返还。广东××食品有限公司获得的县财政拨付就业补助与稳岗补助在性质上属于稳岗补助。

表5-5　稳岗补助与稳岗返还的差异

项　　目	稳岗补助	稳岗返还
资金性质	为了稳定就业发放的政府补助	
发放时间	事先	事后
发放标准	具体标准由地方自行制定	失业保险参保企业上年度未裁员或裁员率不高于上年度全国城镇调查失业率控制目标，30 人（含）以下的参保企业裁员率不高于参保职工总数 20% 的，可申请失业保险稳岗返还。中小微企业按不超过企业及其职工上年度实际缴纳失业保险费的 60% 返还，大型企业按不超过 30% 返还[1]
资金用途	用于职工生活补助、缴纳社会保险费、转岗培训、技能提升培训等相关支出	缓解企业资金压力，预防失业，促进就业
资金来源	失业保险基金或是地方财政资金	失业保险基金
财务处理	确认为递延收益	不确认为递延收益
增值税处理	不属于增值税应税收入，不征收增值税[2]	属于不征税收入
个人所得税处理	不属于免征个人所得税的津贴、补贴，应当按照"工资、薪金所得"缴纳个人所得税	

1　处罚文号：国家税务总局潮州市税务局第一稽查局潮税一稽罚〔2023〕10 号。
2　《国务院办公厅关于优化调整稳就业政策措施全力促发展惠民生的通知》（国办发〔2023〕11 号）第一条第五项。

广东××食品有限公司取得的市县拨付的就业及稳岗的补助款原本属于不征税收入，税务机关之所以对此不予确认，主要因为该公司违反了不征税收入的管理规定。企业从县级以上各级人民政府财政部门及其他部门取得的应计入收入总额的财政性资金，只有同时符合以下条件的，才可以作为不征税收入[1]：

（1）企业能够提供规定资金专项用途的资金拨付文件；

（2）财政部门或其他拨付资金的政府部门对该资金有专门的资金管理办法或具体管理要求；

（3）企业对该资金以及以该资金发生的支出单独进行核算。

二、通过隐瞒企业账户来隐瞒收入

银行存款账户信息是记录企业收入、支出等营业情况的重要载体，企业应当自开立基本存款账户或者其他存款账户之日起15日内，向主管税务机关书面报告其全部账号；发生变化的，应当自变化之日起15日内，向主管税务机关书面报告[2]。

一些企业自认为不向税务机关报告银行存款账户，税务机关就难以完全掌握其生产经营数据，蓄意隐瞒部分账户，对于这种违法行为，税务机关应当责令限期改正，可以处二千元以下的罚款；情节严重的，处二千元以上一万元以下的罚款[3]。

案例：青海海东市××建筑公司未按规定报告银行账户[4]

青海海东市××建筑公司于2016年6月8日开立了基本账户，应于15日内，也就是2016年6月24日前将银行账户报告税务机关登记，但该公司直到2019年11月19日才将该银行账户向税务机关报告，逾期1243天，最终被处于2000元的罚款。

抱有类似侥幸心理的企业应该并不在少数，总认为向税务机关报告银行账户是件小事，税务机关不会轻易查到自己头上，随着"金税四期"的到来，数电票上的所有数据信息都会自动归集到税费大数据库，税务机关可以便捷地进行检索

1 《财政部 国家税务总局关于专项用途财政性资金企业所得税处理问题的通知》（财税〔2011〕70号）第一条。
2 《税收征收管理法实施细则》第十七条。
3 《税收征收管理法》第六十条。
4 处罚文号：国家税务总局海东市平安区税务局平安罚〔2019〕603289号。

比对与分析研判，如果企业没有及时报告自己的全部账户，很容易被税务机关发现。

案例：税收风险扫描发现未申报银行账户的企业

广东省深圳市宝安区税务局工作人员在扫描发票信息、筛查涉税风险时，发现深圳市××贸易公司开具的一张普通发票出现预警信息，在税务数据系统中根本查不到该公司开具发票时提供的银行账户信息，税务人员认为该公司极有可能并没有将全部银行账号向税务机关备案。

按照涉税风险分级分类管理原则，税务人员通过电子税务局向该公司发送了税收风险提示，提醒企业及时自查并处理相关风险，还为该公司财务人员进行了线上政策辅导，详细讲解了银行存款账户备案的流程。该公司之前曾经在税务机关进行过存款账户备案，以为之后新开设的存款账户不用再备案，迟迟没有向税务机关备案，直至被税务机关发现。

如果企业需要进行账户备案，登录电子税务局点击【我要办税】—【综合信息报告】—【制度信息报告】—【存款账户账号报告】，或者直接在搜索栏搜索"存款账户账号报告"，点击进入添加本企业的银行账户即可。

那些并没有严格按照要求向税务机关报备账户的企业有的是对报备要求不熟悉，有的是想要通过不申报账户来隐匿收入，用未上报的银行账户来收取未开票收入，既不申报，也不纳税，其实税务机关只需调取相关账户的银行流水再对收入性质进行核实，企业逃税的行为很容易就会暴露。

纳税人申报收入时必须包括无票收入，不过福建一家培训公司的经历值得很多纳税人的警惕。2022 年 8 月，这家公司接收了税务检查，因其已经申报了 158 万的收入，却从未申领过发票，税务机关认为其应当开具但未开具发票，给予 5 000 元的罚款[1]。

这使得很多纳税人不知道自己究竟该不该申报无票收入，担心自己也会被处罚。根据《发票管理办法》第三十五条第一项的规定，应当开具而未开具发票，或者未按照规定的时限、顺序、栏目，全部联次一次性开具发票，或者未加盖发票专用章的，可以处 1 万元以下的罚款，因此福建税务部门的处罚于法有据。

1　福建省税务局 12366 纳税服务平台 2022 年 8 月 15 日留言。

企业开设的银行账户

基本存款账户　一般存款账户　临时存款账户　专业存款账户

办理日常业务
与现金支取
只能设立一个

不能支取现金
可以设立多个

临时业务
需要开设的
暂时账户

因特定需要
开设的特殊
用途账户

银行流水明细清单　　　　银行对账单

活期账户的存取款记录

银行与企业核对账务的重要单据
法律效力高于银行流水明细清单

包含内容

金额显示

1. 交易账户名称
2. 交易内容
如时间、金额等
3. 交易摘要
如转账、取现、汇入等
4. 交易对方姓名和账号

收入表示入账
支出表示出账

正数表示入账
负数表示出账

借表示入账
贷表示出账

编制银行余额调节表

核对银行存款科目，用于检查企业与
银行账目的差错。调节后的余额一般
认为是该企业对账日银行实际可用的
存款数额

一种对账记录的工具，并不是凭证。
如果余额相等通常说明会计核算无
误，如果余额不等说明存在未达事
项或是记载有误

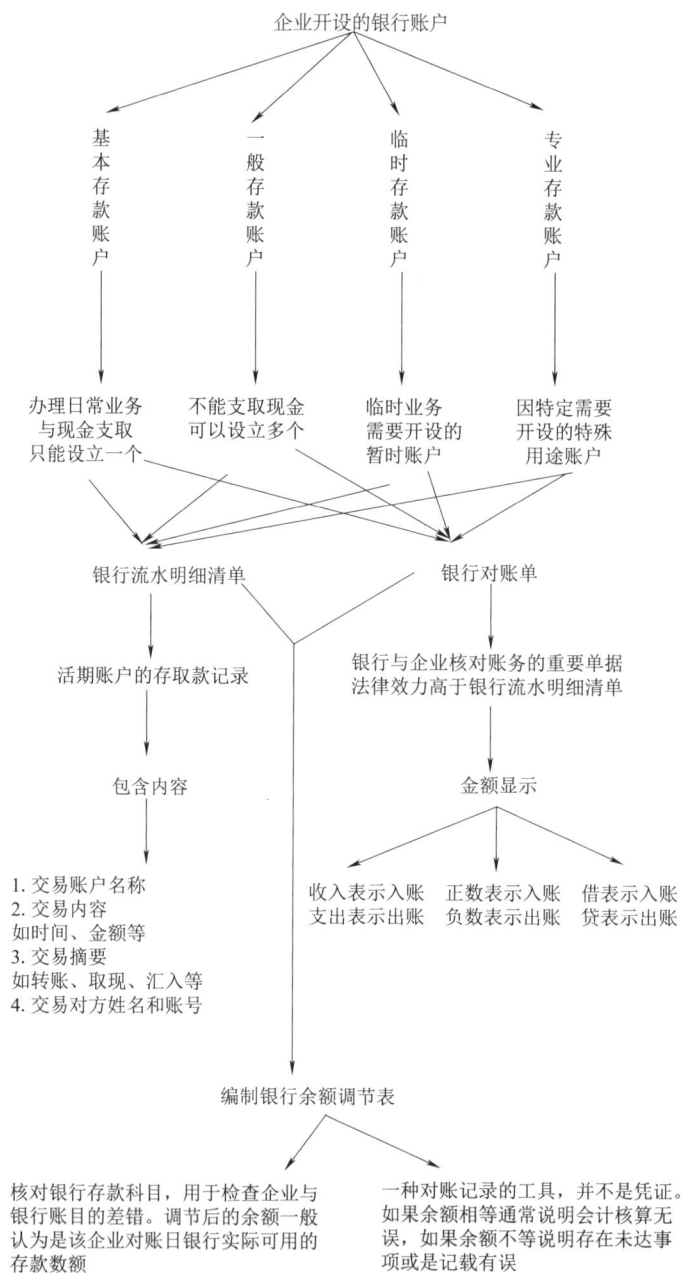

图 5-1　银行账户在企业核算中的作用

　　不过每笔业务都开具发票在实际操作中的确有一定的难度，出租车上安装的计价器与税控装置连接，不管乘客是否需要发票都会自动记录，但出租车发票上并没有抬头，绝大多数发票却需要填写对方抬头信息，如果对方不配合便很难开具发票。

　　福建这家培训公司虽然觉得自己有些冤，但这家公司的销售额高达158万元，却从未申领过发票，显然不规范，其实只要正常申领发票，做到应开尽开，同时如实申报未开票收入，也就不存在什么风险。

　　模拟计算： 增值税一般纳税人大山子商务咨询公司2024年1月共计取得不含税销售收入100万元，其中开具增值税普通发票40万元，剩余60万元未开具发票；该公司将外购的不含税金额15万元的商品用于对外投资；该公司将自己不用的房产租赁给楚山传媒公司，取得预收款20万元；接受税务机关纳税检查时，发现去年50万元不含税销售收入未开具发票，也未进行申报。该公司应当如何进行纳税申报？

增值税及附加税费申报表附列资料（一）
（本期销售情况明细）

税款所属时间：2024年1月1日至2024年1月31日

纳税人名称：（公章）大山子商务咨询公司　　　　　　　　金额单位：元（列至角分）

项目及栏次			开具增值税专用发票		开具其他发票		未开具发票		纳税检查调整		合计			服务、不动产和无形资产扣除项目本期实际扣除金额	扣除后	
			销售额	销项(应纳)税额	销售额	销项(应纳)税额	销售额	销项(应纳)税额	销售额	销项(应纳)税额	销售额	销项(应纳)税额	价税合计		含税(免税)销售额	销项(应纳)税额
			1	2	3	4	5	6	7	8	9=1+3+5+7	10=2+4+6+8	11=9+10	12	13=11-12	14=13÷(100%+税率或征收率)×税率或征收率
一、一般计税方法计税	全部征税项目	13%税率的货物及加工修理修配劳务　1	0	0	0	0	150000	19500	0	0	150000	19500	—	—	—	
		13%税率的服务、不动产和无形资产　2	0	0	0	0	0	0	0	0	0	0	0	0	0	
		9%税率的货物及加工修理修配劳务　3	0	0	0	0	0	0	0	0	0	0	—	—	—	
		9%税率的服务、不动产和无形资产　4	0	0	0	0	200000	18000	0	0	200000	18000	21800	0	0	
		6%税率　5	0	0	400000	24000	600000	36000	500000	30000	1500000	90000	1590000	0	0	
	其中：即征即退项目	即征即退货物及加工修理修配劳务　6	—	—	—	—	—	—	—	—	—	—	—	—	—	
		即征即退服务、不动产和无形资产　7	—	—	—	—	—	—	—	—	—	—	—	—	—	
二、简易计税方法计税	全部征税项目	6%征收率　8									—			—		—
		5%征收率的货物及加工修理修配劳务　9a									—			—		—
		5%征收率的服务、不动产和无形资产　9b									—			—		—
		4%征收率　10									—			—		—
		3%征收率的货物及加工修理修配劳务　11									—			—		—
		3%征收率的服务、不动产和无形资产　12									—			—		—
		预征率 %　13a														

图5-2　模拟计算

　　需要注意的是小规模纳税人适用的"增值税及附加税申报表"并没有填写未开具发票收入的地方，因为应征增值税不含税销售额下面只有两行，分别是增值税专用发票不含税销售额、其他增值税发票不含税销售额，不少纳税人将未开具发票收入填入"其他增值税发票不含税销售额"，这种做法其实并不规范。因为填表说明明确说，"其他增值税发票不含税销售额"应当填写增值税发票管理系统开具的增值税专用发票之外的其他发票不含税销售额，并不包括未开具发票收入。一旦填入未开具发票收入将会导致开票数据与申报数据不一致，税务机关经常会对涉税数据差异进行风险核查，因此在申报表没有修改并且没有相关明确要求之前应该将未开具发票收入直接填入应征增值税不含税销售额，因为应征增值税不含税销售额既可以等于，也可以大于"增值税专用发票不含税销售额"与"其他增值税发票不含税销售额"之和。

三、通过私人账户收款隐瞒收入

发票是税务机关掌握企业销售收入的重要凭证，但不同企业面对的客户群体却是千差万别，个人因私消费后索取发票的积极性并不高。随着微信、支付宝等移动支付手段越来越受青睐，一些企业通过私人账户收款，既没有向客户开具发票，公户也没有收款记录，觉得这样做不会被税务机关发现。

小规模纳税人月收入 10 万元以下可以免征增值税，一些小规模纳税人担心销售额会超过免税标准，不主动开具发票，其实这样做也会面临很大的涉税风险，一旦日后与客户发生纠纷，客户向税务机关举报该企业没有开具发票，涉嫌逃税，很有可能会因违反发票管理制度而被处罚。

随着"金税四期"全面推广，税务机关的数据获取与分析能力不断增强，如果分析发现某企业收入明显低于行业平均水平，通常会调取该企业股东、员工及其相关人员的私人账户，再对银行流水明细进行分析，隐瞒转移收入的行径很容易就会暴露。

案例：广东省和平县 ×× 加油站逃避缴纳税款案 [1]

2020 年 1 月至 2021 年 8 月，广东省和平县 ×× 加油站通过实际经营者徐某林的个人银行账户、微信和支付宝收取成品油销售款，在账簿上少列收入进行虚假申报，少缴增值税 297 583.16 元，城市维护建设税 14 879.19 元，个人所得税 80 126.88 元，共计少缴税款 392 589.23 元，占应纳税款 505 866.57 元的 77%，对其偷税行为处少缴税款 0.5 倍的罚款，即 196 294.71 元。

2021 年 9 月至 2023 年 3 月，×× 加油站在已安装使用加油站智能税控系统期间仍无视税务机关监管，通过安装"作弊器"方式，依靠计算机信息技术

---

1 处罚文号：国家税务总局河源市税务局第二稽查局河税二稽罚〔2023〕4 号。

手段隐藏真实销售数据，利用个人的银行账户、微信和支付宝收取成品油销售款，在账簿上少列收入进行虚假纳税申报，少缴增值税 774 720.96 元，少缴城市维护建设税 38 736.05 元，少缴 2022 年个人所得税 77 332.14 元，共计少缴税款 890 789.15 元，占应纳税款 1 164 221.95 元的 76%，虽然占比略低一些，但性质更为恶劣，因此处以少缴税款 1 倍的罚款，即 890 789.15 元，上述罚款合计 1 087 083.86 元。

很多人不明白"逃税"与"偷税"究竟有什么区别，很多学者也试图解释两者之间的差异，其实两者并没有本质区别，2009 年 2 月 28 日，《中华人民共和国刑法修正案（七）》公布实施，"偷税罪"改为"逃避缴纳税款罪"，简称"逃税罪"。纳税是纳税人的一项法定义务，在纳税人缴纳税款之前相关资金仍旧属于纳税人所有，因此"逃"显然比"偷"更为妥当，但《税收征管法》却并没有及时进行修改，因此税务机关对纳税人进行行政处罚时仍旧使用"偷税"这个称谓，但移交公安机关刑事立案后使用的罪名为"逃税罪"。

货物的购销与流转往往都会留下相应的印记，进项与销项也存在着密切的关联，如果两者严重不符，税务机往往会顺藤摸瓜进行追查，因此企业需要高度关注此类风险。

案例：阳江市 ×× 医疗设备有限公司逃避缴纳税款案[1]

阳江市 ×× 医疗设备有限公司 2015 年 4 月至 2018 年 3 月从江西 ×× 医疗器械有限公司等 16 家上游供货企业陆续购进医疗设备，共计取得 235 份增值税专用发票，不含税金额合计 14 598 502.56 元，税额合计 2 481 745.44 元，上述发票已全部认证并抵扣进项税额。

税务机关调查发现，除 1 台连续性血液净化设备、2 台伟康 V60 呼吸机、1 台 Evita V300 德尔格呼吸机及空心纤维透析器确认收入并开具发票、缴纳税款外，其他医疗设备均未向主管税务机关申报缴纳税款，共涉及进项发票 217 份，票面金额合计 13 924 512.77 元，税额 2 367 167.23 元。

经过追查，税务机关发现这些设备的上游供货企业或生产厂家将这些医疗设备直接发送给终端使用的医疗机构，销售款大部分经该公司业务员收款后转入

---

1 处罚文号：国家税务总局阳江市税务局稽查局阳税稽罚〔2023〕5 号。

××公司有关人员的个人银行账户，不过通过私人账户收取的款项明显低于购进价格，这中间肯定存在尚未发现的经济往来与利益输送，不过该公司 2013 年至 2018 年的账簿、记账凭证、完税凭证及其他有关资料全都丢失不见，致使税务机关难以掌握这些设备的真实售价。

按照税法规定，税务机关可以按照该企业最近同类货物的平均销售价格确定销售额。由于该企业曾经卖出过 1 台 Evita V300 德尔格呼吸机，因此剩余 4 台均按照这个价格核定。剩余医疗设备却并没有卖出记录，只能按照组成计税价格确定销售额，组成计税价格 = 成本 ×（1 ＋ 成本利润率）[1]，成本利润率为 10%[2]，最终核定不含税销售收入为 15 298 817.78 元，认定其少缴增值税 2 600 799.03 元（当时的税率为 17%）、企业所得税 708 450.23 元、城市维护建设税 182 055.92 元，共计 3 491 305.18 元，处以少缴税款 50% 的罚款；对于其未按规定保管账簿、记账凭证、完税凭证及其他有关会计资料的行为罚款 2 000 元。

四、利用收入确认规则隐瞒收入

美容院、健身房、理发店等行业通常都会通过售卖会员卡获得预收款，申请入会或加入会员，只是取得会籍，所有其他服务或商品都要另行收费，在取得该会员费时确认收入。申请入会或加入会员后，会员在会员期内不再付费便可获得服务或商品，或者以低于非会员的价格获得服务或商品，该会员费应在整个受益期内分期确认收入[3]，由于受益期有时会比较长，因此一些企业便利用预售的相关规则迟迟不确认收入。

案例：广东 ×× 利亚美容有限公司逃避缴纳税款案[4]

广东 ×× 利亚美容有限公司向客户发放美容预付卡，于 2019 年至 2021 年期间共计取得现金收入 685 944.00 元，全都计入预收账款，少计应税收入 674 184.93 元，未按规定申报缴纳税费，已构成偷税，处以偷税金额百分之五十的罚款。

五、通过隐蔽方式支付销售款项

企业隐瞒收入还有更为隐蔽的方式，要求客户通过承担房租、职工工资等方式变相支付销售款，这种方式虽然隐秘，但在会计账簿与银行流水中仍旧会留下

---

1 《增值税暂行条例实施细则》第十六条。
2 《国家税务总局关于印发〈增值税若干具体问题的规定〉的通知》（国税发〔1993〕154 号）第二条第四项。
3 《国家税务总局关于确认企业所得税收入若干问题的通知》（国税函〔2008〕875 号）第二条第四项第 6 目。
4 处罚文号：国家税务总局汕头市税务局第二稽查局汕头税二稽罚〔2023〕4 号。

相关线索，税务机关顺藤摸瓜发现其中的猫腻也绝非什么难事。

案例：东莞××达供应链管理有限公司逃避缴纳税款案[1]

东莞××达供应链管理有限公司与香港××达物流有限公司存在关联关系，东莞公司接受委托为香港公司的客户提供验货包装与物流跟单服务，香港公司本应向东莞公司支付相应的服务费，但其却通过负担本应由东莞公司来负担的部分租金、员工提成等隐秘方式来变相向其支付服务费。东莞公司报税时只是将自营物流业务收入列为收入，并没有将受托服务费计入收入。

税务机关调查认定，东莞××达供应链管理有限公司应计未计 2021 年不含税服务费收入为 1 727 661.67 元，2022 年 1—6 月不含税服务费收入 898 667.38 元，造成该公司 2021 年少缴增值税 26 814.26 元、城市维护建设税 670.36 元；2022 年 1—6 月少缴增值税 8 214.80 元、城市维护建设税 205.37 元。

六、超范围经营

每家企业的统一社会信用代码证（即原来的营业执照）上都会详细列明企业的经营范围，但企业偶尔也会超范围经营，对此企业应该如何开具发票呢？

纳税人发生应税行为，除国家明令禁止销售的之外，即使超出营业执照上的经营范围，也应当据实开具发票[2]。

《中华人民共和国民法典》第五百零五条明确规定："当事人超越经营范围订立的合同的效力……不得仅以超越经营范围确认合同无效。"超越一般性经营范围限制并不会导致合同无效，但如果违反了特许经营、禁止经营以及限制经营规定，应当认定合同无效。

企业超范围经营既不能跨越红线，同时也不能长期超范围经营，《企业法人登记管理条例施行细则》第四十九条第三项规定："超出核准登记的经营范围或者经营方式从事经营活动的，视其情节轻重，予以警告，没收非法所得，处以非法所得额 3 倍以下的罚款，但最高不超过 3 万元，没有非法所得的，处以 1 万元以下的罚款。"

如果是相近的税目，即便超出了经营范围，仍旧可以开具发票，但有的项目却无法超范围开具发票，比如一个餐饮企业无法开具不动产经营租赁的发票，必须要去税务机关添加征收品目，如果之前没有增值税业务，还需要添加税种，如果此后有可能还会有类似业务，建议及时变更工商登记，规避不必要的麻烦。

1　处罚文号：国家税务总局东莞市税务局稽查局东税稽罚〔2023〕37 号。
2　国家税务总局 12366 纳税服务平台 2020 年 2 月 26 日回复。

第三节　企业所得税税前扣除规范

随着全行业普遍征收增值税，增值税与企业所得税之间的差距也变得越来越小，目前两者最主要的差异是企业所得税准予扣除工资薪金支出，旅客运输等极少数普通发票允许抵扣增值税，其他的普通发票只能抵扣企业所得税。

从 2017 年 7 月 1 日开始，增值税普通发票也必须填写购买方纳税人识别号，且发票内容应当按照实际销售情况开具，不符合规定的发票，不得作为税收凭证[1]，不过增值税普通发票只是普通发票的一种。

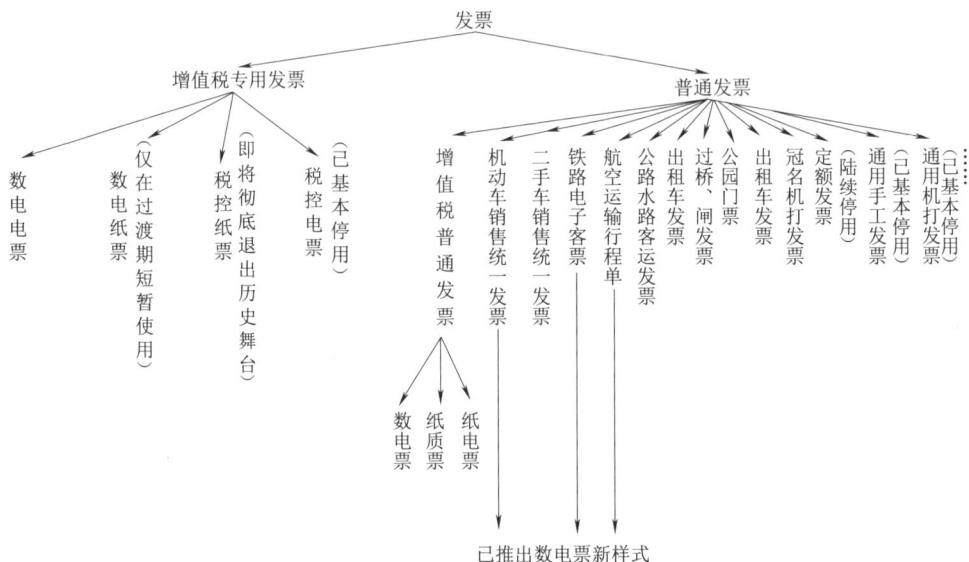

图 5-3　发票

一、不需要发票依然可以抵扣的项目

所有单位和从事生产、经营活动的个人在购买商品、接受服务以及从事其他经营活动支付款项，应当向收款方取得发票[2]，任何单位和个人都应按照发票管理规定使用发票，不得以其他凭证代替发票使用[3]，不过有些项目却不需发票就可以在税前列支。

---

1 《关于增值税发票开具有关问题的公告》（国家税务总局公告 2017 年第 16 号）。
2 《发票管理办法》第二十条。
3 《发票管理办法》第二十四条。

（一）工资、薪金支出

单位或者个体工商户的员工为本单位或者雇主提供取得工资的服务，属于非经营活动，不需要缴纳增值税[1]。工资薪金支出只需要提供工资表、转账或现金发放证明、代扣代缴证明等资料就可以在税前抵扣，不过支出对象只能是在本单位任职或者受雇的员工。税务机关会重点审核支出的合理性，因此支付标准应当在合理的范围和幅度之内。

（二）小额零星经营业务

国家机关、个人以及无固定生产、经营场所的流动性农村小商贩可以不用办理税务登记[2]，上述三类群体发生经营业务之后，可以到税务机关代开发票，如果是小额零星经营业务，对方单位也可以凭借收款凭证及内部凭证在税前扣除，不过收款凭证应当载明收款单位名称、个人姓名及身份证号、支出项目、收款金额等信息。

目前小额零星经营业务的判断标准是个人从事应税项目经营业务的销售额不能超过增值税起征点[3]。起征点分为两类，按期纳税的起征点为月销售额 5 000 ～ 20 000 元（含本数）；按次纳税的起征点为每次（日）销售额 300 ～ 500 元（含本数），具体数额由各省自行确定，目前几乎所有省份都是按照上限确定起征点。

究竟是按次纳税还是按期纳税就看是否办理了税务登记或者临时税务登记，普通个人前往税务机关代开发票只要达到 500 元就应当缴纳税款，但办理了税务登记的个人可以享受按期纳税的政策，下面这个案件中的罗某南便是如此。

案例：广东 ×× 科技有限公司逃避缴纳税款案[4]

广东 ×× 科技有限公司于 2020 年 1 月至 2022 年 6 月期间承接某大型电信公司 2019—2024 年普宁市生态环境信息化管理系统（一期）服务项目，主要负责水质自动检测站运维服务。

由于该公司并没有足够的施工人员，于是将部分工程外包给罗某南，双方签

1　《财政部　国家税务总局关于全面推开营业税改征增值税试点的通知》（财税〔2016〕36 号）附件一《营业税改征增值税试点实施办法》第十条第二项。

2　《税务登记管理办法》第二条第二款。

3　《企业所得税税前扣除凭证管理办法》（国家税务总局公告 2018 年第 28 号）第九条第二款。

4　处罚文号：国家税务总局揭阳市税务局第一稽查局揭税一稽罚〔2023〕4 号

订了"外包劳务合同",约定劳务费每季度按照工程完工进度结算。结算时通过广东××科技有限公司老板王某平的个人银行账户进行转账,或是从银行柜台提取现金直接支付给罗某南,但罗某南却无法提供相应的劳务费发票,该公司只能以自制的"工程外包运维费用"入账,并于2020年1月至2022年6月将相应支出记入生产成本并在企业所得税税前扣除。

经过调查,税务机关对该公司以其他凭证代替发票使用的违法行为处以5 000元的罚款,要求其在60日内提供符合规定的发票,否则2021年度的相应支出不得在企业所得税税前扣除,2020年度与2022年1月至6月的企业所得税却不用进行调整。这究竟是为什么呢?

由于起征点只适用个人,为了让所有增值税小规模纳税人都能享受税收优惠政策,近年来推出了免税政策。免税与起征点虽然类似,却并不相同,免税是临行性政策,起征点却是长期性政策。出于有利于纳税人的原则,负责该案的税务机关将小额零星经营业务认定标准确定为罗某南是否符合免税条件。

2020年,罗某南的销售额为813 610.00元,当年免征额度为120万元,符合免税条件;2021年度,罗某南的销售额为1 935 530.00元,该年第一季度每月的免税额为10万元,后面三个季度每月的免税额为15万元,全年免征额度为165万元,因此并不符合免税条件;2022年1—6月,罗某南的销售额为92 600.00元,同期免税额度为90万元,符合免税条件,税务机关最终认定广东××科技有限公司只需要对2021年度的企业所得税进行调整。

其实如果严格按照文件,小额零星经营业务判定标准是销售额不超过起征点而并非免税额,因此上述认定方式并非每个地方的税务机关都会认可。

(三)支付给个人的特殊款项

差旅费补助是给予出差人员的一种包干性补助,主要包括市内交通费、餐费等,在报销出差期间的交通费、住宿费时一并进行报销,并不需要提供发票;误餐补助是发放给因工作原因不能回单位食堂或者回家吃饭的一种补偿性补助。上述两项补助并不属于工资、薪金性质的补贴、津贴,不征税[1]。不过

---

[1] 《国家税务总局关于印发〈征收个人所得税若干问题的规定〉的通知》(国税发〔1994〕89号)第二条第二项第4目。

补助标准要适当，企业不能以差旅费补助或者误餐补助的形式变相地发放工资、薪金。

发放给伤残职工或者死亡职工的抚恤金，发放给生活困难职工的救济金，也不需要提供相应发票，不过却需要附列相关资料，比如抚恤金发放时需要有关人员提供伤残证明或者死亡证明。

（四）境外购进货物、服务或无形资产

很多国家并没有发票，因此境外购进货物或劳务只需要获得完税凭证即可，即便没有取得增值税专用发票依旧可以抵扣增值税，也可以在企业所得税税前进行扣除。

（五）固定资产折旧、无形资产摊销、长期待摊费用摊销

固定资产、无形资产、长期待摊费用确定原值的时候需要提供相应发票，但按照会计核算要求不能直接计入当期损益，需要根据使用年限或者法定年限计算折旧额或者摊销额可以在上述年限内扣除，由于相关发票已经入账，因此实际进行折旧或者摊销时也就不再需要提供发票。

（六）符合规定的资产损失支出

准予在企业所得税税前扣除的资产损失是指企业在实际处置、转让资产过程中发生的合理损失即实际资产损失，以及企业虽未实际处置、转让资产，但符合规定条件计算确认的损失即法定资产损失[1]，上述损失不需要发票就可以在税前扣除。

假如乙公司欠甲公司 50 万元货款，甲公司以 10 万元的价格将这项债权转让给丙公司，那么 40 万元的差额就是实际资产损失；假如没人愿意接手这项债权，已经逾期三年以上并且有确凿证据证明乙公司无力清偿债务，会计上作为损失进行处理，那么无法收回的 50 万元就属于法定资产损失，也准予在税前扣除，不过要提供相应的资产损失证明。

（七）现金折扣支出

销售商品涉及现金折扣应当按照扣除现金折扣前的金额确定销售商品收入金额，现金折扣在实际发生时作为财务费用扣除[2]。现金折扣实质上就是债权人为鼓

1　《国家税务总局关于发布〈企业资产损失所得税税前扣除管理办法〉的公告》（国家税务总局公告 2011 年第 25 号）第三条。

2　《国家税务总局关于确认企业所得税收入若干问题的通知》（国税函〔2008〕875 号）第一条第五项。

励债务人尽快付款而提供的一种金额折扣，与原始销售业务并无实际关联，只是财务结算的一种手段，因此在抵扣时并不需要提供发票，不过需要留存载明现金折扣条件的购销合同、银行付款凭据、收款凭证等证明材料。

在收入准则改变前，会计与税法的处理方式是一致的，不过随着会计准则的变更，两者也产生了差异，我们将在后面进行详细介绍。

（八）出租方分摊的相关费用

企业租用（包括企业作为单一承租方租用）办公、生产用房等资产发生的水、电、燃气、冷气、暖气、通信线路、有线电视、网络等费用，出租方作为应税项目开具发票的，企业以发票作为税前扣除凭证；出租方采取分摊方式的，企业以出租方开具的其他外部凭证作为税前扣除凭证[1]。

水电费财务审核时应当重点关注发票或其他凭证上的字码是否与实际相符，如果是生产型企业，还应重点关注水电费支出是否与产能相吻合，如果产能比远低于行业平均水平，那么税务机关将会怀疑存在隐瞒收入等问题。

（九）分摊共同接受的劳务

企业与其他企业（包括关联企业）、个人在境内共同接受应纳增值税劳务发生的支出，采取分摊方式的，应当按照独立交易原则进行分摊，企业以发票和分割单作为税前扣除凭证，共同接受应税劳务的其他企业以企业开具的分割单作为税前扣除凭证。企业与其他企业、个人在境内共同接受非应税劳务发生的支出，采取分摊方式的，企业以发票外的其他外部凭证和分割单作为税前扣除凭证，共同接受非应税劳务的其他企业以企业开具的分割单作为税前扣除凭证[2]。

企业所得税所称劳务并非仅限于增值税中的加工修理修配劳务而是包括所有劳务、服务。

（十）发行债券利息支出

债券利息支出原则上应当开具发票，不过要是投资者众多，开具发票的确有困难，也可以暂不开具，但需要留存付款凭证等证明材料，不过各地对证明材料的要求并不一致，应以当地税务机关要求为准。

---

1 《关于发布〈企业所得税税前扣除凭证管理办法〉的公告》（国家税务总局公告 2018 年第 28 号）第十九条。
2 《关于发布〈企业所得税税前扣除凭证管理办法〉的公告》（国家税务总局公告 2018 年第 28 号）第十八条。

（十一）违约金支出

因未能履行合同而发生的违约金支出在税前扣除的时候也不需要提供发票，但需要提供相应的证明材料，比如双方当初签订的合同、赔款协议，经过调解达成的调解书，仲裁机构出具的仲裁书，法院判决书，收款方收款后开具的收据。

需要特别注意的是增值税计税时将违约金等"价外费用"计入销售额，为什么在企业所得税中却可以无票入账呢？违约金分为两类，一类是已经实际履行，却因履行不到位需要支付的违约金，这种违约金属于价外费用，需要并入销售额缴纳增值税，这样做是为了防止侵蚀税基，比如两家公司暗中商定支付价款 100 万元，但合同里写明的金额却是 80 万元，随后制定了极为严苛的合同条款，如有违反还需另行支付 20 万元违约金，"价外费用"计入销售额就是为了杜绝类似漏洞；另一类是合同并未实际履行，违约方支付的违约金属于可以无票入账的违约金，不属于价外费用，也不用缴纳增值税。

（十二）无法补开、换开发票

企业在补开、换开发票、其他外部凭证过程中因对方注销、撤销、依法被吊销营业执照、被税务机关认定为非正常户等特殊原因无法补开、换开发票、其他外部凭证的，可凭以下资料证实支出真实性后，其支出允许税前扣除[1]：

（1）无法补开、换开发票、其他外部凭证原因的证明资料（包括工商注销、机构撤销、列入非正常经营户、破产公告等证明资料）；

（2）相关业务活动的合同或者协议；

（3）采用非现金方式支付的付款凭证；

（4）货物运输的证明资料；

（5）货物入库、出库内部凭证；

（6）企业会计核算记录以及其他资料。

需要注意的是第（1）至（3）项是必备资料，其他资料为选择性提供材料。

（十三）发票等原始凭证遗失

增值税专用发票或机动车销售统一发票在寄送过程中，如果不慎导致发票联与抵扣联同时丢失，此时购货方需要向销售方索要加盖其发票专用章的发票记账

---

1 《关于发布〈企业所得税税前扣除凭证管理办法〉的公告》（国家税务总局公告 2018 年第 28 号）第十四条。

联复印件作为记账凭证。购货方因保存不善等导致发票联丢失，可凭抵扣联复印件作为记账凭证，如果丢失的是抵扣联可凭发票联作为增值税进项税额的抵扣凭证或退税凭证[1]。

至于普通发票丢失后，纳税人该如何操作，税法中并没有对此予以明确。目前在实践中只能依据《会计基础工作规范》的相关要求，从外单位取得的原始凭证如有遗失，应当取得原开出单位盖有公章的证明，并注明原来凭证的号码、金额和内容等，由经办单位会计机构负责人、会计主管人员和单位领导人批准后，才能代作原始凭证。如果确实无法取得证明，如火车、轮船、飞机票等凭证，由当事人写出详细情况，由经办单位会计机构负责人、会计主管人员和单位领导人批准后，代作原始凭证[2]，在企业所得税税前列支。

纳税人提供旅游服务，将火车票、飞机票等交通费发票原件交付给旅游服务购买方而无法收回的，以交通费发票复印件作为差额扣除凭证[3]。对于旅游经营者来说，交通费发票复印件不仅是享受差额征税的重要依据，也可以作为主营业务成本在企业所得税税前列支。

数电票开具之后直接推送至对方的税务数字账户之中，再也不用担心中途丢失的问题，还可以下载多份交付相关方，省去了许多烦恼。

二、只能在限额内扣除的项目

绝大多支出只要是真实发生的并且取得了合法凭证，都可以在税前据实扣除，不过也有一些特殊项目设有扣除限额，只能在限额内据实扣除，超过限额的金额有的可以结转以后年度继续扣除，有的不能结转只能调增本年的应纳税所得额。

表5-6　限额内扣除的项目

项　　目	扣　　除
福利费	不超过工资、薪金总额14%的部分准予扣除
工会经费	不超过工资、薪金总额2%的部分准予扣除
职工教育经费	不超过工资、薪金总额8%的部分准予扣除，超过部分准予在以后纳税年度结转扣除，特殊项目可以全额扣除

1 《关于增值税发票综合服务平台等事项的公告》（国家税务总局公告2020年第1号）第四条。
2 《会计基础工作规范》（财政部令第98号）第五十五条第五项。
3 《国家税务总局关于在境外提供建筑服务等有关问题的公告》（国家税务总局公告2016年第69号）第九条。

续表

项　目	扣　除
业务招待费	按照发生额的 60% 扣除，但最高不得超过当年销售（营业）收入的 5‰
广告费和业务宣传费	不超过当年销售（营业）收入 15% 的部分准予扣除，超过部分可以结转到以后年度扣除。烟草企业不得扣除，化妆品制造、医药制造和饮料制造（不含酒类制造）业企业扣除比例为 30%
普通企业的佣金及手续费支出	服务协议或合同确认的收入金额的 5% 内准予扣除
保险企业的佣金及手续费支出	按当年全部保费收入扣除退保金等后余额的 18% 内准予扣除
电信企业的佣金及手续费支出	当年收入总额的 5% 内准予扣除

公益性捐赠支出在年度利润总额 12% 以内的部分准予扣除，超过部分准予在以后三年内结转[1]。

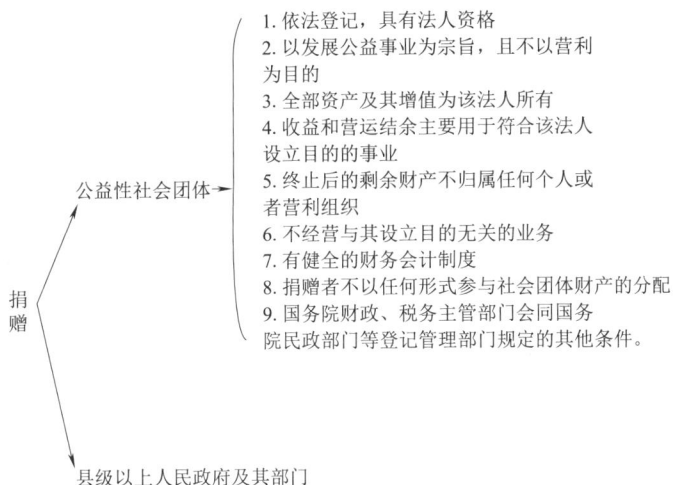

图 5-4　捐赠主体

准予扣除的公益性捐赠支出不能是直接捐赠，必须要通过税法认可的组织并取得相应的加盖公章的公益事业捐赠票据。不过有时企业集团会代表所属公司统一对外进行捐赠，随后集团内部再对捐赠数额进行分摊，在这种情况下，所属公司就无法获得相应的捐赠票据，不过可以将受捐赠方开具的公益性捐赠票据及转账凭证、集团公司出具的捐赠明细、分割单等作为企业所得税税前列支的凭证[2]。

1　《中华人民共和国企业所得税法》第九条。
2　厦门市税务局 12366 纳税服务平台 2020 年 2 月 26 日回复。

三、不征税收入发票的入账

购买方在向销售方支付价款后为了做账通常都会要求对方开具发票，但对于增值税不征税项目来说，销售方收款后无须纳税，却又不能不开具发票，否则购买方就无法在税前进行扣除，在这种情况下，可以给对方开具普通发票，税率一栏注明"不征税"。不少纳税人拿到不征税发票后会感到有些不知所措，其实不征税发票上列明的金额准予在企业所得税前扣除。

四、不能在税前抵扣的项目 [1]

一些特殊项目不允许在企业所得税税前扣除，主要包括以下项目：

（1）向投资者支付的股息、红利等权益性投资收益款项。发放股息、红利遵循"先税后分"的原则，缴纳完企业所得税之后，向法人股东发放股息、红利不再征税，但自然人股东却需要缴纳20%的个人所得税。

（2）企业所得税税款与税收滞纳金。企业所得税税款根据应纳税所得额计算，应纳税所得额是在会计利润的基础上进行纳税调整，因此如果提前扣除了企业所得税税款，那么企业的实际利润将会被低估，导致企业所得税计算不准确，也会影响国家的税收收入。税收滞纳金是因纳税人延迟、拖欠税款未及时缴纳而产生的一种补偿性罚款，自然也就不允许在税前抵扣。

（3）罚金、罚款和被没收财物的损失。这些都是纳税人因违法犯罪而遭受的惩处，自然也就不允许在税前扣除，需要注意的是罚金是法院判处犯罪人向国家缴纳一定数额金钱的刑罚方法，属于财产刑的一种；罚款是行政机关强制违法人员交纳一定数量货币，属于行政处罚中的一种方式。

（4）企业发生与生产经营活动无关的各种非广告性质的赞助支出。税前扣除的基本原则是相关支出必须是为了生产经营活动的需要，与此无关的赞助支出自然也就不允许扣除。

（5）未经核定的准备金支出。在会计核算中，由于市场价格持续下跌、技术陈旧、损坏、长期闲置等原因导致可收回金额低于账面价值，企业可以将可收回金额低于其账面价值的差额作为减值准备金额。

---

1 《中华人民共和国企业所得税法》第十条。

表5-7　会计准则确立的减值准备

针对科目	名　称	政策依据
长期股权投资	长期股权投资减值准备	《企业会计准则第 8 号——减值》
持有至到期投资 [1]	持有至到期投资减值准备	《企业会计准则第 8 号——减值》
固定资产	固定资产减值准备	《企业会计准则第 8 号——减值》
在建工程	在建工程减值准备	《企业会计准则第 8 号——减值》
工程物资	工程物资减值准备	《企业会计准则第 8 号——减值》
生产性生物资产	生产性生物资产减值准备	《企业会计准则第 8 号——减值》
无形资产	无形资产减值准备	《企业会计准则第 8 号——减值》
商誉	商誉减值准备	《企业会计准则第 8 号——减值》
应收账款、其他应收款、应收票据、预付账款、应收利息、应收股利、长期应收款、应收分保账款、应收代位追偿款	相应科目坏账准备	《企业会计准则第 22 号——金融工具确认和计量》
存货	存货跌价准备	《企业会计准则第 1 号——存货》
投资性房地产	投资性房地产减值准备	《企业会计准则第 3 号——投资性房地产》
消耗性生物资产	消耗性生物资产跌价准备	《企业会计准则第 5 号——生物资产》
贷款	贷款损失准备	《企业会计准则第 22 号——金融工具确认和计量》
可供出售金融资产	可供出售金融资产减值准备	《企业会计准则第 22 号——金融工具确认和计量》
抵债资产	抵债资产跌价准备	《企业会计准则第 12 号——债务重组》
损余物资	损余物资跌价准备	《企业会计准则第 25 号——原保险合同》
应收融资租赁款	应收融资租赁款减值准备	《企业会计准则第 21 号——租赁》
未担保余值	未担保余值减值准备	《企业会计准则第 21 号——租赁》

　　虽然会计准则中设置了名目繁多的减值准备与跌价准备，却一律不允许在税前进行扣除，如果准许企业擅自提取准备金，无异于为人为操控利润进而少缴企业所得税打开便利之门。

　　虽然企业所得税申报表中专门设有"公允价值变动收益"一栏，但这只是为了与会计报表相衔接，无论是公允价值变动收益还是损失全都要进行纳税调整。企业在实际处置、转让金融资产时发生的实际资产损失，或者符合条件的法定资产损失，准予计入资产损失并在税前扣除。

1　在新金融准则中，持有至到期投资已经拆分为其他债权投资、其他权益工具投资。

目前只有金融保险业准予在税前扣除准备金，涉及 19 项准备金，不过对准备金的提取条件都有着严格的限定。

表5-8　税法准许扣除的准备金

行业或企业	数量	具体名称	文件依据[1]
证券行业	3 项	证券交易所风险基金、证券结算风险基金、证券投资者保护基金	《财政部　国家税务总局关于证券行业准备金支出企业所得税税前扣除有关政策问题的通知》（财税〔2017〕23 号）
期货行业	3 项	期货交易所风险准备金、期货公司风险准备金、期货投资者保障基金	《财政部　国家税务总局关于证券行业准备金支出企业所得税税前扣除有关政策问题的通知》（财税〔2017〕23 号）
上海国际能源交易中心（期货交易机构）	1 项	风险准备金	《财政部　国家税务总局关于上海国际能源交易中心有关风险准备金和期货投资者保障基金支出企业所得税税前扣除政策问题的通知》（财税〔2019〕32 号）
银行业	3 项	贷款损失准备金、涉农贷款损失准备金、中小企业贷款损失准备金	《财政部　税务总局关于金融企业涉农贷款和中小企业贷款损失准备金税前扣除有关政策的公告》（财政部　税务总局公告 2019 年第 85 号）、《财政部　税务总局关于金融企业贷款损失准备金企业所得税税前扣除有关政策的公告》（财政部　税务总局公告 2019 年第 86 号）
保险业	6 项	保险保障基金、未到期责任准备金、寿险责任准备金、长期健康责任准备金、未决赔偿准备金、巨灾风险准备金	《财政部　国家税务总局关于保险公司准备金支出企业所得税税前扣除有关政策的通知》（财税〔2016〕114 号）
中小企业融资（信用）担保机构	2 项	担保赔偿准备金、未到期责任准备金	《财政部　国家税务总局关于中小企业融资（信用）担保机构有关准备金企业所得税税前扣除政策的通知》（财税〔2017〕22 号）
中国银联股份有限公司	1 项	特别风险准备金	《国家税务总局关于中国银联股份有限公司特别风险准备金及风险损失税前扣除问题的通知》（国税函〔2007〕3 号）

（6）企业之间支付的管理费。管理费是一项较为抽象的费用，因此一些公司以管理费的名义转移利润，因此不允许在税前扣除，需要注意的是支付给物业公司的管理费，在合理的限度内准予在税前进行扣除。

（7）企业内营业机构之间支付的租金和特许权使用费不能在税前扣除，但企业之间支付的租金、特许权使用费和利息可扣除。

---

1 《关于延长部分税收优惠政策执行期限的公告》（财政部 国家税务总局公告 2021 年第 6 号）。

（8）不符合规定的利息支出。第九章将对此进行详细介绍，在此不赘述。

（9）与取得收入无关的其他支出。

案例：绍兴 ×× 力环保科技有限公司逃避缴纳税款案[1]

绍兴 ×× 力环保科技有限公司将代他人缴纳的电费作为管理费用在税前成本列支。该企业在 2014 年至 2018 年期间支付的电费，除 500 kVA 变压器基础电费的固定支出外，剩余是替大头村、小头村等村支付的电费；自 2019 年至 2020 年10 月支付的电费是替施工工地支付的电费，以上电费支出均不属于企业生产经营过程中发生的费用，不允许作为税前成本列支。

1　处罚文号：国家税务总局绍兴市税务局第二稽查局绍税二稽罚〔2022〕47 号。

第六章 费用摊销时的涉税风险

企业在生产经营过程中产生的成本、费用按照常理都可以在企业所得税前进行扣除，资产的折旧额与摊销额通过计入期间费用进行扣除，符合规定的资产损失也准予扣除。

成本与主营业务直接相关，通常情况下可以全额予以扣除；名目繁多的费用在会计核算时将会被计入管理费用、销售费用与财务费用，由于与主营业务间接相关，有些特殊费用只能在限额内扣除。

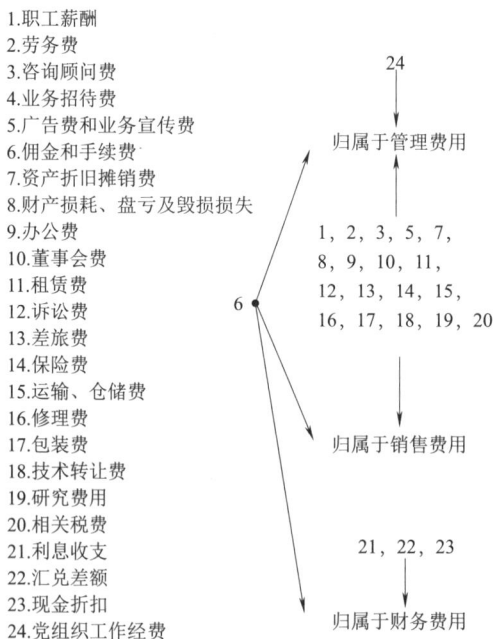

图 6-1 期间费用归集原则

从 2016 年 5 月 1 日开始，四小税种即城镇土地使用税、印花税、房产税、车船税不再通过管理费用核算而是计入税金及附加[1]，如今仍旧归入管理费核算的只剩下残保金等极少数税费项目。

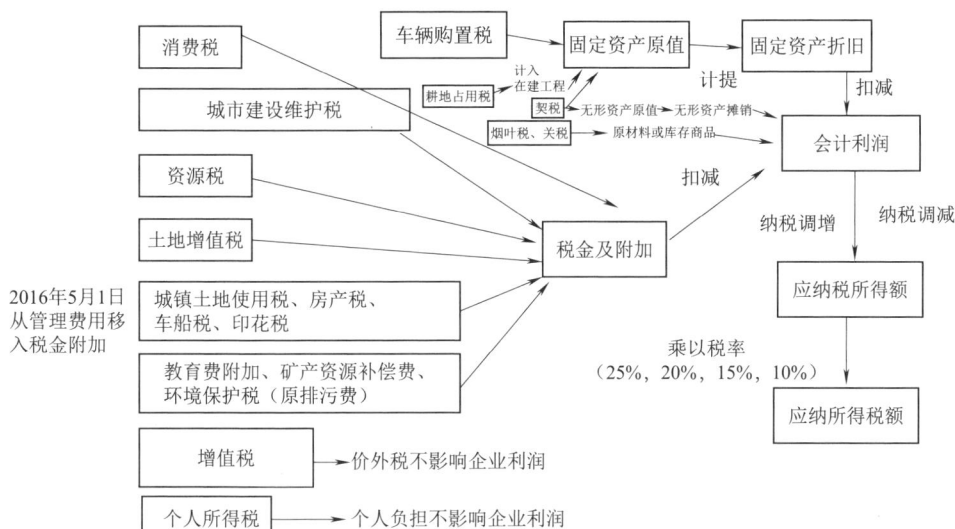

图 6-2　不同税种的归集路径

● 第一节　管理费用

在三项费用之中，管理费用最为庞杂，历来是税务检查的重中之重。

一、管理费用的界定

表6-1　三项费用

费用类别	定　义	具体包括内容	重点关注科目
管理费用	企业行政管理部门为组织和管理生产经营活动而发生的各项费用	1. 企业在筹建期间发生的开办费 2. 行政管理部门在经营管理中发生的相关费用，如行政管理部门职工薪酬、物料与低值易耗品消耗 3. 应由企业统一负担的公司经费，如办公费和差旅费、业务招待费 4. 董事会费，包括董事会成员津贴、会议费和差旅费等 5. 工会经费、咨询费、顾问费、诉讼费、技术转让费、研究开发费用等 6. 归属于整个公司或者行政管理部门等固定资产折旧、无形资产摊销、长期待摊费用摊销以及上述资产的修理等支出	业务招待费 职工福利费 工会经费 职工教育经费 研究开发费用

1　《财政部关于印发〈增值税会计处理规定〉的通知》（财会〔2016〕22 号）

续表

费用类别	定　义	具体包括内容	重点关注科目
销售费用	企业为了扩大销售而发生的各种费用	1. 销售商品过程中发生的保险费、包装费、运输费、装卸费（注意采购过程中发生的保险费、包装费、运输费、装卸费计入采购货物的成本） 2. 展览费和广告费、商品维修费、预计产品质量保证损失 3. 为销售本企业商品而专设的销售机构（含销售网点、售后服务网点等）的职工薪酬、业务费、折旧费等经营费用以及发生的与专设销售机构相关的固定资产修理费等后续支出 4. 委托代销支付的手续费	广告费 业务宣传费 销售佣金
财务费用	企业为筹集生产经营所需资金而发生的费用	1. 利息支出，利息收入冲减财务费用 2. 汇兑损失，汇兑收益冲减财务费用 3 金融机构手续费 4. 现金折扣	利息支出 借款费用

二、管理费用的误区

一些高素质人才与企业洽谈待遇时往往会要求税后工资达到一定的标准，企业一旦答应之后就需要为其承担相应的个人所得税税款，有些会计会将这笔支出计入管理费用，但如果作为管理费用列支，在计算企业所得税时不得在税前扣除[1]。企业承担员工工资的个税应当通过"应付职工薪酬"这个会计科目进行核算，属于工资薪金的一部分。

三、个人垫资的风险

在管理费用之中，差旅费等费用通常都是员工先行垫资，随后再凭借相应发票进行报销，其实个人垫资行为并不规范，应当严格控制。

案例：深圳××微半导体公司应扣未扣个人所得税案[2]

深圳××微半导体公司由广州母公司出资成立，业务人员有的来自该公司，也有来自广州母公司，在工资薪金发放及个税代扣代缴时，两家公司也混杂在一起。经过调查，税务机关发现该公司部分员工既未在本公司，也未在广州母公司代扣代缴个人所得税。

除此之外，税务机关还发现该公司有向个人账户转款打钱的情形，询问后得知因为企业规模较小，所以在办公用品采购时由个人使用私人账户购买，然后再

---

1 《关于雇主为雇员承担全年一次性奖金部分税款有关个人所得税计算方法问题的公告》（国家税务总局公告 2011 年第 28 号）第四条。
2 深圳市税务局网站。

由个人报销，公司将相关款项支付给个人，经过对银行资料对比证实了企业的上述说法，但该做法既不合规，也带来了涉税风险，要求该企业及时进行整改。

为了防范和化解相关风险，企业应当对个人垫资行为严格加以规范，首先金额不能太大，由于不同地区经济发展水平差异较大，因此不同地区企业应当根据本地实际制定相应的财务制度，如果需要垫资金额较大，员工应当向企业领取备用金；其次人数不要太多，垫资的员工应当局限在行政、后勤等个别部门的少数员工，严禁出现大部分员工都垫资的情形，否则可能会被税务机关认定为变相发放工资、福利；再次频率不要过高，员工垫资只能偶尔为之，企业账户与员工账户切忌发生频繁的经济往来，否则很有可能会被认为是转移资金、隐瞒收入甚至是洗钱。

具备条件的企业可以为员工集中办理带有透支功能的公务卡，出差时相关费用刷卡支付，回到公司报销后偿还透支额度，既减小了员工垫资的经济压力，也减少了员工与公司之间的经济往来，还能有效防止员工的贪腐行为，可谓是一举三得的举措！

● 第二节　财务费用

相对于管理费用与销售费用，财务费用的范围相对比较清晰，为筹集生产经营所需资金等而发生的费用归入财务费用，主要包括利息支出（如有利息收入冲减利息支出）、汇兑损失（如有汇兑收益冲减汇兑损失）、相关的手续费和现金折扣。

一、准予在税前扣除的利息支出

企业在日常经营活动中时常会因资金短缺而借款，根据借款的对象不同，利息支出通常会分为以下几种形式：

（1）企业向金融机构借款发生的利息支出；

（2）企业向非金融企业借款发生的利息支出，区分为向关联方、非关联方借款两种形式；

（3）企业向个人借款的利息支出；

（4）企业经批准发行债券的利息支出。

公司在向银行或者其他金融机构借贷资金时，如果逾期还款就会产生"罚息"，有人将罚息计入财务费用，认为罚息是一种特殊的利息；但也有人将罚息计入营业外支出，认为罚息属于非日常生产经营活动发生的支出。

从经济实质来看，罚息属于企业筹集资金的一种成本，如果将相应的罚息计入财务费用，可以更为真实地反映企业融资成本，此外还需要注意罚息不同于罚款与罚金，罚息可以在税前扣除，属于一种特殊的违约金。

二、不能在税前扣除的利息支出

企业还需要特别注意以下利息支出不允许在税前扣除，在企业所得税年度汇算清缴时需要进行纳税调增。

（一）取得票据不符合税法规定的借款利息支出

"营改增"之后，利息支出不能再以银行出具的利息单入账，由于贷款利息不能抵扣增值税，所以只能开具普通发票。

不过目前很多银行网点还无法开具发票，需要汇总到分行或者中心支行才能开具发票，由于手续费收入不仅零散而且数额往往都比较小，银行并没有形成开具发票的习惯，因此获取发票通常都不会很顺利，不过按照《发票管理办法》第十九条的规定，银行为客户开具发票是其法定义务。没有发票或者发票不符合税法要求，相关利息支出一律不允许在企业所得税税前扣除。

需要注意的是，不过在银行办理开户等业务时交的手续费以及微信和支付宝收款提现的手续费属于直接收费金融服务，可以索取增值税专用发票并作为进项税额抵扣增值税。

有些人可能会有这样的疑问，既然贷款企业向银行支付利息，银行需要向其开具发票，那么存款人从银行取得利息需要给银行开具发票吗？其实存款利息并不属于增值税征税范围，因此存款人不需要向其提供发票。

企业向个人借款的利息支出要想在税前扣除必须要签订借款合同并且留存证实借贷关系真实、合法、有效的相关证明，企业向个人偶尔发生的借款并且利息支出小于 500 元，可以认定为零星小额交易，准予用内部凭证、收款收据等非发票类凭证作为税前扣除凭证，如果利息支出大于 500 元，企业应当要求出借人前往税务机关代开发票。

企业在证券市场发行债券，通过中国证券登记结算有限公司向投资者支付利息是法定要求，考虑到中国证券登记结算有限公司支付给投资者的利息支出均有记录，因此允许债券发行企业凭中国证券登记结算有限公司开具的收息凭证、向投资者兑付利息证明等证据资料在税前进行扣除[1]，不过这只是北京的地方政策，其他地区是否也照此执行还需与当地税务机关进行联系。

（二）与生产经营活动无关的借款利息支出[2]

存在关联关系的企业因经营状况不同、资产负债不同、信用状况不同导致其融资能力有所差异，充当融资平台的企业在贷款之后往往会将贷款资金无偿转贷给关联方。企业集团内部的资金无偿借贷行为免征增值税[3]，非集团企业间的资金无偿借贷行为，需要依法缴纳增值税，税务机关有权按照同期同类贷款利率核定征收相应税款。

那些被关联方无偿使用的贷款并没有实际投到本企业的生产经营之中，由此产生的利息支出也不能在税前进行扣除。

案例：东莞 K 投资公司逃避缴纳税款案

东莞 K 投资公司向银行、证券公司等多家金融机构贷款累计超过 39 亿元。税务机关对其进行检查时发现该公司"其他应收款"科目的余额一直比较高，"长期股权投资—投资成本"这个科目也是如此，金额一直保持在 15 亿元左右，后来经过调查发现该公司的两个股东 HS 实业发展公司、YH 实业公司共计占用 K 投资公司资金超过 20 亿元，借款产生的近 2 亿元利息支出却全部计入 K 投资公司财务费用并在税前进行列支。

K 投资公司的借款金额超过了自身经营需要并且被股东长期占用，这些不合理的财务费用需要进行纳税调整。税务机关根据企业贷款明细表和合同，梳理出 K 投资公司 70 多笔贷款的计息金额、贷款天数与利息数额，然后通过加权平均法计算出 K 投资公司的月利率，随后结合 K 投资公司的两家股东每月期初"其他应收款"余额进行测算应由其承担的利息费用，最终核算出 K 投资公司税前共计多列支了利息费用 2.47 亿多元，责令其补缴企业所得税。

（三）资本金未按期缴足部分发生的借款利息支出[4]

股东在规定期限内未缴足应缴资本额，其投资的企业对外借款发生的利息，

1　《企业所得税实务操作政策指引》（第一期），国家税务总局北京市税务局 2019 年 11 月 11 日发布。
2　《企业所得税法》第十一条。
3　《财政部 税务总局关于延续实施医疗服务免征增值税等政策的公告》（财政部 税务总局公告 2023 年第 68 号）。
4　《企业投资者投资未到位而发生的利息支出企业所得税前扣除问题的批复》（国税函〔2009〕312 号）。

相当于实缴资本额与应缴资本额之间的差额部分应计付的利息，不属于企业的合理支出，应由股东来负担，不得在计算企业应纳税所得额时扣除，计算公式为：

企业每一计算期不得扣除的借款利息＝该期间借款利息额×该期间未缴足注册资本额÷该期间借款额。

模拟计算：南方不败公司章程规定股东郭静应当在 2023 年 12 月 31 日缴纳出资额 500 万元，但由于各种原因，郭静迟迟没有按照约定出资，当年南方不败公司对外借款 1 000 万元，其中 500 万元借款的利息支出不得在税前扣除，企业所得税汇算清缴时需要进行纳税调增，这项规定是倒逼股东履行出资义务。

2023 年 12 月修订的《中华人民共和国公司法》将认缴期限缩短为 5 年，这条规定的作用就再度凸显出来。

（四）债资比超标部分的借款利息支出[1]

企业实际支付给关联方的利息支出，不超过规定比例的部分，准予扣除；超过的部分不得在发生当期和以后年度扣除。企业接受关联方债权性投资与其权益性投资比例，金融企业为 5：1，其他企业为 2：1，之所以要进行上述限制是为了防止关联方将股息、红利伪装成利息收入在税前进行扣除。

如果企业能够提供相关资料证明相关交易活动符合独立交易原则或者该企业的实际税负不高于境内关联方，其实际支付给境内关联方的利息支出，在计算应纳税所得额时准予扣除。企业向股东或其他与企业有关联关系的自然人借款的利息支出，也参照上述规定执行。

模拟计算：悦不群公司的债权性投资与其权益性投资比例 3：1，高于法律规定的比例为 2：1。悦不群公司全年向关联方支付利息支出 90 万元，不得扣除的利息支出＝年度实际支付的全部关联方利息×（1－规定比例／实际比例）＝90×（1－2/3）＝30（万元），因此年度汇算清缴时应将 30 万元利息支出进行纳税调增。

（五）不合理的借款利息支出[2]

非金融企业向非金融企业借款的利息支出，不超过按照金融企业同期同类贷款利率计算的部分，准予在税前扣除，因此企业首次支付利息时，应提供金融企业的同期同类贷款利率情况说明，证明相关利息支出的合理性，非金融企业向自

---

1 《财政部 国家税务总局关于企业关联方利息支出税前扣除标准有关税收政策问题的通知》（财税〔2008〕121 号）。
2 《国家税务总局关于企业所得税若干问题的公告》（国家税务总局公告 2011 年第 34 号）第一条。

然人（包括关联方和非关联方）借款也是如此。

在金融企业的同期同类贷款利率情况说明中，企业应当列明在签订借款合同时，本省任何一家金融企业提供同期同类贷款利率情况，需要注意的是该金融企业应为经政府有关部门批准成立的可以从事贷款业务的企业，包括银行、财务公司、信托公司等金融机构。同期同类贷款利率是指在贷款期限、贷款金额、贷款担保以及企业信誉等条件基本相同的条件下，金融企业提供贷款要求的利率，既可以是金融企业公布的同期同类平均利率，也可以是金融企业对某些企业提供的实际贷款利率。

（六）非法集资等违法行为发生的借款利息支出[1]

企业与个人之间的借贷必须要真实、合法、有效，企业向内部职工或其他人员借款的利息支出不得具有非法集资目的或其他违反法律、法规的行为，否则相关利息支出不能在税前扣除。

（七）法人企业内的非法人机构之间的利息支出[2]

分公司通常被视为公司的一部分，不属于独立法人，但子公司一般被视为独立法人，因此总公司与分公司之间、分公司与分公司之间的利息支出不允许在税前扣除，视为同一企业内部的资金流动。

银行通常采取单一法人的组织架构，各地分支机构相当于分公司，但银行又主要从事资金融通业务，因此银行企业内营业机构之间支付的利息，可以扣除。

（八）特别纳税调整加收的利息支出[3]

特别纳税调整是指税务机关出于实施反避税目的对纳税人特定纳税事项所作的税务调整，包括针对纳税人转让定价、资本弱化、避税港避税及其他避税情况所进行的税务调整，除了需要补征税款外，通常还应按照国务院的规定加收利息。

加收利息自税款所属纳税年度的次年6月1日起至补缴税款之日止的期间，按日加收，这笔利息支出不得在税前扣除。加收利息与税收滞纳金的性质差不多，但税收滞纳金的计算期限是从税务机关规定缴纳税款的期限届满次日起到税款缴

1　《国家税务总局关于企业向自然人借款的利息支出企业所得税税前扣除问题的通知》（国税函〔2009〕777号）第二条第二项。
2　《企业所得税法实施条例》第四十九条。
3　《企业所得税法实施条例》第一百二十一条。

纳入库之日止，如果是经批准延期纳税的，从延期期限届满次日起到税款缴纳入库之日止。

（九）未按规定代扣代缴非居民企业预提所得税计入当期成本费用的利息支出[1]

中国境内企业与非居民企业签订与利息、租金、特许权使用费等所得有关的合同或协议，如果未按照合同或协议约定的日期支付上述所得款项，或者变更或修改合同或协议延期支付，但已计入企业当期成本、费用，并在企业所得税年度纳税申报中作税前扣除的，应在企业所得税年度纳税申报时按照企业所得税法有关规定代扣代缴企业所得税。

模拟计算：东方公司向国外大海银行借款 1 000 万美元，合同约定每季末支付利息，但由于东方公司资金紧张并没有按规定对外支付及代扣代缴增值税及附加、预提所得税等相关税费，东方公司却按权责发生制将 20 万元利息支出计入当期财务费用。没有按规定代扣税费部分对应的利息支出不得在东方公司所得税前扣除，应当将应纳税所得额调增 20 万元。

（十）已计入资本化的借款利息支出

已经计入固定资产、无形资产、存货、投资性房地产等资产的利息支出，通过折旧或者摊销在税前扣除，不得再计入当期损益；未投入使用的除房屋、建筑物以外的固定资产计提折旧中的相当于利息支出折旧部分也不得在税前扣除。

（十一）年末计提但并未实际支付的利息支出

如果企业在年末计提了利息支出，但在所得税汇算清缴前并没有实际支付，该借款利息不能在税前扣除。

三、汇兑损益的确认原则

汇兑损益包括汇兑收益和汇兑损失，可能是实际发生的，也可能是因期末汇率变动计提的汇兑损益。因货币兑换、款项支付产生的汇兑损益应当计入当期所得税收入或者在当期企业所得税前扣除，但期末外币账户根据汇率变动计提的汇兑收益，是否需要计入所得税收入或者计提汇兑损失呢？

企业以公允价值计量的金融资产、金融负债以及投资性房地产等，持有期间公允价值的变动不计入应纳税所得额，在实际处置或结算时，处置取得的价

---

1 《关于非居民企业所得税管理若干问题的公告》（国家税务总局公告 2011 年第 24 号）第一条。

款扣除其历史成本后的差额应计入处置或结算期间的应纳税所得额[1]。企业外币货币性项目因汇率变动导致的计入当期损益的汇率差额部分，相当于公允价值变动，在未实际处置或结算时不计入当期应纳税所得额。在实际处置或结算时，处置或结算取得的价款扣除其历史成本后的差额，计入处置或结算期间的应纳税所得额[2]，虽然上述两个文件都已经失效，但文件所确立的处理思路一直沿用至今。

四、新、旧收入准则下现金折扣的处理方式

现金折扣是为了敦促鼓励客户尽快结清货款而向其提供的一种现金优惠，越快付款享受的优惠力度也就越大，实质上是为了快速收回资金，属于融资性质的理财费用。

按照旧收入准则[3]，财务会计、企业所得税、增值税对现金折扣的核算方法基本一致，销售涉及现金折扣的商品，应当按扣除现金折扣前的金额确定销售商品收入金额，现金折扣在实际发生时作为财务费用扣除[4]。这部分现金折扣通常并不需要开具利息发票，也没有对现金折扣利率设定限额。

不过随着新收入准则[5]的出台，现金折扣被归入可变对价的范畴之内，核算方法也随之发生了变化。

模拟核算： 大江公司 2021 年 8 月 1 日销售了一批商品，不含税销售价为 50 000 元，适用税率为 13%，大江公司开出的销售条件为 2/10、1/20、$n/30$，客户于 2021 年 8 月 15 日结清了货款，享受了 1% 的现金折扣。

旧收入准则：

销售发生时，按照总额确定销售收入。

借：应收账款　　　　　　　　　　　　　　　　　56 500

　　贷：主营业务收入　　　　　　　　　　　　　50 000

　　　　应交税费——应交增值税（销项税额）　　　6 500

---

1 《财政部 国家税务总局关于执行〈企业会计准则〉有关企业所得税政策问题的通知》（财税〔2007〕80 号）第三条。

2 《国家税务总局关于做好 2007 年度企业所得税汇算清缴工作的补充通知》（国税函〔2008〕264 号）第一条。

3 《财政部关于印发〈企业会计准则第 1 号——存货〉等 38 项具体准则的通知》（财会〔2006〕3 号）。

4 《国家税务总局关于确认企业所得税收入若干问题的通知》（国税函〔2008〕875 号）第一条第五项。

5 《财政部关于修订印发〈企业会计准则第 14 号——收入〉的通知》（财会〔2017〕22 号）。

实际收款时：

借：银行存款   56 000

　　财务费用——现金折扣   500

　　　贷：应收账款   56 500

新收入准则：

销售发生时，按照最高折扣估算合同负债。

借：应收账款   56 500

　　　贷：主营业务收入   49 000

　　　　　合同负债——可变对价   1 000

　　　　　应交税费——应交增值税（销项税额）   6 500

实际收款时，实际的现金折扣与预提的现金折扣之间的差额计入合同负债。

借：银行存款   56 000

　　合同负债   500

　　　贷：应收账款   56 000

　　　　　主营业务收入   500

旧收入准则按照全额确认收入，但新收入准却按照净收入来确认收入，也不再确认财务费用。

增值税将会继续按照总额来确认收入，企业所得税目前还没有出台改变收入确认方式的文件，不过这种差异对企业利润并没有实质性影响，只有存在跨年差异时才会对当年利润产生影响，不过为了严谨性需要，企业应当及时进行纳税调整。

表6-2　纳税调整项目明细表

A105000

行次	项　　目	账载金额	税收金额	调增金额	调减金额
		1	2	3	4
1	一、收入类调整项目（2+3+…+8+10+11）	*	*		
2	（一）视同销售收入（填写 A105010）	*			*
3	（二）未按权责发生制原则确认的收入（填写 A105020）				
4	（三）投资收益（填写 A105030）				

续表

行次	项　　目	账载金额	税收金额	调增金额	调减金额
		1	2	3	4
5	（四）按权益法核算长期股权投资对初始投资成本调整确认收益	*	*	*	
6	（五）交易性金融资产初始投资调整	*	*		*
7	（六）公允价值变动净损益		*		
8	（七）不征税收入	*	*		
9	其中：专项用途财政性资金（填写 A105040）	*	*		
10	（八）销售折扣、折让和退回	500	0	500	0
11	（九）其他				
12	二、扣除类调整项目（13+14+…+24+26+27+28+29+30）	*	*		
13	（一）视同销售成本（填写 A105010）	*		*	
14	（二）职工薪酬（填写 A105050）				
15	（三）业务招待费支出				*
16	（四）广告费和业务宣传费支出（填写 A105060）	*	*		
17	（五）捐赠支出（填写 A105070）				
18	（六）利息支出	0	500	0	500
19	（七）罚金、罚款和被没收财物的损失		*		*
20	（八）税收滞纳金、加收利息		*		*
21	（九）赞助支出		*		*
22	（十）与未实现融资收益相关在当期确认的财务费用				
23	（十一）佣金和手续费支出（保险企业填写 A105060）				
24	（十二）不征税收入用于支出所形成的费用	*	*		*
25	其中：专项用途财政性资金用于支出所形成的费用（填写 A105040）	*	*		*
26	（十三）跨期扣除项目				

● 第三节　广告费与业务宣传费

企业通过一定媒介和形式介绍自己的货物或服务，激发消费者的购买欲望，为此而支付给广告经营者、发布者的费用称为广告费；业务宣传费是指企业开展业务宣传活动所支付的费用，包括企业发放的印有企业标志的礼品、纪念品等，两者的根本性区别为是否取得广告业发票。

一、广告费与业务宣传费的特征

广告费与业务宣传费都是为了达到促销目的而支付的费用，既有共同属性，也有所区别，由于现行税法对广告费与业务宣传费合并进行扣除，因此对二者进行区分没有实质意义。无论是通过广告公司发布广告，还是通过制作印有企业标志的宣传物品进行宣传，支付的费用均可以在规定比例内予以扣除。

不具有广告性质的赞助支出不得在税前列支，判断一项费用是赞助费还是广告费和业务宣传费，取决于该项费用是否具有广告或者业务宣传的性质，主要看以下三点：

一是费用支出合同是不是有偿双务合同，如果属于单方面赠予，并没有约定对方必须履行对外推介、宣传义务，不能认定为广告费和业务宣传费。

二是费用支出的相对方是否是广告经营者、发布者或是业务宣传用品印刷、制作单位。

三是是否通过一定媒介和形式推介产品或服务。推介宣传的对象是企业本身或者企业的货物或服务，如果不能直接或间接起到推介宣传作用，也不能认定为广告费和业务宣传费。

二、广告费与业务宣传费扣除规范

企业发生的符合条件的广告费和业务宣传费支出，除国务院财政、税务主管部门另有规定外，不超过当年销售（营业）收入 15% 的部分，准予扣除；超过部分，准予在以后纳税年度结转扣除[1]。

作为计算基数的销售（营业）收入额应包括视同销售（营业）收入额[2]，税务机关对企业以前年度纳税情况进行检查时调增的应纳税所得额，应该调整至所属年度，如此一来计算广告费和业务宣传费限额的基数也会相应增加，河北等地曾经对此专门予以明确，对纳税人在稽查、检查过程中查补的收入，可以作为所属年度企业业务招待费、广告费和业务宣传费的计算基数[3]。

企业在筹建期间发生的广告费和业务宣传费不受收入的限制，按实际发生额，

---

1 《企业所得税法实施条例》第四十四条。
2 《国家税务总局关于企业所得税执行中若干税务处理问题的通知》（国税函〔2009〕202 号）第一条。
3 《关于明确企业所得税若干业务问题的公告》（河北省国家税务局、河北省地方税务局公告 2012 年第 1 号）第十二条。

计入开办费[1]。开办费可以在开始经营之日的当年一次性扣除，也可以按照有关长期待摊费用的规定处理，但一经选定，不得改变[2]。如果视作长期待摊费用，自支出发生月份的次月起分期摊销，摊销年限不得低于 3 年[3]。

对于广告宣传需求较大的化妆品制造或销售、医药制造和饮料制造（不含酒类制造企业）发生的广告费和业务宣传费扣除限额是普通企业的 2 倍，不超过当年销售（营业）收入 30% 的部分准予扣除。烟草企业的广告费和业务宣传费支出，一律不得在计算应纳税所得额时扣除[4]。

房地产实行预售制度，因此房地产企业通过签订"房地产销售合同"或"房地产预售合同"所取得的收入，符合相关条件后才能确认为销售收入[5]，因此其销售未完工开发产品取得的收入也可以作为计提业务招待费、广告费和业务宣传费的基数，不过其中包括一些预售账款，会计核算确认收入的时间要晚于企业所得税认定的时间，之后确认为收入后要将其从基数中剔除，以免出现重复计提的情形。

三、自产或委托加工的产品用于市场推广

自产或委托加工的产品用于市场推广，无论是在增值税上，还是在企业所得税上都会视同销售，为了便利纳税人，企业所得税申报表进行了相应修改，但一些财务人员还不知该如何准确填写报表。

在"企业所得税年度纳税申报表（A 类）"附表 A105000"纳税调整项目明细表"第 30 行"（十七）其他"填报其他因会计处理与税收规定有差异需纳税调整的扣除类项目金额，企业将货物、资产、劳务用于捐赠、广告等用途时，对应支出的会计处理与税收规定有差异需纳税调整的金额填报在本行[6]。

模拟核算： 企业将委托加工的产品向目标客户免费发放，产品成本为 4 万元，但该款产品不含税零售价为 7 万元，如何进行纳税申报？

---

1 《国家税务总局关于企业所得税应纳税所得额若干税务处理问题的公告》（国家税务总局公告 2012 年第 15 号）第五条。

2 《国家税务总局关于企业所得税若干税务事项衔接问题的通知》第九条（国税函〔2009〕98 号）。

3 《企业所得税法实施条例》第七十条。

4 《财政部 国家税务总局关于广告费和业务宣传费支出税前扣除有关事项的公告》（财政部 国家税务总局公告 2020 年第 43 号）第一条、第三条。

5 《国家税务总局关于印发〈房地产开发经营业务企业所得税处理办法〉的通知》（国税发〔2009〕31 号）第六条。

6 《关于修订企业所得税年度纳税申报表有关问题的公告》（国家税务总局公告 2019 年第 41 号）首次明确，随后国家税务总局公告 2020 年第 24 号、国家税务总局公告 2021 年第 34 号对此予以确认。

解析：会计核算

借：销售费用   40 000

    贷：库存商品   40 000

按照税法要求，企业发生此种情形应当视同销售，确定视同销售收入 70 000 元，视同销售成本 40 000 元，同时需要调增应纳税所得额 30 000 元。计算广告费与业务宣传费扣除限额的基数为 70 000 元，但企业账面上的基数却是 40 000 元，故需要调减应纳税所得额 30 000 元，注意相关金额不要错填入第 16 行"（四）广告费和业务宣传费支出"，应填入第 30 行"（十七）其他"。

表6-3 纳税调整项明细表

A105000

行次	项　　　目	账载金额	税收金额	调增金额	调减金额
		1	2	3	4
1	一、收入类调整项目（2+3+…+8+10+11）	*	*	70 000	
2	（一）视同销售收入（填写 A105010）	*	70 000	70 000	*
3	（二）未按权责发生制原则确认的收入（填写 A105020）				
4	（三）投资收益（填写 A105030）				
5	（四）按权益法核算长期股权投资对初始投资成本调整确认收益	*	*	*	
6	（五）交易性金融资产初始投资调整	*	*		*
7	（六）公允价值变动净损益		*		
8	（七）不征税收入	*	*		
9	其中：专项用途财政性资金（填写 A105040）	*	*		
10	（八）销售折扣、折让和退回				
11	（九）其他				
12	二、扣除类调整项目（13+14+…+24+26+27+28+29+30）	*	*		70 000
13	（一）视同销售成本（填写 A105010）	*	40 000	*	40 000
	……				
30	（十七）其他	40 000	70 000		30 000

经过纳税调整之后并不会对企业的应纳税所得额产生实际影响，使得企业可以无税收负担地用自产或者委托加工的产品开展营销活动，极大地提高了企业的经营效率与经济活力。

四、广告费和业务宣传费分摊协议

签订广告费和业务宣传费分摊协议的关联企业，其中一方发生的不超过当年销售（营业）收入税前扣除限额比例内的广告费和业务宣传费支出可以在本企业扣除，也可以将其中的部分或全部按照分摊协议归集至另一方扣除。另一方在计算本企业广告费和业务宣传费支出企业所得税税前扣除限额时，可将按照上述办法归集至本企业的广告费和业务宣传费不计算在内[1]。

该政策的要点是本企业与关联方的总扣除金额不得超过税法规定的额度，关联方归集到另一方扣除的广告费必须在税法规定的限额之内，接受归集扣除的关联企业不占用本企业原扣除限额。

模拟核算： 宋江品牌公司和李逵管理公司是存在关联关系的两家公司，为了共同拓展市场，两家公司签订了一揽子分摊协议，宋江品牌公司承诺将本公司发生的广告费和业务宣传费的30%，归集至李逵管理公司扣除。

当年宋江品牌公司取得销售收入为1 000万元，当年实际发生广告费和业务宣传费为250万元，以前年度结转广告费和业务宣传费32万元。当年李逵管理公司取得销售收入为2 000万元，当年实际发生广告费和业务宣传费为450万元，以前年度结转广告费和业务宣传费48万元。请问两家公司当年分别能够扣除多少广告费和业务宣传费，有多少广告费和业务宣传费能够结转到以后年度？

解析： 宋江品牌公司广告费和业务宣传费扣除限额为1 000×15%=150（万元），实际发生的金额为250万元，超出限额的金额为250-150=100（万元）。

按照分摊协议，宋江品牌公司分摊到李逵管理公司进行扣除的金额应为150×30%=45（万元），注意不是实际发生额而是实际发生额与税法允许的扣除限额比较之后较小者的30%，绝对不能突破限额要求。

需要注意的是宋江品牌公司本年度纳税调增额为100（原本超标金额）+45（分给李逵管理公司的额度）=145（万元），因为宋江品牌公司将30%的扣除限额（即45万元）让渡给了关联方。

此外，还需要特别关注的是宋江品牌公司准予结转到以后年度扣除的广告费和业务宣传费金额是100万元而非145万元，因为其中的45万元额度已经转让给了李逵管理公司，等于是李逵管理公司享受了相应的好处，但最终却由宋江品牌

1 《财政部 国家税务总局关于广告费和业务宣传费支出税前扣除有关事项的公告》第二条（财政部 国家税务总局公告2020年第43号）。

公司来负责买单。

企业所得税纳税申报表附表 A105060 纳税调整项目明细表如下填写：

表6-4 广告费和业务宣传费等跨年度纳税调整明细表（宋江品牌公司）

A105060

行次	项目	广告费和业务宣传费	保险企业手续费及佣金支出
		1	2
1	一、本年支出	2 500 000	
2	减：不允许扣除的支出	0	
3	二、本年符合条件的支出（1-2）	2 500 000	
4	三、本年计算扣除限额的基数	10 000 000	
5	乘：税收规定扣除率	15%	
6	四、本企业计算的扣除限额（4×5）	1 500 000	
7	五、本年结转以后年度扣除额（3>6,本行=3-6;3≤6,本行=0）	1 000 000	
8	加：以前年度累计结转扣除额	320 000	
9	减：本年扣除的以前年度结转额 [3>6,本行=0;3≤6,本行=8与（6-3）孰小值]	0	
10	六、按照分摊协议归集至其他关联方的金额(10≤3与6孰小值)	450 000	*
11	按照分摊协议从其他关联方归集至本企业的金额	0	*
12	七、本年支出纳税调整金额（3>6,本行=2+3-6+10-11;3≤6,本行=2+10-11-9）	1 450 000	
13	八、累计结转以后年度扣除额（7+8-9）	1 320 000	

李逵管理公司广告费和业务宣传费扣除限额为 2 000×15%=300（万元），实际发生的金额为 450 万元，超出限额的金额为 450-300=150（万元）。

按照分摊协议，李逵管理公司可以获得来自宋江品牌公司的广告费和业务宣传费分摊额 45 万元，因此该公司当年准予扣除的额度为 300+45=345（万元）。

李逵管理公司本年度纳税调增额为 450-345=105（万元），虽然超出额度 150 万元，但只需要调增 105 万元。

李逵管理公司当年准予结转到以后年度扣除的广告费和业务宣传费金额是 150 万元而非纳税调增额 105 万元。

表6-5　广告费和业务宣传费等跨年度纳税调整明细表（李逵管理公司）

A105060

行次	项　目	广告费和业务宣传费	保险企业手续费及佣金支出
		1	2
1	一、本年支出	4 500 000	
2	减：不允许扣除的支出	0	
3	二、本年符合条件的支出（1-2）	4 500 000	
4	三、本年计算扣除限额的基数	20 000 000	
5	乘：税收规定扣除率	15%	
6	四、本企业计算的扣除限额（4×5）	3 000 000	
7	五、本年结转以后年度扣除额 （3>6，本行 =3-6；3 ≤ 6，本行 =0）	1 500 000	
8	加：以前年度累计结转扣除额	480 000	
9	减：本年扣除的以前年度结转额 [3>6，本行 =0；3≤ 6，本行 =8 与（6-3）孰小值]	0	
10	六、按照分摊协议归集至其他关联方的金额（10≤3 与 6 孰小值）	0	*
11	按照分摊协议从其他关联方归集至本企业的金额	450 000	*
12	七、本年支出纳税调整金额 （3>6，本行 =2+3-6+10-11；3≤6，本行 =2+10-11-9）	1 050 000	
13	八、累计结转以后年度扣除额（7+8-9）	1 980 000	

● 第四节　手续费与佣金

手续费对于受托人而言是代理他人办理有关事项收取的一种劳务补偿，对委托人来说，因他人代为办理有关事项而支付的相应报酬。佣金是具有独立地位的中间商、掮客、经纪人、代理商等在商业活动中为他人提供服务，介绍、撮合交易或代买、代卖商品所得到的报酬[1]。

手续费及佣金的共同之处在于两者都属于服务性收入，不同之处在于佣金的价值体现在中间人帮助交易双方获得了交易的商业机会，手续费的价值更多地体现在为委托人提供了具体的服务功能。手续费及佣金根据性质可以归入销售费用、管理费用或者财务费用。

---

1 《反不正当竞争法释义》（国家工商行政管理局条法司编）。

一、企业所得税税前扣除的要求

（一）一般性要求

准予扣除的手续费及佣金必须是企业实际发生的并且与企业的生产经营相关的支出，双方需要签订书面合同或协议，对方单位或个人应该具有中介服务的经营范围以及中介服务资格证书，还不能是交易双方及其雇员、代理人和代表人等。

手续费及佣金的数额不得超过所签订服务协议或合同确认的收入金额的5%，除委托个人代理外，不得以现金等非转账方式支付，也不得将手续费及佣金支出计入回扣、业务提成、返利、进场费等费用[1]。

关于扣除标准的计算基数，合同或协议中如果没有约定收入，应当按照合同或协议实际执行中实现的收入确定佣金扣除限额；按照销售数量支付定额佣金，应换算为实际销售收入后，计算佣金扣除限额；按照权责发生制的原则，收到客户预存款项，凡不作为当期收入的，在计算佣金扣除限定时，不作为计算基数，待收入实现时再计入计算基数[2]。

（二）特殊行业的特殊规定

保险企业发生与其经营活动有关的手续费及佣金支出，不超过当年全部保费收入扣除退保金等后余额的18%（含本数）的部分，在计算应纳税所得额时准予扣除；超过部分，允许结转以后年度扣除[3]，在此之前，财产保险公司扣除比例为15%，人寿保险公司扣除比例为10%，从2019年1月1日起，调整为同一扣除比例。

电信企业在发展客户、拓展业务等过程中（如委托销售电话入网卡、电话充值卡等），需向经纪人、代办商支付手续费及佣金的，其实际发生的相关手续费及佣金支出，不超过企业当年收入总额5%的部分，准予在企业所得税前据实扣除[4]，注意电信企业是按企业收入总额的5%计算手续费及佣金扣除限额，其他企业是按签订服务协议或合同确认的收入金额5%计算手续费及佣金扣除限额。

从事房地产开发经营业务的企业委托境外机构销售开发产品的，其支付境外

---

1 《财政部 国家税务总局关于企业手续费及佣金支出税前扣除政策的通知》（财税〔2009〕29号）第二条。

2 国家税务总局纳税服务司2009年8月31日答复。

3 《财政部 国家税务总局关于保险企业手续费及佣金支出税前扣除政策的公告》（财政部 国家税务总局公告2019年第72号）第一条。

4 《关于企业所得税应纳税所得额若干税务处理问题的公告》（国家税务总局公告2012年第15号）第四条。

机构的销售费用（含佣金或手续费）不超过委托销售收入 10% 的部分，准予据实扣除[1]。

从事代理服务、主营业务收入为手续费、佣金的企业（如证券、期货、保险代理等企业），其为取得该类收入而实际发生的营业成本（包括手续费及佣金支出），准予在企业所得税前据实扣除[2]。这些代理公司为了业务需要往往要支付给代理人大量手续费及佣金，这笔收入究竟属于营业成本，还是属于期间费用，税企双方曾经对此有过争议，各地税务机关的认识也不太统一，后来明确这类手续费及佣金支出属于与营业收入直接相关的营业成本并不属于期间费用，准予在税前据实扣除。

企业向证券相关承销机构支付的发行股票的手续费和佣金，不得在税前扣除[3]，因为发行股票支付给证券机构的手续费通常会冲减资本公积，与所有者权益有关并不属于损益类科目，所以不能在税前进行扣除。

二、销售佣金的资本化

新的收入会计准则生效后，会计核算时，销售佣金不再直接计入当期损益而是计入"合同取得成本"这个会计科目。合同取得成本是为了取得合同所发生的增量成本，且该成本预期能够收回，销售佣金就是最典型的增量成本。

合同取得成本摊销期限不超过一年的，可以选择在发生时计入当期损益，也可以确认为合同取得成本，在报表中列报为"其他流动资产"；摊销期限超过一年的，在报表中列入"其他非流动资产"，这样销售佣金将不再对营业利润产生影响，也不在利润表中得到体现，由于房地产实行预售制度，按照新收入准则的要求，销售佣金通常都会计入合同取得成本。

模拟计算：红枣园房地产公司委托大嘴销售公司销售自己开发的楼盘，支付不含税销售佣金 1 000 万元并取得大嘴销售公司开具的税率为 6% 的增值税专用发票，房屋交付周期为 3 年。

借：合同取得成本——销售佣金　　　　　　　　　　　10 000 000

应交税费——应交增值税（进项税额）　　　　　　　 600 000

---

1 《国家税务总局关于印发〈房地产开发经营业务企业所得税处理办法〉的通知》（国税发〔2009〕31 号）第二十条。

2 《关于企业所得税应纳税所得额若干税务处理问题的公告》（国家税务总局公告 2012 年第 15 号）第三条。

3 《财政部 国家税务总局关于企业手续费及佣金支出税前扣除政策的通知》（财税〔2009〕29 号）第二条。

> 贷：银行存款   10 600 000

3 年后交付房屋后确认销售房屋收入：

借：销售费用——销售佣金   10 000 000

> 贷：合同取得成本——销售佣金   10 000 000

如果房屋交付周期为 1 年以内，销售佣金也可以选择在当年进行抵扣。

借：销售费用——销售佣金   10 000 000

应交税费——应交增值税（进项税额）   600 000

> 贷：银行存款   10 600 000

虽然企业所得税的征税基础来源于会计核算，但两者的出发点却不一样，按照税法规定，销售费用通常情况下应当计入期间费用并在税前予以扣除。

不过税法之前就有规定，企业已计入固定资产、无形资产等相关资产的手续费及佣金支出，应当通过折旧、摊销等方式分期扣除，不得在发生当期直接扣除[1]，但合同资产却与固定资产、无形资产等传统意义上的资产有所不同，是新收入准则创制的一种新型资产，是否能够适用这个条款仍旧存在争议。

面对收入准则带来的新问题，有人认为应在收入确认之后再抵扣销售费用，但也有人认为这属于税会差异，应该在发生当期计入销售费用，像房地产这样的行业确认收入的时间往往都会很漫长，如果销售佣金迟迟无法在税前抵扣，势必会给其造成一定的负面影响，究竟该如何应对新收入准则带来的差异，在相关文件出台之前，建议仍旧计入当期损益。

● 第五节　其他敏感费用

在税收检查过程中，除了上面提及的费用之外，还有一些费用也是税务机关重点关注的项目，企业应当切实做好风险应对。

一、业务招待费

业务招待费分为业务费与招待费，是企业在经营管理等活动中用于接待应酬而支付的各种费用。随着社会物质文化、精神文化生活的不断丰富，招待形式也日趋多样化，如安排客户参加旅游、唱歌等娱乐活动，但无论是是财务会计制度，

---

1 《财政部 国家税务总局关于企业手续费及佣金支出税前扣除政策的通知》（财税〔2009〕29 号）第四条。

还是税法目前都没有对业务招待费的具体范畴进行准确界定。

不过税务机关通常将业务招待费的支付范围界定为餐饮、住宿费（员工外出开会、出差发生的住宿费应当计入"差旅费"）、接待使用的香烟食品茶叶礼品以及安排客户参加正常的娱乐活动、旅游产生的费用等支出。

企业发生的与生产经营活动有关的业务招待费支出，按照发生额的 60% 进行扣除，但最高不得超过当年销售（营业）收入的千分之五[1]，对于超过的部分不能结转到以后年度，需要在当年进行纳税调增。

业务招待费的计算基数销售（营业）收入具体包括企业根据国家统一会计制度确认的主营业务收入、其他业务收入，以及根据税收规定确认的视同销售收入[2]，注意营业外收入和不征税收入不能作为计算招待费的计算基数。

对从事股权投资业务的企业（包括集团公司总部、创业投资企业等），其从被投资企业所分配的股息、红利以及股权转让收入，可以按规定的比例计算业务招待费扣除限额[3]，也就是将投资收益作为计算基数。

注意上述规定不应限定为专门从事股权投资业务的企业，从事股权投资业务的各类企业从被投资企业（含上市公司）所分配的股息、红利以及股权（股票）转让收入，均可以作为计算业务招待费的基数，从相关性分析，企业进行股权投资就会发生相应的业务招待行为，与相关经济利益流入（包括股息、红利以及转让股权收入）存在着较为密切的关联。

税务机关进行检查时，业务招待费是必看项目，也是问题较多的项目，企业需要对以下重要涉税风险点进行全面梳理：

（1）将原本属于业务招待费的项目计入生产经营项目。比如企业购买了一批笔记本电脑送给客户，原本应当计入业务招待费，但由于业务招待费有着严格的限额要求，超过限额的部分不能在税前列支，此外还需要按照偶然所得代扣代缴个人所得税，因此有些企业便将这批电脑入账按照固定资产进行管理，不仅进项税额可以抵扣增值税，计提的折旧还可以在企业所得税税前全额扣除，由于电子产品的报废年限最低为 3 年，等到了日子直接报废就行，不过在税务检查时，税务机关可以通过盘查实物资产发现其中的端倪。

1 《企业所得税法实施条例》第四十三条。
2 《国家税务总局关于企业所得税执行中若干税务处理问题的通知》（国税函〔2009〕202 号）第一条。
3 《国家税务总局关于贯彻落实企业所得税法若干税收问题的通知》（国税函〔2010〕79 号）第八条。

（2）将与生产经营活动无关的费用计入业务招待费。随着社会经济的发展，一些企业以业务招待费为幌子，以跑项目、联系业务、招揽生意为名，将很多不好入账的礼品、礼金、娱乐、补助、个人消费甚至虚报冒领的费用全都列入业务招待费，甚至还将股东的旅游费用等个人支出也列入其中，这显然与税法规定不符，全都需要进行纳税调增。

（3）将不属于业务招待费的费用计入业务招待费。业务招待费的消费主体不能是本单位员工，支出的目的是维护良好的外部公共关系。为了解决本单位员工就餐而发生的食堂支出或者订餐支出，以及员工聚餐产生的费用应当计入职工福利费而不是业务招待费。因职工无法回企业食堂或者回家进餐而报销的餐费应当认定为误餐费，也不属于业务招待费，需要计入职工福利费。公司召开年度会议时发生的餐费应当计入会议费而不应计入业务招待费。公司将外购礼品赠送给客户应当作为业务招待费，但如果是将自产或者委托加工的印有企业名称或者企业标记的产品赠送给客户，这样就具有了宣传广告效果，也可以计入业务宣传费。

（4）未实际发生的业务招待费不得在税前扣除。假设某公司按照销售收入的0.5%计提了业务招待费80万元，但全年实际发生业务招待费仅为60万元，并没有实际发生的业务招待费20万元不得在税前扣除。

（5）商业贿赂支出不得在税前扣除。企业不得为了销售货物、劳务或服务用财物或者其他手段对有关人员进行贿赂。在账外暗中给予对方单位或者个人回扣，以行贿论处；对方单位或者个人在账外暗中收受回扣，以受贿论处。销售货物、劳务或服务，可以以明示方式给予对方折扣，也可以给中间人佣金，但各方都必须要如实入账[1]。

（6）筹建期业务招待费的特殊政策。开办（筹建）期间符合规定的业务招待费按照实际发生额的60%计入企业筹办费[2]，正常经营的企业的业务招待费有两个限额标准，还有一个是不能超过销售收入的5‰，但筹建期企业通常并没有销售收入或者只有很少的销售收入，因此只设定了一个限额标准。

（7）无法证明其真实性的业务招待费不得扣除。如果税务机关要求企业提供证明资料证明相关费用的真实性、相关性，但纳税人又不能提供，相关支出也不得在企业所得税税前扣除。

---

1 《中华人民共和国反不正当竞争法》第八条。
2 《关于企业所得税应纳税所得额若干税务处理的公告》（国家税务总局公告 2012 年第 15 号）第五条。

（8）未按照要求代扣个人所得税。企业在业务宣传、广告等活动中，随机向本单位以外的个人赠送礼品（包括网络红包），以及企业在年会、座谈会、庆典以及其他活动中向本单位以外的个人赠送礼品，个人取得的礼品收入，应当按照"偶然所得"项目计算缴纳个人所得税，但企业赠送的具有价格折扣或折让性质的消费券、代金券、抵用券、优惠券等礼品除外[1]。

（9）业务招待费没有单独核算导致不能准确地认定金额。税务机关根据征管法等相关法规规定，有权按合理方法进行核定。

在报销时，业务招待费需要重点审核审批手续是否完备，经办人、所在部门负责人，财务负责人，甚至财务总监、总经理是否都按照财务制度要求在报销单上签字，需要代扣代缴的个人所得税是否已经代扣代缴。

二、差旅费

差旅费的具体范围，无论是会计准则还是税法都没有具体规定，在涉税实务中更多是参照《中央和国家机关差旅费管理办法》，该办法明确规定差旅费是指工作人员临时到常驻地以外地区公务出差所发生的城市间交通费、住宿费、伙食补助费和市内交通费，因此绝大多数企业将差旅费分为以下六类：

第一类是交通费，指出差途中的车票、船票、机票等。

第二类是车辆相关费用，自驾出差路上所需油费、过路费、停车费等。

第三类是住宿费。

第四类是差旅费补贴，实际上就是对出差人员在出差途中所需餐费、市内交通费等杂费的包干性费用，因此在发放差旅费补贴的同时不再报销餐费与市内交通费，企业可以参照执行，也可以在发放差旅费补贴同时报销市内交通费，但差旅费补贴的额度要合情合理，标准不宜制定得过高，也不能全员发放，否则税务机关会认为企业在以差旅费补贴的形式发放工资补贴。

如果是出差参加会议或培训，培训期间与会议期间的食宿通常由主办单位负责，因此在此期间通常不会发放差旅费补贴，在途期间才准予发放差旅费补贴。

第五类是市内交通费，包括市区内换乘公交、出租、地铁等费用。

第六类是行李托运、订票费等杂费。

企业应当建立规范的差旅费报销制度，如果自己没有能力起草，可以从网上

---

1 《关于个人取得有关收入适用个人所得税应税所得项目的公告》（财政部 国家税务总局公告 2019 年第 74 号）第三条。

下载模板后结合企业实际修改后制定，否则差旅费报销的合理性将会受到质疑。

在差旅费报销制度中，需要明确差旅费补贴标准，按照不同职级设置不同档次；同时建立规范的住宿标准，不同职级享受不同的住宿费报销标准并充分考虑出差地区的物价差异；确立交通工具乘坐标准，严格限制头等舱、铁路软卧、高铁商务座或一等座的乘坐范围；严格出差审批流程，防止随意出差或假借出差之名办私事等不合规行为。员工报销时，财务人员需要审查出差线路是否合理，完善差旅费预支与报账流程，督促出差人员返回后及时报销相关费用。

表6-6　差旅费归集情况

支出情况	应当直接计入的科目	后期结转的科目
管理部门或后勤部门人员出差发生的费用	管理费用	—
销售或营销部门为销售产品、市场推广等发生的差旅费	销售费用	—
生产技术人员发生的差旅费，如到受托方生产现场进行技术指导和现场质量控制	制造费用	主营业务成本
企业基建部门为施工建设而发生的差旅费	在建工程	固定资产，折旧额根据用途计入管理费用、销售费用、制造费用或主营业务成本
研发支出	企业研发人员为研发新技术、新工艺、新产品而发生的差旅费	尚未形成无形资产，直接计入管理费用；形成无形资产，依据使用年限摊销的金额根据用途分别计入管理费用、销售费用、制造费用或主营业务成本
为了进行业务宣传发生的差旅费	业务宣传费	税法要求单列
为维护客户关系而承担了客户到企业的差旅费	业务招待费	税法要求单列
独立董事为行使其独立董事的职责而发生的差旅费	董事会经费	管理费用

差旅费需要重点审核出差前是否填写了出差审批单，是否有必要出差，如果是出差参加会议或者培训，需要附相关文件；核查所附车票是否与出差地吻合，餐饮、住宿、交通发票是否与出差地一致，费用额度有没有超标，此外，企业还需要重点审核出差期间的行程路线安排是否合理，有没有故意绕路或者前往旅游景点，更不能列支旅游费发票。

企业接待客户发生的住宿费应当认定为纳税人的交际应酬消费，属于个人消费，不可以抵扣增值税进项税额[1]，可以计入业务招待费在限额内准予在企业所得税税前列支，但企业有时会聘请外单位人员（如律师、外聘审计人员）承担某方面工作，对于这些人的差旅费能否在税前扣除，各地执行标准并不完全统一。

有的认为这些费用属于正常业务支出，应当予以扣除，但也有人依据《国家税务总局关于进一步加强普通发票管理工作的通知》（国税发〔2008〕80 号）第八条第二款规定："在日常检查中发现纳税人使用不符合规定发票特别是没有填开付款方全称的发票，不得允许纳税人用于税前扣除、抵扣税款、出口退税和财务报销。"没有填开付款方全称的发票都不允许抵扣，非本企业员工的发票更不允许在税前扣除。

《企业所得税税前扣除凭证管理办法》第十八条与第十九条规定，企业与其他企业（包括关联企业）、个人在境内共同接受增值税应税劳务或非应税劳务，或者企业租房时出租方采取分摊方式的，可以将分割单等作为税前扣除凭证，因此有人觉得可以将差旅费视为企业与其他企业或者企业外个人共同接受的劳务，这种看法虽然有些道理，不过目前对此还没有明确，企业最好还是将差旅费等相关费用折算进外聘人员的劳务费中，以免日后给自己带来不必要的麻烦。

三、会议培训费

培训是一种有组织的知识传递、技能传递、标准传递、信息传递、信念传递、管理训诫行为，会议是人们为了解决共同问题或出于某种目的聚集在一起进行讨论、交流的活动，不过有时培训的时候也会传达会议精神，开会的时候也会培训相关内容，因此培训费与会议费大同小异，线下费用包括住宿费、伙食费、会议场地租金、交通费、文件印刷费、医药费等；线上费用包括设备租赁费、线路费、电视电话会议通话费、技术服务费、软件应用费、音视频制作费等[2]。

企业既可以选择在本单位召开会议、组织培训，也可以在本市租赁场地，还可以组织员工到外地开会或者培训，只要是真实、合理的支出都可以在企业所得税税前扣除。由于会议费与培训费并没有限额，因此一些企业便想方设法将其他费用包装成会议费或培训费。

1　厦门市税务局 12366 纳税服务平台 2023 年 5 月 9 日回复。

2　《财政部 国管局 中直管理局关于〈中央和国家机关会议费管理办法〉的补充通知》（财行〔2023〕86 号）第四条。

比如某个企业让某酒店为其开具了一张会议费发票，报销时还特地附上了会议通知、会议日程等相关会议资料，但这笔支出依旧引起了税务机关的关注，首先是因为发票金额高达20万，不仅金额有些高，居然还是个整数；其次是相对于会议规模，会议费金额明显偏高；再次是开具发票的这家酒店主要提供餐饮住宿服务，很少承办会议，尤其是一下子花费20万的大型会议。

经过调查，原来是涉案企业在这家酒店办了一张金额为20万元的储值卡，专门用于对外接待客户，但业务招待费只能按照实际发生额的60%扣除，至少40%的业务招待费无法在税前扣除，于便是将业务招待费伪装成会议费，甚至还有企业在没有举办会议或者培训的情况下虚列支出。

案例：山东××环境科技有限公司逃避缴纳税款案 [1]

山东××环境科技有限公司取得广州××企业管理有限公司开具的1份增值税普通发票，价税合计为35 320元；广州市××酒店管理有限公司开具的2份增值税普通发票，价税合计为99 680元。经过检查该公司的账簿、记账凭证，税务机关发现上述3份增值税普通发票所列支的住宿费、培训费、会议费的相关参与人员并未报销过前往会议、培训地的交通费，上述发票最终被证实为虚开发票，调增应纳税所得额135 000元，由于该公司2018年度企业所得税汇算清缴为亏损（-982 848.30元）。此次调减后，亏损额为 -847 848.30元。

无论是会议费，还是培训费，企业都不能仅凭一张发票入账，需要附列会议或者培训通知（写明时间、地点、出席人员）、会议议程或者课程安排、参与人员签到表等相关资料，如果培训期间外聘讲师，还需要向对方索要劳务费发票，除此之外，企业还应注意留存现场照片、录像，这样才能佐证这些费用是真实发生的，如果在外地举办会议或者培训，交通费也是极为重要的一环。

当然没有同步报销相关交通费并不意味着会议费或者培训费就一定是虚假的，有些会议或培训是协会、学会等第三方或者集团、总公司组织，参与人员因为并非主办单位的在职员工，因此他们的交通费通常会在所在单位报销，注意这些人从外地前来参加会议或者培训属于出差，可以领取差旅费补贴，如果税务机关仍旧有异议，可以向其提交写明交通费分摊方式的报名通知等资料。虽然参会人员

1　处罚文号：国家税务总局淄博市税务局第一稽查局淄博税稽一罚〔2020〕59号。

不在主办单位报销交通费，但如果会议地或者培训地并非举办单位所在地，会务人员肯定会报销相关差旅费，这些也可以作为佐证费用真实性的证据。

如果参加会议或者培训的人员均为本企业职工，那么就必须要提供交通费发票。飞机票、火车票均为实名制，企业很难伪造。企业还可以统一运送企业职工前去参会或参训，如果使用的是自有车辆，需要留存相应的出车记录；如果使用的是租用车辆，需要留存租车合同、租车发票，此外还应注意出行方式的合理性，汽车通常只适用于中短途运输，如果企业所在地与培训地、会议地相隔很远，相关人员不乘坐高铁或者飞机显然不符合常理。

四、咨询费

咨询费是向本企业提供信息、建议、策划、顾问等服务的单位或者个人支付的费用，涵盖金融、软件、技术、财务、税收、法律、内部管理、业务运作、流程管理、健康等方方面面。

不同于货物或其他服务，咨询费给企业带来的收益通常很难量化，因此有的企业便通过虚开咨询费发票虚列支出，甚至违规套现，作为账外资金；有的企业在财务账目中编造咨询费，将其包装成合理经济业务项目支出；有的企业在接受贷款服务时，因贷款利率超过同期同类利率水平而无法全部在税前列支，便以咨询费的名义向贷款方支付部分利息。在税务检查中，如果咨询费金额过高，税务机关通常都会重点核查其真实性、合理性。

案例：东莞 K 投资公司逃避缴纳税款案

东莞 K 投资公司控股子公司 JL 股份公司向特定对象非公开发行股票募集资金、收购目标公司。东莞 K 投资公司连续两年分别向 7 家财务咨询公司、证券公司和会计师事务所支付了总计 380 万元的顾问费和 8 460 万元的咨询费，K 投资公司将这些费用全部列入管理费用并在税前进行了扣除。

税务检查人员认为巨额顾问费、咨询费不具有合理性。K 投资公司是 JL 股份公司第一大股东，持股比例高达 42.65%，K 投资公司实际控制人张某长期担任 JL 股份公司董事长一职，K 投资公司对 JL 股份公司的经营、财务状况应充分掌握。作为非公开发行股票的策划方和认购方之一，K 投资公司对子公司 JL 股份公司经营状况了如指掌，完全不需要发起对 JL 股份公司的相关调查。

在非公开发行股票过程中，JL 股份公司通过中介向社会寻找战略投资者、募集资金收购目标企业，因此 JL 股份公司是此次募集资金和并购目标企业的受益方，JL 股份公司有义务聘请中介公司向战略投资者发布相关调查报告，有责任对收购目标企业进行可行性调查，但 JL 股份公司的控股方 K 投资公司却越俎代庖，代替 JL 股份公司履行相关义务，因上述 8 840 万元顾问费、咨询费不允许在 K 投资公司税前扣除。

企业需要高度关注咨询费支出额度与公司业务规模的匹配度，在支付了高额的咨询费用之后，收入指标或者利润指标是否有相应改善，内部架构与流程是否得到相应优化，此外提供高额咨询服务的咨询公司是否有足够的员工、足够的经验、足够的威望提供与金额等值的咨询服务。

企业需要审慎判断咨询费支出是否符合常规，企业是否有相关咨询需求以及咨询的需求究竟有多么迫切，提供咨询的咨询公司能否满足相关需求。东莞 K 投资公司显然没有支付如此高额的顾问费与咨询费的必要，实际上承担了原本应由控股子公司 JL 股份公司承担的高额费用，这样有助于改善控股子公司的财务状况。

企业需要留存能够证明业务真实性的相关材料，咨询公司的收费标准通常是按"每人每天"或"每人每时"来计算的，具体收费标准要符合市场惯例，要与相关人员的资质、能力、付出相匹配。除了妥善保管咨询公司提交的咨询方案、咨询报告之外，企业还应注意留存相关电话、微信、邮件等沟通记录，在咨询业务结束一段时间之后，最好让咨询公司提供效果评估报告。

企业不需关注费用划拨方式，双方签订合同时应选用双方都能接受的支付方式，资金支付进度应与咨询开展情况相匹配，如果数额较大尽量不要采用一次性付款的方式。如果双方存在较为密切的经济往来，需要对支付时间与额度做好规划，避免被税务机关认定为资金回流。

◉ 第六节　预付卡的涉税处理

随着社会经济的发展，预付卡业务日渐兴起，预付卡是发卡机构以盈利为目的，通过特定载体和形式发行，可在特定机构购买商品或服务的预付凭证，按照用途分为购物卡、服务卡、加油卡、ETC 卡等；按照销售终端性质分为单用途卡、多用途卡。单用途卡是仅限在本企业、本企业所属集团或者同一品牌特许经营体系内兑付货物或者服务的预付凭证；多用途卡可在上述渠道之外购买货物或服务。

一、购物卡与服务卡

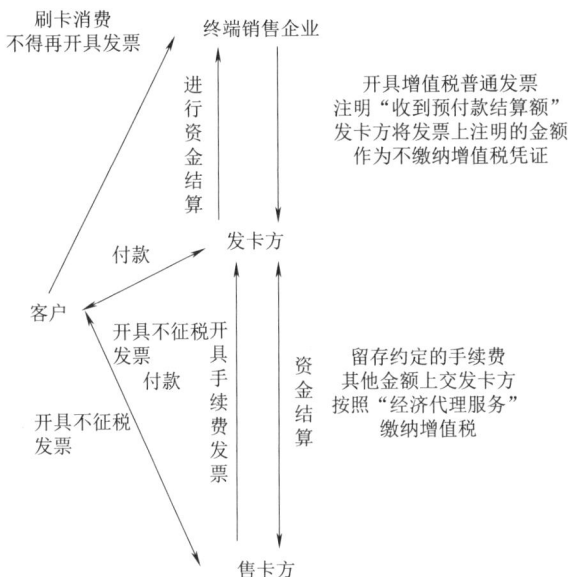

图 6-3　购物卡、服务卡涉税流程

　　企业购买内有储值金额的购物卡、服务卡时，既可以直接去找发卡方，也可以去找发卡方委托的售卡方，不过在这个环节只能取得不征税普通发票。发卡方或售卡方收到预付款时并不确认收入，因为收取预收款并不属于增值税征税项目，税率栏注明"不征税"三个字。持卡人获得发票后不能抵扣增值税进项税额，之后购买货物或服务时也不能再要求开具发票。

　　企业购买购物卡、服务卡或者为其充值之后，购物卡、服务卡应作为企业资产进行管理，相关支出不得在企业所得税税前扣除，企业将购物卡、服务卡发放给相关人员或者自用之后，可凭证明所有权发生转移的相关内外部凭证在税前扣除。

　　模拟计算： 唐僧农机厂向售卡方猪八戒商务公司购买了由孙悟空超市管理有限公司出品的购物卡共计 100 000 元，其中 10 000 元免费发放给一线工人，10 000 元免费发放给车间管理人员，10 000 元免费发放给销售人员，10 000 元免费发放给办公室人员，30 000 元交由后勤部门负责采购办公用品，17 000 元赠送给年度购货满 100 万元的大客户高玉兰，13 000 元在举办市场推广会时随即赠送给现场人员。

1. 唐僧农机厂购买购物卡时

唐僧农机厂记账如下：

借：预付账款——预付卡　　　　　　　　　　　　　　　　100 000

　　贷：银行存款　　　　　　　　　　　　　　　　　　　　　　100 000

售卡方猪八戒商务公司记账如下：

借：银行存款　　　　　　　　　　　　　　　　　　　　100 000

　　贷：应付账款——孙悟空公司　　　　　　　　　　　　　　100 000

售卡方猪八戒商务公司随后与发卡方孙悟空超市管理有限公司进行财务结算：

借：应付账款——孙悟空公司　　　　　　　　　　　　　100 000

　　贷：银行存款　　　　　　　　　　　　　　　　　　　　　100 000

猪八戒商务公司直接留存或者计提相关手续费 1 000 元：

借：银行存款或者应收账款　　　　　　　　　　　　　　1 060

　　贷：主营业务收入　　　　　　　　　　　　　　　　　　　1 000

　　　　应交税金——应交增值税（销项税金）　　　　　　　　　60

假设发卡方孙悟空超市管理有限公司直接向唐僧农机厂发售购物卡：

借：银行存款　　　　　　　　　　　　　　　　　　　　100 000

　　贷：预收账款——预付卡　　　　　　　　　　　　　　　　100 000

2. 唐僧农机厂将购买的购物卡分发给有关人员

借：应付职工薪酬——职工福利费　　　　　　　　　　　40 000

　　贷：预付账款——预付卡　　　　　　　　　　　　　　　　40 000

借：主营业务成本　　　　　　　　　　　　　　　　　　10 000

　　制造费用　　　　　　　　　　　　　　　　　　　　10 000

　　销售费用　　　　　　　　　　　　　　　　　　　　10 000

　　管理费用　　　　　　　　　　　　　　　　　　　　10 000

　　贷：应付职工薪酬——职工福利费　　　　　　　　　　　　40 000

用于采买办公用品的预付卡直接计入管理费用：

借：管理费用　　　　　　　　　　　　　　　　　　　　30 000

　　贷：预付账款——预付卡　　　　　　　　　　　　　　　　30 000

赠送给年度购货满 100 万元的大客户高玉兰的购物卡 17 000 元，虽然名义上是赠送，但实际上却是一种变相的返利活动，并不需要代扣代缴个人所得税。

借：管理费用——业务招待费　　　　　　　　　　　　17 000

　　贷：预付账款——预付卡　　　　　　　　　　　　　　　17 000

随机赠送给市场推广会在场人员的购物卡需要代扣代缴个人所得税，需要按照偶然所得代扣代缴个人所得税。由于购物卡不能进行分割，通常需要获得购物卡的有关人员额外缴纳相应的个人所得税税款。

借：管理费用——业务招待费　　　　　　　　　　　　13 000

　　贷：预付账款——预付卡　　　　　　　　　　　　　　　13 000

借：应交税费——应交个人所得税——偶然所得　　2 600（13 000×20%）

　　贷：其他应收款　　　　　　　　　　　　　　　　　　2 600

借：银行存款或者库存现金　　　　　　　　　　　　　2 600

　　贷：其他应收款　　　　　　　　　　　　　　　　　　2 600

3. 持卡人实际购物时

假如高玉兰在发卡方孙悟空超市管理有限公司旗下超市购物 17 000 元，孙悟空超市管理有限公司记账如下：

借：预收账款——预付卡　　　　　　　　　　　　　17 000

　　贷：主营业务收入　　　　　　　　　　　　　　　　15 044.25

　　　　应交税费——应交增值税（销项税金）　　　　　1 955.75

假设高玉兰在发卡方孙悟空超市管理有限公司同一集团的老君超市购物 17 000 元，老君超市记账如下：

借：预售账款——预付卡　　　　　　　　　　　　　17 000

　　贷：应付账款——孙悟空公司　　　　　　　　　　　17 000

随后双方进行财务结算时，老君超市记账如下：

借：应付账款——孙悟空公司　　　　　　　　　　　17 000

　　贷：银行存款　　　　　　　　　　　　　　　　　　17 000

老君超市按照合同约定计提手续费 1 000 元：

借：应收账款　　　　　　　　　　　　　　　　　　1 060

　　贷：其他业务收入　　　　　　　　　　　　　　　　1 000

应交税费——应交增值税（销项税金）   60

实际收到手续费时：

借：银行存款   1 060

　　贷：应收账款   1 060

双方进行财务结算时，孙悟空超市管理有限公司记账如下：

借：银行存款   17 000

　　贷：主营业务收入   15 044.25

　　　　应交税费——应交增值税（销项税金）   1 955.75

借：销售费用   1 000

　　应交税费——应交增值税（进项税金）   60

　　贷：银行存款   1 060

二、加油卡

企业购买内有储值金额的预付卡或者为预付卡充值时，也可以获得不征税普通发票，在实际加油时也不能再开具发票，如果需要增值税专用发票进行抵扣，缴纳预付款时不索要发票，在实际消费时要求加油站开具增值税专用发票。

注意加油卡在实际使用前并不允许在企业所得税前进行列支。加油卡以职工福利形式发放给本企业员工、客户或者自用，会计核算方式与购物卡、服务卡一样，在此不赘述。

企业自用的加油卡加油之后报销时需要重点审核加油车辆是否是本企业车辆，如果不是本企业所有，需要确认双方是否签订租车协议，如果存在股东或员工车辆"私车公用"的情形，企业可以承担部分油费，但应该签订租赁协议，最好还应及时留存行车记录，否则税务机关可能会怀疑该企业列支本应由股东、员工承担的相关费用。除此之外，企业还需要重点审核加油费总额是否超过了自有、租赁车辆理论上的最大油耗值，如果超过了显然是在虚增费用。

三、ETC 卡

ETC（electronic toll collection）就是电子不停车收费的意思，通过安装在车辆挡风玻璃上的车载电子标签与收费站 ETC 车道上的微波天线之间进行专用短程通信，利用计算机联网技术与银行后台进行结算处理，车辆通过高速公路或桥梁收费站无须停车就能交纳高速公路或桥梁通行费用。

ETC客户

后付费客户　　　　　　　预付费客户

预付费时不开具发票　　　预付费时开具发票

获得收费公路通行费
增值税电子普通发票或数电票
左上角无"通行费"字样
税率栏次显"不征税"

通过经营性公路　　通过政府还贷公路　　通过经营性公路　　通过政府还贷公路

不得再开具发票或收据

获得收费公路通行费
增值税电子普通发票或数电票
左上角有"通行费"字样
显示适用税率或征收率

试点地区
获得收费公路通行费财政票据（电子）

非试点地区
获得收费公路通行费
增值税电子普通发票或数电票
左上角无"通行费"字样
税率栏次显示"不征税"

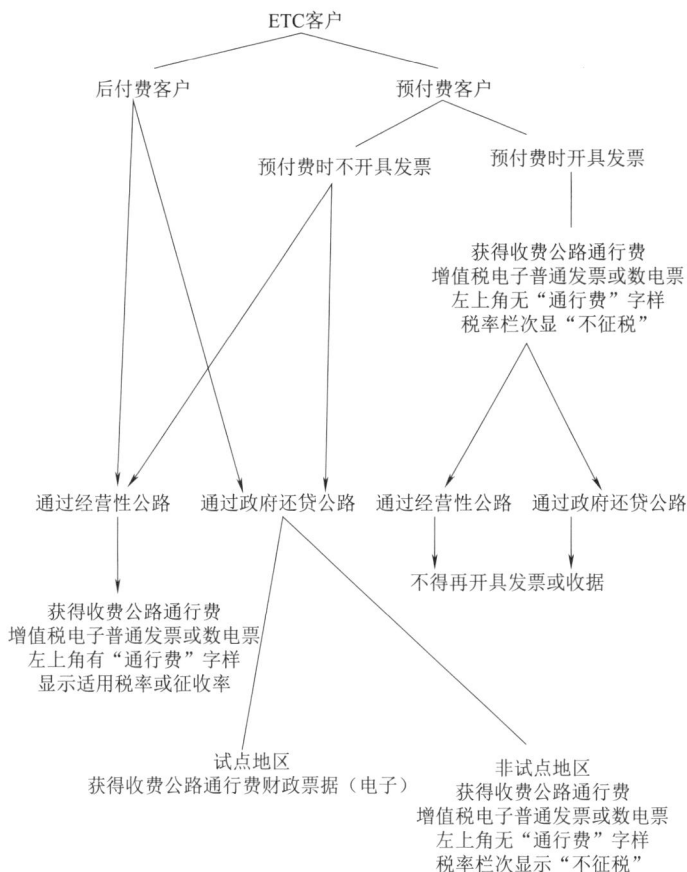

图 6-4　ETC 卡持卡人涉税处置方式

持有 ETC 卡的客户可以选择预付费或者后付费，如果是预付费，在付款之后可以获得不征税的收费公路通行费增值税电子普通发票，不过目前增值税电子普通发票已经基本停用，几乎全都改为数电票；如果想要抵扣增值税，企业也可以选择在实际通行之后再获取发票。

我国的收费公路共分为两种，一种是政府还贷公路，县级以上地方人民政府交通运输主管部门利用贷款或者向企业、个人有偿集资建成的收费公路；另一种是经营性公路，国内外经济组织依法投资建设或者依法受让政府还贷公路收费权的收费公路[1]。

企业车辆通过经营性公路之后，企业可以在服务平台取得由经营管理者开具

的征税的收费公路通行费增值税电子普通发票或者数电票，既可以用来抵扣增值税，也可以在企业所得税税前列支。

企业车辆通过政府还贷公路之后，如果是试点地区，可以在服务平台取得由经营管理者开具的收费公路通行费财政票据（电子），在非试点地区只能获取不征税的收费公路通行费增值税电子普通发票或者数电票，左上角并没有"通行费"字样，税率栏次显示"不征税"。等到试点工作完成后，全国范围内将会全面推行收费公路通行费财政票据（电子），无论是发票还是收据都不能抵扣增值税，只能在企业所得税税前列支[1]。

一张 ETC 卡通常只能绑定一辆车，因此 ETC 卡并不像购物卡那样可以当作职工福利发放给员工，通常也不会作为业务招待费送给客户，需要注意的是 ETC 卡绑定的车辆必须是本企业所有，否则税务机关会将其认定为与生产经营无关的支出。

如果企业因为自有车辆无法满足自身业务需要，可以借用员工或者股东的车辆并承担部分费用，油费、保养费、过路费等支出，企业可以凭借合法有效凭证在税前扣除，但车辆保险费、车船税等与车辆所有权直接相关的费用最好由本人来承担。

---

1 《关于收费公路通行费电子票据开具汇总等有关事项的公告》（交通运输部 财政部 国家税务总局 国家档案局公告 2020 年第 24 号）。

第七章　资产处置时的涉税风险

　　资产是指企业过去的交易或者事项形成的，由企业拥有或者控制的，预期会给企业带来经济利益的资源，分为流动资产与非流动资产，会计核算时对资产的计量可以采用历史成本、摊余成本、公允价值等多种计量方式，但税法却只允许按照历史成本来确定计税基础，由此造成了税会差异。

表7-1　资产负债表中的资产分类

分类	具体项目	所属类别	税法中对应的资产
流动资产	货币资金	金融资产——以摊余成本计量的金融资产	货币资金
	交易性金融资产	金融资产——以公允价值计量且其变动计入其他综合收益的金融资产	投资资产——权益性投资、债权性投资
	衍生金融资产（属于特殊的交易性金融资产）	金融资产——以公允价值计量且其变动计入其他综合收益的金融资产	投资资产——权益性投资、债权性投资
	应收票据	金融资产——以摊余成本计量的金融资产	应收票据
	应收账款	金融资产——以摊余成本计量的金融资产	应收账款
	预付款项	金融资产——以摊余成本计量的金融资产	预付款项
	其他应收款	金融资产——以摊余成本计量的金融资产	其他应收款
	存货	存货	存货
	合同资产	合同资产，即企业已向客户转让商品所有权收取对价的权利，且该权利取决于时间流逝之外的其他因素，适用会计收入准则，但减值适用会计金融准则，因此其是否属于金融资产目前还存在争议	无对应资产

续表

分类	具体项目	所属类别	税法中对应的资产
非流动资产	债权投资	金融资产——以摊余成本计量的金融资产	投资资产——债权性投资
	其他债权投资	金融资产——以公允价值计量且其变动计入其他综合收益的金融资产	投资资产——债权性投资
	长期应收款	金融资产——以摊余成本计量的金融资产	长期应收款
	长期股权投资	股权投资	长期股权投资
	其他权益工具投资	金融资产——以公允价值计量且其变动计入其他综合收益的非交易性权益工具投资	投资资产——权益性投资
	其他非流动金融资产	金融资产	投资资产
	投资性房地产	固定资产,但需要单独计量	投资资产——投资性房地产
	固定资产	固定资产	固定资产
	在建工程	在建工程	在建工程
	生产性生物资产	生物资产,与消耗性生物资产相对应	生产性生物资产
	油气资产	油气资产,即油气开采企业所拥有或控制的井及相关设施和矿区权益	固定资产
	使用权资产	使用权资产,即承租人可在租赁期内使用租赁资产的权利	无对应资产
	无形资产	无形资产	无形资产
	开发支出	开发支出	开发支出
	商誉	无形资产,但需要单列	并入无形资产
	长期待摊费用	长期待摊费用	长期待摊费用
	递延所得税资产	递延所得税资产	无对应资产

"金税四期"上线之后,税务机关对资产购置以及后期计价变动的监控能力有了很大提升,如果企业申报时出现了比对不一致的情形,通常会对相关事项发起风险调查,近期笔者接触得比较多的是一些企业因对金融资产公允价值纳税调整有误需要进行更正申报,甚至还需要缴纳税收滞纳金。

● 第一节 固定资产的涉税处置

在名目繁多的各种资产之中,最重要的资产当属固定资产、无形资产与金融资产,对这三种资产的准确计量一直是税务检查的重点。近年来,涉及固定资产的优惠政策变动较为频繁,企业在做到税收优惠政策应享尽享的同时,也应高度关注因对政策理解有误导致的违规享受问题。

一、固定资产与无形资产的涉税处理差异

《企业会计准则》对固定资产的定义是为生产商品、提供劳务、出租或经营管理而持有的使用寿命超过一个会计年度的有形资产，对于价值并无硬性规定，但很多财务人员仍旧坚持 2 000 元这个标准，这是因为《企业会计制度》第二十五条规定："单位价值在 2 000 元以上，并且使用年限超过 2 年的，也应当作为固定资产。"不过自从《企业会计准则》颁布之后，财政部鼓励企业执行《企业会计准则》，但是也并未废止《企业会计制度》。

《财政部　国家税务总局关于完善固定资产加速折旧企业所得税政策的通知》（财税〔2014〕75 号）第三条规定："对所有行业企业持有的单位价值不超过 5 000 元的固定资产，允许一次性计入当期成本费用在计算应纳税所得额时扣除，不再分年度计算折旧。"不过这只是税务处理规定并非会计对固定资产的认定标准。

企业可以根据自身经营需要自行确定固定资产认定标准，可以设置金额标准，也可以不设置金额标准，金额也不必拘泥于 2 000 元或者 5 000 元，不过如果存在低于 5 000 元的固定资产，会计准则要求计提折旧，但税法却要求一次性扣除，由此产生的税会差异需要进行纳税调整。

表7-2　固定资产与无形资产的涉税处理差异表

项　　目	固定资产	文件依据	无形资产	文件依据
计税基础	1. 外购的固定资产以购买价款和支付的相关税费以及直接归属于使该资产达到预定用途发生的其他支出为计税基础 2. 自行建造的固定资产以竣工结算前发生的支出为计税基础 3. 融资租入的固定资产以租赁合同约定的付款总额和承租人在签订租赁合同过程中发生的相关费用为计税基础，未约定付款总额的，以该资产的公允价值和承租人在签订租赁合同过程中发生的相关费用为计税基础 4. 盘盈的固定资产，以同类固定资产的重置完全价值为计税基础 5. 通过捐赠、投资、非货币性资产交换、债务重组等方式取得的固定资产，以该资产的公允价值和支付的相关税费为计税基础 6. 改建的固定资产，通常以改建过程中发生的改建支出增加计税基础	《企业所得税法实施条例》第五十八条	1. 外购的无形资产以购买价款和支付的相关税费以及直接归属于使该资产达到预定用途发生的其他支出为计税基础 2. 自行开发的无形资产以开发过程中该资产符合资本化条件后至达到预定用途前发生的支出为计税基础 3. 通过捐赠、投资、非货币性资产交换、债务重组等方式取得的无形资产以公允价值和支付的相关税费为计税基础	《企业所得税法实施条例》第六十六条

续表

项　目	固定资产	文件依据	无形资产	文件依据
不能在税前扣除的资产	1. 房屋、建筑物以外未投入使用的固定资产 2. 以经营租赁方式租入的固定资产 3. 以融资租赁方式租出的固定资产 4. 已足额提取折旧仍继续使用的固定资产 5. 与经营活动无关的固定资产 6. 单独估价作为固定资产入账的土地 7. 其他不得计算折旧扣除的固定资产	《企业所得税法》第十一条	1. 自行开发的支出已在计算应纳税所得额时扣除的无形资产 2. 自创商誉 3. 与经营活动无关的无形资产 4. 其他不得计算摊销费用扣除的无形资产	《企业所得税法》第十二条
会计采用折旧或摊销方法	1. 年限平均法（即直线法） 2. 工作量法 3. 双倍余额递减法 4. 年数总和法	《企业会计准则第4号——固定资产》第十七条	年限平均法（即直线法）	—
税法认可的方法	通常为年限平均法（即直线法），特殊情况下准许采用双倍余额递减法或年数总和法	《企业所得税法实施条例》第五十九条	通常为年限平均法（即直线法）	《企业所得税法实施条例》第六十七条
折旧或摊销时间	根据具体类别，最低折旧年限为3年至20年不等	《企业所得税法实施条例》第六十条	摊销年限不得低于10年 作为投资或者受让的无形资产，可以按照法律规定或者合同约定的使用年限分期摊销 外购商誉的支出，在企业整体转让或者清算时准予扣除	
折旧或摊销的起止时间	使用月份的次月起计算折旧，停止使用月份的次月起停止计算折旧	《企业所得税法实施条例》第五十九条	自无形资产可供使用时起，至不再作为无形资产确认时止	《企业会计准则第6号——无形资产》第十七条
预计净残值	通常都要预估净残值	《企业会计准则第4号——固定资产》第十四条	使用寿命有限的无形资产残值应当视为零，但下列情况除外 1. 有第三方承诺在无形资产使用寿命结束时购买该无形资产 2. 可以根据活跃市场得到预计残值信息，并且该市场在无形资产使用寿命结束时很可能存在	《企业会计准则第6号——无形资产》第十八条

续表

项　目	固定资产	文件依据	无形资产	文件依据
会计认定的折旧或者摊销金额	原价扣除预计净残值、已计提的固定资产减值准备累计金额（如果存在）后的金额	《企业会计准则第4号——固定资产》第十四条	成本扣除预计残值（如果存在）、已计提的无形资产减值准备累计金额后（如果存在）的金额	《企业会计准则第6号——无形资产》第十八条
税法认可的折旧或者摊销金额	不承认固定资产减值准备	《企业所得税法》第十条	不承认无形资产减值准备	《企业所得税法》第十条

固定资产的日常维修费用都应计入期间费用，但以下情形需要作为长期待摊费用[1]：

（1）已足额提取折旧的固定资产的改建支出；

（2）租入固定资产的改建支出；

（3）固定资产的大修理支出；

改建支出是指企业改变房屋、建筑物结构、延长使用年限等发生的支出固定资产的改建支出。固定资产的大修理支出需要符合以下条件[2]：

（1）修理支出达到取得固定资产时的计税基础50%以上；

（2）修理后固定资产的使用年限延长2年以上。

以经营租赁方式租入固定资产发生的租赁费，按照租赁年限均匀扣除。按照实质重于形式的原则，以融资租赁方式租入的固定资产视同自有固定资产，因此不得直接扣除融资租赁发生的租赁费，构成融资租入固定资产价值的部分应当提取折旧费用，分期扣除[3]。

二、固定资产加速折旧政策

企业在生产经营过程中使用固定资产使其不断发生损耗，导致价值减少，仅余一定残值，其原值与残值之差在其使用年限内的分摊额就是固定资产折旧，计入当期损益影响当期的利润。会计核算时可以选用年限平均法（即直线法）、工作量法、双倍余额递减法、年数总和法等折旧方法，但税法通常只认可年限平均法，

1　《中华人民共和国企业所得税法》第十三条。
2　《企业所得税法实施条例》第七十九条。
3　《企业所得税法实施条例》第四十七条第二项。

只有在特定条件下才能进行加速折旧。

税法上认可的加速折旧形式有以下三种：

第一种是缩短折旧年限。企业可根据自身情况依照税法规定的最低折旧年限确定自身固定资产折旧年限，一经确定不得改变[1]。一些特殊行业的固定资产的折旧年限可以低于税法规定的最低折旧年限，不过新固定资产不得低于规定年限的60%；已使用过的固定资产不得低于规定年限减去已使用年限后剩余年限的60%[2]。

表7-3 固定资产、生物资产的最低折旧年限[3]

固定资产种类	最低折旧年限
房屋、建筑物	20 年
飞机、火车、轮船、机器、机械和其他生产设备	10 年
与生产经营活动有关的器具、工具、家具等	5 年
飞机、火车、轮船以外的运输工具	4 年
电子设备	3 年
林木类生产性生物资产	10 年
畜类生产性生物资产	3 年

第二种方式是采用加速折旧方法。税法认可的加速折旧方法只有双倍余额递减法与年数总和法。企业拥有的固定资产可以采用不同的折旧方法，但同一固定资产仅能采用一种加速折旧方法，并且一经确定不得改变[4]。

双倍余额递减法确定的年折旧率 =2÷ 预计的折旧年限 ×100%，假如预计使用年限是五年，那么年折旧率就是 40%，年折旧额 = 固定资产期初剩余价值 × 年折旧率，此时不用考虑净残值，不过最后两年要改用年限平均法，也就是将固定资产减除净残值之后的账面净值在两年内进行折旧。

年数总和法是指用固定资产原值减去预计残值后的净额，乘以一个逐年递减的分数，分子代表固定资产尚可使用的年数，分母代表使用年数的逐年数字总和。假如某项固定资产可以使用五年，那么逐年数字总和就是 15（即 5+4+3+2+1），

---

1 《国家税务总局关于进一步完善固定资产加速折旧企业所得税政策有关问题的公告》（国家税务总局公告2015 年第 68 号）第三条。
2 《财政部 国家税务总局关于完善固定资产加速折旧企业所得税政策的通知》（财税〔2014〕75 号）第四条。
3 《企业所得税法实施条例》第六十条、第六十四条。
4 《国家税务总局关于进一步完善固定资产加速折旧企业所得税政策有关问题的公告》（国家税务总局公告2015 年第 68 号）第四条。

第一年折旧率就是 5÷15，第二年折旧率为 4÷15，以此类推。

对于上述两种加速折旧方法有着严格的适用条件，要么是由于技术进步，产品更新换代较快的固定资产，要么是常年处于强震动、高腐蚀状态的固定资产[1]，不过后来却逐渐放宽了适用条件，全部制造业和信息传输、软件和信息技术服务业自 2019 年 1 月 1 日以后新购进的固定资产均可享受加速折旧的优惠政策。

第三种方法是准予单位价值较低的固定资产在当期一次性扣除。起初是新购进单位价值不超过 100 万元专门用于研发的仪器、设备准予一次性扣除，后来生物药品制造业等六大行业的小型微利企业新购进的兼用于研发的单位价值不超过 100 万元机器设备准予一次性扣除，随后扩大到轻工等四个重点行业的小型微利企业，紧接着又扩大到所有制造业小型微利企业

如今所有企业新购进的单位价值不超过 500 万元的设备、器具可以在当期一次性扣除。2022 年，中小微企业与高新技术企业单位价值超过 500 万元的设备、器具也可以全额或者价值的 50% 一次性扣除，不过该政策并未延续到现在。

设在海南自由贸易港、横琴粤澳深度合作区符合条件的企业可以享受更为优惠的政策，不仅新购进的单位价值不超过 500 万元的固定资产准予一次性扣除，无形资产也可以一次性扣除，自建的固定资产、自行开发的无形资产也是如此。

表7-4　固定资产加计扣除政策

适用企业	执行时间	适用要求	涉税处理	文件依据
所有企业	2018 年 1 月 1 日至 2027 年 12 月 31 日	新购进的单位价值不超过 500 万元的设备、器具	可以一次性扣除	财税〔2018〕54 号 财政部 税务总局公告 2021 年第 6 号 财政部 税务总局公告 2023 年第 37 号
		新购进的单位价值超过 500 万元的设备、器具	正常计提折旧	
海南自由贸易港并实质性运营的鼓励类产业企业	2020 年 1 月 1 日至 2024 年 12 月 31 日	新购进、自建或自行开发的单位价值不超过 500 万元的固定资产与无形资产	可以一次性扣除	财税〔2020〕31 号
		新购进、自建或自行开发的单位价值超过 500 万元的固定资产与无形资产	缩短折旧年限或采取加速折旧的方法	

1　《国家税务总局关于企业固定资产加速折旧所得税处理有关问题的通知》（国税发〔2009〕81 号）第一条。

续表

适用企业	执行时间	适用要求	涉税处理	文件依据
设在横琴粤澳深度合作区符合条件的产业企业	2021年1月1日起	新购进、自建或自行开发的单位价值不超过500万元的固定资产与无形资产	可以一次性扣除	财税〔2022〕19号
		新购进、自建或自行开发的单位价值超过500万元的固定资产与无形资产	缩短折旧年限或采取加速折旧的方法	
中小微企业	2022年1月1日至2022年12月31日	新购进的单位价值在500万元以上的设备、器具	最低折旧年限为3年的设备器具可以全额一次性扣除	财政部 税务总局公告2022年第12号
			其他设备器具单位价值的50%可在一次性扣除，其余50%按规定在剩余年度正常计提折旧进行扣除	
高新技术企业	2022年10月1日至2022年12月31日	新购进的设备、器具（包括单位价值超过500万元）	可以一次性扣除	财政部 税务总局科技部公告2022年第28号
所有企业	2014年1月1日起	新购进单位价值不超过100万元专门用于研发的仪器、设备	允许一次性扣除	财税〔2014〕75号
		新购进单位价值超过100万元专门用于研发的仪器、设备	可缩短折旧年限或采取加速折旧的方法	
生物药品制造业，专用设备制造业，铁路、船舶、航空航天和其他运输设备制造业，计算机、通信和其他电子设备制造业，仪器仪表制造业，信息传输、软件和信息技术服务业六大行业企业	2014年1月1日起	新购进的固定资产	可以缩短折旧年限或采取加速折旧的方法	财税〔2014〕75号
上述六大行业的小型微利企业	2014年1月1日起	新购进的单位价值不超过100万元的研发和生产经营共用的仪器、设备	允许一次性扣除	财税〔2014〕75号
轻工、纺织、机械、汽车等四个重点行业	2015年1月1日	新购进的固定资产	可以缩短折旧年限或采取加速折旧的方法	财税〔2015〕106号
上述行业的小型微利企业	2015年1月1日	新购进的单位价值不超过100万元的研发和生产经营共用的仪器、设备	允许一次性扣除	财税〔2015〕106号

续表

适用企业	执行时间	适用要求	涉税处理	文件依据
全部制造业企业	2019 年 1 月 1 日起	新购进的固定资产	可以缩短折旧年限或采取加速折旧的方法	财政部　税务总局公告 2019 年第 66 号
全部制造业小型微利企业	2019 年 1 月 1 日起	新购进的单位价值不超过 100 万元的研发和生产经营共用的仪器、设备	允许一次性扣除	财政部　税务总局公告 2019 年第 66 号

固定资产加速折旧政策导致的税会差异需要填写"企业所得税年度纳税申报表（A 类）"附表 A105080"资产折旧、摊销及纳税调整明细表"。享受固定资产一次性扣除税收优惠的企业需要特别注意，由于固定资产的使用周期比较长，会计核算时会正常计提折旧额，这部分折旧额在后续年度需要进行纳税调增，这也是税务机关高度关注的重点事项。

模拟核算： 甲公司新购进一套价值 100 万元的生产设备，预计净残值率 5%，预计折旧年限 5 年，当年共计提折旧 19 万元，但该公司选择在本年一次性扣除。

解析： "税收折旧、摊销额"大于"享受加速折旧政策的资产按税收一般规定计算的折旧、摊销额"才会填写第 8 行及其以下栏次，如果两者相等就证明并不存在加速折旧的情形，不需填写下面的行次。

新购进的单位价值不超过 500 万元的设备、器具一次性扣除需要填写第 11、12 行，甲公司购进的 100 万元的生产设备，会计核算的折旧总额为 95 万元，剩余 5 万元为净残值，当年折旧额为 19 万元，但税法允许一次性扣除 100 万元，此时不用考虑净残值，将全部金额填写在第 5 列"税收折旧、摊销额"。

第 6 列"享受加速折旧政策的资产按税收一般规定计算的折旧、摊销额"指不享受加速折旧、摊销优惠政策，按照税收一般规定（即直线法）计算的折旧额或者摊销额合计金额。

需要特别说明的是此表只有第 2 至第 7 行"所有固定资产"对应的行才会计算"纳税调整金额"，影响本企业应纳税所得额；第 8 行至第 17 行只是为了统计各项加速折旧税收优惠政策的金额，并不涉及应纳税所得额调整。

有些财务人员并不明白第 2 列与第 5 列究竟有什么区别，两者之间的差异主要体现在两个方面，一方面是会计核算时固定资产计提折旧时未必采用年限平均法，有可能会采用加速折旧方法；另一方面是会计核算时可能计提了固定资产减值准备，计算折旧时会减除减值准备的相关金额，但税法却并不承认固定资产减值准备。

A105080

表7-5　资产折旧、摊销及纳税调整明细表

资产折旧、摊销及纳税调整明细表

行次	项目	账载金额			税收金额					纳税调整金额
		资产原值	本年折旧、摊销额	累计折旧、摊销额	资产计税基础	税收折旧、摊销额	享受加速折旧政策的资产按税收一般规定计算的折旧、摊销额	加速折旧、摊销统计额	累计折旧、摊销额	
		1	2	3	4	5	6	7 (5-6)	8	9 (2-5)
1	一、固定资产（2+3+4+5+6+7）						*	*		
2	（一）房屋、建筑物						*	*		
3	所有固定资产（二）飞机、火车、轮船、机器、机械和其他生产设备						*	*		
4	（三）与生产经营活动有关的器具、工具、家具等							*		
5	（四）飞机、火车、轮船以外的运输工具						*	*		
6	（五）电子设备						*	*		
7	（六）其他						*	*		
8	其中：享受固定资产加速折旧及一次性扣除政策大于一般折旧额的部分（一）重要行业固定资产加速折旧（不含一次性扣除）									*
9	（二）其他行业研发设备加速折旧									*
10	（三）特定地区企业固定资产加速折旧（10.1+10.2）									*

续表

行次	项 目	账载金额			资产计税基础	税收金额				纳税调整金额
		资产原值	本年折旧、摊销额	累计折旧、摊销额		税收折旧、摊销额	享受加速折旧政策的资产按税收一般规定计算的折旧、摊销额	加速折旧、摊销统计额	累计折旧、摊销额	
		1	2	3	4	5	6	7（5-6）	8	9（2-5）
10.1	1.海南自由贸易港企业固定资产加速折旧									*
10.2	2.横琴粤澳深度合作区企业固定资产加速折旧									*
11	（四）500万元以下设备器具一次性扣除（11.1+11.2）	1 000 000	190 000	190 000	1 000 000	1 000 000	190 000	810 000	1 000 000	*
11.1	其中：享受固定资产加速折旧及一次性扣除政策的资产加速折旧额大于一般折旧额的部分 1.高新技术企业2022年第四季度（10月—12月）购置单价500万元以下设备器具一次性扣除									*
11.2	2.购置单价500万元以下设备器具一次性扣除不包含高新技术企业2022年第四季度购置	1 000 000	190 000	190 000	1 000 000	1 000 000	190 000	810 000	1 000 000	*
12	（五）500万元以上设备器具一次性扣除（12.1+12.2+12.3+12.4）									*
12.1	中小微企业购置单价500万元以上设备器具 1.最低折旧年限为3年的设备器具一次性扣除									*
12.2	2.最低折旧年限为4年、5年的设备器具50%部分一次性扣除									*
12.3	3.最低折旧年限为10年的设备器具50%部分一次性扣除									*

续表

行次	项目	账载金额			资产计税基础	税收金额				纳税调整金额
		资产原值	本年折旧、摊销额	累计折旧、摊销额		税收折旧、摊销额	享受加速折旧政策的资产按税收一般规定计算的折旧、摊销额	加速折旧、摊销统计额	累计折旧、摊销额	
		1	2	3	4	5	6	7（5-6）	8	9（2-5）
12.4	4.高新技术企业2022年第四季度（10月—12月购置单价500万元以上设备器具一次性扣除									*
	其中：享受固定资产加速折旧及一次性扣除政策的资产加速折旧额加大于一般折旧额的部分									
13	（六）特定地区企业固定资产一次性扣除（13.1+13.2）									*
13.1	1.海南自由贸易港企业固定资产一次性扣除									*
13.2	2.横琴粤澳深度合作区企业固定资产一次性扣除									*
14	（七）技术进步、更新换代固定资产加速折旧									*
15	（八）常年强震动、高腐蚀固定资产加速折旧									*
16	（九）外购软件加速折旧									*
17	（十）集成电路企业生产设备加速折旧									*

固定资产加速折旧政策能够有效减轻企业投资初期的税收负担，极大地改善了企业的现金流，调动企业扩大投资、更新改造和科技创新的积极性，也可以提高传统产业竞争力，增强经济发展后劲与活力，对于实现提质增效升级和持续稳定增长、促进企业科技创新、扩大就业具有积极的促进作用。

不过加速折旧政策并非适用于所有企业，如某些预计亏损期较长的企业，选用正常的折旧政策反而更为有利，因为亏算弥补期限只有五年，超过之后不能再进行弥补，因此相关企业需要进行精准规划。

● 第二节　研发费用的加计扣除

加计扣除是在实际扣除额的基础上，按照税法规定再加成一定的比例。企业开展研发活动实际发生的研发费用，未形成无形资产计入当期损益，在按规定据实扣除的基础上，再按照实际发生额的 100% 在税前加计扣除；形成无形资产，按照无形资产成本的 200% 在税前进行摊销[1]。

2023 年 1 月 1 日至 2027 年 12 月 31 日期间，集成电路企业和工业母机企业开展研发活动中实际发生的研发费用，尚未形成无形资产计入当期损益，在按规定据实扣除的基础上，再按照实际发生额的 120% 在税前扣除，比普通企业高 20 个百分点；如果形成无形资产，按照无形资产成本的 220% 在税前摊销。

集成电路企业是指符合《关于促进集成电路产业和软件产业高质量发展企业所得税政策的公告》（财政部　税务总局　发展改革委　工业和信息化部公告 2020 年第 45 号）第一条规定的集成电路生产企业或项目归属企业、第四条规定的重点集成电路设计企业以及符合《国家鼓励的集成电路设计、装备、材料、封装、测试企业条件公告》（工业和信息化部　国家发展改革委　财政部　国家税务总局公告 2021 年第 9 号）规定的集成电路装备、材料、封装、测试企业。工业母机企业是指生产销售符合《先进工业母机产品基本标准》产品的企业[2]。

---

[1] 《关于进一步完善研发费用税前加计扣除政策的公告》（财政部　国家税务总局公告 2023 年第 7 号）第一条。

[2] 《关于提高集成电路和工业母机企业研发费用加计扣除比例的公告》（财政部　国家税务总局　国家发展改革委　工业和信息化部公告 2023 年第 44 号）。

一、准予享受研发费用加计扣除政策的企业

研发费用加计扣除政策适用于会计核算健全、实行查账征收并且能够准确归集研发费用的居民企业[1]，采取核定征收方式的居民企业与非居民企业都不能享受研发费用加计扣除政策。除此之外，一些特定行业的企业也不能享受这项税收优惠政策[2]：

（1）烟草制造业；

（2）住宿和餐饮业；

（3）批发和零售业；

（4）房地产业；

（5）租赁和商务服务业；

（6）娱乐业；

（7）财政部和国家税务总局规定的其他行业。

确定是否属于上述行业的企业应当以实际经营情况来确定而不是以工商登记、税务登记的行业范围来确定，实际经营情况与工商登记、税务登记行业不一致的应及时变更经营范围。对于跨行业的企业，主营业务收入应占企业收入总额[3]减除不征税收入和投资收益余额之后 50%（不含）以上[4]。

二、研发费用的归集口径

表7-6 研发活动判断要点及内涵

要 点	内 涵
有明确创新目标	研发活动一般具有明确的创新目标,如获得新知识、新技术、新工艺、新材料、新产品、新标准等 可通过以下问题予以明确。例如,该活动是否要探索以前未发现的现象、结构或关系? 是否在一定范围要突破现有的技术瓶颈? 研发成果是否不可预期? 如果回答为 "是",则说明该活动具有明确的创新目标
有系统组织形式	研发活动以项目、课题等方式组织进行,围绕具体目标,有较为确定的人、财、物等支持,经过立项、实施、结题的组织过程,因此是有边界的和可度量的
研发结果不确定	研发活动的结果是不能完全事先预期的,必须经过反复不断的试验、测试,具有较大的不确定性,存在失败的可能

---

1 《财政部 国家税务总局 科技部关于完善研究开发费用税前加计扣除政策的通知》（财税〔2015〕119 号）第五条。

2 《财政部 国家税务总局 科技部关于完善研究开发费用税前加计扣除政策的通知》（财税〔2015〕119 号）第四条。

3 收入总额按照《中华人民共和国企业所得税法》第六条计算。

4 《关于企业研究开发费用税前加计扣除政策有关问题的公告》（国家税务总局公告 2015 年第 97 号）第四条。

税法对研发活动有着严格的限定，以下活动不属于研发活动[1]：

（1）企业产品（服务）的常规性升级；

（2）对某项科研成果的直接应用，如直接采用公开的新工艺、材料、装置、产品、服务或知识等；

（3）企业在商品化后为顾客提供的技术支持活动；

（4）对现存产品、服务、技术、材料或工艺流程进行的重复或简单改变；

（5）市场调查研究、效率调查或管理研究；

（6）作为工业（服务）流程环节或常规的质量控制、测试分析、维修维护；

（7）社会科学、艺术或人文学方面的研究。

在认定高新技术企业时，研发费用也是一项很重要的指标，虽然两者都属于开发新技术、新产品、新工艺过程中发生的研究开发费用，不过还是有所区别：

一是认定用途不同。一个是为了享受加计扣除的税收优惠政策，一个是为了被认定为高新技术企业并享受 15% 的企业所得税优惠税率。

二是归集口径不同。加计扣除是企业所得税中的一种税基式优惠方式，因此准予加计扣除的研发费用的范围有着严格限定，认定高新技术企业时，研发费用只是一项重要指标，并非直接针对其制定税收优惠政策，因此归集范围要大于加计扣除的研发费用。

三是政策依据不同。研发费用加计扣除依据《财政部　国家税务总局　科学技术部关于完善研究开发费用税前加计扣除政策的通知》（财税〔2015〕119 号）、《关于研发费用税前加计扣除归集范围有关问题的公告》（国家税务总局公告 2017 年第 40 号）等文件，高新技术企业认定依据《高新技术企业认定管理工作指引》（国科发火〔2016〕195 号）等文件。

企业要准确把握加计扣除的研发费用、高新技术企业认定时的研发费用与会计核算的研发费用三者之间的差异，以免因政策口径不清错误地适用税收优惠政策。

---

[1] 《财政部 国家税务总局 科学技术部关于完善研究开发费用税前加计扣除政策的通知》（财税〔2015〕119 号）第一条第二项。

表7-7　研发费用的准确界定[1]

费用项目	准予加计扣除的研发费用	认定高新技术企业时的研发费用	会计核算时的研发费用	备　注
人员人工费用	直接从事研发活动人员的工资薪金、基本养老保险费、基本医疗保险费、失业保险费、工伤保险费、生育保险费和住房公积金，以及外聘研发人员的劳务费用	企业科技人员的工资薪金、基本养老保险费、基本医疗保险费、失业保险费、工伤保险费、生育保险费和住房公积金，以及外聘科技人员的劳务费用	企业在职研发人员的工资、奖金、津贴、补贴、社会保险费、住房公积金等人工费用以及外聘研发人员的劳务费用	人员口径并不完全一致，准予加计扣除的范围最窄
直接投入费用	研发活动直接消耗的材料、燃料和动力费用	直接消耗的材料、燃料和动力费用	研发活动直接消耗的材料、燃料和动力费用	房屋等建筑物租赁费不计入加计扣除研发费用范围
	用于中间试验和产品试制的模具、工艺装备开发及制造费，不构成固定资产的样品、样机及一般测试手段购置费，试制产品的检验费	用于中间试验和产品试制的模具、工艺装备开发及制造费，不构成固定资产的样品、样机及一般测试手段购置费，试制产品的检验费	用于中间试验和产品试制的模具、工艺装备开发及制造费，样品、样机及一般测试手段购置费，试制产品的检验费等	
	用于研发活动的仪器、设备的运行维护、调整、检验、维修等费用，以及通过经营租赁方式租入的用于研发活动的仪器、设备租赁费	用于研究开发活动的仪器、设备的运行维护、调整、检验、检测、维修等费用，以及通过经营租赁方式租入的用于研发活动的固定资产租赁费	用于研发活动的仪器、设备、房屋等固定资产的租赁费，设备调整及检验费，以及相关固定资产的运行维护、维修等费用	
折旧费用	用于研发活动的仪器、设备的折旧费	用于研究开发活动的仪器、设备和在用建筑物的折旧费。研发设施的改建、改装、装修和修理过程中发生的长期待摊费用	用于研发活动的仪器、设备、房屋等固定资产的折旧费	在用的建筑物折旧费以及长期待摊费用不计入加计扣除研发费用范围
无形资产摊销	用于研发活动的软件、专利权、非专利技术（包括许可证、专有技术、设计和计算方法等）的摊销费用	用于研究开发活动的软件、知识产权、非专利技术（专有技术、许可证、设计和计算方法等）的摊销费用	用于研发活动的软件、专利权、非专利技术等无形资产的摊销费用	基本一致

---

[1] 《财政部 国家税务总局 科学技术部关于完善研究开发费用税前加计扣除政策的通知》（财税〔2015〕119号）第一条第一项。

续表

费用项目	准予加计扣除的研发费用	认定高新技术企业时的研发费用	会计核算时的研发费用	备　　注
设计试验费	新产品设计费、新工艺规程制定费、新药研制的临床试验费、勘探开发技术的现场试验费	符合条件的设计费用、装备调试费用、试验费用（包括新药研制的临床试验费、勘探开发技术的现场试验费、田间试验费等）	—	基本一致
其他相关费用	与研发活动直接相关的其他费用，如技术图书资料费、资料翻译费、专家咨询费、高新科技研发保险费，研发成果的检索、分析、评议、论证、鉴定、评审、评估、验收费用，知识产权的申请费、注册费、代理费，差旅费、会议费等。此项费用总额不得超过可加计扣除研发费用总额的 10%	与研究开发活动直接相关的其他费用，包括技术图书资料费、资料翻译费、专家咨询费、高新科技研发保险费，研发成果的检索、论证、评审、鉴定、验收费用，知识产权的申请费、注册费、代理费，会议费、差旅费、通信费等。此项费用一般不得超过研究开发总费用的20%，另有规定的除外	与研发活动直接相关的其他费用，包括技术图书资料费、资料翻译费、会议费、差旅费、办公费、外事费、研发人员培训培养费、专家咨询费、高新科技研发保险费用等。研发成果的论证、评审、验收、评估以及知识产权的申请费、注册费、代理费等费用	会计核算时据实核算，但加计扣除与认定高新技术企业都设有限额，不过两者的比例却有不同

　　企业在一个纳税年度内同时开展多项研发活动，起初必须按照每一个研发项目分别计算"其他相关费用"限额，后来改为按照全部研发项目统一计算"其他相关费用"限额。

　　全部研发项目的其他相关费用限额＝全部研发项目的人员人工费用等五项费用之和×10%/（1-10%），实际发生数小于限额按实际发生数计算税前加计扣除额，大于限额按限额计算税前加计扣除额[1]。

　　部分企业特别是中小企业，从事研发活动的人员同时也会承担生产经营管理等职能，用于研发活动的仪器、设备、无形资产同时也会用于非研发活动，税法如今已经不再强调"专门用于[2]"，但企业也应对上述人员参与研发活动情况及仪器、设备、无形资产的使用情况进行必要记录，并将其实际发生的相关费用按实

1　《关于进一步落实研发费用加计扣除政策有关问题的公告》（国家税务总局公告 2021 年第 28 号）第三条。

2　《财政部　国家税务总局　科学技术部关于完善研究开发费用税前加计扣除政策的通知》（财税〔2015〕119 号）。

际工时占比等合理方法在研发费用和生产经营费用之间进行分配，未分配的不得加计扣除。

研发过程中形成的下脚料、残次品、中间试制品等特殊收入是与研发活动直接相关的收入，在计算当年的加计扣除研发费用时，应从已归集研发费用中扣减该特殊收入，不足扣减的，加计扣除研发费用按零计算[1]。

生产单机、单品的企业，研发活动直接形成产品或作为组成部分形成的产品对外销售，考虑到材料费用占比较大且易于计量，研发费用中对应的材料费用不得加计扣除。产品销售与对应的材料费用发生在不同纳税年度且材料费用已计入研发费用，可在销售当年以对应的材料费用发生额直接冲减当年的研发费用，不足冲减的，结转以后年度继续冲减。

企业取得作为不征税收入处理的财政性资金用于研发活动所形成的费用或无形资产，不得计算加计扣除或摊销；企业取得的政府补助，会计处理时采用直接冲减研发费用方法且税务处理时未将其确认为应税收入的，应按冲减后的余额计算加计扣除金额[2]。法律、行政法规和国务院财税主管部门规定不允许企业所得税前扣除的费用和支出项目不得计算加计扣除，已计入无形资产但不属于允许加计扣除研发费用范围的，据实予以扣除[3]。

三、委托其他机构、个人开展研发活动

由于自身科研水平有限，有些企业会委托其他机构或个人开展研发活动，发生的费用按照实际发生额的 80% 计入委托方研发费用计算加计扣除，注意并非全额！

委托方与受托方存在关联关系，研究开发费用实际发生额应当按照独立交易原则确定，受托方应向委托方提供研发项目费用支出明细情况[4]，需要注意的是只有双方存在关联关系，受托方才需要向委托方提供研发费用明细，目的是

---

1 《关于研发费用税前加计扣除归集范围有关问题的公告》（国家税务总局公告 2017 年第 40 号）第七条第二项。
2 《关于研发费用税前加计扣除归集范围有关问题的公告》（国家税务总局公告 2017 年第 40 号）第七条第一项。
3 《关于企业研究开发费用税前加计扣除政策有关问题的公告》（国家税务总局公告 2015 年第 97 号）第二条第五项、第六项。
4 《财政部 国家税务总局 科技部关于完善研究开发费用税前加计扣除政策的通知》（财税〔2015〕119 号）第二条。

判断关联方交易是否符合独立交易原则。考虑到涉及商业秘密等原因，受托方无需向不存在关联关系的委托方提供研发过程中实际发生的研发项目费用支出明细情况。如果委托个人研发，应凭个人出具的发票等合法有效凭证在税前加计扣除[1]。

受托方虽然是研发活动的实际实施者，却并非自主行为，因此无论委托方能否享受研发费加计扣除政策，受托方都不得享受加计扣除[2]。

模拟计算：甲公司委托关联方乙公司开展研发活动并支付了100万元。乙公司实际花费了90万元，其中5万元不属于加计扣除的范畴，另外获得10万元的利润，但市场上此类项目的利润率为5%。请问甲公司准予加计扣除的金额是多少？

解析：最关键的问题是如何确定研发费用实际发生额，5万元虽然不属于加计扣除范畴的费用，但可以归入实际发生额。该项目利润水平高于市场平均水平，存在转移利润的嫌疑，因此超过市场平均水平的部分5万元（10-100×5%）不应计算在实际发生额内，因此实际发生额应为90+5=95（万元），甲企业准予加计扣除的金额为95×80%×100%=76（万元）。

由于税务机关核实境外研发费用的真实性、准确性存在一定的难度，因此之前一直有相应的限制条件。从2018年1月1日起，企业委托境外（不包括境外个人）进行研发活动所发生的费用，按照费用实际发生额的80%计入委托方的委托境外研发费用进行加计扣除，但不得超过境内符合条件的研发费用的三分之二[3]。

需要注意的是委托境外单位发生的研发费用在适用加计扣除政策时需要以境内研发费用作为计算扣除限额的基数。委托境内个人进行研发活动所发生的费用可以进行加计扣除，但委托境外个人却不能加计扣除。

1　《关于企业研究开发费用税前加计扣除政策有关问题的公告》（国家税务总局公告2015年第97号）第三条。

2　《关于研发费用税前加计扣除归集范围有关问题的公告》（国家税务总局公告2017年第40号）第七条第五项。

3　《财政部　税务总局　科技部关于企业委托境外研究开发费用税前加计扣除有关政策问题的通知》（财税〔2018〕64号）第一条。

模拟核算：某企业 2022 年委托境外单位进行研发活动，支付相关费用 200 万元，当年境内符合条件的研发费用为 300 万元，请问准予加计扣除的境外研发费用是多少？

解析：委托境外单位开展研发活动的相关支出为 300 万元，其中的 80%，也就是 240 万元可以计入委托境外研发费用。当年该企业境内符合条件的研发费用为 300 万元，该数额的 2/3，也就是 200 万元作为境外研发费用的扣除限额，因此该企业准许加计扣除的金额为 200 万元。

四、合作开展的研发活动

自身科研水平有限的企业，还可以选择与其他企业共同合作开发，各自承担一部分研发任务，合作各方实际承担的研发费用分别计算加计扣除。

企业集团有时会对技术要求高、投资数额大的项目集中进行研发，实际发生的研发费用可以按照权利与义务相一致、费用支出与收益分享相配比的原则，合理确定分摊方法，在受益的成员企业之间进行分摊，分别计算加计扣除。

企业集团应将集中研发项目的协议或合同、集中研发项目研发费决算表、集中研发项目费用分摊明细情况表和实际分享收益比例等资料提供给相关成员企业。协议或合同应明确参与各方在该研发项目中的权利和义务、费用分摊方法等内容。按照关联申报和同期资料管理的相关要求[1]，企业集团开发、应用无形资产及确定无形资产所有权归属的整体战略，包括主要研发机构所在地和研发管理活动发生地及其主要功能、风险、资产和人员情况等应当在主体文档中进行披露。

五、研发费用加计扣除的申报要求

在进行会计核算的同时，企业还需要按照研发项目设置辅助账，准确归集核算当年准予加计扣除的各项研发费用实际发生额。目前国家税务总局先后发布了两款辅助账样式，分别是 2015 版[2]与 2021 版，2021 版简并了辅助账样式，精简了辅助账信息，调整优化了操作口径。纳税人可以自由选择上述两个版式，也可以在符合相关要求的前提下自行设计辅助账样式[3]。

1　《关于完善关联申报和同期资料管理有关事项的公告》（国家税务总局 2016 年第 42 号）。
2　《关于企业研究开发费用税前加计扣除政策有关问题的公告》（国家税务总局 2015 年第 97 号）。
3　《关于进一步落实研发费用加计扣除政策有关问题的公告》（国家税务总局公告 2021 年第 28 号）第二条。

研发支出辅助账填写总流程图

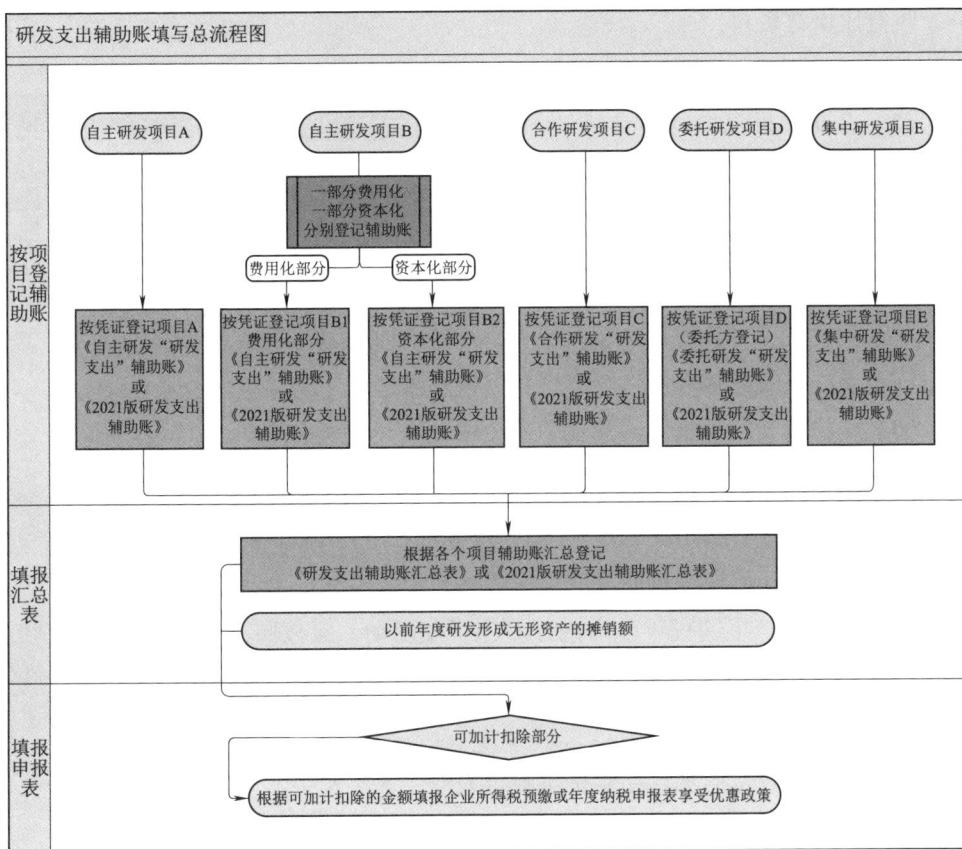

图 7-1 研发支出辅助账填写总流程图

除了认真填写辅助账外，企业还需要留存公司决议、研发合同、会计账簿、相关科技成果资料等资料，此外还需要留存以下资料：

（1）自主、委托、合作研究开发项目计划书和企业有权部门关于自主、委托、合作研究开发项目立项的决议文件；

（2）自主、委托、合作研究开发专门机构或项目组的编制情况和研发人员名单；

（3）经科技行政主管部门（一般指技术合同登记机构）登记的委托、合作研究开发项目的合同；

（4）从事研发活动的人员（包括外聘人员）和用于研发活动的仪器、设备、无形资产的费用分配说明（包括工作使用情况记录及费用分配计算证据材料）；

（5）集中研发项目研发费决算表、集中研发项目费用分摊明细情况表和实际分享收益比例等资料；

（6）"研发支出"辅助账及汇总表；

（7）企业如果已取得地市级（含）以上科技行政主管部门出具的鉴定意见，应作为资料留存备查[1]。

企业委托境外单位开展研发活动需要重点留存以下资料[2]，对资料的真实性、合法性承担法律责任：

（1）企业委托研发项目计划书和企业有权部门立项的决议文件；

（2）委托研究开发专门机构或项目组的编制情况和研发人员名单；

（3）经科技行政主管部门登记的委托境外研发合同；

（4）"研发支出"辅助账及汇总表；

（5）委托境外研发银行支付凭证和受托方开具的收款凭据；

（6）当年委托研发项目的进展情况等资料。

如果企业在一个纳税年度内进行多项研发活动，应按照不同研发项目分别归集、分别核算准予加计扣除的研发费用，准确、合理归集各项费用支出，对划分不清的，不得实行加计扣除[3]。

企业享受研发费用加计扣除优惠政策采取"真实发生、自行判别、申报享受、相关资料留存备查"的办理方式。

企业6月份（按月预缴）预缴当月、7月份预缴第二季度（按季预缴）企业所得税或9月份（按月预缴）预缴当月、10月份预缴第三季度（按季预缴）企业所得税时，可以自主选择是否就当年上半年或者前三季度研发费用享受加计扣除政策，也可以在年度终了进行年度汇算清缴时享受上述政策[4]。

企业所得税预缴根据享受加计扣除优惠的研发费用情况填写"研发费用加计扣除优惠明细表"（A107012），但这张表只填不报，与其他资料一起留存备查，等到年终汇算清缴时，需要填报附表A107010"免税、减计收入及加计扣除优惠明细表"与A107012"研发费用加计扣除优惠明细表"。

---

1 《关于发布修订后的〈企业所得税优惠政策事项办理办法〉的公告》（国家税务总局公告2018年第23号）。

2 《财政部 税务总局 科技部关于企业委托境外研究开发费用税前加计扣除有关政策问题的通知》（财税〔2018〕64号）第三条。

3 《财政部 国家税务总局 科技部关于完善研究开发费用税前加计扣除政策的通知》（财税〔2015〕119号）第三条。

4 《关于优化预缴申报享受研发费用加计扣除政策有关事项的公告》（国家税务总局 财政部公告2023年第11号）第一条、第二条。

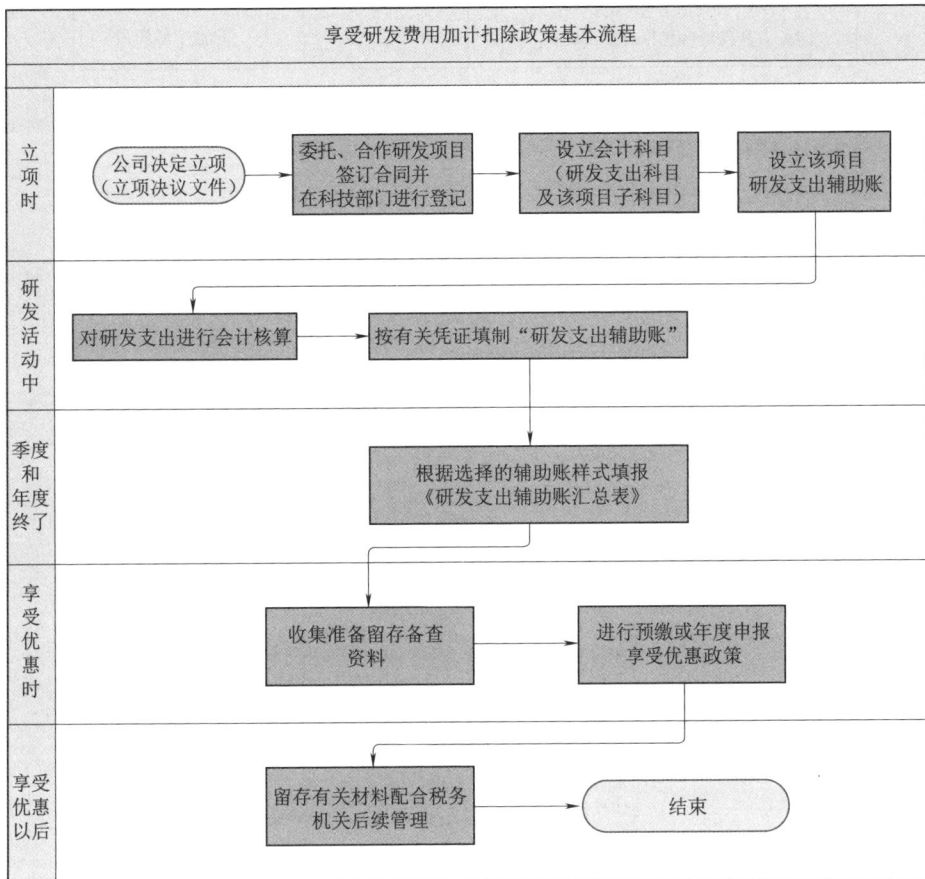

图 7-2 享受研发费用加计扣除政策基本流程

◉ 第三节 金融资产的涉税计量

在税法中，投资资产分为权益性投资资产与债权性投资资产，但按照新金融准则[1]的要求，金融资产却划分为以摊余成本计量的金融资产、以公允价值计量且其变动计入当期损益的金融资产、以公允价值计量且其变动计入其他综合收益的金融资产、以公允价值计量且其变动计入其他综合收益的非交易性权益工具投资四类。

---

1 《财政部关于印发修订〈企业会计准则第 22 号—金融工具确认和计量〉的通知》（财会〔2017〕7 号）。

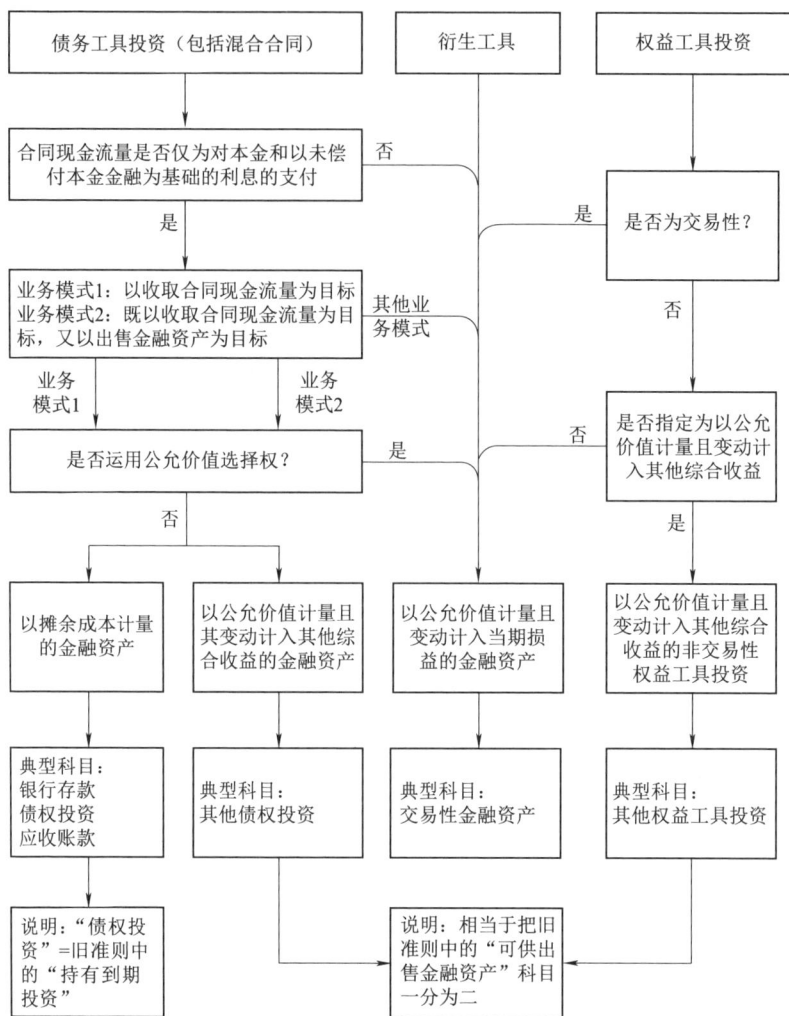

图 7-3　金融资产划分标准

一、以公允价值计量且其变动计入当期损益的金融资产的税务处理

以公允价值计量且其变动计入当期损益的金融资产其实就是旧金融准则中的交易性金融资产，这类资产通常会在一年之内要出售，因此交易性金融资产的公允价值变动损益需要计入当期损益，这样才会使得账面价值与公允价值更为接近，在实际处置时减少资产价值的波动。

在初始计量时，取得交易性金融资产的手续费等相关费用支出并不计入原值而是计入当期损益，但税务处理时却要将其计入原值，因此申报企业所得税时需要审核"交易性金融资产——成本""投资收益——交易性金融资产——手续费支出"等会计科目，根据交易性金融资产明细账借方数额检查相应记账凭证，确定是否存在交易费用，是否计入当期损益，确认之后需要进行纳税调增。

收到取得时已经宣告未领取的现金股利和债券利息，会计核算和税务处理全都作为前期垫资收回处理，均不作收入处理，两者并无差异。

关于投资收益，交易性金融资产中的股权投资资产，由于被投资单位决定利润分配和宣告现金股利分配通常不会跨年，因此一般也不会存在差异。交易性金融资产中的债权投资资产，需要区分分期付息和一次性付息两种情况。对于分期付息的债权投资，会计上每个会计期间都会确认投资收益，税务上也会按照合同约定的应付利息确认投资收益的实现，如果都在一个年度内也不会存在差异，如果存在跨年的情形，那么两者就会存在差异。对于一次性付息的债权投资，会计核算时按照权责发生制在资产负债表日确认投资收益，税务处理仍然会按照合同约定的应付利息确认投资收益的实现，二者通常会存在税会差异。

交易性金融资产的公允价值变动直接计入当期损益，但出于维护税基的需要，税法并不认可会计核算的公允价值计量，仍旧以历史成本（即企业取得该项资产时实际发生的支出）为计税基础，因此需要审核"交易性金融资产——公允价值变动""公允价值变动损益"等会计科目，确定当期计入投资收益的公允价值变动损益金额，如果是公允价值变动收益，需要进行纳税调减；如果是公允价值变动损失，需要进行纳税调增。

处置交易性金融资产之后，会计核算时，投资收益等于转让价款减去其账面价值（即上一个资产负债表日的公允价值）；税务处置时，投资资产的成本准予扣除，初始投资成本与该资产的账面价值并不一致，差额就是持有期公允价值变动损益，以及按照税法规定需要计入计税价值，但会计上却计入投资收益的手续费等相关支出。

模拟核算：增值税一般纳税人肯特公司通过上海证券交易所购买了A公司的股票20 000股，每股15元，总价款300 000元，按照规定支付了交易金额的0.6%的作为交易费用，共计1 800元。该股票并不准备长期持有。A公司在2019年4月1日宣告分配现金股利，1元/股，并于5月10日发放。当年12月31日，股票从每股15元下跌到了每股9元。

肯特公司在当年7月1日通过公开市场购进夏至公司发行的高收益债券300 000元，面值300 000元，票面利率高达18%，期限3年。债券每年7月1日支付上年度7月1日至当年6月30日的利息，从当年7月1日起开始计息。公司并不准备长期持有该债券，当年年底债券公允价值 330 000 元。

解析： 股票投资的会计处理及纳税调整情况。

1. 购买股票

借：交易性金融资产——A 公司股票　　　　　　　　　　　　300 000

　　　投资收益　　　　　　　　　　　　　　　　　　　　　　1 800

　　　贷：银行存款　　　　　　　　　　　　　　　　　　　301 800

交易费用直接冲减投资收益。

2. 宣告分配现金股利

借：应收股利　　　　　　　　　　　　　　　　　　　　　20 000

　　　贷：投资收益　　　　　　　　　　　　　　　　　　　20 000

3. 实际收到现金股利

借：银行存款　　　　　　　　　　　　　　　　　　　　　30 000

　　　贷：应收股利　　　　　　　　　　　　　　　　　　　30 000

4. 在资产负债表日以公允价值计量且其变动计入当期损益

借：公允价值变动损益　　　　　　　　　　　　　　　　　120 000

　　　贷：交易性金融资产——A 公司股票公允价值变动　　　120 000

5. 当年会计上确认的收益

初始计量计入投资损益 –1 800 元，持有期间的投资收益 20 000 元，本年度投资收益为 18 200 元，公允价值变动损益为 –120 000 元。

6. 纳税调整情况

根据税法要求，购入股票时的交易费用需要计入资产计税基础，不能影响当期损益，因此投资收益需要进行纳税调增。当年期末，会计上依据该资产的公允价值重新进行计价，但税法却依旧按照历史成本计价，对于"公允价值变动损益" –120 000 元也应当进行纳税调增。

债券投资的会计处理及纳税调整情况

1. 购入债券

借：交易性金融资产——成本　　　　　　　　　　　　　　300 000

　　　贷：银行存款　　　　　　　　　　　　　　　　　　　300 000

2. 年末计提利息

借：应收利息　　　　　　　　　　　　　　　　　　　　　27 000

　　　　贷：投资收益　　　　　　　　　　　　　　　　　　　　25 471.7

　　　　　　应交税费——待转销项税额　　　　　　　　　　　　1 528.3

　　　　　　　（债券利息收入需要按照贷款服务计征增值税）

3. 本年年底公允价值变动损益

公允价值变动损益 =330 000-（300 000+27 000）=3 000（元）。

借：交易性金融资产——公允价值变动　　　　　　　　　　　　3 000

　　　　贷：公允价值变动损益　　　　　　　　　　　　　　　3 000

4. 纳税调整情况

　　按照税法规定，利息收入应当按照合同约定付息时间确认，因此会计核算时在年末计提的利息收入不能计算为应税收入。资产的计税基础按照历史成本法计算，因此当年产生的公允价值变动损益 3 000 元需要进行纳税调减。

二、以公允价值计量且其变动计入其他综合收益的投资资产

　　以公允价值计量且其变动计入其他综合收益的金融资产即其他债权投资，以公允价值计量且其变动计入其他综合收益的非交易性权益工具即其他权益工具投资，这两个科目是从旧金融准则中的可供出售的金融资产分拆而来，不能归入其他类别的金融资产通常都会计入可供出售的金融资产。

　　其他债权投资以公允价值计量，除减值损失或利得和汇兑损益外，公允价值变动需要计入其他综合收益，直至该金融资产终止确认或被重新分类，但采用实际利率法计算的利息需要计入投资收益，但计入各期损益金额应当与视同其一直按摊余成本计量而计入各期损益的金额相等。该类金融资产终止确认时，之前计入其他综合收益的累计利得或损失，应当从其他综合收益中一次性转出，直接计入投资收益。

　　其他权益工具投资与其他债权投资在会计计量中主要有两大差异：第一个是其他债权投资的收益主要来自利息，其他权益工具投资主要来自股息红利；第二个是终止确认时终止确认或被重新分类，其他债权投资计入其他综合收益的累计利得或损失计入投资收益，影响当期损益，但其他权益工具投资却计入留存收益（即盈余公积、利润分配），并不影响当期损益，只会影响所有者权益。

　　模拟核算（其他债权投资）：2024 年 7 月 1 日，拉姆公司购买了 B 公司公开发行的债券 20 张，每张价款为 14.5 万元（含交易费用 200 元）。该债券面值为 15 万元，期限 3 年，票面利率 10%，每年支付 1 次利息，双方经过协商，利息产生

的相关税费由 B 公司替拉姆公司承担。该债券从 2024 年 7 月 1 日开始计息,每年 6 月 30 日支付上年 7 月 1 日至本年 6 月 30 日的利息。拉姆公司将该资产确定为以公允价值计量且其变动计入其他综合收益的金融资产。

2024 年 12 月 31 日,该债券每张市价为 18 万元。2025 年 7 月 1 日,拉姆公司以单价 19 万元的价格将该债券全部转让。

解析:

1. 购进 B 公司债券

借:其他债权投资——面值   3 000 000

  贷:银行存款   2 900 000(145 000×20)

    其他债权投资——利息调整   100 000

2. 2024 年 12 月 31 日拉姆公司计提利息

由于 B 公司债券为折价发行,实际利率与票面利率不一致,会计核算时应按票面利率计算应收利息,按实际利率计算投资收益。

利用 Excel 中的 IRR 函数,根据该资产的现金流计算出半年期实际利率为 5.53%,确认的投资收益 = 债券摊余价值 ×5.53%,本期债券摊余价值 = 上期债券摊余价值 - 现金流 + 确认的投资收益。

表7-8 债券摊余价值 （单位:万元）

期 数	时 间	现金流	确认的投资收益	债券摊余价值
0	2024 年 7 月 1 日	-290	0	290
1	2024 年 12 月 31 日	0	16.04	306.04
2	2025 年 6 月 30 日	30	16.93	292.97
3	2025 年 12 月 31 日	0	16.21	309.18
4	2026 年 6 月 30 日	30	17.11	296.29
5	2026 年 12 月 31 日	0	16.41	312.7
6	2027 年 6 月 30 日	330	17.3	0

2024 年 12 月 31 日计提利息时,计算得出投资收益。

会计准予计提的利息为:15×20×10%÷2=15(万元)。

获取该利息时应缴纳的增值税为:15÷(1+6%)×6%=0.85(万元)。

借:其他债权投资——应计利息   150 000

  其他债权投资——利息调整   18 900

贷：投资收益　　　　　　　　　160 400（上表测算的数据直接填列）

应交税费——待转销项税额　　　　　　　　　　　　　8 500

截至 2024 年 12 月 31 日公允价值变动情况。

该资产公允价值变动前的账面价值 =300（面值）-10（利息调整）+15（应计利息）+1.89（利息调整）=306.89（万元）。

公允价值变动 =360-306.89=53.11（万元），公允价值变动损益不计入当期损益而是计入其他综合收益。

借：其他债权投资——公允价值变动　　　　　　　　531 100

贷：其他综合收益——其他债权投资公允价值变动　　531 100

3. 拉姆公司转让 B 公司债券

转让金融商品应交增值税为：（380-290）÷（1+6%）×6%=5.09（万元）。

借：银行贷款　　　　　　　　　　　　　　　　　　3 800 000

应交税费——待转销项税额　　8 500（并未实际获取利息，需要转出）

其他债权投资——利息调整　　　81 100（100 000-18 900）

贷：其他债权投资——面值　　　　　　　　　　　3 000 000

其他债权投资——应计利息　　　　　　　　　　150 000

其他债权投资——公允价值变动　　　　　　　　531 100

投资收益　　　　　　　　　　　　　　　　　　157 600

应交税费——转让金融商品应交增值税　　　　　　50 900

同时需要将计入"其他综合收益"的公允价值变动转入投资收益。

借：其他综合收益——其他债权投资公允价值变动　　531 100

贷：投资收益　　　　　　　　　　　　　　　　　　531 100

4. 纳税调整情况

新金融准则实施之后，企业所得税申报表并没有进行相应修改，仍旧沿用旧准则的分类，因此其他债权投资与其他权益工具投资只能合并填入可供出售的金融资产之中。

2024 年 12 月 31 日，拉姆公司按照实际利率计提了利息并确认投资收益 16.04 万元，但实际上却并未受到相应款项，需要按照税法要求进行纳税调减。2024 年度企业所得税汇算清缴时需要填写"企业所得税年度纳税申报表（A 类）"附表 A105030"投资收益纳税调整明细表"，其中"持有收益"部分，会计上确认的相关投资收益 16.04 万元填入第 2 行"账载金额"，"税收金额"填写 0，自动生成"纳税调整金额"-16.04万元。

会计核算时，公允价值变动虽影响该资产的账面价值，却并没有计入当期损益而是计入了其他综合收益，对当期利润并没有实际影响，因此并不需要进行调整，但处置该资产后计入其他综合收益中的公允价值变动损益一次性转入投资收益，但税法却并不认可公允价值变动损益，也需要进行纳税调整。

2025年度企业所得税汇算清缴时需要填写附表A105030"投资收益纳税调整明细表"，其中"持有收益"相关内容，会计上确认的相关投资收益53.11万元计入账载金额，税收金额依旧写0，纳税调整为-53.11万元。

除此之外，还需要填写该表中的"处置收益"相关内容。

会计确认的处置收入=380-（5.09-0.85）=375.76（万元）。

由于0.85万元增值税为计提利息时的待转销项税额，由于在实际获得该利息收入之前就已经将该资产转让，自然也就不用实际缴纳这笔增值税，因此税法认可的处置收入=380-5.09=374.91（万元）。

会计确认的该资产账面价值=300（面值）-8.11（利息调整）+15（应计利息）+53.11（公允价值变动）=360（万元）。

税法认可的该资产计税基础为购置时实际支付金额290万元。

会计确认的处置损益=375.76-360=15.76（万元）。

税法认可的处置损益=374.91-290=84.91（万元）。

纳税调整金额=84.91-15.76=69.15（万元）。

表7-9 投资收益纳税调整明细表

A105030

投资收益纳税调整明细表

行次	项目	持有收益			处置收益							纳税调整金额
		账载金额	税收金额	纳税调整金额	会计确认的处置收入	税收计算的处置收入	处置投资的账面价值	处置投资的计税基础	会计确认的处置所得或损失	税收计算的处置所得	纳税调整金额	
		1	2	3（2-1）	4	5	6	7	8（4-6）	9（5-7）	10（9-8）	11（3+10）
1	一、交易性金融资产											
2	二、可供出售金融资产	531 100	0	-531 109	3 757 600	3 749 100	3 600 000	2 900 000	157 600	849 100	691 500	160 400

需要特别注意的是 2024 年度与 2025 年度的纳税调整金额完全相等，只是前一年是纳税调减 16.04 万元，后一年是纳税调增 16.04 万元，两者相抵之后为 0，属于暂时性差异。

如果其他债权投资在处置时发生亏损就不能填写上表，需要填列附表 A105090 "资产损失税前扣除及纳税调整明细表" 第 23 行非金融企业债券性投资损失。

模拟核算（其他权益工具投资）：2024 年 3 月 1 日，增值税一般纳税人山姆公司购买了 C 公司股票 200 万股，占乙公司有表决权股份的 0.12%，每股 21 元，总价款 4 200 万元，并按规定支付交易费用 11 万元。山姆公司将该资产确定为以公允价值计量且其变动计入其他综合收益的金融资产。

2024 年 5 月 1 日，C 公司宣告发放现金股利每股 1 元。10 天后，山姆公司收到该公司发放的现金股利 200 万元。2024 年 12 月 31 日，该股票市价为每股 15 元。2025 年 3 月 7 日，该股票大幅上涨，山姆公司以每股 23 元的价格将股票全部转让。

解析：

1. 购进 C 公司股票

借：其他权益工具投资——成本　　　　　　　　　　　　42 110 000

　　贷：银行存款　　　　　　　　　　　　　　　　　　42 110 000

相关交易费用计入该项金融资产的成本并不直接计入投资收益，这也是在会计核算上与交易性金融资产的一个重要差异。

2. C 公司宣告发放现金股利

借：应收股利　　　　　　　　　　　　　　　　　　　2 000 000

　　贷：投资收益　　　　　　　　　　　　　　　　　　2 000 000

股票投资股利收入属于非保本收入，不征收增值税[1]。

3. 收到 C 公司发放的现金股利

借：银行贷款　　　　　　　　　　　　　　　　　　　2 000 000

　　贷：应收股利　　　　　　　　　　　　　　　　　　2 000 000

1　《财政部　国家税务总局关于明确金融　房地产开发　教育辅助服务等增值税政策的通知》（财税〔2016〕140 号）第一条。

4. 2024 年 12 月 31 日该资产的公允价值发生变动

4 211−200×15=1 211（万元）。

借：其他综合收益——其他权益工具投资公允价值变动   12 110 000

    贷：其他权益工具投资——公允价值变动   12 110 000

5. 山姆公司将 C 公司股票全部转让

股票转让属于转让金融商品，应交增值税为：（200×23−4 211）÷（1+6%）× 6%=22.02（万元）。

借：银行贷款   46 000 000

    其他权益工具投资——公允价值变动   12 110 000

    贷：其他权益工具投资——成本   42 110 000

        投资收益   15 779 800

        应交税费——转让金融商品应交增值税   220 200

之前计入其他综合收益的公允价值变动损益并不计入投资收益而是直接计入留存收益，盈余公积是企业从历年净利润中提取出来的，留存于企业具有各种特定用途的各种积累资金，按照《中华人民共和国公司法》的相关要求，每年从税后利润中提取 10% 的法定盈余公积，累计金额超过注册资本金的 50%，可以不再提取。

借：盈余公积——法定盈余公积   121 100

    利润分配——未分配利润   11 988 900

    贷：其他综合收益——其他权益工具投资公允价值变动   12 110 000

6. 纳税调整情况

其他权益工具投资在 2024 年持有期间的股利收入 200 万元，会计处理与税法要求一致，并不存在差异。年末计提的公允价值变动损益 1 211 万元并没有计入当期损益，也不需要进行调整。

处置其他权益工具投资进行处置时，会计核算与税务处理认定的收入一致，均为：4 600−22.02=4 577.98（万元）。

会计核算的该金融资产的账面价值为：4 211−1 211=3 000（万元）。但税收处理认定的计税基础仍旧是历史成本，也就是 4 211 万元，这也就导致了投资收益认定的差异。

会计核算确认的投资收益：4 577.98−3 000=1 577.98（万元）。

税务处理确认的投资收益：4 577.98−4 211=366.98（万元）。

企业所得税预缴或者清缴时应当进行纳税调减 1 211 万元。

三、以摊余成本计量的金融资产

以摊余成本计量的金融资产主要包括银行存款、其他货币资金、应收票据、应收账款、应收利息、其他应收款、坏账准备、债权投资、债权投资减值准备等九个会计科目，其中的债权投资就是旧金融准则中的持有至到期投资。

摊余成本（amortized cost）是指用实际利率（指同期市场利率）作为计算利息的基础，用投资成本减去利息后的金额。金融资产的摊余成本，是指该金融资产的初始确认金额经过调整后的结果，其实就是投资者要收回的"本金"。

以摊余成本计量的金融资产在税务上主要对应的是货币资产与债权性投资。收到取得时已经宣告未领取的债券利息，会计核算与税务处置均不进行收入处理。债权投资需要区分分期付息和一次性付息两种情况，差异情况与交易性金融资产一样。会计核算与税务处置对投资收益的计算方式也不一样，会计核算按照实际利率法计算，相对比较复杂；税务处置按面值乘以票面利率计算，不过这只属于暂时性差异，最终金额并不会存在差异。

未到期前转让时，会计核算的损益等于转让价款减去其账面价值（即上一个资产负债表日的公允价值），前期累积的债权投资减值准备或坏账准备需要转入投资收益。税务上处置的损益等于转让价款减去计税基础即历史成本，如果没有发生过资产减值，两者之间通常并不会存在差异。

模拟核算：2024 年 7 月 1 日，增值税一般纳税人美西公司购买了 D 公司公开发行的 1 张单价为 48 万元（含交易费用 1 000 元）的债券，该债券面值 50 万元，期限为 2 年，票面利率 6%，每年支付 1 次计息，从 2024 年 7 月 1 日开始计息，每年 6 月 30 支付上年 7 月 1 日至本年 6 月 30 日的利息。购入时美西公司因资金比较充裕准备持有至到期，后因现金流出现了问题，于 2025 年 7 月 1 日以 52 万元的单价将其转让。

解析：

1. 购进债券

借：债权投资——面值 500 000

　　贷：银行存款 480 000

　　　债权投资——利息调整 20 000

2. 持有期间投资收益及利息调整的计算

债权投资核算投资收益时需要按照实际利率法计算，用 Excel 中的 IRR 函数计算出实际利率为 3.87%。每年收取的 3 万元利息需要按照贷款服务缴纳增值税，不过需要先换算成不含税收入，30 000÷（1+6%）=28 301.89（元）。票面利息 = 面值 × 票面利率。利息调整 = 票面利息 - 投资收益（不含税）- 应计增值税。

表7-10　债券投资按照实际利率测算情况　　　　　（单位：万元）

时　　间	现金流	确认的投资收益	债券摊余价值	票面利息（含税）	利息调整	增值税	
						应计	应交
2024 年 7 月 1 日	-48	0	48	—	—	—	—
2024 年 12 月 31 日	0	1.86	49.86	1.5	-0.445	0.085	0
2025 年 6 月 30 日	2.83	1.93	48.96	1.5	-0.515	0.085	0.17
2025 年 12 月 31 日	0	1.9	50.86	1.5	-0.485	0.085	0
2026 年 6 月 30 日	52.83	1.97	0	1.5	-0.555	0.085	0.17

3. 2024 年 12 月 31 日计提利息

借：应收利息　　　　　　　　　　　　　　　　　　　　　15 000

　　债权投资——利息调整　　　　　　　　　　　　　4 449.06（倒挤计算）

　　贷：投资收益　　　　　　　　　　　　　　18 600（上表计算得出）

　　　　应交税费——待转销项税额　　　　849.06（28 301.89×6%÷2）

4. 2025 年 6 月 30 日实际收到利息

借：银行存款　　　　　　　　　　　　　　　　　　　　　30 000

　　应交税费——待转销项税额　　　　　　　　　　　　　　849.06

　　债权投资——利息调整　　　　　　　　　　　　　　　5 149.06

　　贷：投资收益　　　　　　　　　　　　　19 300（上表计算得出）

　　　　应收利息　　　　　　　　　　　　　　　　　　　15 000

　　　　应交税费——应交增值税（销项税额）　1 698.12（28 301.89×6%）

5. 2025 年 7 月 1 日转让债券

转让金融商品应交增值税为：（520 000-480 000）÷（1+6%）×6%=2 264.15（元）

借：银行贷款　　　　　　　　　　　　　　　　　　　　　520 000

　　应交税费——待转销项税额　　　　　　　　　　　　　　849.06

　　　　债权投资——利息调整　　　　　　10 401.88（20 000-4 449.06-5 149.06）

　　　贷：债权投资——面值　　　　　　　　　　　　　　500 000

　　　　　投资收益　　　　　　　　　　　　　　28 986.79（倒挤计算）

　　　　　应交税费——转让金融商品应交增值税　　　　2 264.15

"债权投资——利息调整"剩余金额一次性摊销。注意此处的投资收益并非按照上表计算出来的而是通过减除面值、应收利息与应交税费后倒挤出来的。

6. 假如 2026 年 6 月 30 日持有至到期

2025 年 12 月 31 日计提应收利息时涉及应当计入"债权投资—利息调整"这个科目的金额为：19 000（投资收益，上表计算得出）+849.06（待转销项税额）-15 000（应收利息）=4 849.06（元）。

"债权投资——利息调整"贷方科目余额为：20 000-4 449.06-5 149.06-4 849.06=5 552.82（元）。

2025 年 6 月 30 日收到本金及最后一期利息，在增值税方面仍然只需要计算保本的利息收入的增值税即可。虽然到期后收回的本金大于最初购买的价款，但是债券持有到期不属于金融商品转让，故本金与折价部分的差价不计算增值税。如果是到期前转让，转让价格大于当初购入的差价，需要按规定缴纳增值税[1]。

　　借：银行存款　　　　　　　　　　　530 000（本金＋第二年利息）

　　　　应交税费——待转销项税额　　　　　　　　　　849.06

　　　　债权投资——利息调整　　　　　　　　　　　5 552.82

　　　贷：债权投资——面值　　　　　　　　　　　　　500 000

　　　　　投资收益　　　　　　　　　　　19 703.76（倒挤计算）

　　　　　应交税费——应交增值税（销项税额）　　　　1 698.12

　　　　　应收利息　　　　　　　　　　　　　　　　15 000

7. 纳税调整

其他债权投资持有期间，确认利息收入的时候，税务处理通常按照合同约定的时间确认投资收益，采用的是收付实现制，但会计核算却按照权责发生制，分期计提利息收入，对此需要进行纳税调整。会计计量时按照实际利率法计算利息收入，包含债券折价或溢价在持有期间的分摊；税务处理时按照票面利息法计算利息收入，不包含折价或溢价的分摊，等到转让或者持有至到期时再对其进行处

---

1 《财政部 国家税务总局关于明确金融房地产开发教育辅助服务等增值税政策的通知》（财税〔2016〕140 号）第二条。

置，折价部分计入投资收益，填列附表 A105030 "投资收益纳税调整明细表"；溢价部分视为资产损失，填列附表 A105090 "资产损失税前扣除及纳税调整明细表"，下面就说一下资产损失的有关涉税要求。

● 第四节　资产损失的涉税处理

准予在企业所得税税前列支的资产损失是企业在生产经营活动中实际发生的、与取得应税收入有关的资产损失，具体包括现金、银行存款、应收及预付款项（包括应收票据、各类垫款、企业之间往来款项）等货币性资产，存货、固定资产、无形资产、在建工程、生产性生物资产等非货币性资产，以及债权性投资和股权（权益）性投资。

一、资产损失的确认条件

资产损失分为实际资产损失与法定资产损失两种，实际资产损失指在实际处置、转让资产过程中发生的合理损失，法定资产损失指虽未实际处置、转让上述资产，但符合法定条件准予计算确认的损失，比如无法收回的应收账款。

表7-11　资产损失确认表[1]

损失类别	金额确认	条件确认
现金损失	账面金额减除责任人赔偿后的余额	企业清查
存款损失	确实不能收回的存款金额	存入法定具有吸收存款职能的机构，因该机构依法破产、清算，或者政府责令停业、关闭
应收、预付账款损失	确实不能收回的账款金额	1. 债务人依法宣告破产、关闭、解散、被撤销，或者被依法注销、吊销营业执照，其清算财产不足清偿的 2. 债务人死亡，或者依法被宣告失踪、死亡，其财产或者遗产不足清偿的 3. 债务人逾期 3 年以上未清偿，且有确凿证据证明已无力清偿债务的 4. 与债务人达成债务重组协议或法院批准破产重整计划后，无法追偿的 5. 因自然灾害、战争等不可抗力导致无法收回的 6. 国务院财政、税务主管部门规定的其他条件

---

1 《财政部　国家税务总局关于企业资产损失税前扣除政策的通知》（财税〔2009〕57 号）。

续表

损失类别	金额确认	条件确认
贷款类债权损失	依据投资的原始凭证、合同或协议、会计核算资料等相关证据材料确认损失金额	1. 借款人和担保人依法宣告破产、关闭、解散、被撤销，并终止法人资格，或者已完全停止经营活动，被依法注销、吊销营业执照，对借款人和担保人进行追偿后，未能收回的债权 2. 借款人死亡，或者依法被宣告失踪、死亡，依法对其财产或者遗产进行清偿，并对担保人进行追偿后，未能收回的债权 3. 借款人遭受重大自然灾害或者意外事故，损失巨大且不能获得保险补偿，或者以保险赔偿后，确实无力偿还部分或者全部债务，对借款人财产进行清偿和对担保人进行追偿后，未能收回的债权 4. 借款人触犯刑律，依法受到制裁，其财产不足归还所借债务，又无其他债务承担者，经追偿后确实无法收回的债权 5. 由于借款人和担保人不能偿还到期债务，企业诉诸法律，经法院对借款人和担保人强制执行，借款人和担保人均无财产可执行，法院裁定执行程序终结或终止（中止）后，仍无法收回的债权 6. 由于借款人和担保人不能偿还到期债务，企业诉诸法律后，经法院调解或经债权人会议通过，与借款人和担保人达成和解协议或重整协议，在借款人和担保人履行完还款义务后，无法追偿的剩余债权 7. 由于前六项原因借款人不能偿还到期债务，企业依法取得抵债资产，抵债金额小于贷款本息的差额，经追偿后仍无法收回的债权 8. 开立信用证、办理承兑汇票、开具保函等发生垫款时，凡开证申请人和保证人由于前七项原因，无法偿还垫款，金融企业经追偿后仍无法收回的垫款 9. 银行卡持卡人和担保人由于前七项原因，未能还清透支款项，金融企业经追偿后仍无法收回的透支款项 10. 助学贷款逾期后，在金融企业确定的有效追索期限内，依法处置助学贷款抵押物（质押物），并向担保人追索连带责任后，仍无法收回的贷款 11. 经国务院专案批准核销的贷款类债权 12. 国务院财政、税务主管部门规定的其他条件
股权投资损失	按照股权投资计税基础证明等材料确认	1. 被投资方依法宣告破产、关闭、解散、被撤销，或者被依法注销、吊销营业执照的 2. 被投资方财务状况严重恶化，累计发生巨额亏损，已连续停止经营 3 年以上，且无重新恢复经营改组计划的 3. 对被投资方不具有控制权，投资期限届满或者投资期限已超过 10 年，且被投资方因连续 3 年经营亏损导致资不抵债的 4. 被投资方财务状况严重恶化，累计发生巨额亏损，已完成清算或清算期超过 3 年以上的 5. 国务院财政、税务主管部门规定的其他条件
盘亏的固定资产或存货损失	固定资产的账面净值或存货的成本减除责任人赔偿后的余额	盘点后发现损失

续表

损失类别	金额确认	条件确认
毁损、报废的固定资产或存货损失	固定资产的账面净值或存货的成本减除残值、保险赔款和责任人赔偿后的余额	毁损、报废后发现
被盗的固定资产或存货损失	固定资产的账面净值或存货的成本减除保险赔款和责任人赔偿后的余额	被盗后发现
在建工程停建、报废损失	工程项目投资账面价值扣除残值后的余额	在建工程停建、报废
无形资产损失	尚未摊销的无形资产损失	无形资产被其他新技术所代替或已经超过法律保护期限，已经丧失使用价值和转让价值

企业因存货盘亏、毁损、报废、被盗等原因不得从增值税销项税额中抵扣的进项税额，可以与存货损失一起在计算应纳税所得额时扣除。

实际资产损失准予追补至该项损失发生年度扣除，其追补确认期限一般不得超过五年，但因计划经济体制转轨过程中遗留的资产损失、企业重组上市过程中因权属不清出现争议而未能及时扣除的资产损失、因承担国家政策性任务而形成的资产损失以及政策定性不明确而形成资产损失等特殊原因形成的资产损失，其追补确认期限经国家税务总局批准后可适当延长。

企业因以前年度实际资产损失未在税前扣除而多缴的企业所得税税款，可在追补确认年度企业所得税应纳税款中予以抵扣，不足抵扣的，向以后年度递延抵扣。

企业实际资产损失发生年度扣除追补确认的损失后出现亏损的，应先调整资产损失发生年度的亏损额，再按弥补亏损的原则计算以后年度多缴的企业所得税税款[1]。

二、资产损失的证据要求

企业在税前列支资产损失需要留存相关证据，包括具有法律效力的外部证据和特定事项的企业内部证据。

---

1 《国家税务总局关于发布〈企业资产损失所得税税前扣除管理办法〉》（国家税务总局公告 2011 年第 25 号）第六条。

表7-12　资产损失的通用外部证据与内部证据[1]

外部证据特征	外部证据范围	内部证据特征	内部证据范围
司法机关、行政机关、专业技术鉴定部门等依法出具的与本企业资产损失相关的具有法律效力的书面文件	1. 司法机关的判决或者裁定 2. 公安机关的立案结案证明、回复 3. 工商部门出具的注销、吊销及停业证明 4. 企业的破产清算公告或清偿文件 5. 行政机关的公文 6. 专业技术部门的鉴定报告 7. 具有法定资质的中介机构的经济鉴定证明 8. 仲裁机构的仲裁文书 9. 保险公司对投保资产出具的出险调查单、理赔计算单等保险单据 10. 符合法律规定的其他证据	会计核算制度健全、内部控制制度完善的企业,对各项资产发生毁损、报废、盘亏、死亡、变质等内部证明或承担责任的声明	1. 有关会计核算资料和原始凭证 2. 资产盘点表 3. 相关经济行为的业务合同 4. 企业内部技术鉴定部门的鉴定文件或资料 5. 企业内部核批文件及有关情况说明 6. 对责任人由于经营管理责任造成损失的责任认定及赔偿情况说明 7. 法定代表人、企业负责人和企业财务负责人对特定事项真实性承担法律责任的声明

表7-13　不同资产损失后的证据要求[2]

类　　别	证据要求
现金损失	1. 现金保管人确认的现金盘点表(包括倒推至基准日的记录) 2. 现金保管人对于短缺的说明及相关核准文件 3. 对责任人由于管理责任造成损失的责任认定及赔偿情况的说明 4. 涉及刑事犯罪的,应由司法机关出具的相关材料 5. 金融机构出具的假币收缴证明
存款类资产损失	1. 企业存款类资产的原始凭据 2. 金融机构破产、清算的法律文件 3. 金融机构清算后剩余资产分配情况资料 金融机构应清算而未清算超过三年的,企业可将该款项确认为资产损失,但应有法院或破产清算管理人出具的未完成清算证明
应收及预付款项坏账损失	1. 相关事项合同、协议或说明 2. 属于债务人破产清算的,应有人民法院的破产、清算公告 3. 属于诉讼案件的,应出具人民法院的判决书或裁决书或仲裁机构的仲裁书,或者被法院裁定终(中)止执行的法律文件 4. 属于债务人停止营业的,应有工商部门注销、吊销营业执照证明 5. 属于债务人死亡、失踪的,应有公安机关等有关部门对债务人个人的死亡、失踪证明

1　《国家税务总局关于发布〈企业资产损失所得税税前扣除管理办法〉》(国家税务总局公告 2011 年第 25 号)第十七条、第十八条。

2　《国家税务总局关于发布〈企业资产损失所得税税前扣除管理办法〉》(国家税务总局公告 2011 年第 25 号)第五章。

类　别	证据要求
应收及预付款项坏账损失	6. 属于债务重组的，应有债务重组协议及其债务人重组收益纳税情况说明 7. 属于自然灾害、战争等不可抗力而无法收回的，应有债务人受灾情况说明以及放弃债权申明 企业逾期三年以上的应收款项在会计上已作为损失处理的，可以作为坏账损失，但应说明情况，并出具专项报告。企业逾期一年以上，单笔数额不超过五万或者不超过企业年度收入总额万分之一的应收款项，会计上已经作为损失处理的，可以作为坏账损失，但应说明情况，并出具专项报告
存货盘亏损失	1. 存货计税成本确定依据 2. 企业内部有关责任认定、责任人赔偿说明和内部核批文件 3. 存货盘点表 4. 存货保管人对于盘亏的情况说明
存货报废、毁损或变质损失	1. 存货计税成本的确定依据 2. 企业内部关于存货报废、毁损、变质、残值情况说明及核销资料 3. 涉及责任人赔偿的，应当有赔偿情况说明 4. 该项损失数额较大的（指占企业该类资产计税成本 10% 以上，或减少当年应纳税所得、增加亏损 10% 以上），应有专业技术鉴定意见或法定资质中介机构出具的专项报告等
存货被盗损失	1. 存货计税成本的确定依据 2. 向公安机关的报案记录 3. 涉及责任人和保险公司赔偿的，应有赔偿情况说明等
固定资产盘亏、丢失损失	1. 企业内部有关责任认定和核销资料 2. 固定资产盘点表 3. 固定资产的计税基础相关资料 4. 固定资产盘亏、丢失情况说明 5. 损失金额较大的，应有专业技术鉴定报告或法定资质中介机构出具的专项报告等
固定资产报废、毁损损失	1. 固定资产的计税基础相关资料 2. 企业内部有关责任认定和核销资料 3. 企业内部有关部门出具的鉴定材料 4. 涉及责任赔偿的，应当有赔偿情况的说明 5. 损失金额较大的或自然灾害等不可抗力原因造成固定资产毁损、报废的，应有专业技术鉴定意见或法定资质中介机构出具的专项报告等
固定资产被盗损失	1. 固定资产计税基础相关资料 2. 公安机关的报案记录，公安机关立案、破案和结案的证明材料 3. 涉及责任赔偿的，应有赔偿责任的认定及赔偿情况的说明等
在建工程停建、报废损失	1. 工程项目投资账面价值确定依据 2. 工程项目停建原因说明及相关材料 3. 因质量原因停建、报废的工程项目和因自然灾害和意外事故停建、报废的工程项目，应出具专业技术鉴定意见和责任认定、赔偿情况的说明等
抵押资产损失	1. 抵押合同或协议书 2. 拍卖或变卖证明、清单 3. 会计核算资料等其他相关证据材料

续表

类　别	证据要求
无形资产损失	1. 会计核算资料 2. 企业内部核批文件及有关情况说明 3. 技术鉴定意见和企业法定代表人、主要负责人和财务负责人签章证实无形资产已无使用价值或转让价值的书面申明 4. 无形资产的法律保护期限文件
债权性投资损失	1. 债务人或担保人依法被宣告破产、关闭、被解散或撤销、被吊销营业执照、失踪或者死亡等，应出具资产清偿证明或者遗产清偿证明。无法出具资产清偿证明或者遗产清偿证明，且上述事项超过三年以上的，或债权投资（包括信用卡透支和助学贷款）余额在三百万元以下的，应出具对应的债务人和担保人破产、关闭、解散证明、撤销文件、工商行政管理部门注销证明或查询证明以及追索记录等（包括司法追索、电话追索、信件追索和上门追索等原始记录） 2. 债务人遭受重大自然灾害或意外事故，企业对其资产进行清偿和对担保人进行追偿后，未能收回的债权，应出具债务人遭受重大自然灾害或意外事故证明、保险赔偿证明、资产清偿证明等 3. 债务人因承担法律责任，其资产不足归还所借债务，又无其他债务承担者的，应出具法院裁定证明和资产清偿证明 4. 债务人和担保人不能偿还到期债务，企业提出诉讼或仲裁的，经人民法院对债务人和担保人强制执行，债务人和担保人均无资产可执行，人民法院裁定终结或终止（中止）执行的，应出具人民法院裁定文书 5. 债务人和担保人不能偿还到期债务，企业提出诉讼后被驳回起诉的、人民法院不予受理或不予支持的，或经仲裁机构裁决免除（或部分免除）债务人责任，经追偿后无法收回的债权，应提交法院驳回起诉的证明，或法院不予受理或不予支持证明，或仲裁机构裁决免除债务人责任的文书 6. 经国务院专案批准核销的债权，应提供国务院批准文件或经国务院同意后由国务院有关部门批准的文件
股权性投资损失	1. 股权投资计税基础证明材料 2. 被投资企业破产公告、破产清偿文件 3. 市场监督管理部门注销、吊销被投资单位营业执照文件 4. 政府有关部门对被投资单位的行政处理决定文件 5. 被投资企业终止经营、停止交易的法律或其他证明文件 6. 被投资企业资产处置方案、成交及入账材料 7. 企业法定代表人、主要负责人和财务负责人签章证实有关投资（权益）性损失的书面申明 8. 会计核算资料等其他相关证据材料 被投资企业依法宣告破产、关闭、解散或撤销、吊销营业执照、停止生产经营活动、失踪等，应出具资产清偿证明或者遗产清偿证明。上述事项超过三年以上且未能完成清算的，应出具被投资企业破产、关闭、解散或撤销、吊销等的证明以及不能清算的原因说明
其他资产损失	企业将不同类别的资产捆绑（打包），以拍卖、询价、竞争性谈判、招标等市场方式出售，其出售价格低于计税成本的差额，可以作为资产损失并准予在税前申报扣除，但应出具资产处置方案、各类资产作价依据、出售过程的情况说明、出售合同或协议、成交及入账证明、资产计税基础等确定依据

续表

类　　别	证据要求
其他资产损失	企业正常经营业务因内部控制制度不健全而出现操作不当、不规范或因业务创新但政策不明确、不配套等原因形成的资产损失，应由企业承担的金额，可以作为资产损失并准予在税前申报扣除，但应出具损失原因证明材料或业务监管部门定性证明、损失专项说明 企业因刑事案件原因形成的损失，应由企业承担的金额，或经公安机关立案侦查两年以上仍未追回的金额，可以作为资产损失并准予在税前申报扣除，但应出具公安机关、人民检察院的立案侦查情况或人民法院的判决书等损失原因证明材料

三、资产损失的申报要求

企业发生的资产损失，应按规定的程序和要求向主管税务机关申报后方能在税前扣除。未经申报的损失，不得在税前扣除，资产损失申报分为清单申报和专项申报，下列资产损失应以清单申报的方式向税务机关申报扣除：

（1）企业在正常经营管理活动中，按照公允价格销售、转让、变卖非货币资产的损失；

（2）企业各项存货发生的正常损耗；

（3）企业固定资产达到或超过使用年限而正常报废清理的损失；

（4）企业生产性生物资产达到或超过使用年限而正常死亡发生的资产损失；

（5）企业按照市场公平交易原则，通过各种交易场所、市场等买卖债券、股票、期货、基金以及金融衍生产品等发生的损失。

除此之外的其他资产损失应采用专项申报，企业无法准确判别是否属于清单申报扣除的资产损失，可以采取专项申报的形式申报扣除[1]。

不过从 2017 年度开始，企业向税务机关申报扣除资产损失，仅需填报附表A105090"资产损失税前扣除及纳税调整明细表"，不再报送资产损失相关资料，相关资料由企业留存备查[2]。

其实放有放的好处，管有管的优点，政策变化之后，对纳税人财务资料的保管要求更高了，特别是财务人员进行工作交接时，备查资料的移交尤为重要，一旦散失就有可能再也无法重新获取，后续税务检查时有可能会被判定为违规扣除。

对于一些的确难以收集齐全或者说难以收集到足够清晰证明事实的资料，企业有必要找有信誉的中介机构进行鉴定，有效地防范与化解涉税风险。

---

1 《国家税务总局关于发布〈企业资产损失所得税税前扣除管理办法〉》(国家税务总局公告 2011 年第 25 号)第九条、第十条。

2 《关于企业所得税资产损失资料留存备查有关事项的公告》(国家税务总局公告 2018 年第 15 号)。

第八章　用工的涉税风险

经济学将为了创造物质财富而投到生产活动中的一切要素通称为资源，包括人力资源、物力资源、财力资源、信息资源、时间资源等，人力资源是其中最宝贵的资源。随着用工理念的变革，人力资源管理方式正发生着重大变化，也衍生出不同的用工模式，适用不同的法律关系。

为了便于理解，下面举一个例子，比如甲公司有设计需求，却并没有相关技术人员，可以选择招聘一名设计师，那么两者之间形成劳动关系，受《中华人民共和国劳动合同法》的保护，公司需要向其支付工资薪金并缴纳社会保险。

如果甲公司的设计业务并不是很多，等有了设计任务可以交给在其他单位任职或者灵活就业的设计师，那么两者之间就不再是劳动关系而是劳务关系，受《中华人民共和国民法典合同编》的保护。公司需要根据其工作量支付劳务报酬，但不需要给他缴纳社会保险，他也无法享受公司的相关福利待遇。

如果只是临时存在设计业务需求，甲公司还可以招募临时工，如果双方存在雇佣关系，需要按照工资薪金所得申报纳税；如果不存在雇佣关系，需要按照劳务报酬所得申报纳税。

除此之外，公司还可以招募实习生，利用课余时间在公司实习，通常双方并不存在劳动关系，公司只需要支付一定的劳务报酬，不需要为其缴纳社会保险[1]。

甲公司还可以选择与劳务派遣公司签订协议，要求其派遣设计师到本公司工作，他的工资与社会保险均由劳务派遣公司缴纳，劳务派遣公司属于间接用工单位，履行《中华人民共和国劳动合同法》中对用人单位的相关义务，这样可以省去甲公司的很多麻烦。

---

1 《劳动部关于贯彻执行〈中华人民共和国劳动法〉若干问题的意见》（劳部发〔1995〕309号）第12条。

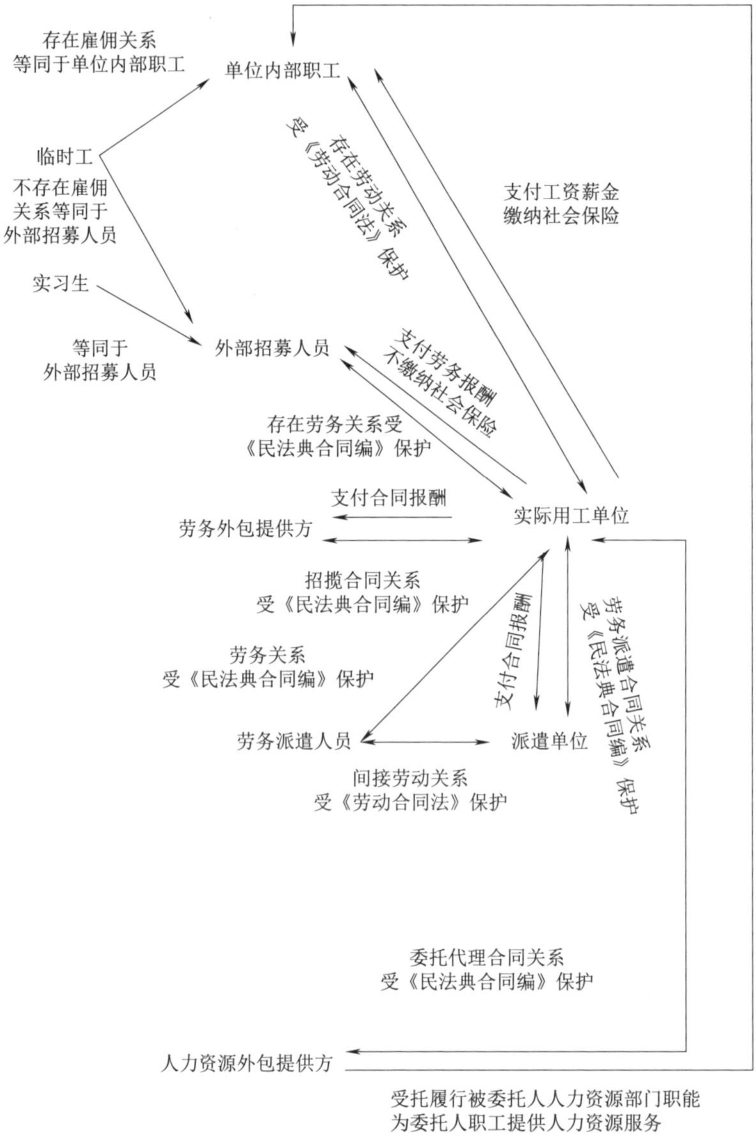

图 8-1　不同用工模式的法律关系

如果甲公司嫌麻烦，还可以将设计业务外包给专门的设计公司，甲公司只对最终的工作标准、完成时限等提出具体要求，有时也会对人数提出要求，却不能越过劳务外包公司直接对其员工进行指挥。完成任务后，劳务外包公司有权获得合同约定的酬劳。

人力资源管理是一项专业而又重要的工作，包括人力资源规划、股权激励、制度设计与创新、流程整合、员工满意度提升、薪资调查与方案设计、培训工作、劳动仲裁、员工关系、企业文化设计等诸多方面，因此越来越多的企业将人力资源管理的部分职能，甚至全部职能外包给专业的人力资源外包企业。其实人力资源外包可以视作一种特殊形式的劳务外包，外包的是本单位人力资源部门的职能。

随着用工形式越来越丰富，彼此之间法律关系也变得越来越复杂，相关涉税问题日益凸显出来。随着"金税四期"的上线，税务机关对个人所得税的管控能力有了极大提升，可以从其他税种、其他部门、其他途径获取到大量信息，联动监控体系也日趋完善。

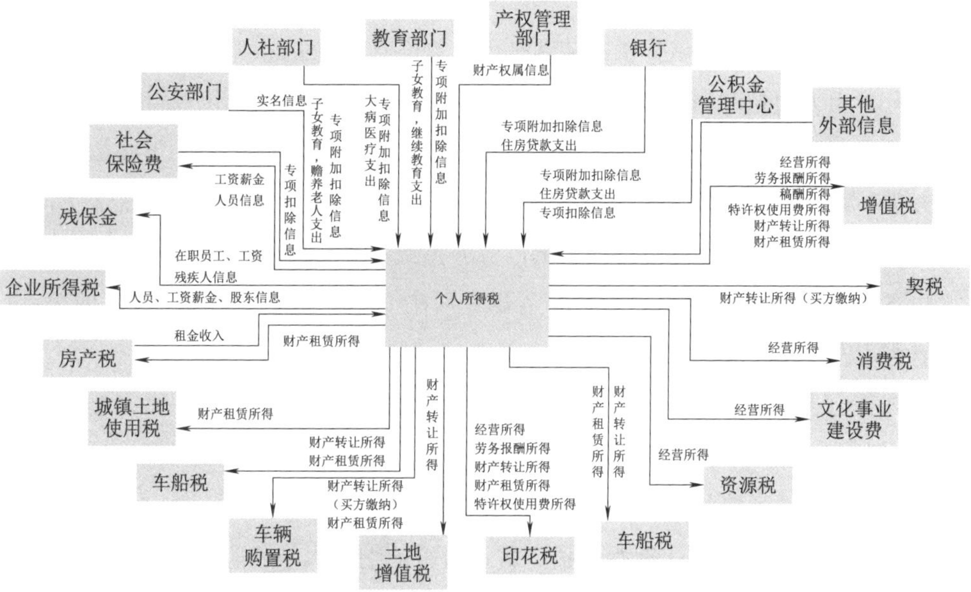

图 8-2 "金税四期"个人所得税联动监控体系

● 第一节　工资薪金的正确核算

工资、薪金所得与劳务报酬所得很容易混淆，前者提供的是非独立个人劳务活动，也就是在机关、团体、学校、部队、企事业单位及其他组织中任职、受雇并得到报酬，后者是个人独立从事各种技艺、提供各项劳务取得的报酬；前者存在雇佣与被雇佣关系，适用劳动法律关系；后者不存在雇佣与被雇佣的关系，适用合同法律关系。

一、工资、薪金所得与劳务报酬所得的区别

在缴纳个人所得税的时候，令许多财务人员感到头疼的是给相关人员发放的究竟是工资薪金，还是劳务报酬，甚至个别人会误以为只要不签订劳动合同，双方就不构成劳动关系。为了规范用人单位的用工行为，保护劳动者的合法权益，我国确立了"实质重于形势"的原则，只要同时满足三个条件，即便双方并未签署劳动合同，劳动关系依旧成立。

第一个条件是用人单位和劳动者符合法律、法规规定的主体资格；

第二个条件是用人单位依法制定的各项劳动规章制度适用于劳动者，劳动者受用人单位的劳动管理，从事用人单位安排的有报酬的劳动；

第三个条件是劳动者提供的劳动是用人单位业务的组成部分[1]。

只要用人单位与劳动者存在劳动关系，那么劳动者从该单位取得的收入便是工资薪金所得，包括因任职或者受雇而取得的工资、薪金、奖金、年终加薪、劳动分红、津贴、补贴以及与任职或者受雇有关系的其他所得。工资、薪金所得是从事非独立个人劳务活动取得的报酬；劳务报酬所得则是个人独立从事各种技艺、提供各项劳务取得的报酬。两者的主要区别在于，前者存在雇佣与被雇佣关系，后者则不存在这种关系[2]。

或许有人会觉得工资、薪金所得与劳务报酬所得在年度汇算清缴时全都适用"个人所得税税率表（综合所得适用）"，又有什么必要区分两种收入的性质呢？其实不然，必须要严格加以区分。两种所得有以下四个不同：

一是法律关系不同。取得工资、薪金所得的纳税人与任职、受雇单位签订劳动合同，受《中华人民共和国劳动法》《中华人民共和国劳动合同法》等法律约束，双方必须按照法律要求约定的权利义务，用工单位依法为劳动者缴纳社会保险，劳动报酬受国家最低工资标准的约束。

取得劳务报酬所得的纳税人与接受劳务的单位或个人是劳务合同关系，只受《中华人民共和国民法典》的约束，《中华人民共和国民法典》调整平等主体的自然人、法人和非法人组织之间的人身关系和财产关系。

二是劳动独立性不同。取得工资、薪金所得的纳税人要服从用人单位的管理，不能自由安排劳动时间与劳动地点，但劳务关系双方是平等的合同关系，只对劳

---

1 《劳动和社会保障部关于确立劳动关系有关事项的通知》（劳社部发〔2005〕12号）第一条。
2 《国家税务总局关于印发〈征收个人所得税若干问题的规定〉的通知》（国税发〔1994〕89号）第十九条。

动成果做出要求，个人可以自行安排劳动时间与劳动地点。

三是报酬计算方式不同。工资薪金所得以劳动时间为基础，根据劳动绩效进行上下浮动，但劳动报酬受国家最低工资标准的约束；劳务报酬以合同约定价款为基础，违反约定者承担违约责任，劳务提供者有可能因为违约承担违约责任而赔付违约金，即劳务报酬有可能为负数。

四是成本付出不同。取得劳务报酬的纳税人除了消耗劳动力外，通常还需要付出附随成本，比如自行购买辅助材料、自备劳动工具的损耗等，取得工资、薪金所得的纳税人除了消耗劳动力外，通常并没有其他成本发生，因此劳务报酬所得以收入减除 20% 的费用后的余额为收入额，收入额不足 4 000 元的统一扣除800 元，工资、薪金所得通常以全部收入为收入额，因此即便取得相同的收入，最终缴纳的税款也不一致。

严格区分两者非常有必要，但目前还有一些不太明确的地方，《个人所得税法实施条例》第二十八条规定："纳税人同时从两处以上取得工资、薪金所得，并由扣缴义务人减除专项附加扣除的，对同一专项附加扣除项目，在一个纳税年度内只能选择从一处取得的所得中减除。"

《国家税务总局关于个人兼职和退休人员再任职取得收入如何计算征收个人所得税问题的批复》（国税函〔2005〕382 号）规定："个人兼职取得的收入应按照'劳务报酬所得'应税项目缴纳个人所得税。"

按照工作惯例，在两处以上取得工资薪金所得的纳税人，工作岗位往往都会有主次之分，若是将一处界定为全职，另一处定为兼职，便可以将其中一笔收入认定为劳务报酬所得。这样可以少缴个人所得税，因此有必要出台相关文件对国税函〔2005〕382 号文中所提的"兼职"进行准确界定，以免被滥用。

除此之外，还需要注意的是，企业为员工发放的工资、薪金支出并不需要发票，但需要留存代发工资明细、社保缴费清单、代扣代缴个税明细等证据资料；支付劳务费需要附列劳务费发票。

二、退休人员的任职受雇问题

《国家税务总局关于个人兼职和退休人员再任职取得收入如何计算征收个人所得税问题的批复》（国税函〔2005〕382 号）规定："退休人员再任职取得的收入，在减除按个人所得税法规定的费用扣除标准后，按'工资、薪金所得'应税项目缴纳个人所得税。"

如何界定退休人员再任职呢？《国家税务总局关于离退休人员再任职界定问题的批复》（国税函〔2006〕526 号）对此进行了专门界定：

"一、受雇人员与用人单位签订一年以上（含一年）劳动合同（协议），存在长期或连续的雇用与被雇用关系；

二、受雇人员因事假、病假、休假等原因不能正常出勤时，仍享受固定或基本工资收入；

三、受雇人员与单位其他正式职工享受同等福利、社保、培训及其他待遇；

四、受雇人员的职务晋升、职称评定等工作由用人单位负责组织。"

《国家税务总局关于个人所得税有关问题的公告》（国家税务总局公告 2011 年第 27 号）对上述办法又进行了修订，单位是否为离退休人员缴纳社会保险费，不再作为离退休人员再任职的界定条件，似乎到此不会再有争议了，但实际上却并非如此。

《中华人民共和国劳动合同法》与《劳动合同法实施条例》都对劳动合同终止做出了相关规定：前者认为劳动者开始依法享受基本养老保险待遇，劳动合同终止[1]；后者认为只要劳动者达到法定退休年龄，劳动合同终止[2]。国家税务总局的文件不能与法律、行政法规相抵触，既然劳动合同已经终止，退休人员任职受雇的收入也就不应认定为工资、薪金所得，只能认定为劳务报酬所得。

下面看看法院对此是如何认定的，"用人单位与其招用的已经依法享受养老保险待遇或领取退休金的人员发生用工争议，向人民法院提起诉讼的，人民法院应当按劳务关系（注意不是劳动关系）处理[3]。"不过也存在例外情形：

第一种情形，因用人单位原因致使已经达到法定退休年龄的劳动者尚未享受基本养老保险待遇或者尚未领取养老金，劳动者与原用人单位之间形成实际用工关系的，按照劳动关系处理[4]，此时退休人员取得的收入才能适用国税函〔2005〕382 号文的相关规定。

如果是劳动者因缴费年限不够等自身原因导致其无法享受基本养老保险待遇或者领取养老金，那么他在达到法定退休年龄之后与用人单位之间的关系只能被

1　《中华人民共和国劳动合同法》第四十四条第二项。

2　《劳动合同法实施条例》第二十一条。

3　《最高人民法院关于审理劳动争议案件适用法律若干问题的解释（三）》（法释〔2010〕12 号）第七条。

4　《天津市高级人民法院在关于印发〈天津法院劳动争议案件审理指南〉的通知》（津高法〔2017〕246 号）第二条。

认定为劳务关系而不是劳动关系！

第二种情形，虽然达到法定退休年龄，但只能享受城乡居民基本养老保险待遇。

案例：徐某劳动纠纷案[1]

徐某于 2017 年进入某餐饮公司工作，双方未签订书面劳动合同。徐某自 2020 年年满 60 周岁起开始领取城乡居民养老保险金。2021 年 3 月 28 日早晨 6 点 42 分，徐某骑自行车行驶至职工培训基地门前时与同向行驶的小型客车发生碰撞，并于当日死亡。徐某家人就工伤保险待遇问题与公司协商无果之后于 2021 年 7 月 14 日申请了劳动仲裁，但劳动仲裁委员会却以超过法定退休年龄为由，做出了不予受理通知书，于是提起了诉讼，要求依法确认徐某与该公司存在劳动关系，徐某家人的诉讼请求最终得到了法院的支持。

根据《中华人民共和国劳动合同法》第四十四条第二款的规定，劳动者开始依法享受基本养老保险待遇的，劳动合同终止，因此法院在审理相关劳动争议案件时，应当以劳动者是否享受养老保险待遇或者领取退休金为标准[2]。

不过我国的基本养老保险制度分为两大类，一类是城镇职工基本养老保险制度，另一类是城乡居民基本养老保险制度。2009 年，我国开始试点新型农村社会养老保险[3]；2011 年，我国开始在城镇没有工作单位的灵活就业人员中试点城镇居民养老保险[4]；2014 年，国家将两者进行合并，建立了统一的城乡居民基本养老保险制度[5]。

《中华人民共和国劳动合同法》自 2008 年 1 月 1 日起施行，城乡居民基本养老保险制度的前身新型农村社会养老保险尚未开始试点。《中华人民共和国劳动合同法》于 2012 年进行修正，但当时统一的城乡居民基本养老保险制度尚未建立，因此第四十四条第二项的规定也未作变更。法院认为《中华人民共和国劳动合同法》第四十四条第二项规定的基本养老保险待遇应理解为城镇职工基本养老保险，并不包括城乡居民基本养老保险，因此徐某虽然已经达到法定退休年龄并且开始

---

1 再审案件号：陕西省高级人民法院（2022）陕民申 1589 号。

2 《最高人民法院民一庭关于达到或者超过法定退休年龄的劳动者（含农民工）与用人单位之间劳动关系终止的确定标准问题的答复》（〔2015〕民一他字第 6 号）。

3 《国务院关于开展新型农村社会养老保险试点的指导意见》（国发〔2009〕32 号）。

4 《国务院关于开展城镇居民社会养老保险试点的指导意见》（国发〔2011〕18 号）。

5 《国务院关于建立统一的城乡居民基本养老保险制度的意见》（国发〔2014〕8 号）。

享受城乡居民养老保险金,但与城镇职工基本养老保险金相比,养老金金额要少许多,因此法院认为不能以此作为终止劳动合同的依据,认定双方存在劳动关系。

不过这只是一个判例,并没有相关司法解释作为支持,因此其他地区是否认可类似判决思路将是一个未知数!

三、准予税前抵扣的项目

决定个人所得税税款多少的主要有两个因素,一个是所得,一个是扣除,扣除项目越多,扣除金额越大,纳税人实际缴纳的税款自然也就越少。

个人所得税设有免征额,也称为基本生活费用减除额,与增值税起征点有所不同,超过免征额的部分才予以征税,但达到起征点之后却是全额征税。

除此之外,个人所得税准许扣除的项目还包括专项扣除、专项附加扣除、依法确定的其他扣除和公益慈善事业捐赠支出共计四大类。

专项扣除主要包括社会保险与住房公积金,社会保险是一种国家以保险形式强制执行的社会保障制度,在公民或劳动者暂时失去或永久丧失其劳动能力时,以及发生其他困难时,给予物质生活保证。企业必须要参保社会保险,没有自由选择的余地。住房公积金是城镇在职职工及其所在单位根据国家有关政策法规缴存的具有保证性和互助性的一种长期住房储金,与社会保险一样都具有强制性。

表8-1 基本社会保险缴纳情况与税务处理

险 种	类 别	适用人员	缴费金额	缴费方式	扣税方式
基本养老保险	城镇职工基本养老保险	企业等单位职工	单位按照工资总额的20%缴费,后降至16%[1] 个人按照本人工资的8%缴费	按月缴纳	单位、个人未超过比例的缴费准予在税前扣除
		城乡灵活就业人员	在缴费基数区间内自由选择,按照20%的比例缴纳(各地有差异)	按年或者按月缴纳	个人未超过比例的缴费准予在税前扣除
	机关事业单位养老保险	行政、事业单位工作人员	单位按照工资总额的20%缴费 个人按照本人工资的8%缴费	按月缴纳	单位、个人未超过比例的缴费准予在税前扣除
	城乡居民基本养老保险	城乡灵活就业人员	从多档缴费额度中选择一个,各地存在较大差异	通常为按年一次性缴纳	准予在税前扣除

---

1 《国务院办公厅关于印发降低社会保险费率综合方案的通知》(国办发〔2019〕13号)。

2 2023年开始适用8.5%的缴费比例,其中的0.5%为生育保险。

续表

险　　种	类　　别	适用人员	缴费金额	缴费方式	扣税方式
基本医疗保险	城镇职工基本医疗保险	企业、行政、事业等单位工作人员	单位按照工资总额的10%缴费 个人按照本人工资的2%缴费	按月缴纳	单位、个人未超比例的缴费准予在税前扣除
		城乡灵活就业人员	在缴费基数区间内自由选择，按照8%或8.5%^{2}的比例缴纳，各地存在一定差异	按年或者按月缴纳	个人未超比例缴费准予在税前扣除
	城乡居民基本养老保险	城乡灵活就业人员	从多档缴费额度中选择一个缴纳	通常为按年一次性缴纳	个人准予在个人所得税前扣除
生育保险（并入基本医疗保险，但独立核算）	—	企业、行政、事业等单位工作人员	单位按照工资总额的0.5%缴费，除自愿选择城镇职工基本医疗的灵活就业人员外，其他个人不需缴纳。	按月缴纳	单位未超比例的缴费准予在税前扣除
工伤保险	—	企业、行政、事业等单位工作人员	单位按照工资总额的0.2%～1.9%缴费，根据行业危险程度实行差异化缴费比例，个人不需缴纳	按月缴纳	单位未超比例缴费准予在税前扣除
失业保险	—	企业等单位工作人员，行政、事业单位人员不需要缴纳	单位按照工资总额的0.5%缴费 个人按照本人工资的0.5%缴费	按月缴纳	单位、个人未超比例的缴费准予在税前扣除

按照国家或省级人民政府规定的缴费比例或办法，单位为员工实际缴付的基本养老保险费、基本医疗保险费和失业保险费，免征个人所得税；个人按照国家或省级人民政府规定的缴费比例或办法实际缴付的基本养老保险费、基本医疗保险费和失业保险费，允许从个人应纳税所得额中扣除。超过规定的比例、标准缴付的基本养老保险费、基本医疗保险费和失业保险费，应将超过部分并入个人当期的工资、薪金所得，计征个人所得税。

单位和个人分别在不超过职工本人上一年度月平均工资12%的幅度内实际缴存的住房公积金，允许在个人应纳税所得额中扣除。单位和职工个人缴存住房公积金的月平均工资不得超过职工工作地所在设区城市上一年度职工月平均工资的3倍。单位和个人超过上述规定比例和标准缴付的住房公积金，应将超过部分并入个人当期的工资、薪金收入，计征个人所得税。

个人实际领（支）取原提存的基本养老保险金、基本医疗保险金、失业保险金和住房公积金时，免征个人所得税[1]。

民间一直有"五险一金"的说法，但《中华人民共和国个人所得税法》列举时却只列举了基本养老保险、基本医疗保险、失业保险"三险"，这是因为上述"三险"既需要单位缴费，又需要个人缴费，个人缴纳相关费用后可以从工资、薪金所得中扣除，生育保险和工伤保险只需单位按照工资总额缴纳，不需要个人缴费，自然也就不存在个人所得税扣除的问题。生育保险并入基本医疗保险后只是合并经办管理，实际上依旧独立存在。

在现实生活中，有些企业或者员工对于社会保险往往会存在以下误区：

（1）个人不想缴就可以不缴。一些职工为了增加当期收入与单位签署放弃社保的协议，但社会保险缴纳具有强制性，无论是单位还是职工都无权拒绝缴纳，况且这么做对员工其实未必划算，以基本养老保险为例，拒绝缴纳虽然个人节省了8%的金额，但原本由企业承担的16%的金额也不用再缴纳了，如果缴费年限达不到规定要求，职工达到法定退休年龄后也无法领取养老金或者只能领取金额很少的养老金。单位为个人缴纳社会保险是法定义务，不能因为约定而免除。

（2）试用期员工可以不用缴纳社会保险。用人单位应当自用工之日起30日内为其职工申请办理社保登记，如果未办理社会保险登记，由社会保险经办机构核定其应当缴纳的社会保险费[2]。不管员工是否仍旧处于实习期，也不管双方是否签订劳动合同，单位都必须要在员工任职30日内为其缴纳社保。

（3）企业可以按照最低工资标准缴纳社保。其实这么做并不合法，职工本人缴纳基本养老保险的基数原则上是上一年度本人月平均工资[3]。各地每年都会发布本地区社会平均工资，如果员工实际工资低于平均工资的60%按照60%作为缴存基数，超过平均工资3倍按照3倍作为缴存基数，在上述区间内以本人实际工资为缴存基数，不过即便是地区社会平均工资的60%往往要会高于最低工资标准，比如北京市2023年最低工资标准为2 320元，但社保最低缴费基数为5 869元，

---

1 《财政部 国家税务总局关于基本养老保险费基本医疗保险费失业保险费住房公积金有关个人所得税政策的通知》（财税〔2006〕10号）。
2 《中华人民共和国社会保险法》第五十八条第一款。
3 《劳动和社会保障部社会保险事业管理中心关于规范社会保险缴费基数有关问题的通知》（劳社险中心函〔2006〕60号）第五条。

因此按照最低工资标准缴纳社保显然是违法违规的！

（4）企业不缴或者少缴社保，职工只能听之任之。遇到这种情况，职工可以向人社部门进行反映，必要时还可以提起劳动仲裁与民事诉讼，不过各地的政策却并不一致。

深圳的裁判规则是："用人单位未依法为劳动者缴纳社会保险费的，劳动者应当依法要求用人单位缴纳，用人单位在劳动者要求之日起一个月内未按规定缴纳的，劳动者有权提出解除劳动合同，用人单位应支付经济补偿，但经济补偿的支付年限应从 2008 年 1 月 1 日起计算[1]。"

天津的裁判规则是："劳动者以用工单位未建立社会保险关系、无正当理由停缴社会保险费，或者社会保险费基数不符合法定规定为由解除劳动合同，并请求用人单位支付经济补偿金，用人单位对此有过错的……应予支持[2]。"

北京的裁判规则是："劳动者提出解除劳动合同前一年内，存在因用人单位过错未为劳动者建立社保账户或虽建立了社保账户但缴纳险种不全情形的，劳动者依据《中华人民共和国劳动合同法》第三十八条的规定以用人单位未依法为其缴纳社会保险为由提出解除劳动合同并主张经济补偿的，一般应予支持。用人单位已为劳动者建立社保账户且险种齐全，但存在缴纳年限不足、缴费基数低等问题的，劳动者的社保权益可通过用人单位补缴或社保管理部门强制征缴的方式实现，在此情形下，劳动者以此为由主张解除劳动合同经济补偿的，一般不予支持[3]。"

浙江的裁判规则是："用人单位因过错未及时、足额支付劳动报酬或未依法缴纳社会保险费的，可以作为劳动者解除劳动合同的理由。但用人单位有证据证明确因客观原因导致计算标准不清楚、有争议，或确因经营困难、具有合理理由或经劳动者认可，或欠缴、缓缴社会保险费已经征缴部门审批，劳动者以用人单位未及时、足额支付劳动报酬或未依法缴纳社会保险费为由解除劳动合同，要求用人单位支付经济补偿的，不予支持[4]。"

各地普遍认可将不缴纳社会保险费作为解除劳动合同的正当理由，但对于少

1　《深圳市中级人民法院关于审理劳动争议案件的裁判指引》（2015 年 9 月 2 日讨论通过）第九十四条。
2　《天津市高级人民法院在关于印发〈天津法院劳动争议案件审理指南〉的通知》（津高法〔2017〕246 号）第五条。
3　《北京市高级人民法院、北京市劳动人事争议仲裁委员会关于审理劳动争议案件法律适用问题的解答》第 24 条。
4　《浙江省劳动仲裁院印发〈关于劳动争议案件处理若干问题的解答〉的通知》。

缴社会保险费是不是也可以作为解除劳动合同的正当理由并要求经济补偿却存在较大争议，北京、浙江明确表态并不支持，只有天津等少数地区支持无故停缴、少缴社会保险要求解除劳动合同并要求经济补偿的诉讼请求，但用人单位必须要存在过错。

依法确定的其他扣除包括个人缴纳符合国家规定的企业年金、职业年金，个人购买符合国家规定的商业健康保险、税收递延型商业养老保险的支出以及国务院规定可以扣除的其他项目。

表8-2 补充社会保险缴纳情况与税务处理

险 种	类 型	适用人员	领取条件	缴纳金额	缴纳方式	扣税方式
补充养老保险	企业年金	企业职工	退休 丧失劳动能力 出国或出境 死亡	单位缴费不超过工资总额的8% 个人缴费不超过本人工资的4%	按月缴纳	单位、个人未超比例的缴费准予在税前扣除，单位缴费部分计入个人账户时，个人不缴纳个人所得税
	职业年金	行政、事业单位工作人员				
补充医疗保险	—	企业职工	患有保险约定的疾病	缴费条款多样化	缴费方式灵活性	企业不超过工资总额5%的部分准予在税前扣除，个人缴费部分不得在税前扣除

从2008年1月1日开始，企业为全体员工支付的补充养老保险费、补充医疗保险费，分别在不超过职工工资总额5%标准内的部分准予在企业所得税税前扣除[1]，但个人缴纳的部分不允许在税前扣除，后来补充养老保险费被企业年金与职业年金取代，个人缴费部分可以在个人所得税税前扣除，企业的缴费比例也有所提高。

企业年金是企业及其职工在依法参加基本养老保险的基础上自主建立的补充养老保险制度，企业每年不超过职工工资总额8%的缴费，个人不超过工资计税基数4%的缴费，准予在税前扣除。职业年金与企业年金缴费比例一致，只是适用于机关事业单位及其工作人员[2]。

---

1 《财政部 国家税务总局关于补充养老保险费补充医疗保险费有关企业所得税政策问题的通知》(财税〔2009〕27号)。

2 《财政部 人力资源社会保障部 国家税务总局关于企业年金 职业年金个人所得税有关问题的通知》(财税〔2013〕103号)第一条。

表8-3　商业保险的税务处理

类别	险　种	适用人员或单位	扣除限额	文件依据
个人购买的商业保险	税收递延型商业养老保险	取得工资薪金、连续性劳务报酬收入的人员	按照当月收入的6%与1 000元孰低办法确定扣除限额，限额内据实抵扣	《财政部　国家税务总局关于开展个人税收递延型商业养老保险试点的通知》（财税〔2018〕22号）
		个体工商户业主、个人独资企业投资者、合伙企业自然人合伙人和承包承租经营者	按照当年应税收入的6%和12 000元孰低办法确定	
	符合条件的健康保险产品	取得工资薪金、连续性劳务报酬收入的人员	扣除限额为每年2 400元或每月200元，限额内据实扣除	《国家税务总局关于将商业健康保险个人所得税试点政策推广到全国范围实施的通知》（财税〔2017〕39号）
		个体工商户业主、个人独资企业投资者、合伙企业自然人合伙人和承包承租经营者	个人未续保或退保的，应于未续保或退保当月告知扣缴义务人终止商业健康保险税前扣除	
	个人购买的其他商业保险	—	一律不允许在个人所得税前扣除	
单位购买的商业保险	财产保险	企业等单位	按照规定缴纳的保险费，准予扣除	《企业所得税法实施条例》第四十六条
	雇主责任险、公众责任险等责任保险	企业等单位	按照规定缴纳的保险费准予在企业所得税税前扣除	《关于责任保险费企业所得税税前扣除有关问题的公告》（国家税务总局公告2018年第52号）
	人身意外保险	企业等单位的职工	企业职工因公出差乘坐交通工具发生的人身意外保险费支出，准予在企业所得税税前扣除	《关于企业所得税有关问题的公告》（国家税务总局公告2016年第80号）第一条
	人身安全保险	企业等单位的特殊工种职工	按照规定缴纳的保险费准予在企业所得税税前扣除	《企业所得税法实施条例》第三十六条
	税务主管部门未规定准予扣除的其他商业保险	企业等单位及其投资者或者职工	不予扣除	《企业所得税法实施条例》第三十六条

税收递延型商业养老保险费允许在税前列支，养老金积累阶段免税，领取养老金时再缴纳相应税款，与基本养老保险、企业年金（或职业年金）构成养老保险体系的三大支柱，个人自愿购买，在扣除限额内据实扣除。

购买保险公司参照个人税收优惠型健康保险产品指引框架及示范条款开发的、符合抵扣条件的健康保险产品，准予在个人所得税前予以扣除，但只有财产转让所得、偶然所得等非连续性所得的个人不享受此政策。

企业为员工支付各项免税之外的保险金，应在企业向保险公司缴付时（即该保险落到被保险人的保险账户）并入员工当期的工资收入，按"工资、薪金所得"项目计征个人所得税，税款由企业负责代扣代缴[1]。

这个规定出台的意义在于明确了企业为员工投保商业保险支付的相关费用应当计入职工的工资、薪金所得，同时需要代扣代缴个人所得税，不过表述却不够严谨。保险金是保险人根据保险合同的约定，对被保险人或者受益人进行给付的金额；或者当保险事故发生时，对物质损失进行赔偿的金额，其实就是保险公司赔的钱，这个金额在投保时很难预估，因此将保险金换成保险费更为妥当。不过对于某些险种而言，企业向保险公司缴纳保费与实际落到被保险人（即企业职工）的保险账户内有时会间隔很长时间，因此需要对此出台更详尽的规定。

企业为员工购买团体意外险，对于集体享受的、不可分割的、非现金方式的福利，原则上不征收个人所得税，如果能分割到员工个人名下，需要扣缴个人所得税。如果购买的团体意外险属于雇主责任险范畴，企业为此支付的保险费可以在税前扣除，否则企业不能在税前扣除[2]。

专项附加扣除是个人所得税改革之后新设的扣除项目，自此之后，即便工资相同的人也会因扣除项目的多少而缴纳不同的税款，有效缓解了家庭负担偏重的纳税人的税收负担。目前专项附加扣除共有七项，除了大病医疗外，均为定额扣除。

表8-4　专项附加扣除情况表[3]

扣除名称	扣除要求	扣除标准	允许扣除人员
子女教育	学前教育阶段为子女年满3周岁当月至小学入学前一月。学历教育为子女接受全日制学历教育入学的当月至全日制学历教育结束的当月	每月每名子女可以扣除1 000元，现提高为2 000元	父母一方或双方按比例扣除，担任监护人的其他人员比照执行
继续教育	在接受学历（学位）继续教育入学的当月至学历（学位）继续教育结束的当月，但同一学历（学位）继续教育最长不得超过48个月	每月扣除400元	本人
	技能人员职业资格继续教育、专业技术人员职业资格继续教育，为取得相关证书的当年	当年一次性扣除3 600元	本人

1 《国家税务总局关于单位为员工支付有关保险缴纳个人所得税问题的批复》（国税函〔2005〕318号）。
2 广西壮族自治区税务局12366纳税服务平台2023年2月17日回复。
3 《国务院关于印发个人所得税专项附加扣除暂行办法的通知》（国发〔2018〕41号）、《国务院关于提高个人所得税有关专项附加扣除标准的通知》（国发〔2023〕13号）。

续表

扣除名称	扣除要求	扣除标准	允许扣除人员
大病医疗	医疗保障信息系统记录的医药费用实际支出达到相关标准	纳税人发生的与基本医保相关的医药费用支出，扣除医保报销后个人负担累计超过 15 000 元并且在 80 000 元限额之内据实扣除	允许自行决定扣除人员，既可以是本人扣除，也可以由其他家庭成员扣除
住房贷款利息	购买住房发生的首套住房贷款利息支出从贷款合同约定开始还款的当月至贷款全部归还或贷款合同终止的当月，最长不得超过 240 个月	按照每月 1 000 元的标准定额扣除，扣除期限最长不超过 240 个月。纳税人只能享受一次首套住房贷款的利息扣除	本人或配偶一方扣除，两人同时按比例扣除
住房租金	在主要工作城市没有自有住房而发生住房租金支出从租赁合同（协议）约定的房屋租赁期开始的当月至租赁期结束的当月。提前终止合同（协议）的，以实际租赁期限为准	直辖市、省会（首府）城市、计划单列市以及国务院确定的其他城市每月扣除 1 500 元市辖区（注意不包括属县）户籍人口超过 100 万的城市每月扣除 1 100 元市辖区户籍人口不超过 100 万的城市每月扣除 800 元	本人扣除
赡养老人	被赡养人年满 60 周岁的当月至赡养义务终止的年末	独生子女每月扣除 2 000 元，现提高为每月 3 000 元非独生子女的由其与兄弟姐妹分摊每月扣除额度，每人分摊的额度不能超过每月 1 500 元	赡养一位及以上年满 60 岁的父母，以及子女均已去世的年满 60 岁的祖父母、外祖父母，赡养岳父母不属于准予扣除的情形
3 岁以下婴幼儿照护	婴幼儿出生的当月至年满 3 周岁的前一个月	每月每名子女可以扣除 1 000 元，现提高为 2 000 元	父母一方或双方按比例扣除，担任监护人的其他人员比照执行

个人通过中国境内公益性社会组织、县级以上人民政府及其部门等国家机关，向教育、扶贫、济困等公益慈善事业的捐赠，发生的公益捐赠支出，可以在分类所得、综合所得或者经营所得中予以扣除。在当期一个所得项目扣除不完的公益捐赠支出，可以按规定在其他所得项目中继续扣除，扣除限额分别为当年综合所得、当年经营所得应纳税所得额的 30%；当月分类所得应纳税所得额的 30%。

● 第二节　个人所得税代扣代缴风险

个人所得税改革之后，工资、薪金所得按月进行预缴，按照累计预扣法计算预扣税款，每月预扣的计算公式为：

本期应预扣预缴税额 ＝（累计预扣预缴应纳税所得额 × 预扣率 － 速算扣除数）－ 累计减免税额 － 累计已预扣预缴税额。

累计预扣预缴应纳税所得额 ＝ 累计收入 － 累计免税收入 － 累计生活费用减除额 － 累计专项扣除 － 累计专项附加扣除 － 累计依法确定的其他扣除。

其中：累计基本生活费用减除额，按照 5 000 元 / 月乘以纳税人当年截至本月在本单位的任职受雇月份数计算。

综合所得年度汇算清缴时，工资、薪金所得与劳务报酬所得、稿酬所得、特许权使用费所得合并计算缴税，这四类所得与纳税人的劳动最为密切并且具有潜在的可持续性。利息、股息、红利所得与经营所得、财产租赁所得、财产转让所得、偶然所得等其他五类所得单独计税。

需要特别注意的是纳税年度首月起至新入职时，没有取得过工资、薪金所得或者连续性劳务报酬所得的新入职居民个人可按照每月 5 000 元的标准扣除从年初开始计算的累计减除费用。如大学生小孙 2020 年 7 月毕业后进入某公司工作，公司为其发放 7 月份工资后预扣预缴个人所得税时，生活费用减除额为 35 000 元（5 000 元 / 月 ×7 个月）。注意在入职前偶然取得过劳务报酬、稿酬、特许权使用费所得并不影响这项优惠政策的适用[1]。

正在接受全日制学历教育的学生因实习取得劳务报酬所得可以比照工资、薪金所得累计预扣法预扣预缴税款[2]。例如：大学生小张 1 月份在某公司实习取得劳务报酬 3 000 元，如果按照之前的劳务报酬预缴方法，未超过 4 000 元的减除 800 元费用，然后按照 20% 的适用税率，需要预缴 440 元税款，但如果采用累计预扣法预扣预缴税款，扣除 5 000 元生活费用减除额之后无须再缴纳税款。

作为扣缴义务人，企业必须及时对职工的工资、薪金所得进行代扣代缴，没有在规定期限向税务机关报送代扣代缴、代收代缴税款报告表和有关资料的，由税务机关责令限期改正，可以处二千元以下的罚款；情节严重的，可以处二千元以上一万元以下的罚款[3]。

---

1 《国家税务总局关于完善调整部分纳税人个人所得税预扣预缴方法的公告》（国家税务总局公告 2020 年第 13 号）第一条。

2 《国家税务总局关于完善调整部分纳税人个人所得税预扣预缴方法的公告》（国家税务总局公告 2020 年第 13 号）第二条。

3 《中华人民共和国税收征管法》第六十二条。

案例：广东××劳务分包有限公司未按规定扣缴个人所得税案[1]

广东××劳务分包有限公司是一家负责工程施工的企业，人员流动性比较强，在承接广东省湛江市内工程期间，该公司没有对相关工程人员吴某威、沈某双等人共计 300 190 元的工资收入进行申报与扣缴个人所得税，少代扣代缴个人所得税 15 515.56 元。

总承包企业、分承包企业派驻跨省异地工程项目的管理人员、技术人员和其他工作人员在异地工作期间的工资、薪金所得个人所得税，由总承包企业、分承包企业依法代扣代缴并向工程作业所在地税务机关申报缴纳[2]。在承接湛江市外工程期间，该公司未对吴某忠、谢某漫、陈某勤等人 2 219 228.64 元的工资收入进行申报与扣缴个人所得税，少代扣代缴个人所得税 248 014.49 元。

税务机关对该公司应扣未扣个人所得税税款 263 530.05 元的行为处以 50% 的罚款 131 765.03 元（即 263 530.05×50%）。

广东××劳务分包有限公司人员变动频繁，其中很多人都是为了工程施工临时招募的短期工作人员，但依旧负有代扣代缴的义务。税务机关将该公司 2019 年度至 2021 年度期间每月申报的个人所得税全员全额扣缴明细申报表与其"应交税费—个人所得税"明细分类账、相关记账凭证进行比较，同时与该公司 2019 年度至 2021 年度项目合同、员工名单、工资确认书等资料进行印证，查明了该公司 2019 年至 2021 年期间个人所得税申报与纳税情况，确认其并未对有关人员按照规定代扣代缴个人所得税，也没有履行法定义务，于是对其做出行政处罚。

扣缴义务人完成扣缴申报之后需要妥善保管相关资料，未按照规定设置、保管代扣代缴、代收代缴税款账簿或者保管代扣代缴、代收代缴税款记账凭证及有关资料的，由税务机关责令限期改正，可以处 2 000 元以下的罚款；情节严重的，处 2 000 元以上 5 000 元以下的罚款[3]。

一、企业所得税与个人所得税申报数据不一致

一些企业认为申报个人所得税时，工资、薪金所得数额越小越好，这样可以

1　处罚文号：国家税务总局湛江市税务局稽查局湛税稽罚〔2023〕9 号。
2　《关于建筑安装业跨省异地工程作业人员个人所得税征收管理问题的公告》（国家税务总局公告 2015 年第 52 号）第一条第二款。
3　《税收征管法》第六十一条。

让自己的员工受益；在计算企业所得税时，工资薪金支出的金额越大越好，这样可以让企业受益，于是人为地对相关数据进行调整。

这种违法行为在国、地税机构改革之前或许还存在一定的操作空间，因为个人所得税由地税局负责征收，但绝大部分企业所得税却由国税局负责征收，自然会存在一定的信息壁垒，国地税合并之后，社会保险费也改由税务部门征缴，一旦"两税"中的工资、薪金所得出现了较大差异，税务部门会立即启动风险应对机制，积极查找存在差异的原因。

案例：强化风险比对　严防利用往来账偷逃所得税

湖北省随州市税务局依托税收大数据对企业所得税与个人所得税对应的工资薪金实行联动管理，积极查找两者存在差距的原因，2022年以来，共计查补企业所得税1100万元，调减企业亏损1396万元，查补个人所得税320万元。

滥用往来账科目是企业所得税与个人所得税工资薪金金额存在差异的重要原因。往来账主要包括应收账款、其他应收款、预付账款、应付账款、其他应付款和预收账款共6个往来科目。由于不直接涉及损益核算，一些企业便利用往来账对工资薪金做手脚，从而达到少缴税的目的。

有的企业将未兑现的奖金转入往来账提前在税前扣除。如某银行企业所得税税前扣除工资薪金为18 569万元，但个人所得税工资薪金所得仅为17 756万元，两者相差了813万元？这是因为上级为了激励管理层新增了奖励项目"合规性工资"，在业绩考核周期内先计提，待达到经营目标后再予以发放，这部分已计提但未实际支付的工资薪金放在其他应付款科目中，在企业所得税税前进行了扣除，个人所得税按实际支付的金额扣缴税款，导致两者存在差异。该企业将并未实际发放的工资从"应付职工薪酬"科目转移到"其他应付款"科目并在申报企业所得税前扣除不符合相关法律法规规定，该银行随后进行了相应调整，2021年汇算清缴调增应纳税所得额2 620万元，补缴企业所得税655万元。

有的企业将股东的借款长期挂在往来账上代替股息红利。某生猪养殖公司享受免征增值税政策，其2021年企业所得税税前扣除工资薪金金额为2 330.61万元，但扣缴申报的个人所得税收入仅为476.37万元。该公司工资薪金发放明细表内并没有高管股东的工资发放记录，会计说全体股东都没有从公司领取工资，该公司长期巨额盈利却从未分红，显然有违常理。通过查看"其他应收款"科目，税务机关发现这个公司股东从企业借用了大量资金长期没有归还，以借款之名掩盖发放股息红利之实，该公司最终依法按照利息、股息、红利所得补扣了个人所得税77.75 万元。

有的代替母公司对公司高管的股权激励来虚增成本费用。某上市公司子公司2021 年企业所得税税前扣除工资薪金金额为 5 464.16 万元，但它 2021 年代扣代缴的个人收入总金额仅为 3 071.35 万元，两者居然相差了 2 392.81 万元。通过调查，税务机关发现该企业通过"工资薪金支出—股权激励"这个科目在企业所得税税前列支了母公司对本公司高管的股权激励支出。

按照税法的有关规定，上市公司以本公司股票为标的对其董事、监事、高级管理人员以及其他员工进行的长期性股权激励，在行权后的差额部分应当认定为工资薪金所得，可以在子公司税前进行扣除，但母公司与子公司却是两个独立的法人主体，上市公司只能用自己的股票去激励自己的高管，母公司对子公司高管的股权激励费用并不能在子公司税前扣除，该公司随后也进行了更正，按规定补缴税款 130 余万元。

不过企业也不用太过担心"两税"中的工资、薪金数据存在差异，因为企业所得税基本遵循权责发生制原则，也就是属于当期的成本费用准予在税前扣除，但同时也强调实际支付，当年已计提但年末并没有实际发放的工资薪金不能在未支付的纳税年度扣除，待实际发放后，可在发放年度税前扣除，不过在年度终了后、汇算清缴结束前（即转年的 6 月 30 日前）实际发放了之前计提的工资、薪金，又补充提供了相应的成本费用凭证，可以在所属年度税前扣除，不需要再进行纳税调整。个人所得税完全遵循收付实现制原则，纳税人只有在实际取得工资薪金时才会发生纳税义务。

"两税"对于工资、薪金的核算口径也不尽相同，企业发放给员工的非货币性福利也被认定为工资、薪金所得，需要缴纳个人所得税，但在企业所得税汇算清缴的时候，这些非货币性福利却并不计入工资、薪金而是计入职工福利费。

除此之外，两者之间的差距还有可能是政策原因造成的，为了促进残疾人员就业，企业所得税汇算清缴时，支付给残疾职工的工资在据实扣除的基础上还可以加计扣除 100%。

其实税务机关重点关注的是"两税"工资、薪金数据差异过大并且没有正当理由。"金税四期"上线之后，对工资薪金所得的监控将彻底实现从依靠经验的人力劳动转向依靠数据的智能活动，形成"风险实时排查＋提醒智能推送＋责任到岗到人＋结果跟踪监控"四位一体的风险应对格局，通过后台自动提取工资薪金申报信息，自动比对分析，自动划分风险等级，通过分析数据锁定高风险企业，此外税务机关还会加强与人力资源和社会保障部门的合作，实现税收缴纳数据与社会保险费缴纳数据的动态配比，让偷逃税款的行为无处遁形！

二、利用私人账户发放工资薪金

随着大数据时代的到来，之前那些简单粗暴的避税方式已经彻底过时了，一些别有用心的企业开始探索更为隐蔽的逃税方式，不通过公司账户而是通过董事长、股东、企业高管或财务人员的私人账户为员工发放部分工资，对这部分工资也不代扣代缴个人所得税。

奶茶品牌××冷城曾于2022年发布了"招股说明书"，在其披露的财务报表中，营业外支出中存在"代员工补缴奖金个税：765万元"。从2019年度至2020年度，该公司控股股东张超某、张甫某通过个人银行卡代公司发放奖金，这笔奖金当时并未按照规定代扣代缴个人所得税，后来税务机关要求补缴相关税款，但由于奖金已经发放，因此公司只得暂时垫付了这笔税款。

张超某、张甫某等人用私人账户给公司员工发放工资显然不符合财务规定，这么做究竟是否为了逃避个人所得税税款，因缺乏充分的证据而难以确定，因此税务机关并未对其进行处罚，不过这的确是一些不法企业的惯用伎俩。

这件事之所以最终会败露是因为金融机构及时报告了张超某、张甫某等人私人账户的异常变动。为了防范和打击洗钱，我国实行大额和可疑支付交易报告制度，金融机构一旦遇到大额支付与可疑支付必须要及时上报。税务机关接到报告后顺藤摸瓜发现了张超某、张甫某等人用私人账户给公司员工发放工资的违规情形。

在"金税四期"，税务机关的外部信息获取能力将会有空前提高，与金融机构的信息交换机制也将会持续优化，对于在金融交易中发现的疑点信息将会通过信息交换平台第一时间传送给税务部门。由于资金管理力度不断增强，企业需要竭力避免出现以下情形：

（1）资金转入转出异常，短期内资金分散转入、集中转出或集中转入、分散转出，尤其是相同收付款人之间短期内频繁发生资金收付；

（2）资金收付频率及金额与企业经营规模明显不符，小型微利企业短时间出现数百万、上千万的银行流水或是存在大额现金交易；

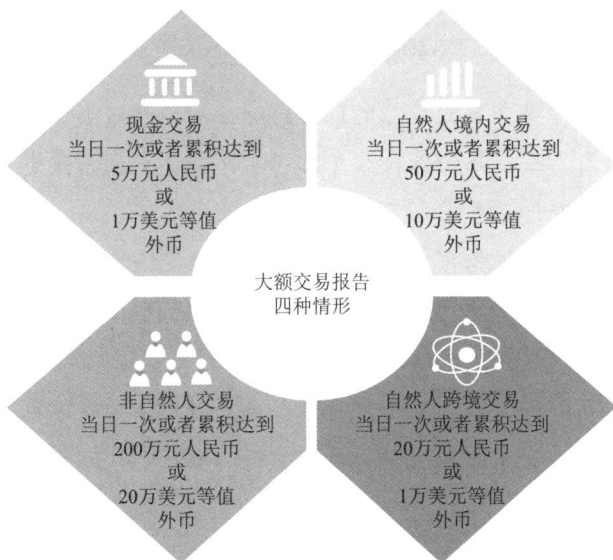

图 8-3　大额交易报告情形[1]

（3）资金收付流向与企业经营范围明显不符，经营业务与资金流向毫无关联度；

（4）企业日常收付不符合企业经营特点，周期性发生大量资金收付与其业务特点明显不符；

（5）存取现金的数额、频率及用途与其正常现金收付明显不符；

（6）企业公户与私人账户频繁交易，无论是交易内容还是交易频次明显不符合企业正常的生产经营活动；

（7）在没有正当理由的情况下，企业股东、高管账户与本企业多名员工的私人账户存在交易；

（8）企业频繁开户、销户，且销户前发生大量资金收付；

（9）企业长期闲置的账户原因不明地突然被启用，且短期内出现大量资金收付。

三、隐瞒或者虚增职工人数

由于我国个人所得税采取七级超额累进税率，随着工资额度的增加，税率也会相应提高，这种制度设计既是为增加税收收入，更是为实现税收公平，让高收入者承担更高的税负，减轻低收入者的税收负担，缩小贫富差距，实现税收公平。

为了降低高收入员工的税负，一些企业通过虚构员工来拆分工资进而达到少缴税款的目的。

1　《中国人民银行关于非银行支付机构开展大额交易报告工作有关要求的通知》（银发〔2018〕163 号）。

案例：医院的逃税"小妙招"

××医院是山东某市较为知名的民营医院，2022年5月，有人举报该医院在长达八年的时间内，每年都向借款人支付利息，却没有代扣代缴个人所得税，当地税务机关着手对其进行调查。

2020—2022年，该机构每年营业收入均在1亿元左右，共计缴纳增值税23.5万元。近三年因持续亏损一直都没有缴纳企业所得税。通过调取该医院2019—2021年的个人所得税代扣代缴信息，税务机关发现这家医院从未支付过借款利息，也没有支付过红利所得，但长期借款科目却一直挂账1000万元。通过进一步核查，税务机关发现该医院曾与金融机构签订过一份1000万元的借款合同并申报缴纳了印花税。

在举报人提供的曾向该医院借款的人员名单中，有两人居然与该医院为员工代扣代缴个人所得税名单中的人员姓名一模一样。税务机关随后兵分两路进行核查，一路结合举报信息深入了解企业的具体经营情况，另一路调取了该医院2013—2021年的电子账套、纸质账簿以及其他与生产经营有关的财务数据、内部报表等资料。

在询问过程中，该医院院长承认该医院因资金困难曾在2013—2020年期间采取口头协议形式向4名自然人股东、2名企业外部自然人和2名员工借款，随后补缴了借款利息涉及的59.9万元的个人所得税。

不过税务机关随后却发现了更多的疑点，在医院内部经营资料中找到了一份标有详细工作职能、岗位名称的员工花名册，经过比对近3年企业账簿记载的工资发放数据，他们发现该医院高管、高级医务技术人员适用的税率几乎都是最低档，与同类医院相比明显偏低。

税务机关还发现该医院在2018年8月将2015年2月、2015年4月计入"其他应付款——年终奖"科目的已代扣个人所得税款项39.6万元直接进行冲销，计入"以前年度损益调整"科目。

税务机关决定加大核查力度，调取了8名借款人2013—2022年的银行资金流水，与举报人提供的利息支付明细上的支付时间、金额进行比对，发现在固定时间段内，向8人支付利息的并不是××医院而是Y酒店管理公司。他们还发现在支付利息的前两天，××医院都会在"管理费用——其他"科目中列支与利息相同金额的费用。检查人员仔细查阅了该科目后附的纸质凭证，发现 Y 酒店管理公司向该医院开具了会议费发票，涉及金额 427.7 万元。×× 医院通过虚开发票悄无声息地将利息支出"巧妙"地变身为管理费用，不仅不用代扣代缴个人所得税，还可以用这些虚开的增值税专用发票抵扣增值税与企业所得税。

税务机关随后按照员工工作职能，结合工资表和人员名册，将 ×× 医院工作人员分为医生、护士、技术、行政和其他人员等几大类别，从社保机构调取该医院员工近三年社保费缴纳记录进行比对分析，从中筛选出 156 名并没有缴纳过社会保险费的员工，剔除返聘的退休人员和实习生等人员后，还剩下 80 人。税务机关利用资金查控软件对上述 80 人的银行流水信息进行核查，通过对时间跨度近 10 年、总量达 2 万余条的资金往来数据认真筛查后发现，2014 年至 2022 年，×× 医院向上述 80 人的银行卡内发放的所谓的工资最终被转入该医院负责人、各科室负责人和外聘专家等 38 人的账户内，金额高达 1 296.7 万元。

经过核算，×× 医院通过虚增员工数目拆分高收入人员工资、掩盖向借款人发放利息的事实逃避缴纳个人所得税 308.3 万元；通过虚开发票虚列管理费用逃避缴纳增值税、企业所得税共计 160 万元；故意将已代扣个人所得税款计入"以前年度损益调整"科目，逃避缴纳个人所得税 39.6 万元，需要补缴的税款共计 507.9 万元，由于之前已经补缴了 59.9 万元，还需要补缴 448 万元并加收滞纳金，还被处以偷逃税款数额 0.5 倍的罚款。由于 ×× 医院虚开增值税专用发票的行为已经涉嫌犯罪，因此税务机关在对其进行行政处罚之后将此案移交公安机关处理。

除了拆分高收入员工的工资外，一些不法企业为了少缴企业所得税还会冒用他人身份信息并编造虚假的工资薪金支出在税前列支。不过随着个人所得税年度汇算清缴制度的建立，纳税人在汇算清缴之前往往会对一年内的所有收入进行确认，如果发现自己的身份信息被冒用，对某笔收入的扣缴申报记录有异议，可以发起"被任职"申诉。

税务机关收到申诉后往往会通知扣缴单位核实纳税人申诉情况，如果确认仍在职，需要及时将相关情况反馈至税务机关；如果确认为已离职人员或非本单位人员，从该人员未在职月份起逐月删除涉及人员申报信息，本单位人员填写离职日期时应与任职受雇从业日期保持一致并将人员状态修改为"非正常"。

如果一个企业多次出现或者大量出现"非正常"人员，那么税务机关也将会对其工资、薪金支出进行核查，如果发现违法违规行为，将会对其进行行政处罚，涉嫌犯罪的将会移交公安机关。

除了虚增员工外，有时企业也会瞒报员工数量，比如小型微利企业的认定条件之一就是从业人数不能超过 300 人，有些人数超标的企业会通过隐瞒员工真实数量享受相关的税收优惠政策。

在“金税四期”，税务机关信息获取能力与分析管控能力都有了大幅提高，如果某家企业的用工人数明显低于行业平均水平，难以满足自身业务需要，税务机关将会进行风险核查。

企业想要享受小型微利企业的优惠政策完全可以通过合法手段，从业人数既包括与企业建立劳动关系的职工人数，也包括企业接受的劳务派遣用工人数[1]，但可以将某项业务外包给第三方，这样可以在不影响公司正常业务开展的同时，合理合法地减少员工人数。

四、假借运营活动掩盖发放工资、薪金的事实

随着税务机关监控力度的持续加强，原有的逃税办法无疑都面临着巨大的风险，因此一些企业便妄图假借正常经营活动来掩盖发放工资薪金的事实，用那些虚开的发票来抵税。

案例：利用第三方平台发放工资、薪金

2016 年 10 月至 2018 年 7 月，时任上海××有限公司总裁、上海云××有限公司总经理的史某为了达到少缴个人所得税等目的与财务总监康某等人商议后决定通过按照 3.5% 的比例支付服务费的方式，要求上海××有限公司控制的第三方平台以走账套现等手段为上述两家公司代发员工奖金、销售提成等款项，并让对方为上海××有限公司、上海云××有限公司公司虚开增值税普通发票。

康某在明知无实际业务往来的情况下审批同意以“会务服务费”“咨询服务费”等名义给上海××有限公司控制的开票公司付款走账，先后接受虚开的增值税普通发票价税合计人民币 31 540 169.02 元，这些发票全都用于税前抵扣。

2020 年 12 月 16 日，康某主动来到公安机关配合调查并如实供述了上述犯罪事实，同时向税务机关补缴了个人所得税 6 165 956.18 元。在没有真实交易的情况下，康某要求他人为所在公司虚开发票，情节特别严重，应当以虚开发票罪追究其刑事责任，但他有自首情节，又认罪认罚，法院最终认定康某犯虚开发票罪，判处拘役六个月，缓刑六个月，并处罚金人民币二万元。

---

1 《关于进一步支持小微企业和个体工商户发展有关税费政策的公告》（财政部 国家税务总局公告 2023 年第 12 号）。

确定员工人数 —— 工资表人员 ／ 花名册人员 ／ 缴纳社保人员 —— 稽核比对 —— 隐瞒职工人数 ／ 虚增职工人数 ／ 已离职职工未及时删除

本行业同等规模企业用工情况 —— 参考 —— 存在返聘的退休人员、临时工等特殊职工

企业实际经营需要

核对工资薪金数额 —— 个人所得税代扣代缴金额 ／ 企业所得税税前列支金额 ／ 社会保险缴纳基数 —— 稽核比对 —— 通过虚增人数虚列支出 ／ 通过虚增人数拆分高收入员工收入 ／ 通过隐瞒人数享受税收优惠 ／ 私人账户发放部分工资

检查绝大部分员工工资是否处于缴税临界点附近 —— 核查 —— 通过费用报销掩盖发放部分工资 ／ 以现金形式发放部分工资 ／ 虚构事实享受专项附加扣除

审核税收政策适用 —— 查阅会计账簿与凭证 ／ 查阅个人所得税代扣代缴相关资料 —— 交叉审核 —— 应享受未享受免税或不征税政策 ／ 以免税、不征税补贴或职工福利名义发放工资、薪金 ／ 发放非货币收入未缴税 ／ 虚构为残疾人职工发工资的事实进行工资加计扣除

工资薪金进行合理性确认 —— 综合各种资料 —— 综合判断 —— 企业是否制定了较为规范的员工工资薪金制度 ／ 企业所制定的工资薪金制度是否符合行业及地区水平 ／ 企业在一定时期所发放的工资薪金是否相对固定的，工资薪金的调整是否有序进行 ／ 企业对实际发放的工资薪金，是否已依法履行了代扣代缴个人所得税义务 ／ 有关工资薪金的安排，是否不以减少或逃避税款为目的

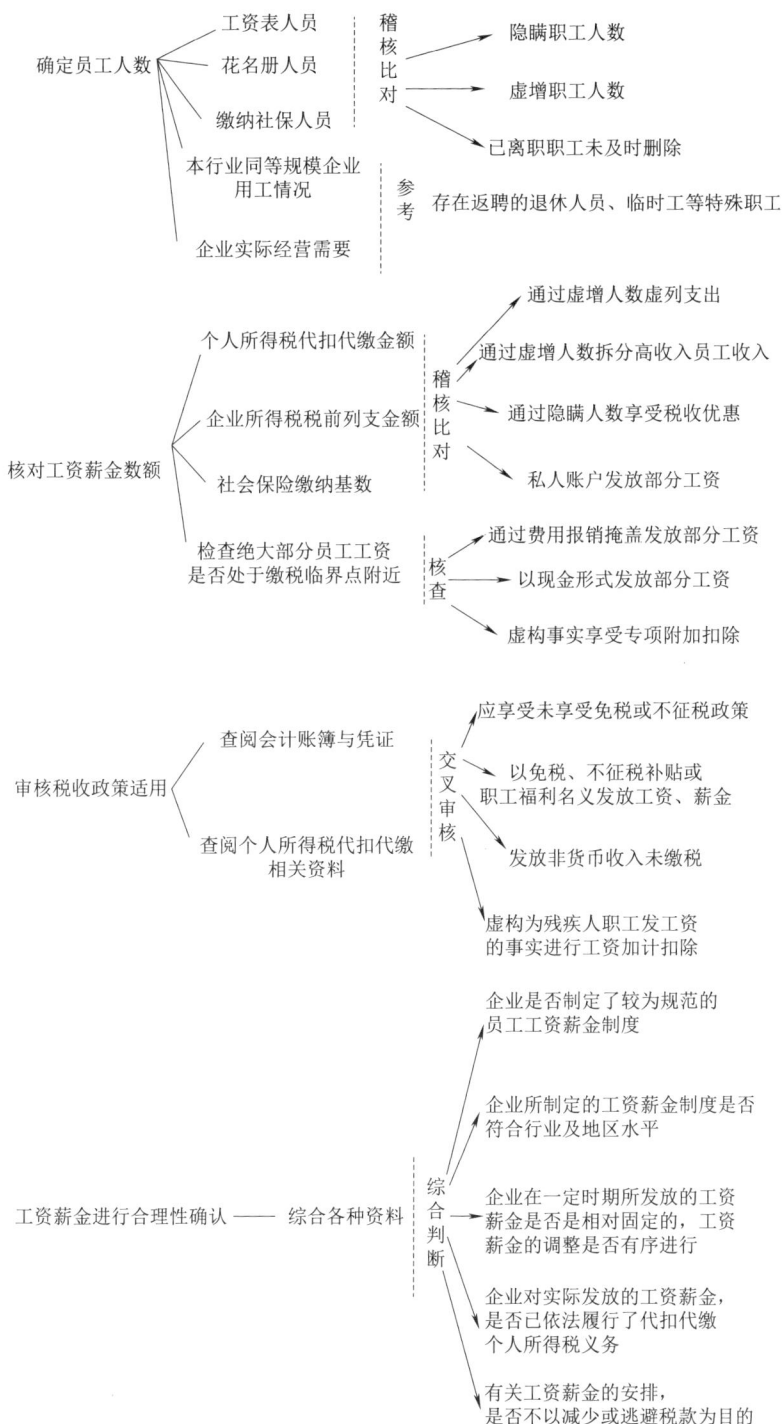

图 8-4　职工工资薪金检查四大切入点

第三节 "三项经费"的扣税标准

职工福利费、职工教育经费、工会经费是与职工密切相关的"三项费用",计算税前扣除限额时都以工资薪金总额为基数。"三项费用"的使用一直是重要的涉税风险点,企业对此应当高度重视。

职工教育经费是管理费用下面的二级会计科目,职工福利费与工会经费是应付职工薪酬下面的二级会计科目,根据支付对象的不同分别计入不同的会计科目。

借:生产成本或劳务成本(生产工人或提供劳务的工人)

制造费用(车间管理人员)

管理费用(企业管理人员)

销售费用(销售部门人员)

在建工程(在建工程人员)

研发支出——资本化支出(研究开发人员)

贷:管理费用——职工教育经费

应付职工薪酬——职工福利费或非货币福利

应付职工薪酬——工会经费

一、职工福利费

职工福利费是指企业为职工提供的除职工工资、奖金、津贴、纳入工资总额管理的补贴、职工教育经费、社会保险费和补充养老保险费(即企业年金)、补充医疗保险费及住房公积金之外的福利待遇支出,包括发放给职工或为职工支付的各项现金补贴和非货币性集体福利。

表8-5 职工福利费列支范围[1]

类别	具体构成
尚未实行分离办社会职能的企业,其内设福利部门所发生的设备、设施和人员费用	职工食堂、职工浴室、理发室、医务所、托儿所、疗养院等集体福利部门的设备、设施及维修保养费用和福利部门工作人员的工资薪金、社会保险费、住房公积金、劳务费等
为职工卫生保健、生活、住房、交通等所发放的各项补贴和非货币性福利	企业向职工发放的因公外地就医费用、未实行医疗统筹企业职工医疗费用、职工供养直系亲属医疗补贴、供暖费补贴、职工防暑降温费、职工困难补贴、救济费、职工食堂经费补贴、职工交通补贴等
按照其他规定发生的其他职工福利费	丧葬补助费、抚恤费、安家费、探亲假路费等

---

1 《国家税务总局关于企业工资薪金及职工福利费扣除问题的通知》(国税函〔2009〕3号)第三条。

按照税法的要求，职工福利费应当单独设置账册，与工资薪金分开核算，没有单独设置账册准确核算的，税务机关应责令其在规定的期限内进行改正；逾期仍未改正的，税务机关可以对企业发生的职工福利费进行合理的核定。

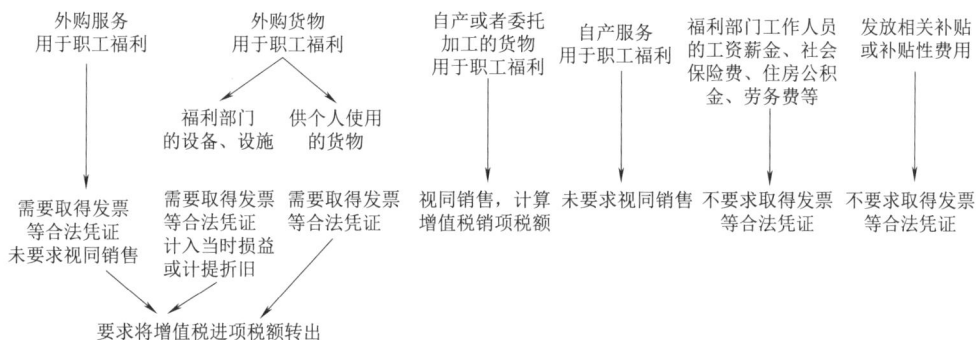

图 8-5　职工福利费涉税处理

职工福利费支出之所以要单独进行核算是因为不超过工资薪金总额 14% 的部分才准予在企业所得税税前进行扣除[1]，超过部分不能进行扣除。

作为职工福利费计算基数的工资薪金总额并不包括职工福利费、职工教育经费、工会经费以及养老保险费、医疗保险费、失业保险费、工伤保险费、生育保险费等社会保险费和住房公积金。属于国有性质的企业，其工资薪金，不得超过政府有关部门给予的限定数额；超过部分，不得计入企业工资薪金总额，也不得在计算企业应纳税所得额时扣除[2]。

由于职工福利费存在税前扣除限额，企业自然希望将一些福利性补贴计入工资薪金总额，合理的工资薪金支出都可以在税前扣除并不受限额的限制，列入企业员工工资薪金制度、固定与工资薪金一起发放的福利性补贴可以作为企业发生的工资薪金支出，准许在企业所得税税前扣除。其他的福利性补贴应当列入职工福利费，只能在扣除限额内扣除[3]，只有限额内的福利性补贴免征个人所得税[4]，超过限额的部分需要缴纳个人所得税。

准予在职工福利费、工会经费列支并免征个人所得税的补贴、补助主要分为以下两类：

第一类是针对特定人群的帮扶性补贴、补助，如向已经死亡的职工发放的丧

<hr>

1　《企业所得税法实施条例》第四十条。
2　《关于企业工资薪金及职工福利费扣除问题的通知》（国税函〔2009〕3 号）第二条。
3　《关于企业工资薪金和职工福利费等支出税前扣除问题的公告》（国家税务总局公告 2015 年第 34 号）第一条。
4　《中华人民共和国个人所得税法》第四条、《个人所得税法实施条例》第十一条。

葬补助费、抚恤费；向新招录职工发放的安家费；向家在外地的职工发放的探亲假路费，还有专门针对困难职工的生活补助费，享受这种补助的职工是由于某些特定事件或原因给本人或其家庭的正常生活造成一定的困难[1]，也就是说专门发放给特定困难群体的。

第二类是工作过程中的补偿性补贴、补助，职工为了完成工作要求需要给客户等工作对象打电话洽谈、见面沟通，难免会有一些电话费支出与交通费支出，对此采取实报实销或限额实报实销部分的，可不并入当月工资、薪金征收个人所得税[2]。

从福利费和工会经费中支付给单位职工的人人有份的补贴、补助不属于免税的福利费范围，应当并入纳税人的工资、薪金收入计征个人所得税[3]。企业为职工提供的交通、住房、通信待遇，已经实行货币化改革的，按月按标准发放或支付的住房补贴、交通补贴或者车改补贴、通信补贴，应当纳入职工工资总额，不再纳入职工福利费管理[4]。

不过交通补贴、通讯补贴准许扣除一定标准的公务费用[5]，因此一些企业的交通补贴的扣除标准参照公务员用车补贴，地方公务员可以在不高于中央机关标准30% 以内自行制定当地标准，副部级以上官员可以继续配备公车，因此领取补贴的最高为正局级工作人员。

通信补贴的扣除标准各地并不统一，北京的企业可以参照党政机关工作人员的相关标准执行[6]。

职工福利费原则上不要发放普惠制补贴、补助，发放实物最为稳妥，比如米面油等生活用品等，还可以发放实物兑换券、电影兑换券等，如果发放购物卡等具有部分货币功能的预付卡或者发放电脑、照相机等价值比较高的实物，通常需要计入工资、薪金所得，计算缴纳个人所得税。

在企业发放的实物中，工装最为特别，很多企业会自然而然地认为这是给员工提供的一项福利，于是便将这笔费用计入职工福利费，但职工福利费却有抵扣限额，超过限额的部分不允许在税前列支，已经认证抵扣的进项税额还需要转出。

其实因为工作需要为员工配备或提供工作服、手套、安全保护用品等用品而

1　《国家税务总局关于生活补助费范围确定问题的通知》（国税发〔1998〕155 号）第一条。
2　《北京市地方税务局关于对公司员工报销手机费征收个人所得税问题的批复》（京地税个〔2002〕116 号）。
3　《国家税务总局关于生活补助费范围确定问题的通知》（国税发〔1998〕155 号）第二条第二项。
4　《财政部关于企业加强职工福利费财务管理的通知》（财企〔2009〕242 号）第二条。
5　《国家税务总局关于个人所得税有关政策问题的通知》（国税发〔1999〕58 号）第二条。
6　北京市税务局 12366 纳税服务平台 2023 年 6 月 2 日答复。

发生的支出可以列入劳动保护费，订购工装支出究竟属于职工福利费，还是劳动保护费曾经有过激烈的争执，后来国家税务总局对此专门予以明确。企业根据工作性质和特点，由企业统一制作并要求员工工作时统一着装所发生的工作服饰费用，可以作为企业合理的支出给予税前扣除[1]，也就是说可以计入劳动保护费进行列支，其增值税专用发票可以正常认证抵扣。

不过对此也有一些限制性条件，采取发放补贴形式的，应作为福利费进行所得税处理[2]。有的企业打着工作服的名义让员工到商场购置服装后凭票报销，这种形式不能计入劳动保护费。

一些福利比较好的企业会为新入职或者单身职工免费提供宿舍，从增值税角度，如果单位不收取租金，那么就不需要缴纳增值税，不过与该房屋有关的维修、租赁等支出相关的进项税额也不得抵扣，但如果是将办公楼部分改建为员工宿舍楼，并非专门用于集体福利，那么就可以抵扣进项税额。

从企业所得税角度，宿舍相关支出应当计入职工福利费，在限额内予以扣除，没有改变房屋或者建筑物结构的日常零星修缮直接计入期间费用，但如果是改变建筑物结构或是延长使用年限的大修理支出需要计入"长期待摊费用"，在剩余折旧年限或者剩余租赁期限分期摊销。

从个人所得税角度，各地政策执行目前尚不统一，如果是多人住的集体宿舍，通常不需要缴纳个人所得税，但如果是单间宿舍，有时也会按照市场租金计入工资、薪金所得缴纳个人所得税。专项附加扣除里设有住房租金这一项，对于租金多少并没有明确限制，但享受免费宿舍的职工却不能扣除。

从房产税角度，自有房产或无租使用其他单位房产的房产需要缴纳房产税；如果是有偿租用其他单位和个人的房产，租赁方不需要缴纳房产税，房东按照租金金额缴纳房产税。

如果企业在向职工提供宿舍的同时收取一定的租金，一般纳税人取得的收入按"现代服务—租赁服务"缴纳增值税，适用 9% 的税率，相关支出取得合法有效凭证后可以在税前抵扣。自 2021 年 10 月 1 日起，一般纳税人向个人出租住房可以选择适用简易计税方法，也就是按照 5% 的征收率减按 1.5% 计算缴纳增值税[3]，小规模纳税人向个人出租房屋也照此执行。

---

1 《关于企业所得税若干问题的公告》（国家税务总局公告 2011 年第 34 号）第二条。

2 《新疆维吾尔自治区地方税务局关于做好 2009 年企业所得税汇算清缴工作的通知》（新地税发〔2010〕82 号）。

3 《关于完善住房租赁有关税收政策的公告》（财政部 国家税务总局 住房城乡建设部公告 2021 年第 24 号）。

从房产税角度，企业出租房屋按照租金收入作为计税依据，年税率为 12%。自有、无租使用其他单位或个人房产按照房产原值一次减除 10% ～ 30% 损耗价值以后的余值作为计税依据，年税率 1.2%。租赁双方签订的租赁合同如果约定有免收租金期限，在此期限内由产权所有人按照房产余值缴纳房产税。

二、职工教育经费

职工教育经费支出是为了让职工为企业带来更多的经济利益而通过各种形式提升综合素质、工作技能而发生的教育费支出。

表8-6 职工教育经费列支范围[1]

允许列支的范围	不允许列支的范围
1. 上岗和转岗培训 2. 各类岗位适应性培训 3. 岗位培训、职业技术等级培训、高技能人才培训 4. 专业技术人员继续教育 5. 特种作业人员培训 6. 企业组织的职工外送培训的经费支出 7. 职工参加的职业技能鉴定、职业资格认证等经费支出 8. 购置教学设备与设施 9. 职工岗位自学成才奖励费用 10. 职工教育培训管理费用 11. 有关职工教育的其他开支	1. 企业职工参加社会上的学历教育以及个人为取得学位而参加的在职教育，所需费用应由个人承担 2. 对于企业高层管理人员的境外培训和考察，一次性单项支出较高的费用应从其他管理费用中支出，避免挤占日常的职工教育培训经费开支

企业发生的职工教育经费支出扣除限额原本为工资薪金总额的 2.5%[2]，从 2015 年 1 月 1 日起，高新技术企业的职工教育经费扣除限额提高到 8%[3]；从 2017 年 1 月 1 日起，技术先进型服务企业的职工教育经费扣除限额也提高到了 8%[4]；从 2018 年 1 月 1 日起，所有企业的职工教育经费扣除限额统一调整为 8%[5]。

一些高技术含量的国家鼓励行业的职工教育经费支出还可以据实扣除，集成电路设计企业与符合条件的软件企业[6]、经认定的自主开发生产动漫产品的动漫企

---

1 财政部、国家税务总局等 11 部委联合下发的《关于印发〈关于企业职工教育经费提取与使用管理的意见〉的通知》（财建〔2006〕317 号）。

2 《企业所得税法实施条例》第四十二条。

3 《财政部 国家税务总局关于高新技术企业职工教育经费税前扣除政策的通知》（财税〔2015〕63 号）第一条。

4 《财政部 国家税务总局 商务部 科技部 国家发展改革委关于将技术先进型服务企业所得税政策推广至全国实施的通知》（财税〔2017〕79 号）第一条。

5 《财政部 国家税务总局关于企业职工教育经费税前扣除政策的通知》（财税〔2018〕51 号）第一条。

6 《财政部 国家税务总局关于进一步鼓励软件产业和集成电路产业发展企业所得税政策的通知》（财税〔2012〕27 号）第六条。

业[1] 的职工培训费用可以按照实际发生额在计算应纳税所得额时扣除。

此外还有一些特殊行业的特定教育培训费并不计入职工教育经费，也可以据实扣除。核电厂操作员培训费可以作为核电企业发电成本在税前扣除[2]。航空企业实际发生的飞行员养成费、飞行训练费、乘务训练费、空中保卫员训练费等空勤训练费用，可作为航空企业运输成本在税前扣除[3]。从事煤炭生产、非煤矿山开采、建设工程施工、危险品生产与储存、交通运输、烟花爆竹生产、冶金、机械制造、武器装备研制生产与试验（含民用航空及核燃料）的企业以及其他经济组织，可按照规定标准提取安全生产费列入生产成本，作为完善和改进企业或者项目的安全生产条件专项资金，其中包括安全生产宣传、教育、培训支出[4]，与职工教育经费范围存在交集。

会计上计提的职工教育经费未实际使用的部分不得在税前扣除，但与职工福利费、工会经费有所不同的是实际支出超过限额的部分可以结转到以后年度。如果本企业职工教育经费存在下降趋势，结转到以后年度的额度有机会在税前进行扣除，超支年度通过纳税调增多缴纳的税额应确认为递延所得税资产，但如果预判以后年度也不可能在税前扣除，应视为永久性差异，直接计入当期的所得税费用。

三、工会经费

工会经费是指已成立工会的企业、事业单位、机关和其他组织向工会拨缴的主要用于为职工服务与工会活动的专项资金，不设工会的单位并非不需要缴纳工会经费，不设工会的单位上级工会要积极地帮助和指导其筹建工会组织，自上级工会批准筹建工会的次月起，筹建单位每月按全部职工工资总额的 2% 向上级工会拨缴建会筹备金[5]。

企业拨缴的职工工会经费，不超过工资薪金总额 2% 的部分，凭工会组织开具的财政部统一印制并套印财政部票据监制章的"工会经费收入专用收据"在企业所得税税前扣除[6]，在委托税务机关代收工会经费的地区，企业拨缴的工会经费，也可凭合法、有效的工会经费代收凭据依法在税前扣除[7]。

---

1 《财政部 国家税务总局关于扶持动漫产业发展有关税收政策问题的通知》（财税〔2009〕65 号）第二条。
2 《关于企业所得税应纳税所得额若干问题的公告》（国家税务总局公告 2014 年第 29 号）第四条。
3 《关于企业所得税若干问题的公告》（国家税务总局公告 2011 年第 34 号）第三条。
4 《财政部、国家安全生产监督管理总局关于印发〈企业安全生产费用提取和使用管理办法〉的通知》（财企〔2012〕16 号）第十七条第七项。
5 《中华全国总工会办公厅关于规范建会筹备金收缴管理的通知》（厅字〔2021〕20 号）。
6 《关于工会经费企业所得税税前扣除凭据问题的公告》（国家税务总局公告 2010 年第 24 号）。
7 《关于税务机关代收工会经费企业所得税税前扣除凭据问题的公告》（国家税务总局公告 2011 年第 30 号）。

按照会计准则，计提工会经费时计入"应付职工薪酬"下面的二级科目"工会经费"，按照受益对象分别计入不同的科目，工资薪金、职工福利费与职工教育经费也按照这个办法进行分摊。

已建立工会组织的单位会自留一部分工会经费，需要按照经费独立的原则在银行单独开户，按照工会财务制度的有关规定管理和使用，不能擅自扩大范围。

企业工会经费的实际发生数（收付实现制计算的金额）、账面计提数（权责发生制计提的金额）以及扣除限额数经常会不一致，按照"就低不就高"的原则确定税前准予扣除的工会经费，账面计提超过扣除限额的部分应调增应纳税所得额。

四、"三项经费"涉税操作实务

年度汇算清缴的时候，企业需要填写"企业所得税年度纳税申报表（A 类）"附表 A105050"职工薪酬支出及纳税调整明细表"。

工资薪金支出填报纳税人本年度支付给在本企业任职或者受雇的员工的所有现金形式或非现金形式的劳动报酬。第 1 列"账载金额"填报纳税人按照权责发生制原则计入成本费用的职工工资、奖金、津贴和补贴金额。第 2 列"实际发生额"分析填报纳税人"应付职工薪酬"会计科目借方发生额，也就是实际发放的工资薪金。第 5 列"税收金额"填报纳税人按照税收规定允许税前扣除的金额，按照第 1 列和第 2 列分析填报，填报标准为应认定为本年度并且已经实际发放的税前扣除的金额，注意并非简单采用第 1 列或者第 2 列数据而是进行综合分析之后进行填报。

职工福利费支出填报纳税人本年度发生的职工福利费及其会计核算、纳税调整等金额。第 1 列"账载金额"填报企业按照权责发生制原则计入成本费用的职工福利费的金额。第 2 列"实际发生额"是根据收付实现制原则计入"应付职工薪酬"会计科目下的职工福利费实际发生额。第 3 列"税收规定扣除率"填报税收规定的扣除比例，职工福利费为 14%。第 5 列"税收金额"填报按照税收规定允许税前扣除的金额，按第 1 行第 5 列工资薪金支出的"税收金额"× 税收规定扣除率 14% 与第 1 列、第 2 列进行比较，哪个数值小就填报哪个数值。

"职工教育经费支出"第 1 列"账载金额"填报纳税人会计核算计入成本费用的按税收规定全额扣除的职工培训费用金额。第 2 列"实际发生额"分析填报纳税人"应付职工薪酬"会计科目下的职工教育经费本年实际发生额中可全额扣除的职工培训费用金额。

不过需要注意两点：第一，超过限额的部分可以结转到以后年度；第二，第 6 行"按税收规定全额扣除的职工培训费用"适用于允许全额在税前扣除的项目，对应的"税收规定扣除率"为100%，对应的"税收金额"按照第2列"实际发生额"进行填报。

工会经费支出填报方法与职工福利费支出基本一致，税前扣除比例为工资薪金总额的2%，不允许结转到以后年度。

模拟核算： 大汉子文化传媒公司既生产通过国家认定的动漫产品，还负责影视策划，2024年，该公司共计提取了工资薪金支出12 567 214元，不过该年实际发放金额为8 934 567元，其中2024年2月发放了2023年计提的工资12 368元；2025年4月发放了2024年已经计提但并未实际发放的工资214 969元。

2024年共计提了职工福利费支出1 496 830.67元，实际发放了1 134 672.67元。2024年共计计提了职工教育经费支出1 213 567.98元，实际支付了993 000.78元，其中为生产动漫产品而发生的职工教育经费计提金额为692 357.34元，实际支付686 967.52元，以前年度结转121 896.53元。当年共计计提了工会经费支出181 367.12元，实际支付了201467.89元（含上一年计提未支付的12 678元）。

解析：

1. 工资薪金支出

确定归属于2024年度并且在2024年度汇算清缴结束前（即2025年6月30日前）已经实际发放的金额：8 934 567−12 368+214 969=9 137 168（元），这是2024年度准予在税前扣除的工资薪金支出。

工资薪金支出纳税调整额度：12 567 214−9 137 168=3 430 046（元）。

2. 职工福利费支出

职工福利费支出准予扣除限额：9 137 168×14%=1 279 203.52（元）。

1 134 672.67<1 279 203.52元 <1 496 830.67，因此准予税前扣除的职工福利费支出为1 134 672.67元。

职工福利费支出纳税调整金额：1 496 830.67−1 134 672.67=362 158（元）。

3. 职工教育经费支出

职工教育经费支出准予扣除限额：9 137 168×8%=730 973.44（元）。

按税收规定比例扣除的职工教育经费金额：993 000.78−686 967.52=306 033.26（元）。

当年加上其他年度结转金额：306 033.26+121 896.53=427 929.79（元）<730 973.44元。

按税收规定比例扣除的职工教育经费支出纳税调整金额：（1 213 567.98−

692 357.34）−427 929.79=93 280.85（元）。

按税收规定全额扣除的职工培训费用支出纳税调整金额：692 357.34−686 967.52=5 389.82（元）。

职工教育经费支出纳税调整金额：93 280.85+5 389.82=98 670.67（元）。

4.工会经费支出

工会经费支出准予扣除限额：9 137 168×2%=182 743.36（元）。

181 367.12元＜182 743.36元＜201 467.89元，因此当年准予扣除的工会经费为181 367.12元。

工会经费支出纳税调整金额为0。

表8-7 职工薪酬支出及纳税调整明细表

A105050

行次	项 目	账载金额	实际发生额	税收规定扣除率	以前年度累计结转扣除额	税收金额	纳税调整金额	累计结转以后年度扣除额
		1	2	3	4	5	6（1-5）	7（2+4-5）
1	一、工资薪金支出	12 567 214	8 934 567	*	*	9 137 168	3 430 046	*
2	其中：股权激励	0	0	*	*	0	0	*
3	二、职工福利费支出	1 496 830.67	1 134 672.67	14%	*	1 134 672.67	362 158	*
4	三、职工教育经费支出	1 213 567.98	993 000.78	*	121 896.53	1 114 897.31	98 670.67	0
5	其中：按税收规定比例扣除的职工教育经费	521 210.64	306 033.26	8%	121 896.53	427 929.79	93 280.85	0
6	按税收规定全额扣除的职工培训费用	692 357.34	686 967.52	100%	*	686 967.52	5 389.82	*
7	四、工会经费支出	181 367.12	201 467.89	2%	*	181 367.12	0	*

第四节 三种人力资源管理模式的涉税差异

劳务派遣、劳务外包、人力资源外包是目前三种新型的用人模式，劳务派遣的实质就是招募外单位人员给本单位员工"打下手"；劳务外包的实质就是将非核心业务外包给外单位，集中精力从事主业；人力资源外包是将人力资源部门全部或者部分职能外包给专业公司，让专业的人去干专业的事！

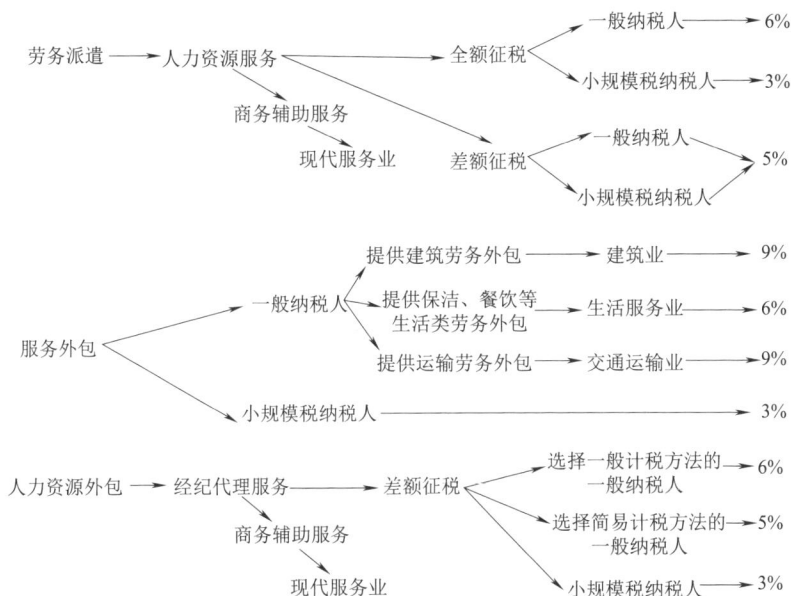

图 8-6　劳务派遣、劳务外包与人力资源外包的计税方式

一、劳务派遣的涉税处理

劳动派遣是由派遣机构与派遣人员签订劳动合同，将其派到实际用人单位，再由实际用人单位向派遣机构支付费用的新型用工形式。

图 8-7　劳务派遣关系

劳务派遣单位必须要具备相应的条件并获得相应的许可,才能从事劳务派遣业务并开具劳务派遣发票。

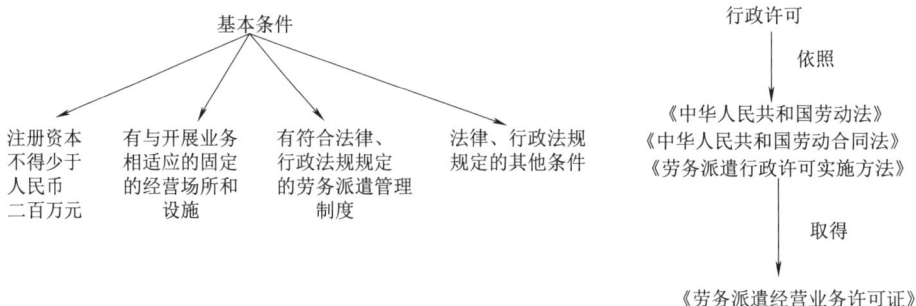

图 8-8 劳务派遣单位资质

劳务派遣人员的特殊之处在于与实际用人单位正式职工一同工作,但又不是本单位的人,属于劳务派遣单位派至实际用人单位工作的外单位人员。根据《中华人民共和国劳动合同法》的五十七条的规定,劳务派遣单位是《中华人民共和国劳动合同法》认定的用人单位,应当履行用人单位对劳动者的义务。劳务派遣单位与劳务派遣人员订立的劳动合同应当载明被派遣劳动者的用工单位以及派遣期限、工作岗位等情况。

劳务派遣这种用工方式之所以存在就是将原本应由实际用人单位承担的责任转嫁到劳务派遣单位身上,这样可以省去不少麻烦,当然实际用人单位要向劳务派遣单位支付一笔服务费,但也不能无限制地招募劳务派遣人员,更不能所有岗位都使用劳务派遣人员,《劳务派遣暂行规定》(人力资源和社会保障部令第 22 号)对此有着明确的要求。

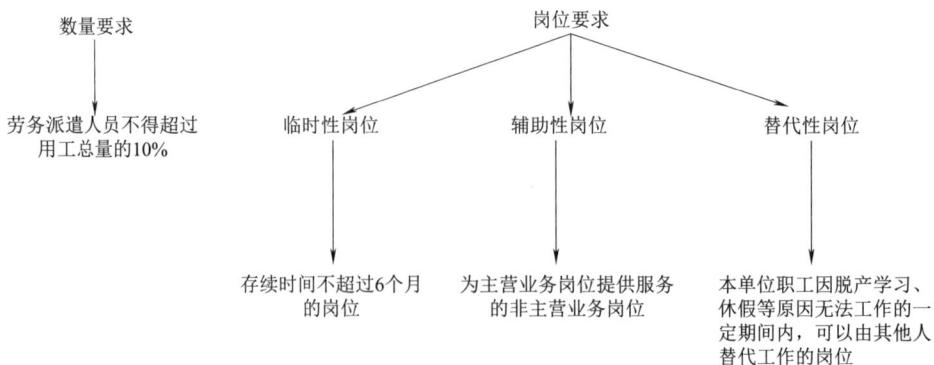

图 8-9 劳务派遣用工要求

实际用人单位与劳务派遣人员之间存在劳务关系，因此当劳务派遣人员受到损害的时候，实际用人单位与劳务派遣单位会承担连带责任。

案例：××饭店有限公司与许某明劳动争议案 [1]

2010年12月20日，许某明来到××饭店担任厨师，由第三方×澳公司派遣至××饭店工作，从厨师长支某政处领取工资，支某政从×澳公司（后为××瓢盆公司）的受委托人处领取工资，×澳公司与××瓢盆公司先后与××饭店签订了用工协议。许某明离职后要求××饭店、×澳公司、××瓢盆公司支付解除劳动关系经济补偿、法定节假日加班费与未休年休假工资。

本案的焦点是×澳公司、××瓢盆公司与××饭店是否存在劳务派遣关系，××饭店是否应当对许某明的上述经济请求承担连带责任。

首先，××饭店与×澳公司、××瓢盆公司签订有用工协议，许某明等人均是直接进入丽都饭店面试和工作。

其次，在工作期间，许某明等人的考勤记录均需上报××饭店，由××饭店相关人员签字确认。

最后，××饭店保管着部分劳动者的劳动合同原件或者复印件以及工资支付记录。

上述事实及当事人陈述均证明许某明在职期间工作内容和工作地点均没有发生变化，且均由陈某代表×澳公司或者××瓢盆公司发放工资，两公司为同一法定代表人，应当认定为×澳公司、××瓢盆公司先后与许某明建立劳动关系，××饭店与×澳公司、××瓢盆公司符合劳务派遣关系，实际用工单位给被派遣劳动者造成损害的，劳务派遣单位与实际用工单位承担连带赔偿责任，因此××饭店应就终止劳动关系经济补偿、法定节假日加班费与未休年休假工资的给付义务承担连带责任。

鉴于劳务派遣人员的特殊性，为了防止不法企业趁机钻法律的空子，税法中所称单位员工通常都会包括劳务派遣人员。

---

[1]　一审案件号：（2014）朝民初字第17633号，二审案件号：（2014）三中民终字第15106号，来源于中国裁判文书网。

表8-8 劳务派遣人员对税收优惠政策适用的影响

涉税项目	认定条件	适用文件依据	优惠内容
小微企业税收优惠	从业人数不能超过300人，包括与企业建立劳动关系的职工人数和企业接受的劳务派遣用工人数	《关于进一步支持小微企业和个体工商户发展有关税费政策的公告》（财政部 国家税务总局公告2023年第12号）	1. 小型微利企业减按25%计算应纳税所得额，按20%的税率缴纳企业所得税政策 2. 减半征收资源税（不含水资源税）、城市维护建设税、房产税、城镇土地使用税、印花税（不含证券交易印花税）、耕地占用税和教育费附加、地方教育附加
研发费用加计扣除	研发费用加计扣除中的人员人工费用是指直接从事研发活动人员的工资薪金、基本养老保险费、基本医疗保险费、失业保险费、工伤保险费、生育保险费和住房公积金，以及外聘研发人员的劳务费用。接受劳务派遣的企业按照协议（合同）约定支付给劳务派遣企业，且由劳务派遣企业实际支付给外聘研发人员的工资薪金等费用，属于外聘研发人员的劳务费用	《国家税务总局关于研发费用税前加计扣除归集范围有关问题的公告》（国家税务总局公告2017年第40号）	未形成无形资产计入当期损益的，在按规定据实扣除的基础上再按照实际发生额的100%在税前加计扣除；形成无形资产的，按照无形资产成本的200%在税前摊销
高新技术企业税收优惠	1. 科技人员占比超过10%，科技人员是指直接从事研发和相关技术创新活动，以及专门从事上述活动的管理和提供直接技术服务的，累计实际工作时间在183天以上的人员，包括在职、兼职和临时聘用人员，其中包含劳务派遣人员 2. 研究开发费用占比不低于3%、4%或5%（根据规模确定），研究开发费用所含人员人工费用包括企业科技人员的工资薪金、基本养老保险费、基本医疗保险费、失业保险费、工伤保险费、生育保险费和住房公积金，以及外聘科技人员的劳务费用	《科技部 财政部 国家税务总局关于修订印发〈高新技术企业认定管理工作指引〉的通知》（国科发火〔2016〕195号） 《科技部 财政部 税务总局关于修订印发〈高新技术企业认定管理办法〉的通知》（国科发火〔2016〕32号）	企业所得税按照15%的税率缴纳
初创科技型企业所得税优惠	初创科技型企业接受投资时，从业人数不超过200人，包括与企业建立劳动关系的职工人员及企业接受的劳务派遣人员	《财政部 税务总局关于创业投资企业和天使投资个人有关税收政策的通知》（财税〔2018〕55号）	公司制创业投资企业、有限合伙制创业投资企业合伙人、天使投资个人采取股权投资方式直接投资于初创科技型企业可以按照投资额的70%在股权持有满2年的当年抵扣应纳税所得额；当年不足抵扣的，可以在以后纳税年度结转抵扣

企业接受劳务派遣用工实际发生的费用，分为以下两种情形：

第一种为常规模式。实际用工单位按照劳务派遣协议（合同）约定将相关费用支付给劳务派遣公司，这笔费用被认定为实际用工单位的劳务费支出。

第二种为非常规模式。实际用工单位直接支付给劳务派遣人员，相关支出应认定为工资薪金支出与职工福利费支出，其中属于工资薪金支出的费用，准予计入企业工资薪金总额的基数，作为计算其他各项相关费用扣除的依据[1]。

在实际用人单位向劳务派遣单位支付的款项中，绝大部分用于支付劳务派遣人员的工资薪金、社会保险费与住房公积金，由于劳务派遣人员属于自然人，自然没有办法从他们手中取得发票，因此劳务派遣单位不管是一般纳税人，还是小规模纳税人都可以选择适用差额征税政策。

销售额＝收取价款＋价外费用－代用工单位支付给劳务派遣员工的工资、福利、社会保险、住房公积金。

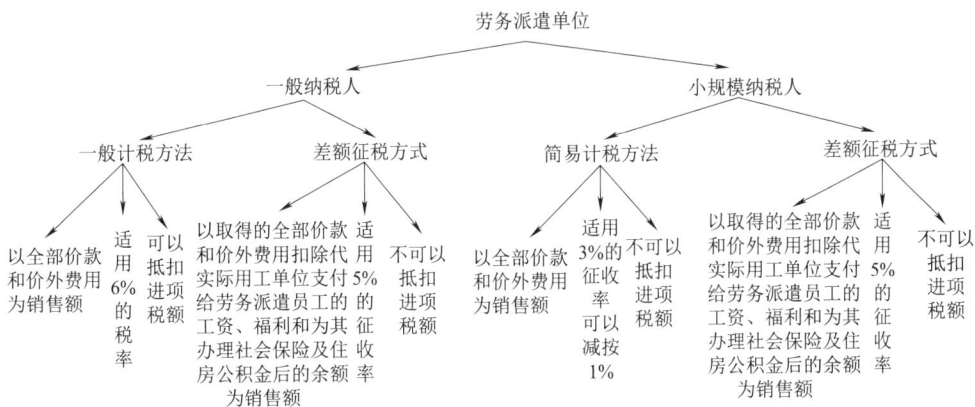

图 8-10　劳务派遣单位增值税征收方式

选择一般计税方法的一般纳税人全额计税，将收到的全部价款与价外费用按照 6% 的税率开具增值税专用发票或者普通发票，开票项目为"* 人力资源服务 * 劳务派遣服务"。

选择差额征税方式的一般纳税人可以采取以下三种开票方式：

第一种方式是通过开票系统中的差额开票功能，录入含税销售额与扣除额，系统自动计算税额和不含税金额，备注栏会自动打印"差额征税"字样。

---

1 《关于企业工资薪金和职工福利费等支出税前扣除问题的公告》（国家税务总局公告 2015 年第 34 号）第三条。

第二种方式是分别开具两张发票，差额部分开具增值税专用发票，备注栏注明劳务派遣管理费，已经被扣除的那部分金额再开具一张普通发票，备注栏注明工资、资金、社会保险等信息。

第三种方式是以收到的全部价款与价外费用全额按照 5% 的征收率开具一张普通发票，但对方无法抵扣增值税。

采取简易计税方式的小规模纳税人按照 3% 的征收率开具增值税专用发票或者普通发票；选择差额征税方式的小规模纳税人的操作方式等同于一般纳税人。

在"营改增"之前，增值税并不存在差额征税的政策，这样做会使得增值税抵扣链条断裂，但劳务派遣行业绝大部分支出项目都难以取得增值税专用发票进行抵扣，一旦全额征税无疑将会使得整个行业不得不承担极高的税负，只得出台了差额征税政策，但这也成为增值税管理中的一个薄弱环节，税务机关自然会对其严格进行管控，保证其资金流、发票流、合同流与劳务流一致，以免通过虚增派遣员工的工资、福利、社会保险或住房公积金的方式逃税。

为了防范和化解税务风险，劳务派遣单位需要注意以下事项：

（1）规范发票开具，保证发票信息（即服务内容、数量、金额、付款方等）与实际业务相符，尤其是准确填写发票备注栏。

（2）严格财务报销制度，原始凭证不能只附一张发票，还需要附劳务派遣协议（合同）、付款凭证等能够证明业务真实性的证明材料。

（3）完善资金收支的机制，一定要通过企业公户收取实际用人单位支付的款项，采用银行转账方式向劳务派遣人员支付工资，缴纳社会保险与住房公积金。

二、劳务外包的涉税处理

劳务外包是企事业单位（即发包方）将某个相对独立的劳务服务项目外包给劳务外包公司（即承包方），由承包方依据发包方的要求，组织并直接管理劳务人员完成劳务，并对劳务服务的成果和质量直接承担责任的劳务承包形式。

劳务外包实质上并非用工而是花钱购买服务，一些空壳企业甚至会将所有事务全都外包，不过通常情况下，只会将非核心、季节性强、不定期性生产的生产线，以及辅助性环节（如食堂、保洁、安保、物流）等外包给其他企业，建筑业流行的分包也是劳务外包的一种。劳务外包可以减少管理成本，提高生产效率，同时还能够降低用工风险，无需对提供外包服务的劳动者承担损害赔偿责任。

图 8-11 发包方、承包方与劳动者三方之间的法律关系

劳务派遣与劳务外包最大的区别在于实际用人单位或者发包方是否与劳动者存在直接的法律关系，在劳务派遣中实际用工单位直接管理、使用劳务派遣人员，因此两者之间存在劳务关系。劳务外包侧重于约定量与成果，通常会按照约定的工作量支付外包费；劳务派遣侧重于人与服务，通常按照员工数量计算管理费用。

在劳务外包过程中，除了提供必要的安全生产条件以外，发包方无需对承包方员工承担任何法律责任，但劳务派遣单位却需要与实际用工单位承担连带赔偿责任[1]。在司法实践中，劳务派遣与劳务外包时常会因性质模糊而发生法律纠纷。

案例：崔某石与芷×公司、凯××公司劳务派遣合同纠纷案[2]

2017 年 10 月 30 日，崔某石入职芷×公司，双方签订了一份服务外包协议书，崔某石同意作为该公司工作人员前往凯××公司从事英语翻译工作。2019 年 9 月 1 日，崔某石又与圣×公司签证了一份劳动合同，明确了双方是被派遣劳动者和劳务派遣单位，用工单位是凯××公司，自此之后接受凯××公司的指纹考勤和管理。虽然崔某石的工作地点和服务对象并没有发生变化，却以 2019 年 9 月 1 日为界，他其实从事的是两份工作。

在第一份工作期间，崔某石与凯××公司外方经理同在一个办公室并接受其领导，跟随其参加各类会议，公司也为其提供办公用笔记本及内部办公邮箱，他穿着该公司的全套防护服装及设备，他与芷×公司订立的服务外包协议书明确规定"遵守所服务单位的规章制度、考勤及工作时间安排，按所服务单位的要求完成规定的工作任务"，因此崔某石要求判令其与芷×公司签订的服务外包协议书应为劳务派遣用工协议，用工方为凯××公司，要求两公司支付其在 2017 年 10 月 30 日至 2019 年 8 月 31 日期间应当享受的加班费、未休年假工资、年终奖以及住房公积金。

---

1 《中华人民共和国劳动合同法》第九十二条。
2 一审案件号：（2020）苏 0192 民初 1868 号，二审案件号：（2021）苏 01 民终 1209 号，来源于中国裁判文书网。

本案争议的焦点是崔某石被派遣到凯××公司从事翻译工作究竟是劳务派遣还是劳务外包。凯××公司与芷×公司的服务采购协议中约定的交易对象是劳务成果（翻译）而非劳务过程。崔某石从事的翻译工作属于自由劳动度较高的工种类型，不宜将工作中的配合、协作当成被指挥和管理，因此不能仅靠指挥管理标准来判断是劳务派遣还是劳务外包。

对于崔某石的第一份工作，法院最终认为崔某石与芷×公司之间存在劳动关系，凯××公司将翻译业务外包给了芷×公司，崔某石到该公司工作只是为了完成芷×公司承揽义务的职务行为，应当被认定为劳务外包，发包方凯××公司不承担相应的赔偿责任。

劳动者究竟是在谁的管理指挥下从事劳动是区分劳务外包和劳务派遣的关键要素。如果发包方对劳动者实施管控，即便当初签订的是劳务外包协议（合同），那么也应当认定为劳务派遣，不过身为翻译的崔某石工作时需要跟随、配合凯××公司的外方经理，法院认为这是由翻译的工作属性决定的，并不属于管控。如果发包方基于安全生产或工作成果的质量控制的需要，根据劳务外包合同中的相关约定对安全生产和产品质量进行管理，也不应当认定为对劳动者实施管控。

案例：华熙公司与安波福公司劳务派遣合同纠纷案[1]

2021年1月初，安波福公司因生产经营需要与华熙公司协商开展生产外包业务，由华熙公司安排员工至安波福公司厂区生产线劳动，按每人26元/小时结算外包服务费用。华熙公司先后安排40余名员工到对方公司工作，安波福公司也支付了相关款项，但华熙公司却要求其缴纳这些员工2021年1—3月应由单位负担的社会保险费以及这些员工2021年春节加班费，由于双方协商无果，最终起诉至法院。

本案争议焦点在于，2021年1—3月间，双方之间究竟是劳务外包关系还是劳务派遣关系？

首先，华熙公司工商登记信息显示该公司并不具备劳务派遣资质，因此其并不能从事劳务派遣经营业务。

其次，2020年12月，双方口头约定提供生产流水线操作工，按26元/小时/

1　一审案件号：（2021）沪0114民初26103号，来源于中国裁判文书网。

人结算外包服务费用。2021 年 1 月 6 日至同年 3 月 16 日间，安波福公司按照约定向华熙公司结算、支付生产外包的服务费用，由此表明双方形成劳务外包关系。

再次，华熙公司提供的电子考勤汇总表显示，其安排至安波福公司厂区生产线工作的员工所签劳动合同约定员工工资为 2 974 元 / 月不等，表明华熙公司支付员工工资并不是严格按照 26 元 / 小时结算员工工资，进一步证明双方建立的是劳务外包关系。华熙公司与其派驻对方工厂生产线工作的员工签订劳动合同，建立劳动关系。华熙公司与安波福公司并不存在劳务派遣关系。

综上所述，双方虽然签订的是劳务外包协议，但费用结算方式却并非按照工作量而是按照员工人数，因此华熙公司认为双方是"假外包、真派遣"，要求其支付这些派遣人员的社会保险费与加班费，但安波福公司却觉得自己很冤，已经支付了劳务外包费用，不应再支付其他费用，最终法院认为双方是劳务外包关系而并非劳务派遣关系，其中最关键的一点是华熙公司并不具有劳务派遣资质，劳务派遣属于行政许可的范畴，只有取得《劳务派遣经营业务许可证》的单位才能从事劳务派遣业务，但劳务外包却并不需要相应的外包资质，不过一些特殊行业需要取得相应的行业许可证。

劳务派遣人员不能超过人员规模的 10%，但劳务外包却并没有相应限制，因为在现实生活中的确存在"假外包、真派遣"的情形，企业将其业务发包给具有劳务派遣经营资质的其他单位，承包方的劳动者在发包方的生产经营场所使用发包方的设施设备提供劳动，接受发包方的直接管理指挥，虽然发包方以工时为基础与承包方结算费用，但从本质上看双方应当构成劳务派遣关系。

案例：黄某舟、皇丰公司与国轩公司确认劳动关系纠纷案[1]

黄某舟于 2018 年 7 月先通过网站上刊登的招聘广告，后经人介绍来到皇丰公司工作，随后该公司与国轩公司签了了劳务外包合同，黄某舟后于 2018 年 7 月 6 日被派至国轩公司工作。

黄某舟所在的工作场所及设施设备由国轩公司负责，对其进行考勤管理，安排其每天的工作时间、工作内容，并对其工作质量提出要求，他还需要遵守该公

司的工作规程及安全要求。国轩公司按照工时与皇丰公司进行结算，派遣人员入职及离职需经皇丰公司同意。法院经过审理对以下关键点进行了确认：

首先，国轩公司与皇丰公司协议约定的"承包服务费"计算基础为劳动者每月的工时而不是工作成果；

其次，国轩公司对黄某舟直接进行工作管理、安排和指挥；

第三，黄某舟的生产资料均由国轩公司提供；

第四，黄某舟的工作属于国轩公司业务的组成部分；

第五，皇丰公司负责招录黄某舟并进行劳动关系的管理。

法院据此认定国轩公司与皇丰公司签订的合同虽然名为劳务外包协议，却符合劳务派遣关系并且皇丰公司又具有劳务派遣经营资质，因此支持黄某舟主张其与国轩公司之间自 2018 年 7 月 6 日起存在劳务派遣用工关系的请求。

其实"假外包、真派遣"存在很大的法律风险，《中华人民共和国劳动合同法》第九十二条规定，"违反本法规定，未经许可，擅自经营劳务派遣业务的，由劳动行政部门责令停止违法行为，没收违法所得，并处违法所得一倍以上五倍以下的罚款；没有违法所得的，可以处五万元以下的罚款。劳务派遣单位、用工单位违反本法有关劳务派遣规定的，由劳动行政部门责令限期改正；逾期不改正的，以每人五千元以上一万元以下的标准处以罚款，对劳务派遣单位，吊销其劳务派遣业务经营许可证。用工单位给被派遣劳动者造成损害的，劳务派遣单位与用工单位承担连带赔偿责任。"

之所以要严格区分劳务派遣与劳务外包是因为两者在计税上存在着较大差异，劳务派遣单位既可以差额征税，也可以全额征税，劳务外包企业只能全额征税，根据外包劳务所属行业的不同，分别适用 6% 或 9% 的税率。

由于代用工单位支付给劳务派遣员工的工资、福利、社会保险、住房公积金无法取得发票，因此绝大多数劳务派遣单位都会选择差额征税，扣除部分不允许开具增值税专用发票，只能开具普通发票。

劳务外包企业不适用差额征税政策，以自己收到的全部价款与价外费用为销售额，税负自然会高一些，但可以全额开具增值税专用发票，虽然劳务外包的费用相对会高一些，但对于抵扣额度不足的企业来说，采用劳务外包的方式或许更为合适！

三、人力资源外包的涉税处理

人力资源外包是指企业将其人力资源部门的全部或部分职能外包给专门的人力资源管理公司，由其代为办理人员招聘、档案管理、员工落户、社保开户、发放工资、职工培训等事宜，可以视为一种特殊的劳务外包。

虽然人力资源外包与劳务派遣同属现代服务业之下的商务辅助服务，不过前者属于经纪代理服务，后者却属于人力资源服务。

对于人力资源外包企业而言，无论是选择一般计税方法的纳税人，还是选择简易计税方法的纳税人；也不管是一般纳税人，还是小规模纳税人，一律适用差额征税，并不存在全额征税的情形，这也是其与劳务派遣、劳务外包最大的区别。

销售额 = 价款 + 价外费用 – 受客户单位委托代向客户单位员工发放的工资—代理缴纳的社会保险、住房公积金。

劳务派遣与人力资源外包之所以在计税方式上存在如此之大的差异主要是因为劳务派遣人员虽然在实际用人单位工作，却并非实际用人单位的职工，这些人员与间接用人单位，也就是劳务派遣单位构成劳动关系，他们只是被派遣到实际用人单位工作，劳务派遣单位可以在税前扣除发放给劳务派遣人员的工资、薪金。

人力资源外包企业只是受托给委托人的职工发工资、上社保、上公积金，与这些职工之间并不构成劳动关系，这些人员的工资、薪金只能由委托人列支，因此人力资源外包企业计算销售额时必须要扣除受托代发的工资、代缴的社会保险与住房公积金，剩余的代理费才是其真正的收入。

关于代理费，无论是选择一般计税方式，还是简易计税方式的一般纳税人都可以开具 6% 的增值税专用发票或者普通发票，两者的区别只是能否抵扣进项税额。小规模纳税人可以开具 3% 或者减按 1% 的增值税专用发票或普通发票。

当前争议较大的是人力资源外包企业代收代付的工资、社会保险、住房公积金究竟该如何开票？选择差额纳税的纳税人，向用工单位收取用于支付给劳务派遣员工工资、福利和为其办理社会保险及住房公积金的费用，不得开具增值税专用发票，可以开具普通发票[1]，虽然上述规定专门针对劳务派遣企业，但很多人觉得人力资源外包也应当适用，因此目前比较普遍的方式是开两张发票，服务费部分开具增值税专用发票或者普通发票，品名为 "＊经纪代理服务＊劳务费"；代收

---

1 《财政部 国家税务总局关于进一步明确全面推开营改增试点有关劳务派遣服务、收费公路通行费抵扣等政策的通知》（财税〔2016〕47 号）第一条第三款。

代付部分开具普通发票,品名为"＊经纪代理服务＊代收代付",税率栏填 0,备注栏注明代缴社保、代缴公积金。

不过这种开票方式或多或少存在一些问题,零税率主要适用于出口货物和存在跨境应税行为的纳税人,人力资源外包企业选择零税率未免有些不太合适,不过目前对人力资源外包企业究竟应该如何开票,一直都没有予以明确,笔者认为人力资源外包代收代付的款项本身并不属于增值税征税范围,给对方开具收据入账即可。

第三部分

"金税四期"重点行业涉税风险管理

随着"金税四期"的上线，税务机关对于系统性、行业性风险的管控变得更加得心应手。各行业都需要结合自身特点全面梳理存在的重要涉税风险，采取切实措施防范和化解潜在的涉税风险。

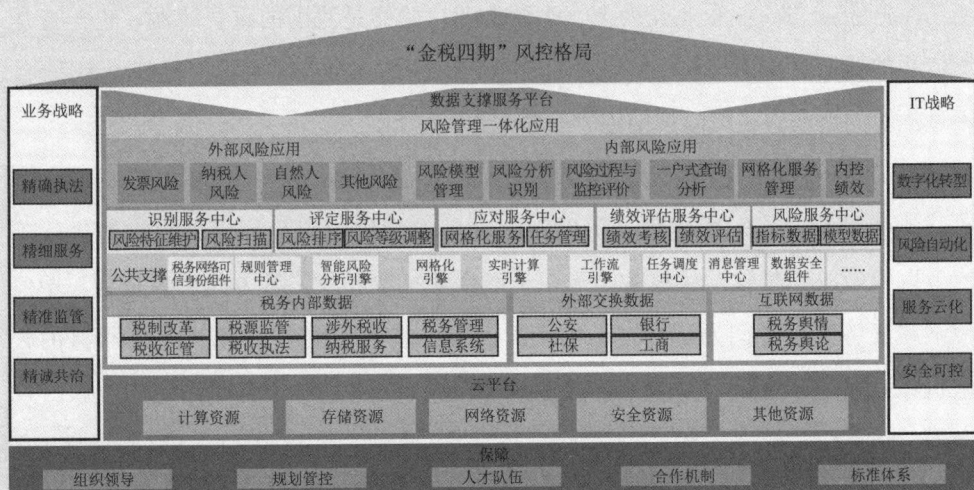

图　"金税四期"风控格局

第九章　工商业的涉税风险管理

◉ 第一节　常规工商业的涉税风险管理

常规工商业中的工业指的是生产企业，也称为"制造业"，利用机械、设备或人力等手段，将原材料或零部件经过一定的加工、组装、调试等工序，制成符合特定用途的产品；商业主要指批发业与零售业，批发业是向其他批发或零售单位及其他企事业单位、机关团体批量销售商品或服务的商业活动，零售业是直接将商品或服务销售给个人消费者或最终消费者的商业活动。

生产企业与商业企业互为上、下游企业，始终是我国的重要税源，也一直是增值税的课征对象，相较于原来征收营业税的新纳入行业，对现行税制更为适应，不过面对的潜在涉税风险依旧不容小觑。

一、不及时、足额确认收入

增值税纳税人发生纳税义务的时间为发生增值税应税行为并收讫销售款项或者取得索取销售款项凭据的当天，工商企业采取预收货款方式销售货物，增值税纳税义务发生时间为货物发出的当天，但生产销售生产工期超过 12 个月的大型机械设备、船舶、飞机等货物，为收到预收款或者书面合同约定的收款日期当天[1]。

案例：逆风板材公司未按期缴纳增值税案

逆风板材公司连续三年的财务数据均显示本公司并没有预收账款，但"应收账款"这个会计科目中却存在贷方余额并且长期挂账，税务机关调查期间，该公

---

[1] 《增值税暂行条例实施细则》第三十八条第四款。

司负责人还在不经意间透露，近年来公司业务发展迅速，承接了不少冷库工程项目，由于建造规模较大，发出冷藏板材后，安装、验收与结算的过程耗时很长，公司垫资压力较大。税务机关认为该公司销售的冷藏板材可能存在未及时确认增值税应税收入的情形。经询问，该公司未设置"预收账款"科目，在会计核算时将预收款项记入"应收账款"科目贷方，待整体项目结算完成后，再开具发票并确认增值税应税收入，未能按时缴纳增值税。

逆风板材公司生产的冷藏板材主要供冷链物流设施使用，并非标准尺寸，需要根据客户设计要求进行定制，因此基本采取"以销定产"的经营模式，也就是首先签订销货合同，供货前按合同约定收取一定比例的预收款项，然后再按照客户要求，组织材料采购和产品生产，生产完成后再将冷藏板材运往客户工地进行现场安装。

其实定制型生产企业都存在预收货款的情形，在这种情况下，增值税纳税义务发生时间为货物发出的当天，此时很有可能并未开具发票，但依旧需要根据销货合同、预收款明细、送货单和验收单等资料，合法合规地确认增值税纳税义务发生时间，准确申报增值税应税收入。

为了缓解购买方的压力，一些企业往往会采取分期收款方式销售货物，此时需要按照书面合同约定的收款日期确认增值税收入，无书面合同的或者书面合同没有约定收款日期，以货物发出的当天确认增值税收入的实现[1]。

生产企业有时还会采取产品分成的模式，也就是多家企业合作开展生产经营活动，合作各方对合作生产出的产品按照约定进行分配，并以此作为生产经营收入。采取这种方式取得的收入按照企业分得产品的日期确认收入，其收入额按照产品的公允价值确定[2]，这是因为产品价格往往会随着市场供求关系的变化而波动，所以在实际分得产品的时候才确认收入，这是权责发生制原则的一个例外。

下面这些特殊收入一直是税务检查的重点内容，无论是生产企业，还是批发零售企业都应当高度关注。

---

1 《增值税暂行条例实施细则》第三十八条。
2 《企业所得税法实施条例》第二十四条。

表9-1 特殊收入的风险应对策略

收入类别	风险描述	应对策略
处置低值易耗品的收入	低值易耗品的主要配件、一次性损耗的办公用品等处置收入属于《企业所得税法》中的销售货物收入，但因数额较小又不经常发生，极有可能会存在少记收入的风险	建立完善的低值易耗品处置流程，避免发生私自对外售卖、私自瓜分收入款的情形，确保及时足额入账并及时缴纳增值税、企业所得税等相关税款
逾期未退包装物押金	逾期未退包装物押金属于《企业所得税法》中的其他收入，由于长期挂账，很容易被遗忘。包装物押金通常不会被认定为价外费用，容易造成少缴增值税和企业所得税的情形	定期核查应收、应付相关会计科目，及时确认收入并缴纳相关税款
政策性搬迁收入	企业发生政策性搬迁，取得的政策性搬迁收入扣除固定资产重置、改良支出、技术改造支出和职工安置支出后的余额挂往来账，未计入收入总额	核查其他业务支出或专项应付款等会计科目，审核搬迁合同、立项合同等搬迁过程中的相关文书，对收入扣除支出后的余额进行纳税调整
处置资产收入	企业处置资产应该按照被处置资产的公允价值确定销售收入，有些企业会瞒报收入，在账面上进行报废。有些企业按照历史成本或者重置价格来确定收入，存在少缴税款的风险	全面梳理处置资产的相关收入，对于没有按照资产公允价值进行纳税申报的要及时进行更正
接受捐赠收入	企业应以收到捐赠资产的日期作为确认收入的日期，但有些企业却延迟确认收入或者迟迟不确认收入	企业应当全面核查是否取得捐赠收入，若存在，企业需要确定是否及时确认收入，若是未及时确认收入，及时进行调整纠正
租金收入	企业出租的固定资产或者无形资产取得的跨年度租金收入没有按照收入与费用配比原则分期均匀计入相关年度，或者没有按照合同约定付款日确认收入	核查"其他业务收入"等会计科目，审核租赁合同，严格遵循收入与费用配比原则，按照交易合同或协议规定的承租人应付租金的日期确认收入，如果租赁期限跨年度且租金提前一次性支付的，根据收入与费用配比原则，在租赁期内分期均匀计入相关年度收入
股权转让收入	部分股权转让所得以实物等非货币形式收取，有些企业未及时入账或者未足额入账。 有些企业没有在转让协议生效且完成股权变更手续时确认收入，擅自扣除被投资企业未分配利润等股东留存收益中按该项股权可能分配的金额	股权转让时应该将转让人转让股权所取得的对价，包括货币形式和非货币形式的各种收入全部计入收入。 及时足额确认收入的实现，不得扣除被投资企业未分配利润等股东留存收益中按该项股权可能分配的金额
后续全部或者部分收回已经确认损失的资产或者坏账	企业已经确认损失的资产或者坏账在以后纳税年度全部或部分收回，需要将相关收入纳入应纳税所得额	重点查核应计收入而未计收入的项目，对于收回的已经确认损失的资产或者坏账，应当在相应纳税年度缴纳税款

续表

收入类别	风险描述	应对策略
非货币性资产投资收入	没有及时确认收入或者收入额确认有误	以非货币性资产对外投资按评估后的公允价值扣除计税基础后的余额为收入额，在投资协议生效并办理股权登记手续时确认收入
确实无法偿付的应付款项	一些企业存在确实无法偿付的应付款项长期挂账不处理的问题。	企业应定期核查"应付账款""其他应付款"等会计明细科目中长期未核销余额，核实是否存在超账期应付款项，重点关注账龄三年以上的应付款，如果确认无法支付，应及时采取债务重组、债权债务抵销的方法进行冲销处理，或直接转入营业外收入，缴纳企业所得税。 如果应付利息、应付股利的对方为自然人，还会涉及代扣代缴个人所得税
个人所得税手续费收入	将收到的手续费直接冲减其他应付款，没有确认收入，也不影响当期损益	手续费收入应单独核算，计入本单位收入，用于与业务直接相关的办公设备、人员成本、信息化建设、耗材、交通费等管理支出[1]。 定期核查其他应付款科目下的"其他""手续费"等明细科目贷方发生额及余额，确认是否存在收到手续费并挂在往来项目的情形

二、视同销售的认定

视同销售是指在会计上不作为销售核算但在税收上却作为销售、确认收入、计缴税费的商品或劳务的转移行为。增值税上的视同销售的本质是增值税抵扣进项并产生销项的抵扣链条出现了断裂，比如用于个人消费或者集体福利等，需要确认收入并计算销项税额。企业所得税上的视同销售是指货物的权属发生了转移，但会计上却没有计为收入，存在侵蚀税基的可能。

1. 视同销售行为

《增值税暂行条例实施细则》第四条规定了几种视同销售行为：

（1）将货物交付其他单位或者个人代销；

（2）销售代销货物；

（3）设有两个以上机构并实行统一核算的纳税人，将货物从一个机构移送其

---

1 《财政部 国家税务总局 人民银行关于进一步加强代扣代收代征税款手续费管理的通知》（财行〔2019〕11号）第四条第三款第四项。

他机构用于销售，但相关机构设在同一县（市）的除外；

（4）将自产或者委托加工的货物用于非增值税应税项目；

（5）将自产、委托加工的货物用于集体福利或者个人消费；

（6）将自产、委托加工或者购进的货物作为投资，提供给其他单位或者个体工商户；

（7）将自产、委托加工或者购进的货物分配给股东或者投资者；

（8）将自产、委托加工或者购进的货物无偿赠送其他单位或者个人。

2. 三种视同销售行为

《营业税改征增值税试点实施办法》第十四条又规定了三种视同销售行为：

（1）单位或者个体工商户向其他单位或者个人无偿提供服务，但用于公益事业或者以社会公众为对象的除外；

（2）单位或者个人向其他单位或者个人无偿转让无形资产或者不动产，但用于公益事业或者以社会公众为对象的除外；

（3）财政部和国家税务总局规定的其他情形。

3. 合并

不过在《增值法税（草案）征求意见稿》中，上述 11 项视同销售却归并成为 4 项，分别为：

（1）单位和个体工商户将自产或者委托加工的货物用于集体福利或者个人消费；

（2）单位和个体工商户赠与货物；

（3）单位和个人赠与无形资产、不动产或者金融产品；

（4）国务院财政、税务主管部门规定的其他情形。

《增值税法》正式实施之后，视同销售的情形将会大幅减少，实际上压缩为三项，也就是用于集体福利、用于个人消费与用于对外赠与。

第一，委托代销及销售代销不再视同销售。代销虽然使得货物的控制权发生了转移，但所有权却并未发生转移，之前为了使税基不受到侵蚀，将其视同销售，也就此与会计核算产生了差异，不再视同销售之后，将委托代销商品视为存货，无须确认收入。双方在结算代销手续费时，受托方将获取的手续费收入确认收入，委托方确认货物销售收入并结转成本，这样核算起来更为简便。

第二，机构间移送货物不再视同销售。按照现行规定，同一纳税人不同市县机构间的货物移送也视同销售，这个规定当初是为了防止利用不同地区之间的税负差进行避税，但出台后却一直饱受诟病，同一法人内部移送货物，所有权并未发生转移。如今地区间的税负差基本上已经消除，这条视同销售的情形也被取消，有利于提升企业的运营效率。

第三，投资与分配股东行为不再视同销售。无论是将货物用于对外投资，还是分配给股东，所有权都发生了转移，应当视同销售，之所以将其删去是因为这两种行为从本质上讲都不是无偿转让而是有偿转让，虽然不再视同销售却并不意味着不再征税而是直接认定为销售。

第四，用于非增值税应税项目不再视同销售。当初之所以会有这样的规定是因为还没有进行"营改增"，用于营业税应税项目的情形比较普遍。随着"营改增"的完成，所有行业都课征增值税，不征税项目犹如凤毛麟角，其中既有暂时不征税项目，比如房地产企业收到预收款，通常要等到交房之后才能确认收入；还有长期不征税项目，比如存款利息，这种情形只需将相应的进项税额转出即可，没有必要再视同销售。

第五，所有服务都不再视同销售。视同销售的赠与情形只有货物、无形资产、不动产或者金融产品，并不包括服务。按照现行规定，纳税人出租不动产，租赁合同中约定免租期，不属于视同销售[1]，不需要缴纳增值税，但其他服务依然视同销售，不过《增值税法》出台之后，赠与服务将会全部不视同销售，与此同时，之前并未明确的无偿赠送金融产品纳入了视同销售。

三、特殊营销方式的涉税处理

（一）商业折扣、现金折扣、销售折让与销售退回

商业折扣、现金折扣、销售折让与销售退回是生产企业、商业企业经常会遇到的销售问题，商业折扣就是我们俗称的"打折"，是最常用的商品促销手段。现金折扣是为了让购买方迅速付款而给予的一种奖励，增值税、企业所得税都不允许将现金折扣从收入中扣除，但允许将现金折扣计入财务费用在税前抵扣。

销售折让、销售退回与现金折扣属于事后发生的补偿行为，现金折扣是销售方主动提出的优惠条件，销售折让与销售退回是销售方因质量等问题被动接受或

1　《关于土地价款扣除时间等增值税征管问题的公告》（国家税务总局公告 2016 年第 86 号）第七条。

者做出的让步，折让是给予一定的货款减免，退回的是退回全部货款。

由于供货商众多，超市等大型零售商在进场、议价、取得发票、支付货款等方面往往处于强势地位，有时会以货物存在质量问题等各种理由要求供货商给予一定的销售折让，大型零售商应当按照规定依据销售方开具的红字发票对折让部分做进项税额转出，但在现实中却往往直接扣减应付款项，并没严格按照规定做进项税额转出，存在少缴增值税的风险，应当调取商品供销合同，核查"应付账数""银行存款""库存现金""主营业务成本"等会计科目，抽查进项税发票以及财务人员自行设立的辅助账，判断是否存在未按规定转出进项税额的行为。

表9-2 商业折扣、现金折扣、销售折让与销售退回涉税处理对比表

项　　目	具体定义[1]	增值税处理方式	企业所得税处理方式[2]
商业折扣（又称折扣销售）	为促进商品销售而在商品价格上给予的价格扣除	销售额和折扣额在同一张发票上的"金额"栏分别注明，可以按折扣后的销售额征收增值税，仅在发票"备注栏"注明折扣额，折扣额不得从销售额中减除[3]	按照扣除商业折扣后的金额确定商品收入金额
现金折扣（又称是销售折扣）	债权人为鼓励债务人在规定的期限内付款而向债务人提供的债务扣除	按照销售额全额缴纳增值税	按扣除现金折扣前的金额确定商品收入金额，现金折扣在实际发生时作为财务费用予以扣除
销售折让	因售出商品质量、品种不符合要求等原因在售价上给予的减让	因销货折让而退还给购买方的增值税额，应从发生销货折让当期的销项税额中扣减，因折让而收回的增值税额，应从发生折让当期的进项税额中扣减[4]	已经确认销售收入的售出商品发生销售折让，应当在发生当期冲减当期销售收入
销售退回	因售出商品质量、品种不符合要求等原因而发生的退货	因销货退回而退还给购买方的增值税税额，应从发生销货退回当期的销项税额中扣减。因进货退回而收回的增值税税额，购买方应从发生进货退出当期的进项税额中扣减[5]	已经确认销售收入的售出商品发生销售退回，应当在发生当期冲减当期销售商品收入

1　《国家税务总局关于确认企业所得税收入若干问题的通知》（国税函〔2008〕875号）。
2　《国家税务总局关于确认企业所得税收入若干问题的通知》（国税函〔2008〕875号）。
3　《国家税务总局关于折扣额抵减增值税应税销售额问题通知》（国税函〔2010〕56号）。
4　《增值税暂行条例实施细则》第十一条。
5　《增值税暂行条例实施细则》第十一条。

（二）售后回购、还本销售与以旧换新

售后回购通常有三种形式：第一种是企业和客户约定企业有义务回购该商品，即存在远期安排；第二种是企业有权利回购该商品，即企业拥有回购选择权；第三种是当客户要求时，企业有义务回购该商品，即客户拥有回售选择权。

为了保障增值税抵扣链条的完整性，除非有文件明确规定，售后回购中的销售行为和回售行为不缴纳增值税，否则需要正常缴纳增值税，目前只是明确了融资性售后回租（注意不是回购）的本金不属于增值税征收范围，不缴纳增值税[1]，售后回购仍旧需要正常缴纳增值税。

企业所得税规定有明确证据证明属于融资行为，且回购价格大于原售价，可以不确认收入，按照新的会计收入准则，相关金额需要计入"合同负债"这个会计科目，回购价格高于原售价的部分计入财务费用。虽然企业所得税与会计核算看似并无差异，但实际上却并非如此，会计核算确认财务费用时采用实际利率法，但税法却要求按照直线法（即名义利率法）提取财务费用，两者的区别有点类似于单利与复利，虽然实际利率法更为精准科学，但计算过程却相对复杂，税法更加追求简洁高效，因此财务人员依旧要对售后回购业务进行纳税调整。

如果回购价小于原售价，企业依旧要按照正常的销售产品和购买商品计算缴纳企业所得税，此时会计核算与企业所得税便存在较大差异。

采取还本销售的销售方式，收入确认与成本结转与正常销售货物一样，区别在于对于以后还本支出的会计处理，如果是为了融资，需要计入财务费用；如果是为了促销，还本支出需要计入销售费用；如果是两者兼而有之，分别通过两个科目来进行核算，还本支出要按年或按月计提。

不过缴纳增值税时，企业不得从销售额中减除还本支出；缴纳企业所得税时，还本支出可以在税前扣除，如果约定若干年之后才还本，在实际支出的年度才能进行税前扣除，有些企业在会计核算时会在还本之前按一定比例计提支出并计入销售费用或财务费用，等到年度汇算清缴时，需要对这部分金额进行纳税调整。

采取"以旧换新"的销售方式，销售货物与有偿收购旧货是两项不同的业务活动，旧商品的收购额不能抵减新商品的销售额，只有金银首饰才准许按照实际

1　《国家税务总局关于融资性售后回租业务中承租方出售资产行为有关税收问题的公告》（国家税务总局公告 2010 年第 13 号）。

收取的差价来确认收入。由于收购的旧货一般无法获取增值税专用发票，自然也就不能进行抵扣，因此采取这种方式的纳税人应该审慎核算自身税负，加强与废旧物资收购行业的经济往来，通过提高利润率的方式来降低自身税负。

表9-3 售后回购、还本销售与以旧换新涉税处理对比表

项　目	具体定义	增值税处理方式	企业所得税处理方式
售后回购	在销售商品的同时承诺或有权选择日后再将该商品购回的销售方式。被购回的商品包括原销售给客户的商品、与该商品几乎相同的商品，或者以该商品作为组成部分的其他商品	销售的商品按照向购买方收取的全部价款和价外费用作为销售额计算销项税额，回购时按照购进购物进行进项抵扣	销售的商品按照售价确认收入，回购的商品作为购进商品处理。有证据表明不符合销售收入确认条件的，如以销售商品方式进行融资，收到的款项应确认为负债，回购价格大于原售价，差额应在回购期间确认为利息费用[1]
还本销售	企业销售货物后，在一定期限内将全部或部分货款一次或分次无条件地退还给购货方	纳税人采取还本销售方式销售货物，不得从销售额中减除还本支出[2]	—
以旧换新	用旧商品折抵部分金额购置新商品	按新商品的同期销售价格确定销售额，开具发票并计税，收取旧商品，取得增值税专用发票注明的进项税额可以抵扣[3]。对金银首饰以旧换新业务，可以按销货方实际收取的不含增值税的全部价款征收增值税[4]	销售的新商品应当按照销售商品收入确认条件确认收入，回收的旧商品作为购进商品处理[5]

（三）平销返利

零售企业通常会向供货商收取与商品销售量或者销售额挂钩的各种返还收入，此时按照税法相关规定应当冲减当期增值税进项税额，不过销售货物适用的税率通常为13%，但提供服务的税率却仅为6%，因此有些零售企业故意将这部分收入以其他业务收入或营业外收入的名义入账，企图达到少缴增值税的目的。

对于此种情形，应当重点核查零售商与供货商签订的供货合同是否有与返利

相关的约定，进而判断究竟有没有收取过返利，收取的是现金返利还是实物返利，收取的返利是否按规定入账，重点核查"其他业务收入""营业外收入""应交税费—应交增值税（进项税额转出）"等会计科目，判断实际收取的返利是否冲减了进项税额，是否将实际收取的返利"巧妙"地变为其他收入。

（四）"买一赠一"

"买一赠一"是在销售主货物的同时附送从货物，比如购买电脑赠送电脑包，这种销售方式究竟该如何征税曾经有过争议。有人认为应当认定为"无偿赠送"，那么赠送的电脑包就应当按照视同销售缴纳增值税，不过也有人认为名义上虽然是"赠送"，但实际上电脑包的价格其实已经包含在电脑的价格之中。

《国家税务总局关于确认企业所得税收入若干问题的通知》（国税函〔2008〕875号）第三条明确规定："企业以买一赠一等方式组合销售本企业商品的，不属于捐赠，应将总的销售金额按各项商品的公允价值的比例来分摊确认各项的销售收入。"自此后一种说法逐渐占据主流地位，但这个文件规范的是企业所得税收入确认原则，原则上对增值税并没有效力。

目前最稳妥的办法是将主货物与从货物开具在同一张发票上，注明主货物为折扣销售，折扣金额就是从货物的价值，也就是用一张发票体现主、从两种货物的价值。按照税法规定，销售额与折扣额在同一张发票上列明，可以按照折扣后的销售额征收增值税。

四、人为调节不同税负项目的销售额

无论是生产企业，还是批发零售企业，往往都会经营不同适用税率的货物，比如将熟食制品、冷冻食品、精加工的农副产品等适用普通税率（即13%）、适用低税率（即9%），对于这种情况需要全面了解产品状况，重点查看企业账套中的低税率商品销售明细表，核实是否存在错用税率的情形。

有些企业会在销售货物的同时提供服务，此时就需要认定这个行为究竟是兼营行为，还是混合销售，关于两者的区别将在后面进行详细介绍。兼营行为分别适用各自税率或者征收率，为了降低整体税负，自然会出现人为调节销售额的情形。

案例：××板材公司逃避缴纳税款案

税务机关在风险应对时发现，××板材公司虽然已经分别核算货物与安装服务的销售额，但相较于同行业企业，安装服务收入明显偏高，于是要求该公司提供相应的销货合同。经过比对发现，××板材公司对外签订的部分合同仅有总价，虽然注明安装，却并未标明安装费用，也没有单独签订安装合同。该公司辩称，有的安装工程较为复杂，无法在合同中预先约定安装费用，待安装完毕之后，才能按实际收取的安装费申报收入。税务机关要求该公司根据销货合同逐一核对已申报的安装服务收入，对于合同未约定安装费用且未补充签订安装服务合同的，应按销售货物的适用税率申报缴纳增值税。

作为冷藏板材供货企业，逆风板材公司在向冷链物流设施建设项目销售冷藏板材时，通常会负责安装工作，这种行为看似是混合销售，但《国家税务总局关于进一步明确营改增有关征管问题的公告》（国家税务总局公告 2017 年第 11 号）第一条却规定，纳税人销售活动板房、机器设备、钢结构件等自产货物的同时提供建筑、安装服务，不属于混合销售，应当认定为兼营行为，分别适用不同的税率或者征收率，通常情况下销售货物适用 13% 的税率，提供安装服务适用 9% 的税率。

混合销售不存在上述问题，由于销售货物与销售服务并非独立存在的而是有主从之分，因此统一按照主业务的适用税率缴纳增值税，不过混合销售的政策后来却有所松动。

一般纳税人销售自产或者外购的机器设备的同时提供安装服务，如果已经按照兼营的有关规定，分别核算机器设备和安装服务的销售额，可以与销售自产机器设备享受同样的优惠政策，安装服务按照甲供工程选择适用简易计税方法计税[1]。按照之前的政策，安装服务需要适用 13% 的税率，如今只需要适用 3% 的征收率，税负可谓大幅下降，不过这项规定也使得纳税人突破了反避税的相关约束，可以通过人为调节设备价款与安装费用的金额来避税。

上述税收政策并没有明确机器设备的具体范围，根据《企业所得税法实施条例》第六十条的规定，机器设备的最低折旧年限为十年，高于与生产经营活动有关的器具、工具、家具等和电子设备的折旧年限，因此器具、工具、家具、电子设备等货物的安装费用能否适用上述税收政策在正式明确之前应持谨慎态度。

---

1 《关于明确中外合作办学等若干增值税征管问题的公告》（国家税务总局公告 2018 年第 42 号）第六条。

五、进项税额转出

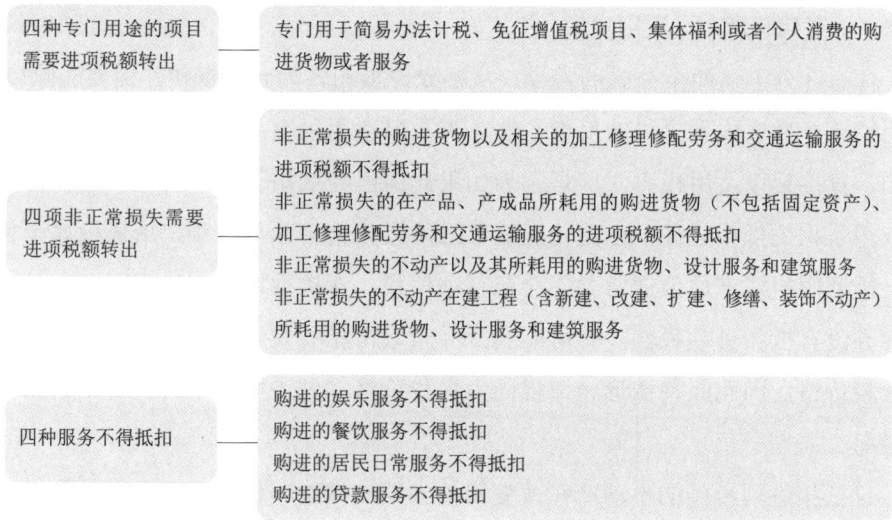

四种专门用途的项目需要进项税额转出	专门用于简易办法计税、免征增值税项目、集体福利或者个人消费的购进货物或者服务
四项非正常损失需要进项税额转出	非正常损失的购进货物以及相关的加工修理修配劳务和交通运输服务的进项税额不得抵扣 非正常损失的在产品、产成品所耗用的购进货物（不包括固定资产）、加工修理修配劳务和交通运输服务的进项税额不得抵扣 非正常损失的不动产以及其所耗用的购进货物、设计服务和建筑服务 非正常损失的不动产在建工程（含新建、改建、扩建、修缮、装饰不动产）所耗用的购进货物、设计服务和建筑服务
四种服务不得抵扣	购进的娱乐服务不得抵扣 购进的餐饮服务不得抵扣 购进的居民日常服务不得抵扣 购进的贷款服务不得抵扣

纳税人既有免税或者简易征税项目，又用于应税项目，首先应明确归属于应税项目的进项税额，该进项税额可以抵扣；其次明确归属于免税或者简易征税项目的进项税额，该进项税额不能抵扣，应做进项税额转出处理；对于无法准确划分究竟是归属于应税项目还是归属于免税项目的进项税额，需要按公式计算确定哪些可以抵扣、哪些不允许抵扣，并做相应的转出处理。

非固定资产类的货物或者服务不得抵扣的进项税额＝当期无法划分的全部进项税额 × 当期免税项目销售额、当期简易计税项目销售额合计 ÷ 当期全部销售额。

需要注意的是固定资产、无形资产、不动产兼用于四种专门用途，进项税额准予正常抵扣，只有专门用于四种用途时才要进行进项税额转出，不过与货物或者服务不同的是在使用期间可能会因使用范围的差异在准予抵扣与不予抵扣之间进行转换。

已抵扣进项税额的固定资产、无形资产在改变用途当期扣减进项税额，不得抵扣的进项税额＝固定资产、无形资产净值 × 适用税率，净值是指根据财务会计制度计提固定资产折旧或无形资产摊销后的余额[1]。

---

[1] 《财政部 国家税务总局关于全面推开营业税改征增值税试点的通知》（财税〔2016〕36 号）附件一《营业税改征增值税试点实施办法》第三十一条。

不得抵扣进项税额的固定资产、无形资产发生用途改变，用于允许抵扣进项税额项目的，在改变用途的次月计算可抵扣进项税额，固定资产、无形资产净值 ÷(1+ 适用税率)× 适用税率[1]

注意区分上述两个公式的差异，从不允许抵扣转为允许抵扣，需要先除以 1+ 适用税率，换算成不含税的价格，然后再乘以适用税率；从允许抵扣转为不允许抵扣，直接乘以适用税率。这是因为如果此前已经抵扣了进项税额，那么肯定已然取得了相关抵扣凭证，也就是说能够准确区分销售额与税额，增值税属于价外税，因此固定资产原值通常并不会包括增值税，直接乘以适用税率即可；可如果此前并没有抵扣进项税额，有可能当时并未取得相关凭证，入账时难以准确核算不含税价格，因此此种情形一律视同为含税价格，先还原为不含税价格再乘以适用税率。

已抵扣进项税额的不动产在改变用途当期扣减进项税额，不得抵扣的进项税额＝已抵扣进项税额 × 不动产净值率，其中不动产净值率＝（不动产净值 ÷ 不动产原值）×100%。

按照规定不得抵扣进项税额的不动产发生用途改变，用于允许抵扣进项税额项目的，在改变用途的次月计算可抵扣进项税额，增值税扣税凭证注明或计算的进项税额 × 不动产净值率[2]。

为了查明免税或者简易计税项目进项税额转出情况，需要查看增值税申报表主表以及附表，确定该企业是否申报免税销售额，明确可能涉及的免税或者简易计税项目，比如零售超市主要涉及的免税项目是避孕药品或用具、蔬菜、部分鲜活肉蛋产品等商品，需要重点核查"其他应收款—某某人蔬菜自采""其他应收款—某某人肉蛋自采""应付账款—某供应商""应交税费—应交增值税（进项税额转出）"等会计科目，核实与免税商品相匹配的进项税额是否已经转出。

调阅涉及免税商品的运输合同，判断运输业务是否与免税项目有关，是否按照税法规定计算不得抵扣的进项税额并进行转出；不能准确划分免税和非免税，

---

1 《财政部 国家税务总局关于全面推开营业税改征增值税试点的通知》（财税〔2016〕36 号）附件二《营业税改征增值税试点有关事项的规定》第一条第四项第 2 目。
2 《关于深化增值税改革有关事项的公告》（国家税务总局公告 2019 年第 14 号）第六、第七条。

是否按照税法规定计算不得抵扣的进项税额进行转出。

在日常经营活动中，存货出现毁损或者报废，一些财务人员出于严谨性考虑会把这些存货对应的进项税额转出，这是因为他们对税法中"非正常损失"的概念认识不清，甚至遇到非经营性损失也一律进行进项税额转出，这样可能会导致企业多缴增值税。

《增值税暂行条例实施细则》第二十四条将"非正常损失"界定为"因管理不善造成被盗、丢失、霉烂变质的损失"，不过《营业税改征增值税试点实施办法》第二十八条将"非正常损失"的外延进行了相应的扩展，包括"因违反法律法规造成货物或者不动产被依法没收、销毁、拆除的情形"。增值税中的非正常损失包括管理原因与法律原因导致的损失，其他原因如不可抗力等原因导致的货物毁损，不应认定为"非正常损失"，进项税额不需要转出，注意企业所得税中的非正常损失的范围要比增值税更为宽泛。

表9-4 非正常损失适用情形

情 形	进项税额处理
货物因自然灾害，地震、台风、大雨造成的毁损	不需要转出
货物物理特性导致的挥发、蒸发等原因减少	不需要转出
存货低价处置	不需要转出
市场原因卖不出去，过期按规定销毁	不需要转出
被法院执行	不需要转出
被盗、丢失、腐烂变质	转出
存货盘亏	转出
存货被罚没	转出

不过也有一些企业因管理不善导致存货霉烂变质之后，并不进行账务处理或者人为调节损失比例，没有进行或者没有全额进行进项税额转出，此时需要调阅"盘存情况表"，查看损失情况统计，核查"营业外收入"这个会计科目是否存在对过失职工的处罚记录，从而确认损失情况的真实性。对照"待处理财产损益"和"应交税费—应交增值税（进项税额转出）"科目，确认损失的存货是否按照规定转出进项税额。

六、违规享受税收优惠政策

为了应对经济压力，近年来，针对工商业出台的税收优惠政策很多，相关企业要认真研究相关文件，确定自己是否适用，必要时应询问当地税务机关明确本企业是否属于适用范围。

案例：××板材公司违规享受税收优惠案

××板材公司生产的金属面硬质聚氨酯夹芯板在"享受增值税即征即退政策的新型墙体材料目录"之内，可以享受增值税即征即退50%的税收优惠政策，不过也生产其他货物。该公司虽然单独核算金属面硬质聚氨酯夹芯板的销售额和应纳税额，却暗中将部分进项税额计入一般计税项目并进行抵扣，并没有严格按照规定对无法划分的进项税额进行分摊，造成了多享受即征即退增值税优惠、少缴一般计税项目增值税的涉税风险，税务机关责令该公司补缴了相应税款。

根据《财政部　国家税务总局关于新型墙体材料增值税政策的通知》（财税〔2015〕73号）的规定，逆风板材公司要想享受增值税即征即退50%的税收优惠政策，除了生产的产品符合"享受增值税即征即退政策的新型墙体材料目录"的要求外，还需要满足以下三个条件：

（1）销售自产的新型墙体材料，不属于国家发展和改革委员会"产业结构调整指导目录"中的禁止类、限制类项目；

（2）销售自产的新型墙体材料，不属于"环境保护综合名录"中的"高污染、高环境风险"产品或者重污染工艺；

（3）纳税信用等级不属于税务机关评定的C级或D级。

虽然逆风板材公司全都符合上述三个认定条件，但该公司却故意将原本属于即征即退项目的进项税额计入一般计税项目。即征即退是对按税法规定缴纳的税款在税务机关征收时部分或全部退还给纳税人的一种税收优惠政策，即征即退50%的优惠政策使得逆风板材公司的实际税负只有正常税率的一半。为了扶持某些特定行业，国家甚至还会直接免征增值税，但与免税项目相关的进项税额需要转出，可一些企业却并未及时转出，或者并未足额转出，希望借此少缴增值税，但处置不当，最终却得不偿失。

第二节   废旧物资行业的涉税风险管理

再生资源是指在社会生产和生活消费过程中产生，已经失去原有全部或部分使用价值，经过回收、加工处理，能够使其重新获得使用价值的各种废弃物资，加工处理仅限于清洗、挑选、破碎、切割、拆解、打包等改变再生资源密度、湿度、长度、粗细、软硬等物理性状的简单加工。废旧物资收购经营行业将再生资源进行回收并批发给制造企业充作初级原料。

由于行业的特殊性，废旧物资收购经营行业是一个受政策变动影响极大的行业，自从 2009 年开始，国家取消了对销售废旧物资免征增值税的优惠政策之后，废旧物资收购经营行业便陷入缺少进项发票抵扣、企业所得税税前扣除凭证难以取得的经营困境之中。

一、废旧物资收购经营行业的税收政策

表9-5   废旧物资收购经营行业适用的税收政策变化情况

文件依据	执行时间	适用政策
《关于对废旧物资收购经营企业增值税先征后返的通知》（财税字〔1995〕24 号）	1995 年 1 月 1 日起执行	废旧物资收购经营企业增值税实行先征后返70%的税收优惠政策
《关于废旧物资回收经营业务有关增值税政策的通知》（财税〔2001〕78 号）	2001 年 5 月 1 日起执行	废旧物资收购企业免征增值税，废旧物资加工企业按照废旧物资回收经营单位开具的由税务机关监制的普通发票上注明的金额按 10% 计算抵扣进项税额
《关于再生资源增值税政策的通知》（财税〔2008〕157 号）	2009 年 1 月 1 日起执行	财税〔2001〕78 号文件废止，单位和个人销售再生资源，照常缴纳增值税，但个人（不含个体工商户）销售自己使用过的废旧物品免征增值税 增值税一般纳税人购进再生资源，应当凭借取得的扣税凭证抵扣进项税额，原印有"废旧物资"字样的专用发票停止使用，不能再抵扣进项税额
《财政部 国家税务总局关于印发〈资源综合利用产品和劳务增值税优惠目录〉的通知》（财税〔2015〕78 号）	2015 年 7 月 1 日起执行	纳税人销售自产的资源综合利用产品和提供资源综合利用劳务，可以享受增值税即征即退政策，分别享受 100%、70%、50% 或者 30% 的退税比例
《关于完善资源综合利用增值税政策的公告》（财政部 税务总局公告 2021 年第 40 号）	2022 年 3 月 1 日起执行	财税〔2015〕78 号文废止，修改认定条件，符合条件的可以分别享受 100%、70%、50% 或者 30% 的退税比例

2022年3月1日起，符合条件的从事再生资源回收的增值税一般纳税人销售其收购的再生资源，可以选择适用简易计税方法依照3%征收率计算缴纳增值税，其聘用的员工为本单位或者雇主提供的再生资源回收不征收增值税。

选择适用简易计税方法的纳税人，需经商务备案或具备特定经营许可；从事危险废物收集的应取得危险废物经营许可证；从事报废机动车回收的应取得报废机动车回收拆解企业资质认定证书；其他再生资源回收纳税人应进行市场主体登记并在商务部门完成再生资源回收经营者备案。

符合文件规定的企业可依法享受增值税即征即退优惠，不符合规定的自不符合的当月起，不再享受规定的增值税即征即退政策，现行税收政策为：

一是收购需取"票"。享受即征即退政策的纳税人收购再生资源，应按规定从销售方取得增值税发票，纳税人应当取得而未取得，该部分再生资源对应产品的销售收入不得适用即征即退规定。销售方为依法依规无法申领发票的单位或者从事小额零星经营业务（销售额不超过增值税按次起征点）的自然人，应取得销售方开具的收款凭证及收购方内部凭证，或者税务机关代开的发票。从境外收购的再生资源，应按规定取得海关进口增值税专用缴款书，或者从销售方取得具有发票性质的收款凭证、相关税费缴纳凭证。

可申请退税额＝[（当期销售综合利用产品和劳务的销售收入－不得适用即征即退规定的销售收入）×适用税率－当期即征即退项目的进项税额]×对应的退税比例。

二是核算应立"账"。纳税人不仅应当单独核算适用增值税即征即退政策的综合利用产品和劳务的销售额和应纳税额，更要建立再生资源收购台账，留存备查。具体包括：供货方单位名称或个人姓名及身份证号、再生资源名称、数量、价格、结算方式、是否取得增值税发票或符合规定的凭证等。如果纳税人现有账册、系统包括上述内容，无须单独建立台账。

三是回收要适"单"。销售的综合利用产品和劳务不属于"产业结构调整指导目录"中的淘汰类、限制类项目，也不属于"环境保护综合名录"中的"高污染、高环境风险"产品或重污染工艺（纳税人生产销售的资源综合利用产品满足"GHW/GHF"例外条款规定的技术和条件的除外）。属于"国家危险废物名录"列明的危险废物，应当取得省级或市级生态环境部门颁发的《危险废物经营许可证》，且许可经营范围包括该危险废物的利用。

四是信用要合"级"。申请资源综合利用增值税即征即退政策，申请退税时，纳税信用级别不得为 C 级或 D 级。

五是停退已调"标"。处罚停退规则有较大调整，处罚停退的罚款金额由 1 万元调整到 10 万元，对因违反税收、生态环境保护的法律法规受到处罚在 10 万元（不含）以上的，或者发生骗取出口退税、虚开发票的情形实行暂停即征即退增值税优惠。处罚停退的时限由首次 36 个月，二次取消优惠，调整为首次自处罚决定当月起停退 6 个月，二次自处罚决定当月起停退 36 个月。处罚决定被依法撤销、变更、确认违法或者确认无效，符合条件的纳税人可以重新申请办理退税事宜。

六是免退可自"选"。纳税人从事"资源综合利用产品和劳务增值税优惠目录（2022 年版）""污水处理厂出水、工业排水（矿井水）、生活污水、垃圾处理厂渗透（滤）液等"项目、"垃圾处理、污泥处理处置劳务"项目、"污水处理劳务"项目，可适用增值税即征即退政策，也可选择适用免征增值税政策，纳税人可以自行选择"退税"或是"免税"，但一经选定 36 个月内不得变更。选择适用免税政策的纳税人，应满足有关规定以及"目录"规定的技术标准和相关条件，相关资料留存备查。选择适用即征即退政策的，其增值税率适用按照相关规定执行[1]。

表9-6 特殊情形适用税率表

项目名称	适用税率
采取填埋、焚烧等方式进行专业化处理后未产生货物的，受托方属于提供"现代服务"中的"专业技术服务"	收取的处理费用适用 6% 的增值税税率
专业化处理后产生货物，且货物归属委托方的，受托方属于提供加工劳务	收取的处理费用适用 13% 的增值税税率
专业化处理后产生货物，且货物归属受托方的，受托方属于提供"专业技术服务"	受托方收取的处理费用适用 6% 的增值税税率。受托方将产生的货物用于销售时，适用货物的增值税税率

二、废旧物资行业面临的发票虚开风险

废旧物资收购经营很难取得增值税专用发票，同时为了鼓励资源的循环利用，在 2009 年 1 月 1 日之前，废旧物资收购企业免征增值税，废旧物资加工企业凭借

---

1 《关于明确二手车经销等若干增值税征管问题的公告》（国家税务总局公告 2020 年第 9 号）第二条。

其开具的废旧物资收购发票，发票上注明的金额按照 10% 的扣除率计算抵扣进项税额。

上述政策自然是为了鼓励废旧物资行业的发展，但也使得增值税抵扣链条出现了中断，由于废旧物资收购经营企业本身并不需要缴纳增值税，同时其开具的发票还可以抵扣增值税，在一定程度上诱发了虚开发票的不法行为。鉴于此，国家不仅取消了废旧物资收购经营企业免税政策，其开具的发票也不能再抵扣增值税，将其纳入常规增值税抵扣链条中，但新的问题却接踵而来。

在废旧物资收购经营的链条上，废旧物资利用企业（如钢厂、工程建设企业）原本应当从经营废旧物资回收的散户手中直接收购废旧物资，但散户却无法或不愿为其开具增值税专用发票，甚至连普通发票都难以提供，因此利用企业不得不改变经营模式，将废旧物资收购经营企业，尤其是得到财政扶持的"双返"企业作为中间商参与到废旧物资回收经营活动中来。"双返"指的是享受再生资源综合利用产品退税政策的废钢准入企业、享受地方财政返还的再生资源企业。

利用企业大多数是普通制造业企业，但收购经营企业的经营项目列入"资源综合利用产品和劳务增值税优惠目录"就可以享受增值税即征即退的税收优惠政策，最低退还 30%，最高可以全额退还，因此收购经营企业对于增值税专用发票的渴求自然也就不像利用企业那么迫切，可以接纳无法提供发票的散户，但利用企业需要向其让渡一部分利润，才可以顺利取得增值税专用发票，这种经营模式逐渐成为行业内通行做法，不过却面临着被认定为虚开发票的风险。

《关于废旧物资回收经营业务有关税收问题的批复》（国税函〔2002〕893 号）曾经专门对此予以明确，废旧物资收购人员（即散户）在社会上收购废旧物资，直接运送到购货方（即废旧物资利用企业），废旧物资收购经营企业（即第三方）根据双方实际发生的业务，向废旧物资收购人员开具废旧物资收购凭证，在财务上作购进处理，同时向购货方开具增值税专用发票或普通发票，在财务上作销售处理，将购货方支付的购货款以现金方式转付给废旧物资收购人员。鉴于此种经营方式是由目前废旧物资行业的经营特点决定的，且废旧物资收购经营企业在开具增值税专用发票时确实收取了同等金额的货款，并确有同等数量的货物销售，因此，废旧物资收购经营企业开具增值税专用发票的行为不违背有关税收规定，不应定性为虚开。

尽管如此，一些收购经营企业，甚至是"双返"企业，仍旧面临着被认定为发票虚开的风险，当然其中不乏有些企业浑水摸鱼干着发票虚开的勾当，但最主要的原因是废旧物资收购经营行业的特殊性与发票虚开行为有着诸多相似性，出于交易需要，货物流、资金流等诸多方面都存在着不合规的情形，没有实际运输，没有实际仓储，甚至存在所谓的"资金回流"，但应当结合交易实质、行业模式以及各方不同的法律关系进行精准判断，尤其需要关注以下几个关键点：

（1）散户、利用企业与收购经营企业之间具有复杂的法律关系。利用企业与收购经营企业是具有竞争博弈关系的上、下游企业，散户对于两者都具有重要的商业价值，谁掌握了散户资源，谁就掌握了定价权与话语权。对于利用企业而言，它只不过想通过收购经营企业这个中间商来获取增值税专用发票，希望亲自掌控为其供货的散户资源，但收购经营企业同样希望掌控散户资源，借此增强与利用企业讨价还价的能力。散户既希望与利用企业继续保持联系，又想与收购经营企业建立业务联系，这样就可以寻找更多的客户，赚取更高的利润。

在实际供货过程中，散户通常会通过某一个大户集中收货或送货，大户有时直接与利用企业联系，有时与熟悉的收购经营企业联系，常规状态是多批次、货品繁，同时向多个客户供货，这样就使得作为挂靠方的散户与作为被挂靠方的收购经营企业并不熟识，甚至都不知道哪一批货挂靠在哪一家收购经营企业名下，这种经营模式使得三方都陷入涉税风险之中。不过税法规定，双方关系只要符合"借用性、独立核算、临时性"这三个挂靠特征，无须双方具有"挂靠"的明确表示，也无须签订书面挂靠协议，就可以认定挂靠关系存在。

（2）观念交付是法律认可的交付方式。动产交付分为"现实交付"与"观念交付"，"观念交付"是指动产占有观念上的移转并非现实中的货物移交，包括简易交付、指示交付与占有改定交付等。在废旧物资收购经营活动中，运输与仓储往往都需要耗费大量成本，从散户处收购废旧物资不仅业务零散而且数量众多，如果采取传统的运输入库、再运输出库的方式无疑会极大地增加经营成本，因此废旧物资转卖时往往会约定货物暂时不进行现实交付而是通过观念交付完成货物所有权的转移，虽然废旧物资并未发生物理上的转移，却通过观念交付变更了所有权，应当认为发生了真实的货物流转。

（3）废旧物资并未实际过磅并不影响业务的真实性。在不实际负责运输仓储的情况下，收购经营企业自然也就不具备过磅的条件，有条件的企业会派驻相关人员监督利用企业过磅，或者要求利用企业如实记录废旧物资收购重量。利用企业根据散户供货的实际情况制作过磅单与结算单提供给收购经营企业，虽然收购经营企业并未对废旧物资实际过磅，却并不能借此否认业务的真实性。

（4）收购经营企业的相关人员收取货款不应认定为"资金回流"。废旧物资收购，之前主要采用现金结算，如今主要通过微信、支付宝等移动支付方式结算，为了结算方便，收购经营企业通常会借用员工的个人账户用于向散户支付货款，如果数额不大便由其垫付，如果数额较大往往先向企业领取备用金。

等到收购经营企业与利用企业结算货款之后，如果是员工垫付就直接转入其个人账户；如果员工领用了备用金，往往先由企业对公账户收款，按照已经支付的金额补足备用金。这与"资金回流"极为相似，"资金回流"又是认定虚开发票的关键因素，不过从整个废旧物资经营资金链条看，相关资金实际上最终归属于散户，并不存在真正的"资金回流"。

三、平台经济的潜在风险

随着平台经济如火如荼的发展，废旧物资回收经营行业也出现了各种服务平台，可以为散户交易提供线上见证，并为散户代办工商注册、代开发票等事项，甚至提供一站式财税服务，很多人觉得平台将会成为废旧物资行业的破局之路，却忽视了潜在的涉税风险。

自然人销售货物之前只能到税务局代开发票，如今一些废旧物资服务平台也可以代开发票，看似具有一定的吸引力，但废旧物资收购经营的利润率却很低，往往通过保持较大的销售量来获取利润，平台代开发票如果收费过高无疑会打击散户们的热情，如果收费过低，平台的合法性与发票的真实性又会受到质疑。

自然人每次代开发票的金额在 500 元以下会被认定为零星小额经营业务，不需要缴纳增值税，如果散户委托平台注册成为个体工商户，免征额将会一下子提高到每月 10 万元，超过 10 万元之后减按 1% 缴纳增值税。如今全行业小规模纳税人都可以申请自开增值税专用发票，但开具增值税专用发票的收入却并不包含在免税范围之内，无论金额大小都需要缴纳增值税。

如果每年销售额超过了 500 万元，个体工商户将会被转为一般纳税人，同时需要雇佣会计建立完整账簿，这显然是一般散户难以接受的，废旧物资行业的特点是销售额大，利润率低，因此那些经营规模较大的散户为了保留小规模纳税人的资质或者能够享受到相关税收优惠政策，往往会将一户工商个体户拆分为若干户，利用"税收洼地"来避税。

2021 年第 40 号公告出台后，收购经营企业可以选择简易计税方法，从原来适用 13% 的税率改为适用 3% 的征收率，税负大幅下降，不用再为难以取得增值税专用发票而发愁，却仍旧无法解决企业所得税税前列支的问题。一些收购经营企业以自制收购凭证、自建台账的方式在税前进行扣除，因此税务机关在检查时要求其提供采购业务对应的合同、付款凭证与其他外部凭证，要求补开、换开合法发票或者直接认定企业未取得合法税前凭证，不得进行税前扣除，补缴企业所得税并加收滞纳金。

在服务平台的协助下，收购经营企业如果能够取得正规合法的发票无疑是一件好事，不过却需要小心甄别平台资质与经营状况，一些服务平台利用他人身份信息虚假注册个体工商户，通过代开发票、收取手续费的方式来谋求非法利益，还有一些服务平台虽然本身并无违法行为，但对在平台注册的个体工商户疏于管理，致使这些个体工商户因为虚开发票等违法行为被税务机关查处，进而牵连收购经营企业。

为了应对潜在涉税风险，收购经营企业应当积极改进交易模式、优化交易链条、完备交易材料，加强内部风险防控，避免虚开发票行为的发生；面对税务检查时，应当聘请律师进行法律风险分析，并及时与税务机关保持专业沟通；对于已经进入税务行政程序或刑事司法程序的案件，需要及时聘请律师开展司法救济，从事实认定、法律适用、证据证明力等角度就案件的具体情况及核心法律问题展开分析，并积极与主办机关沟通，推动司法机关积极借鉴有利案例的正确处理和做法，让涉案人员公平合法地承担相应责任。

第十章 建筑与房地产业的涉税风险管理

● 第一节 建筑业的涉税风险管理

建筑业是我国国民经济重要基础行业与支柱产业之一，但建筑安装企业业务相对比较复杂，挂靠、分包、转包等经营方式普遍存在，会计核算与生产型企业有着很大的不同，加之"营改增"后税收政策的变化，需要高度关注自身的涉税风险。

一、兼营行为与混合销售的区别

建筑服务是各类建筑物、构筑物及其附属设施的建造、修缮、装饰，线路、管道、设备、设施等的安装以及其他工程作业的业务活动。

表10-1 建筑服务的分类

具体项目	具体涵盖范围
工程服务	新建、改建各种建筑物、构筑物的工程作业，包括与建筑物相连的各种设备或者支柱、操作平台的安装或者装设工程作业，以及各种窑炉和金属结构工程作业
安装服务	生产设备、动力设备、起重设备、运输设备、传动设备、医疗实验设备以及其他各种设备、设施的装配、安置工程作业，包括与被安装设备相连的工作台、梯子、栏杆的装设工程作业，以及被安装设备的绝缘、防腐、保温、油漆等工程作业 固定电话、有线电视、宽带、水、电、燃气、暖气等经营者向用户收取的安装费、初装费、开户费、扩容费以及类似收费，按照安装服务缴纳增值税
修缮服务	对建筑物、构筑物进行修补、加固、养护、改善，使之恢复原来的使用价值或者延长其使用用期限的工程作业
装饰服务	对建筑物、构筑物进行修饰装修，使之美观或者具有特定用途的工程作业
其他建筑服务	上列之外的各种工程作业服务，如钻井（打井）、拆除建筑物或者构筑物、平整土地、园林绿化、疏浚（不包括航道疏浚）、建筑物平移、搭脚手架、爆破、矿山穿孔、表面附着物（包括岩层、土层、沙层等）剥离和清理等工程作业

表10-2　与建筑业相关的容易混淆的项目

项目名称	误以为的税目	实际税目
电信安装服务	电信服务	建筑服务
物业服务企业为业主提供的装修服务	商务辅助服务—物业管理服务	建筑服务
将建筑施工设备出租给他人使用并配备操作人员	租赁服务	建筑服务
工程设计	建筑服务	文化创意服务—设计服务
建筑图纸审核	建筑服务	鉴证咨询服务
工程勘察勘探服务	建筑服务	研发和技术服务
工程造价鉴证	建筑服务	鉴证咨询服务
工程监理	建筑服务	鉴证咨询服务
委托代建	建筑服务	商务辅助服务
航道疏浚服务	建筑服务	物流辅助服务
植物养护服务	建筑服务	其他生活服务
电梯维护保养服务	建筑服务	其他现代服务

很多建筑企业都是多元化经营，建筑服务如果采用一般计税方法，适用 9% 的税率；如果采用简易计税方法，适用 3% 的征收率，但不允许抵扣进项税额。如果建筑企业还存在销售机器设备、建筑材料的行为，适用 13% 的税率；如果提供勘察设计、咨询服务，适用 6% 的税率，在实际运营中，建筑企业要切实区分好兼营行为与混合销售。

混合销售指企业在进行货物销售的同时涉及应税服务，两者之间存在主从附属关系。兼营行为是两项独立的业务，既可以是销售两项服务，如既提供设计服务，又提供建筑服务；也可以是销售两种不同适用税率的货物，也可以是在销售货物的同时提供服务。兼营行为需要对不同项目分别核算，混合销售行为需要先行判定主业务销售额全部按照主业务适用税率或者征收率缴纳增值税。

建筑安装服务分为清包工与包工包料两种。包工包料又分为两种类型，第一种类型是建筑企业外购活动板房、机器设备、钢结构件等建筑材料并提供建筑安装服务，外购行为显然是为了提供建筑安装服务，因此应当认定为混合销售，所有销售额都按照建筑服务来缴纳增值税。

第二种类型是建筑企业销售自产的活动板房、机器设备、钢结构件等建筑材料并提供建筑安装服务，不应认定为混合销售[1]，应当被认定为兼营行为，适用不同税率或者征收率的，应当分别核算；未分别核算的，从高适用税率[2]，因此在签订合同时应分别注明货物销售额与建筑安装服务销售额，可在同一份合同中分别标明，也可另行签订安装合同。如果合同中仅标明总价、未分别注明货物和安装服务金额，将会按混合销售统一适用高税率。

建筑业一般纳税人在以下三种特殊情况下可以选择简易计税方法，当然也可以采用一般计税方法：

第一种是以清包工方式提供的建筑服务，也就是施工方不采购建筑工程所需的材料或只采购辅助材料，并收取人工费、管理费或者其他费用的建筑服务；

第二种是为甲供工程提供的建筑服务，也就是全部或部分设备、材料、动力由工程发包方自行采购的建筑工程；

第三种是为建筑工程老项目提供的建筑服务，也就是《建筑工程施工许可证》注明的合同开工日期在 2016 年 4 月 30 日前的建筑工程项目或未取得《建筑工程施工许可证》的，建筑工程承包合同注明的开工日期在 2016 年 4 月 30 日前的建筑工程项目。

除此之外，建筑工程总承包单位为房屋建筑的地基与基础、主体结构提供工程服务，建设单位自行采购全部或部分钢材、混凝土、砌体材料、预制构件的，只能适用简易计税方法，不能选择一般计税方法。

建筑企业应当进行缜密科学的筹划，选择最适合自己的计税方法，如果存在大额固定资产、在建工程购入，拥有较多进项税额，采取一般计税方法更为有利；如果取得进项税发票比较困难，可以采用甲供材的方式，目前对甲供材的数量与金额并没有明确规定，只要甲方供应一定的建材并且在建筑合同或者补充合同中存在甲供材的条款，就可以适用简易计税方法。

提供建筑服务的一般纳税人按规定或选择适用简易计税方法，从 2019 年 10 月 1 日起不再实行备案制，改为自行留存备查。为建筑工程老项目提供的建筑服务，留存《建筑工程施工许可证》或建筑工程承包合同；为甲供工程提供的建筑服务、

---

1 《关于进一步明确营改增有关征管问题的公告》（国家税务总局公告 2017 年第 11 号）第一条。
2 《财政部 国家税务总局关于全面推开营业税改征增值税试点的通知》（财税〔2016〕36 号）附件一《营业税改征增值税试点实施办法》第三十九条。

以清包工方式提供的建筑服务，留存建筑工程承包合同[1]。

二、建筑业纳税义务发生时间

按照税法的相关规定，建筑业的增值税纳税义务时间按照开票时间、收款时间和书面合同约定的付款时间孰先的原则确认，不过建筑服务的工期一般都比较长，为了保证工程施工的正常进行，发包人通常会根据合同的约定按照工程进度及时支付工程款。

《建筑工程施工发包与承包计价管理办法》第十五条规定："建筑工程发承包双方应当按照合同约定定期或者按照工程进度分段进行工程款结算。"建筑企业根据工程进度取得的款项应当及时确认收入，如果将工程预付款转抵工程进度款，建筑企业开具增值税发票金额应为扣抵预付款前的结算金额。

在日常会计核算与涉税处理实务中，发包方往往并不会严格按照建筑施工合同约定的日期付款，建筑企业习惯于根据开具发票金额或者是从发包方收取的工程款数额来确认收入，这样做可以使得账务处理变得更为简单，但这种方式却并不符合会计核算原则与税法规定。建筑企业在会计核算时应当严格按照《企业会计制度》《企业会计准则》《小企业会计准则》规定的权责发生制、百分比法及时确认收入，不能因为未开具发票、未收到工程款而拒绝承担纳税义务。

建筑企业应当逐一登记合同约定的付款时间并记好工程结算收入明细账，结合施工合同、建筑施工完工进度报表、工程进度款支付凭证、工程价款结算凭证，定期核对开具发票情况，确认是否存在已收款未开票、未缴税情况；对照合同约定的收款时间，核对实际收款情况，确认是否与增值税计税收入存在差异，与工程进度款支付凭证、工程价款结算凭证进行核对，准确计算增值税申报计税依据；对挂靠经营项目，如无法确认收入明细账，可以根据施工合同约定的收款时间，核对工程进度款支付凭证、工程价款结算凭证，核对企业依法纳税情况。

合同约定的时间到来之后，建筑企业应向发包方催款并及时开具发票，如果经双方约定推迟付款时间，应当及时签订补充协议，按照新的付款时间重新确定纳税义务发生时间并开具发票，防止因被认定为延迟纳税而加收滞纳金。针对发包方已到期但尚未付款的项目，建筑企业应与发包方积极进行沟通，如果发包方迟迟不付款，最好先以无票收入进行纳税申报，避免日后被处罚。

---

1 《关于国内旅客运输服务进项税抵扣等增值税征管问题的公告》（国家税务总局公告 2019 年第 31 号）第八条。

建筑企业取得预收款时并不需要承担纳税义务，因为还没有正式开工，有时从收到预收款到正式开工并且确认收入会相隔很长时间，因此税法规定建筑企业在收到预付款后应当以取得的预收款扣除支付的分包款后的余额预缴增值税，分包款包括支付给分包方的全部价款和价外费用[1]，但需要提供分包合同和分包款发票。

为了防止工作遗漏，建筑企业应当定期核对"预收账款"这个会计科目，比较期末余额与期初余额，确认是否存在新增的金额，如果存在应当核对明细记载与企业签订的施工合同，进一步确定相关款项是否为工程预收款，同时结合施工合同签订情况，重点审查应付款科目、应收款科目贷方发生额，审查企业是否存在建设方预付款并且是否已经开具发票。

适用一般计税方法计税的项目预征率为 2%，应预缴税款＝（全部价款和价外费用 – 支付的分包款）÷（1+9%）×2%；

适用简易计税方法计税的项目预征率为 3%，应预缴税款＝（全部价款和价外费用 – 支付的分包款）÷（1+3%）×3%；

增值税小规模纳税人减按 1% 预征率预缴增值税[2]，应预缴税款＝（全部价款和价外费用 – 支付的分包款）÷（1+3%）×1%。

对于简易计税项目，在项目当地依据扣除分包金额后的差额预缴增值税，需要及时核对分包结算金额并取得分包发票，避免因无法取得发票等原因在缴纳增值税时无法减除分包款，导致自身预缴金额过大。对于一般计税项目，在项目当地按照差额预缴 2% 后，在机构所在地进行申报补税，同样需要及时取得分包发票以及材料、机械等供应商进项税发票。

很多发包方习惯于在预付工程款或者开工保证金的同时要求建筑企业开具发票，以方便自己做账，建筑企业需要注意的是一旦开具发票就需要承担相应的纳税义务，也就是需要对预收款项缴纳 9% 的增值税，但此时可能还没有任何进项税额，将会给自己带来较大的资金压力，但发包方的开票要求又不能不满足。面对这个两难境地，建筑企业可以给发包方开具收据或者项目为"建筑服务预收款"的不征税发票，这样建筑企业只需按照 2% 或者 3% 进行预缴。

---

1 《关于国内旅客运输服务进项税抵扣等增值税征管问题的公告》（国家税务总局公告 2019 年第 31 号）第七条。
2 《关于增值税小规模纳税人减免增值税政策的公告》（财政部 税务总局公告 2023 年第 19 号）第二条。

建筑企业经常进行跨区域经营，如果跨县（市、区）提供建筑服务，需要向建筑服务发生地主管税务机关预缴税款，未按照规定缴纳税款，由机构所在地主管税务机关按照《中华人民共和国税收征收管理法》第六十二条的规定，由税务机关责令限期改正，可以处二千元以下的罚款；情节严重的，可以处二千元以上一万元以下的罚款。

表10-3　建筑施工增值税及附加场景分析表

情　形	区域内施工	跨区域施工	备　注
预收工程款	需要预缴	需要预缴	1. 纳税义务没有发生，没有收到预收款，无需预缴增值税，如全额垫资工程 2. 建筑服务纳税人在机构所在地未跨行政区经营，开具发票、结算工程款也不需要预缴增值税
按合同规定开具发票，据实结算工程款，纳税义务发生。施工企业收款方式为一次性付款，分期付款，赊欠等方式	不用预缴	需要预缴	

《住房城乡建设部　财政部关于印发建设工程质量保证金管理办法的通知》（建质〔2017〕138号）第二条规定："本办法所称建设工程质量保证金（以下简称保证金）是指发包人与承包人在建设工程承包合同中约定，从应付的工程款中预留，用以保证承包人在缺陷责任期内对建设工程出现的缺陷进行维修的资金。缺陷是指建设工程质量不符合工程建设强制性标准、设计文件，以及承包合同的约定。缺陷责任期一般为1年，最长不超过2年，由发、承包双方在合同中约定。"

建筑竣工之后，发包方通常会按照合同约定从应支付款项中留存部分金额充做质量保证金，如果建筑企业并未对这部分金额开具发票，那么实际收到质押金、保证金的当天为纳税义务发生时间[1]。

虽然质量保证金最多不能超过两年，但拖欠质量保证金的现象却很普遍，因此建筑企业一旦对这部分金额开了发票，开票日就是纳税义务发生时间；如果没有开票，实际收取日才确认纳税义务，因此建筑企业在收款存在变数的情况下不要轻易向对方开具发票，如果中间开具发票后因某些原因暂时无法收款，应当及时将已经开具的发票进行冲红。

在建工程转为固定资产之后，发包方需要核算入账价值，可质量保证期限还没有结束，无法取得相关发票，担心会影响会计核算。其实按照税法规定，如果

---

1 《关于在境外提供建筑服务等有关问题的公告》（国家税务总局公告2016年第69号）第四条。

工程款项尚未结清未取得全额发票，可暂按合同规定的金额计入固定资产计税基础计提折旧，待发票实际取得后再进行调整，但应在固定资产投入使用后 12 个月内调整完毕[1]，因此质量保证金的返还时间最好确定为竣工后一年，免费维修期限仍旧可以规定为两年。

工程总承包方和分包方为施工地点在境外的工程项目提供的建筑服务，均属于工程项目在境外的建筑服务[2]，免征增值税。境内单位和个人作为工程分包方，为施工地点在境外的工程项目提供建筑服务，从境内工程总承包方取得的分包款收入，属于视同从境外取得收入[3]。

三、建筑企业挂靠的涉税风险

工程招标时往往需要施工单位具备相应的资质，建筑企业资质分为施工总承包资质、专业承包资质（如公路、水运、水利、铁路、民航等）与施工劳务资质三个序列，施工总承包资质与专业承包资质按照工程性质和技术特点分别划分为若干资质类别，各资质类别按照规定的条件划分为若干资质等级；施工劳务资质不分类别与等级[4]。

具有资质的建筑企业未必能中标，中标的建筑企业未必具有相关资质，因此建筑企业之间的挂靠较为普遍，挂靠经营是指企业、合伙组织等与另一个经营主体达成依附协议，挂靠方以被挂靠方的名义对外从事经营活动，被挂靠方提供资质、技术、管理等方面的服务并定期向挂靠方收取一定管理费用。挂靠经营实质上是一种借用关系，这种借用关系的内容主要表现为资质、技术、管理经验等无形资产方面的借用。

挂靠行为要想合法化，被挂靠方要在项目开始前与挂靠人签订内部挂靠协议；挂靠方在招标单位发布招标文件后，去被挂靠方开具介绍信，再去招标单位领取招标文件、以被挂靠方名义报名投标，被挂靠方应当做好投标登记工作与相关的配套管理服务；被挂靠方针对招标单位的招标文件，制作投标文件；被挂靠方对挂靠的项目在会计上单独建账、独立核算；挂靠方就挂靠项目必须以被挂靠方名

1 《国家税务总局关于贯彻落实企业所得税法若干税收问题的通知》（国税函〔2010〕79 号）第五条。
2 《关于发布〈营业税改征增值税跨境应税行为增值税免税管理办法（试行）〉的公告》（国家税务总局公告 2016 年第 29 号）第二条第一项。
3 《关于取消增值税扣税凭证认证确认期限等增值税征管问题的公告》（国家税务总局公告 2019 年第 45 号）第四条。
4 《建筑业企业资质管理规定》（住房和城乡建设部令第 22 号）第五条。

义与材料商、分包商签订合同，由被挂靠方存款账户将相应款项直接支付给予工程项目有真实业务往来的供应商、分包商，同时供应商、分包商应当根据合同约定开具合规的增值税发票。

四、成本费用的正确核算

在建筑企业的成本中，材料成本占比在 60% 左右，人工成本占比大约为 40%。建筑企业相当一部分黄沙、水泥、石子等建筑材料都是从农民、个体户或者小规模纳税人处购买的，其中很多供应商并没有领用发票的资质，更不用说提供增值税专用发票，但从这些供应商手中购买的建筑材料往往都比较便宜，于是便要求他人虚开增值税专用发票，有的还购买虚假普通发票，甚至以白条入账在企业所得税税前列支。

在结转当期劳务成本时，一些建筑企业还会多列工作量，多计成本或者多个项目成本混列，提前结转或多结转成本，少缴税款。建筑企业应当严格按照会计要求进行成本核算，遵循"权责发生制"原则准确核算成本，不提前，也不推后。

定期审核"工程结算成本""经营费用""管理费用"等会计科目借方发生额及其明细，按照施工项目逐一对照核对各项目工程成本结算情况；对照施工合同、工程结算收入情况，核对是否按照完工百分比法进行成本结转，与收入的结转是否配比；根据会计科目"工程结算成本"，核对会计科目"工程施工"，查看工程材料投入情况；审查"库存材料""工程物资"等会计明细科目，依托材料领用单、工程进度报表、各项目施工产值、工作量报表，核对主要原材料及其他材料费用列支是否准确，核对"经营费用""管理费用"明细账，记账凭证和原始凭证，确定费用列支是否符合规定。

大型建筑企业多采用劳务分包模式或劳务派遣模式，税收风险相对比较小；中小型建筑企业很多都拥有自有施工队，用工多、用量大、人员流动大，因此一些企业对个人所得税进行代扣代缴时往往只申报其中的管理层及部分技术工，并不会申报其他流动性很强的普通工，异地建筑项目更是如此。

建筑企业应当严格按照职工薪酬核算要求进行工资核算，按月编制"工资发放明细表"，并按照规定的支付方式进行支付，同时扣缴个人所得税，列支有关成本费用；对非独立核算的分公司和项目部，严格内部控制，对分公司和项目部列支的工资费用，按照要求进行审核并及时扣缴申报个人所得税。派驻跨省异地工程项目的管理人员、技术人员和其他工作人员在异地工作期间的工资、薪金所得个人所得税，由总承包企业、分承包企业依法代扣代缴并向工程作业所在地税务机关申报缴纳。

最令建筑企业头疼的还是那些来来走走的普通工人，按照工资、薪金所得申报不仅费时费力，工人往往还会因扣缴了社会保险导致实际到手工资减少而感到不满，目前解决这个难题的最好办法是变工资、薪金所得为劳务报酬所得，不过却需要附列劳务费发票。一些建筑企业要求劳务派遣公司为这些工人虚开发票，这种违法行为显然并不可取，要想合法地获得发票可以采取以下两个办法：

如果用工量不大，建筑企业可以要求这些工人到当地税务机关代开发票，每次 500 元以内免税；

如果用工量大，可以与经营建筑安装业务的工商个体户、个人独资企业进行合作，相当于将部分业务分包给他们，让他们派遣那些工人来承接有关施工业务，同时给建筑企业开具发票，每月 10 万元以内可以免税。

在施工中，水电费是建筑企业的重要支出，目前对水电费有三种不同的涉税处理方式：

第一种方式是按照转售水电处理，建筑施工合同明确写明发包方向建筑企业提供工程所需水电，发包方相当于转售水电，如果为一般纳税人，可以向建筑企业开具增值税专用发票；如果是小规模纳税人，可以向税务机关申请代开增值税专用发票，建筑企业可以借此抵扣增值税。

第二种方式是按照代收转付款项处理，也就是水、电销售单位直接向建筑企业开具发票，发包方只是代收而已，如果水、电销售单位能够开具增值税专用发票，建筑企业也可以用来抵扣增值税。

第三种方式是按照共同分摊处理，建筑企业与发包方共用水电，然后约定各自的分摊比例，建筑企业可以以发包方开具的分割单作为税前扣除凭证[1]，但只能在企业所得税税前列支，并不能抵扣增值税。

● 第二节　房地产业涉税风险管理

房地产行业通常实行分项目独立运营，投资规模大，开发周期长，涉及税种

---

1 《关于发布〈企业所得税税前扣除凭证管理办法〉的公告》（国家税务总局公告 2018 年第 28 号）第十八条。

多，因此一直被视为涉税风险畸高的特殊行业，如何有效地降低、规避涉税风险，如何合理、合法地降低企业税负，一直是房地产业财税人员极为头痛的问题，下面就分环节对房地产企业面临的涉税风险逐一进行梳理与总结。

一、登记设立环节

按照行业惯例，通常每个房地产项目都会注册成立一家新的项目公司，由于项目公司具有独立法人单位，可以将债务风险、经营风险与法律风险最大限度地阻隔在项目公司之内，如果因项目开发经营不善而发生资不抵债的情形，项目公司可以依法宣布破产清算，并不会影响到其他项目与母公司的日常经营活动。

当然新设项目公司也不会受之前进展并不太顺利的房地产项目的拖累，要想粉饰报表也相对比较容易。由于项目公司通常都是新资产，自然也就不存在不良债务，容易吸引新的投资者加入。项目公司与母公司还可以互相进行担保，降低贷款难度，保障项目的正常推进。

新设项目公司进行会计核算、税务筹划时也相对清晰简单，还可以隔离母公司的资质风险，房地产开发企业分为一级、二级两个资质等级，一级资质的房地产开发企业承担房地产项目的建筑规模不受限制，二级资质的房地产开发企业只能承担建筑面积 25 万平方米以下的开发建设项目[1]，对于不符合原资质条件或者有不良经营行为的企业，住建部门将会予以降级或者注销资质证书，但独立经营的项目公司的资质不会受母公司的影响。

新设项目公司需要向市场监督管理部门进行登记，获得统一社会信用代码证，市场监督管理部门会自动将登记信息传递给税务机关，完成税务登记。数电票推行之后，新设公司不再需要核定票种，领用发票，将会自动赋予授信额度，新设项目公司可以登录电子发票服务平台开具发票。

采用一般计税方法，还是简易计税方法，将会极大地影响项目公司日后的经营，无论是发票开具，合同签订，还是收入核算，抑或成本抵扣，都将会有着极大的不同，为了日后经营便利，项目公司应当设法直接被税务机关认定为一般纳税人。

年应税销售额超过 500 万的纳税人应当向主管税务机关办理一般纳税人登记，对于新设的项目公司来说，销售额很难在短时间内达标，未超过规定标准的纳税

---

1 《房地产开发企业资质管理规定》（住房和城乡建设部令第 45 号）第五条、第十五条。

人，只要会计核算健全，能够按照国家统一的会计制度规定设置账簿，根据合法、有效凭证进行核算，能够提供准确税务资料，依然可以向主管税务机关办理一般纳税人登记[1]。

项目公司成立后应自领取营业执照或发生纳税义务之日起15日内设置账簿，并在次月开始申报缴纳记载资金账簿的印花税，以实收资本和资本公积两项金额的合计值为计税依据，税率为万分之二点五。

2023年12月修订的《中华人民共和国公司法》认缴的注册资本应当在开业五年内缴清，需要注意的是认缴但未实际缴纳的资本无须缴纳印花税，待公司实际收到投入的资本时再缴纳印花税。

项目公司如果租赁写字楼，从对方手中取得的租金发票可以在税前列支，如果办公场地为自有房产或无租使用其他单位的房产与土地，应当按照规定缴纳城镇土地使用税与房产税。房产税的计税依据为房产原值一次性减去10%～30%后的余值，年税率为1.2%。城镇土地使用税每年按照每平方米征税，大城市为1.5元至30元；中等城市为1.2元至24元；小城市为0.9元至18元；县城、建制镇、工矿区为0.6元至12元[2]，具体征收标准由省级人民政府确定。

项目公司招募员工之后应及时建立员工个人信息档案，在发放工资的当月进行个人所得税代扣代缴，同时根据员工申报情况进行专项附加扣除，还应自用工之日起三十日内为员工缴纳社会保险与住房公积金。

项目公司在筹建期发生的广告费与业务宣传费，可按实际发生额计入企业筹办费，筹建期间发生的业务招待费，按照实际发生额的60%计入筹办费，筹办费可以选择在开始生产经营当年一次性扣除，也可以作为长期待摊费用，在不低于3年时间里摊销。但《企业会计准则》却要求一次性代入"管理费用"。

筹建期结束的具体标准，各地规定并不一致，有的地方以取得第一笔收入标志筹建期结束，有的地方以取得营业执照标志筹建期结束，因此项目公司需要询问当地税务机关筹建期结束的具体标准。

二、取得土地使用权环节

为了后续进行房地产开发，项目公司需要通过出让、转让等方式取得国有土地使用权，签订出让、转让合同并办理权属证明。项目公司向政府及其土地管理

1 《增值税一般纳税人登记管理办法》（国家税务总局令第43号）第三条。
2 《城镇土地使用税暂行条例》第四条。

部门支付的土地价款，必须取得省级及以上财政部门监制的票据[1]，才能在计算增值税销售额时扣除当期销售的房产所对应的土地价款。如果从其他途径取得土地，应该取得增值税专用发票或普通发票，普通发票不能抵扣增值税，但可以作为企业所得税与土地增值税的扣除凭证。

项目公司签署土地使用权出让或转让合同之后需要按照产权转移书据缴纳印花税，计税依据以成交价格为准，不仅包括土地出让价款，还包含其他相关支出，税率为万分之五。

土地使用权出让或转让合同约定交付土地时间，从合同交付时间次月起开始缴纳城镇土地使用税，如合同未约定土地交付时间，应该从合同签订次月起缴纳土地使用税[2]，为了充分保障自身利益，项目公司签订合同时应明确约定具体的交地日期，否则项目公司可能会在尚未取得土地使用权之前就不得不缴纳城镇土地使用税。

取得土地使用权后，在办理土地权属登记之前，项目公司需要缴纳契税，契税税率为百分之三至百分之五，具体适用税率由省级人民政府在幅度内自行确定。

项目公司获得土地使用权的方式有两种，最主要的方式是出让，指国家将国有土地使用权在一定年限内出让给土地使用者，由土地使用者向国家支付土地使用权出让金，通常都会设定使用期限；另外一种方式是划拨，县级以上人民政府依法批准，在土地使用者缴纳补偿、安置等费用后将该幅土地交付其使用，或者将土地使用权无偿交付给土地使用者使用，通常没有期限。

通过划拨方式取得的土地使用权并不用缴纳契税，但经批准改为出让方式重新取得该土地使用权，应补缴土地出让价款并以此为计税依据缴纳契税，出让价款依据包括土地出让金、土地补偿费、安置补助费、地上附着物和青苗补偿费、征收补偿费、城市基础设施配套费、实物配建房屋等应交付的货币以及实物、其他经济利益对应的价款。

在划拨的土地上进行房地产开发，转让时土地性质已经改为出让，那么承受方应当分别以补缴的土地出让价款和房地产权属转移合同确定的成交价格为计税依据缴纳契税，也就是需要缴纳两笔契税，如果土地出让价款由承受方最终负担，

1　《财政部　国家税务总局关于全面推开营业税改征增值税试点的通知》（财税〔2016〕36号）附件二《营业税改征增值税试点有关事项的规定》第一条第三项第11目。
2　《财政部　国家税务总局关于房产税、城镇土地使用税有关政策的通知》（财税〔2016〕186号）第二条。

那么合同约定的成交价格中往往会包含这笔支出，这样承受方将会陷入重复征税的陷阱之中，因此承受方需要事先与出让方进行谈判，争取由自己来缴纳土地出让价款，换取对方在转让价格上的某些让步，避免重复征税。

如果转让时土地性质并未从划拨转为出让，承受方只需以房地产权属转移合同确定的成交价格为计税依据缴纳契税即可，等到土地性质变更为出让时，再缴纳土地出让价款；如果已经进入实质性开发建设阶段，此时土地使用权与房屋所有权的具体价值已经很难区分，同时转让土地使用权及其上面附属的建筑物、构筑物等（包括在建的房屋、其他建筑物、构筑物和其他附着物），契税的计税依据为承受方应交付的总价款[1]。

三、开发建设环节

房地产开发建设是指在依法取得国有土地使用权的土地上，按照城市规划要求进行基础设施与房屋建设，从取得土地使用权，到进入实质性开发建设，再到取得房屋预售资格，往往需要经历很长的时间，在这中间项目公司往往只有支出，几乎没有什么收入，但仍旧需要缴纳相关税费。

（一）增值税方面

在房地产开发建设过程中，项目公司会取得各种发票，需要认真加以甄别。在"营改增"之后，高速公路通行费发票、旅客运输服务发票等普通发票也可以抵扣增值税，因此项目公司应该对哪些发票可以抵扣，哪些发票不能抵扣做到心中有数。

在这个阶段，项目公司最重要的任务就是融资，可以是股权融资，吸引新的投资者加入；也可以是债权融资，向银行等机构贷款或者发行债券，需要注意的是贷款利息不能抵扣增值税。

企业集团及内部的资金无偿借贷行为免征增值税[2]，如今国家已经取消了企业集团核准登记[3]，放宽了名称使用条件，企业法人可以在名称中组织形式之前使用"集团"或者"（集团）"字样，因此房地产母公司应当尽快注册成集团，这样就可以在集团或下属公司出现资金困难时，彼此之间进行资金拆借。

1　《关于贯彻实施契税法若干事项执行口径的公告》（财政部　国家税务总局公告 2021 年第 23 号）第二条。

2　《财政部　税务总局关于延续实施医疗服务免征增值税等政策的公告》（财政部　税务总局公告 2023 年第 68 号）。

3　《国务院关于取消一批行政许可等事项的决定》（国发〔2018〕28 号）。

项目公司购买建筑服务、承租不动产时，取得的增值税专用发票备注栏应注明服务发生地县市区的名称及项目名称；购买运输服务，取得的增值税专用发票备注栏应注明起止地；购买园林绿化产品如苗木、草皮等，需要取得农产品收购或销售发票，可以按照买价及扣除率计算进项税额。

（二）企业所得税方面

项目公司在开发建设阶段应当启动计税成本核算程序，当期实际发生的各项支出应当按照其性质、经济用途、地点、时间进行整理与归类，注意区分是成本还是费用，应计入成本的各项实际支出、预提费用、待摊费用等应合理划分为直接成本、间接成本和共同成本，并按规定合理归集、分配到已完工成本对象、未完工成本对象和未建成本对象。

前期已完工成本对象应负担的成本费用按已销开发产品、未销开发产品和固定资产进行分配，其中应由已销开发产品负担的部分，在当期纳税申报时予以扣除；未销开发产品应负担的成本费用待其实际销售时再予以扣除。本期已完工成本对象需要分为开发产品与固定资产对其计税成本进行结算，其中开发产品应按可售面积计算其单位工程成本，据此再计算已销开发产品计税成本和未销开发产品计税成本。对本期未完工和尚未建造的成本对象应负担的成本费用，应分别建立明细台账，待开发产品完工后再进行结算。

项目公司应当确定利息支出核算方法，企业集团或其成员企业统一向金融机构借款后再分摊给集团内其他成员企业使用，如果借入方能够出具从金融机构取得借款的相关证明文件，可以由使用借款的企业合理分摊利息费用并且在所得税前扣除，不过需要符合防止资本弱化的相关规定。

由于债务人支付给债权人的利息可以在企业所得税前扣除，但企业支付给股东的股息、红利却不能在税前扣除，因此从税收角度来说，债权融资看似比股权融资更具优势，但如果债权人与债务人存在关联关系，就具有通过操控融资方式来降低集团整体税收负担的动机，这就是所谓的"资本弱化"，实际就是假借贷款来掩盖投资行为，通过支付超额利息来隐藏股息分配。房地产企业接受关联方债权性投资与权益性投资比例限定为 2∶1，超过了这个限额，支付给关联方的利息就不能在税前进行扣除。

品牌对于房地产开发企业极为重要，因此集团收取的品牌使用费准予在税前列支，但双方需要签订相关协议并且证明支付理由正当、支付标准合理。不过集团收取的管理费不能在税前列支，如果以品牌使用费的形式变相支付管理费将会面临很大的涉税风险。

（三）土地增值税方面

首先是确定清算单位，以国家有关部门审批的房地产开发项目为单位进行清算，对于分期开发的项目，以分期项目为单位进行清算，开发项目中同时包含普通住宅与非普通住宅，应当分别计算增值额[1]。开发周期较长的项目，企业可以自行分期确定清算单位，不过需要得到主管税务机关的认可。

其次是合理归集成本、费用，开发建设阶段发生的成本、费用首先在不同开发分期、不同清算项目及清算单位之间合理归集，未来在交房阶段需要按照土地占地面积、商品房的建筑面积和可售面积进行合理分摊，这些都是土地增值税清算重要的前期基础性工作，需要在开发建设阶段动手准备。这项工作可以与企业所得税同步进行，不过需要注意区分两者之间的核算差异。

（四）其他税费

项目公司如果改变土地使用权性质与用途，必须取得出让方和市、县人民政府城市规划行政主管部门的同意，签订土地使用权出让合同变更协议或者重新签订土地使用权出让合同，相应调整土地出让金[2]，如果补交土地出让金，需要同步缴纳契税与印花税。

表10-4 开发建设阶段的印花税税率

项　　目	合同相对方	税　　目	税　　率
补交土地出让金	土地出让方	产权转移书据	万分之五
借款融资	银行等金融机构（不含小额贷款公司）	借款合同	万分之零点五
采购物资	供应商	买卖合同	万分之三
房地产开发建设	建筑施工企业	建设工程合同	万分之三
对有关动产进行经营租赁	经营租赁公司	租赁合同	千分之一
对有关动产进行融资租赁	融资租赁公司	融资租赁合同	万分之零点五
收受技术服务或者技术培训	技术服务公司技术培训公司	技术合同	万分之三

1 《国家税务总局关于房地产开发企业土地增值税清算管理有关问题的通知》（国税发〔2006〕187号）第一条。
2 《中华人民共和国城市房地产管理法》第十八条。

作为建设方，项目公司需要承担施工扬尘的污染防治责任，需要将防治费用纳入工程概算，如果在施工过程中无组织排放大气污染物，那么将会被认定为无法通过监测或无法按照排污系数、物料衡算方法计算大气污染物应纳税额的纳税人[1]。

施工扬尘大气污染物应纳税额的计算方法：应纳税额 = 大气污染物当量数 × 适用税额，每污染当量为 1.2 元至 12 元，由各省自行确定。

大气污染物当量数 = 排放量 ÷ 污染当量值。

排放量 =（扬尘产生量系数 − 扬尘排放量削减系数）× 施工工期系数 × 月建筑面积或施工面积。

施工工期系数分别为 0、0.5 与 1。当月施工天数不足 5 天的建筑工程、市政工程为 0，不足 5 天的拆迁工程、公路施工工程和市政开挖工程为 0.5；当月施工天数大于 5 天（含 5 天），小于 15 天的为 0.5；当月施工天数大于 15 天（含 15 天）的为 1。

四、房屋预售环节

房屋预售也称楼花买卖，是指房地产开发企业与购房者约定，由购房者交付定金或预付款，在未来一定期间内交付现房的房产交易行为，实质就是房屋期货买卖。相较于现房买卖，房屋预售一直占据主流地位，不过近年来房地产业处于下行趋势，一些著名的房地产企业接连爆雷，保交房成为很多地方的难题，因此一些地区提出坚决破除"房地产依赖症"，实行现房销售制度。

商品房预售应当同时符合以下条件：

（1）已交付全部土地使用权出让金，取得土地使用权证书；

（2）持有建设工程规划许可证；

（3）按提供预售的商品房计算，投入开发建设的资金达到工程建设总投资的 25% 以上，并已经确定施工进度和竣工交付日期；

（4）向县级以上人民政府房产管理部门办理预售登记，取得商品房预售许可证明。

申请预售的房地产企业应当按照国家有关规定将预售合同报县级以上人民政府房产管理部门和土地管理部门登记备案，商品房预售所得款项，必须用于有关

---

1 《中华人民共和国环境保护税法》第十条第四项。

的工程建设[1]。

在房屋预售环节，项目公司要出资打造售楼处，建设样板房，自己或者委托专门的营销机构开展营销活动，吸引客户前来签订购房合同，交纳首付款并办理房屋抵押贷款。

（一）增值税与企业所得税收入确认的差异

项目公司收取的房屋预收款在增值税上并不会被确认收入，不过需要按照3%的预征率在收取的次月申报预缴增值税。

项目公司在房屋预售环节收取的诚意金、认筹金、订金等带有预定性质的款项在不同地区有不同的政策。如河北起初认为诚意金、认筹金和订金不属于预收款[2]，后来又调整为订金、意向金、诚意金、认筹金等各种名目向购房人收取的款项不能超过5万元（含5万元），收取的款项从收取之日起三个月内要退还给购房人，否则就应认定为预收款[3]。山东认为诚意金、认筹金和订金不属于预收款[4]。福建认为销售行为成立时，诚意金、定金的实质是房屋价款的一部分，需要计算缴纳增值税；销售行为不成立时，如果诚意金、定金退还，不属于纳税人的收入[5]。诚意金、认筹金、订金等是否需要进行预缴，项目公司应当加强与主管税务机关的沟通，按照当地政策执行。

项目公司收取预收款应当开具增值税普通发票，在开票系统中使用"未发生销售行为的不征税项目"中的编码602"销售自行开发的房地产项目预收款"[6]，税率为"不征税"。等到交房之后，项目公司再开具全额发票，之前开具的不征税发票可以不用收回。

项目公司销售未完工产品取得的收入应按预计计税毛利率分季或者分月计算预计毛利额，计入当期应纳税所得额，申报缴纳企业所得税。项目公司应严格区分利息的费用化与资本化，为建造商品房发生的借款、筹资费用应当进行资本化，不能直接计入当期财务费用，这样会减少当期应纳税所得额，产生相应的涉税风险。

---

1 《中华人民共和国城市房地产管理法》第四十五条。
2 《河北省国家税务局关于全面推开营改增有关政策问题的解答（之二）》第四条。
3 《河北省国家税务局关于全面推开营改增有关政策问题的解答（之八）》第七条。
4 《山东省国家税务局全面推开营改增试点政策指引（六）》。
5 原福建省国家税务局12366营改增热点问答。
6 《国家税务总局关于营改增试点若干征管问题的公告》（国家税务总局公告2016年第53号）第九条。

企业所得税确认收入的时间要早于增值税，确认程序也复杂得多，项目公司通过正式签订"房地产销售合同"或"房地产预售合同"所取得的收入，应确认为销售收入的实现，具体按以下规定确认：

（1）一次性全额收款，应于实际收讫价款或取得索取价款凭据（权利）之日确认收入。

（2）分期收款，应按销售合同或协议约定的价款和付款日确认收入，如果付款方提前付款，在实际付款日确认收入。

（3）采取最常见的公积金贷款、纯商业按揭方式，应按销售合同或协议约定的价款确定收入额，首付款应于实际收到日确认收入，余款在贷款办理转账日确认收入。

（4）采取支付手续费方式委托销售，应按销售合同或协议中约定的价款于收到受托方已销开发产品清单之日确认收入。

（5）采取视同买断方式委托销售，如果约定的价格高于买断价格，应按约定的价格计算价款并于收到受托方已销开发产品清单之日确认收入；如果约定的价格低于或者等于买断价格，应按买断价格计算价款并于收到受托方已销开发产品清单之日确认收入。

（6）采取基价（保底价）并实行超基价双方分成方式委托销售，如果约定的价格高于基价，应按约定的价格计算价款并于收到受托方已销开发产品清单之日确认收入的实现，按规定支付受托方的分成额，不得直接从销售收入中减除；如果约定的价格低于基价，应按基价计算价款并于收到受托方已销开发产品清单之日确认收入。如果受托方与购买方直接签订销售合同，应按基价加上按规定取得的分成额于收到受托方已销开发产品清单之日确认收入。

（7）采取包销方式委托销售，包销期内可根据包销合同的有关约定，参照上述 1 至 3 项规定确认收入的实现；包销期满后尚未出售的开发产品，项目公司应根据包销合同或协议约定的价款和付款方式确认收入[1]。

企业所得税确认收入以收到相应款项为准，不管是预付款，还是销售款，都将会被确认为收入，项目公司应高度关注增值税与企业所得税在收入确认上的重大差异，由于增值税在预售环节已经预征了 3% 的税款，可以等到合同约定的交

1　《国家税务总局关于印发〈房地产开发经营业务企业所得税处理办法〉的通知》（国税发〔2009〕31 号）第六条。

房日再确认收入，但企业所得税却没有相应的预征机制，从客户预付房款到实际交房往往要等上一年，甚至几年的时间，因此等不起，于是将实际收款作为确认收入的条件。

（二）预售环节需要缴纳的其他税种

取得《房屋预售许可证》后，项目公司应当向项目所在地主管税务机关申报办理预售登记。纳税人应在取得预售相关批准文件次月 15 日内，填报"房地产开发项目预（销）售信息报告（变更）表"，对每一笔预收款，项目公司都需要办理土地增值税预缴申报，清算的时候多退少补。

土地增值税预征的计征依据为预收款减去应预缴增值税税款[1]，再乘以预征率，东部地区省份预征率不得低于 2%，中部和东北地区省份不得低于 1.5%，西部地区省份不得低于 1%，各地区要根据不同类型房地产确定适当的预征率[2]。

需要高度注意的是很多房地产企业在计算土地增值税预征额时经常会出错，误以为土地增值税预缴额 = 预收款 ×（1+9%）× 土地增值税预征率，这种算法会导致少缴税款，正确的计算公式为：［预收款 – 预收款 ×（1+9%）×3%)］× 土地增值税预征率。

项目公司与客户签订的"商品房预售合同"虽然只是对预售行为进行法律规范，但依旧属于产权转移书据，应当按照合同金额的万分之五申报缴纳印花税。

售楼处、样板房、办公场所在投入使用的次月申报缴纳房产税；已经建成的地下停车场所也应按规定申报缴纳房产税；对于与地上房屋相连的地下建筑，如房屋的地下室、地下停车场、商场的地下部分等，应将地下部分与地上房屋视为一个整体按照地上房屋建筑的有关规定计算征收房产税[3]。在计算房产原值的时候，相关的土地成本、建造成本、装修费用等费用应按规定计入房产原值，在一次性减去 10% ～ 30% 后的余值后，按照年税率 1.2% 缴纳房产税。

在商品房预售过程中，项目公司通常会开展各类促销、商务活动，有时还会随机赠送给客户一些赠品和礼品，此时应当代扣代缴个人所得税。为了促销，有的开发商甚至推出"买房赠车"等促销活动，赠送的汽车视同销售，需要缴纳增值税，不过如果只是外购之后平价赠送，销项税额等于进项税额，项目公司并不

1 《关于营改增后土地增值税若干征管规定的公告》（国家税务总局公告 2016 年第 70 号）第一条。
2 《国家税务总局关于加强土地增值税征管工作的通知》（国税发〔2010〕53 号）第二条。
3 《财政部 国家税务总局关于具备房屋功能的地下建筑征收房产税的通知》（财税〔2005〕181 号）第二条。

用实际缴纳税款，不过却需要代扣代缴个人所得税，项目公司在申报企业所得税时也需要确认收入。有的公司还会推出"买房送物业服务"，按照现行政策，免费赠送的物业服务也应视同销售，按照 6% 的税率缴纳增值税，但《增值税法》（草案）却并未将无偿赠送视同销售。

项目公司向具有合法经营资格中介服务机构或个人（不含交易双方及其雇员、代理人和代表人等）的手续费及佣金支出，在双方签订的服务协议或合同确认的收入金额 5% 的限额内据实扣除 [1]，需要注意的是向自然人支付佣金或手续费时应代扣代缴个人所得税。委托境外机构（不包括个人）销售开发产品，项目公司支付的销售费用（含佣金或手续费）不超过委托销售收入 10% 的部分，准予据实扣除 [2]。

五、完工交房环节

房地产开发项目竣工，经验收合格之后，方能向购房者交付使用，在此期间，项目公司需要销售剩余商品房，结算计税成本，进行土地分割，并向购房者开具发票。

（一）增值税方面

房地产的运营周期通常都会在一年以上，这也造成了增值税纳税义务发生时间与收款时间的割裂，在现有预售制度下，房地产企业收取的预收款只是预缴增值税，如果不存在提前开票的情形，通常会按照合同约定的完工交房日期确认收入，如果因资金未到位等原因没能按期交房，依旧要按照合同约定的交房时间来确认收入。

适用一般计税方法的房地产企业应当按照取得的全部价款和价外费用，扣除当期销售房地产项目对应的土地价款后的余额计算销售额，销售额 =（全部价款和价外费用 − 当期允许扣除的土地价款）÷（1+9%），减除土地款时需要出具合法有效凭证 [3]，适用简易计税方法的小规模纳税人不能减除土地款。

如果商品房在确认销售收入之前先行出租，项目公司需要按照不动产租赁税目缴纳增值税，一般纳税人适用 9% 的税率，小规模纳税人适用 5% 的征收率。

1　《财政部　国家税务总局关于企业手续费及佣金支出税前扣除政策的通知》（财税〔2009〕29 号）第一条。
2　《国家税务总局关于印发〈房地产开发经营业务企业所得税处理办法〉的通知》（国税发〔2009〕31 号）第二十条。
3　《国家税务总局关于发布〈房地产开发企业销售自行开发的房地产项目增值税征收管理暂行办法〉的公告》（国家税务总局公告 2016 年第 18 号）第四条。

交房之后，项目公司可以向单位购房者开具增值税专用发票，用于抵扣增值税；向个人购房者只能开具普通发票，无论是哪种发票都需要按照规定将房地产坐落地址填写在备注栏。数电票开票时会有相应的流程，只需按照要求操作即可，但开具纸质票时，忘记填写备注栏的情形却是屡见不鲜，如果没有按照规定填写，这张发票将会被判定为无效发票。

商品房通常会按照建筑面积进行销售，项目竣工后，由于受公摊面积的影响，部分购房者可能需要缴纳面积补差款，这部分款项需要并入销售收入中一同缴纳增值税。

纳税人需要缴纳的增值税为销项税额与进项税额之间的差额，如果两者之间的差额为负数就形成了留抵税额，之前只能抵扣下期应缴纳的增值税，如今却可以申请退税，不过却分为两种情形：

第一种情形是存量留抵退税，也就是将因历史原因形成的留抵税额一次性退还，不过目前只适用于符合条件的小微企业[1]（含个体工商户）与符合条件的"制造业""科学研究和技术服务业""电力、热力、燃气及水生产和供应业""软件和信息技术服务业""生态保护和环境治理业""交通运输、仓储和邮政业"等六个行业的企业[2]。

另一种情形是增量留抵退税，也就是与 2019 年 3 月底相比新增加的期末留抵税额准予退税[3]，房地产企业属于这一类，及时办理退税可以使得企业的资金流变得更为宽裕。

（二）企业所得税

房地产开发产品（含商品房）完工的标志是竣工证明材料已报房产管理部门备案，房地产开发产品已经投入使用并且已经取得产权证明[4]，无论工程质量是否通过验收合格，是否办理完工（竣工）备案手续以及会计决算手续，只要开始办理交付手续（包括入住手续）或已开始实际投入使用，应视为已经完工，房地产

---

1 按照《中小企业划型标准规定》（工信部联企业〔2011〕300 号）和《金融业企业划型标准规定》（银发〔2015〕309 号）中的营业收入指标、资产总额指标确定企业类型。
2 《关于进一步加大增值税期末留抵退税政策实施力度的公告》（财政部 税务总局公告 2022 年第 14 号）第一条、第二条。
3 《关于办理增值税期末留抵税额退税有关事项的公告》（国家税务总局公告 2019 年第 20 号）第一条。
4 《国家税务总局关于印发〈房地产开发经营业务企业所得税处理办法〉的通知》（国税发〔2009〕31 号）第三条。

开发企业应当按照规定及时结算计税成本，并计算企业当年度应纳税所得额[1]。

销售收入包括现金、现金等价物及其他经济利益，项目公司代有关部门、单位和企业收取的各种基金、费用和附加，凡是纳入开发产品价内或由项目公司开具发票，应按规定全部确认为销售收入；未纳入开发产品价内并由企业之外的其他收取部门、单位开具发票的，可作为代收代缴款项进行管理[2]。

企业将开发产品用于捐赠、赞助、职工福利、奖励、对外投资、分配给股东或投资人、抵偿债务、换取其他企事业单位和个人的非货币性资产等行为，应视同销售，在所有权或使用权转移，或在实际取得利益权利时确认收入（或利润）的实现。确认收入（或利润）的方法和顺序为：

（1）按本企业近期或本年度最近月份同类开发产品市场销售价格确定；

（2）由主管税务机关参照当地同类开发产品市场公允价值确定；

（3）按开发产品的成本利润率确定，开发产品的成本利润率不得低于15%，具体比例由主管税务机关确定[3]。

项目公司要及时结转销售或者视同销售的开发产品的计税成本并计算销售收入的实际毛利额，实际毛利额与预计毛利额的差额计入当年应纳税所得额。

房地产计税成本是指在开发、建造产品过程中所发生的按照税收规定进行核算与计量的应归入某项成本对象的各项费用，包括土地征用费及拆迁补偿费、前期工程费、建筑安装工程费、基础设施建设费、公共配套设施费、开发间接费六类。

成本对象是指为归集和分配房地产产品开发、建造过程中的各项耗费而确定的费用承担项目，成本对象的确定原则有可否销售原则、分类归集原则、功能区分原则、定价差异原则、成本差异原则与权益区分原则六种，成本对象由项目公司在开工之前合理确定，并报主管税务机关备案。成本对象一经确定，不能随意更改或混淆，如确需改变成本对象，应征得主管税务机关同意[4]。开发项目属于受托代建或多方合作开发，应结合上述原则分别划分成本对象进行核算。

---

1 《国家税务总局关于房地产开发企业开发产品完工条件确认问题的通知》（国税函〔2010〕201号）。

2 《国家税务总局关于印发〈房地产开发经营业务企业所得税处理办法〉的通知》（国税发〔2009〕31号）第五条。

3 《国家税务总局关于印发〈房地产开发经营业务企业所得税处理办法〉的通知》（国税发〔2009〕31号）第七条。

4 《国家税务总局关于印发〈房地产开发经营业务企业所得税处理办法〉的通知》（国税发〔2009〕31号）第二十六条。

　　房地产开发应按制造成本法进行计量与核算，其中应计入房地产开发产品成本中的费用属于直接成本和能够分清成本对象的间接成本，直接计入成本对象；共同成本和不能分清负担对象的间接成本，应按受益的原则和配比的原则分配至各成本对象。

　　土地成本一般按占地面积法进行分配；单独作为过渡性成本对象核算的公共配套设施开发成本应按建筑面积法进行分配；借款费用属于不同成本对象共同负担的按直接成本法或按预算造价法进行分配；其他成本项目的分配法由企业自行确定。

　　项目公司在结算计税成本时实际发生的支出应当取得但未取得合法凭据的，不得计入计税成本，待实际取得合法凭据时，再按规定计入计税成本，计税成本均应为实际发生的成本，但以下三项可以按照有关规定预提费用在税前予以扣除：

　　（1）出包工程未最终办理结算而未取得全额发票，在证明资料充分的前提下，其发票不足金额可以预提，但最高不得超过合同总金额的10%。

　　（2）公共配套设施尚未建造或尚未完工，可按预算造价合理预提建造费用。此类公共配套设施必须符合已在售房合同、协议或广告、模型中明确承诺建造且不可撤销，或按照法律法规规定必须配套建造的条件。

　　（3）应向政府上交但尚未上交的报批报建费用、物业完善费用可以按规定预提。物业完善费用是指按规定应由企业承担的物业管理基金、公建维修基金或其他专项基金[1]。

　　由于房地产项目结算周期很长，一些发票往往会在完工年度之后才能取得，后续取得后需要对因新取得发票而新增的成本进行再次分配。对前期已完工成本对象应负担的成本费用按已销开发产品、未销开发产品和固定资产进行分配，由于已销开发产品已经卖出，因此应由其负担的部分不能进行追溯调整，在当期纳税申报时予以扣除；未销开发产品应负担的成本费用待其实际销售时再进行扣除[2]；已经转为固定资产在投入使用后12个月内可以调整计税基础[3]，超过12个月只能计入期间费用在当期进行扣除。

1　《国家税务总局关于印发〈房地产开发经营业务企业所得税处理办法〉的通知》（国税发〔2009〕31号）第三十二条。
2　《国家税务总局关于印发〈房地产开发经营业务企业所得税处理办法〉的通知》（国税发〔2009〕31号）第二十八条。
3　《国家税务总局关于贯彻落实企业所得税法若干税收问题的通知》（国税函〔2010〕79号）第五条。

项目公司将自己开发的房屋转为自用，列为本公司固定资产，后来又对外出售，如果实际使用时间累计未超过 12 个月，不得在税前扣除折旧费用[1]，对相关折旧费用应进行纳税调增。由于税务机关难以及时准确地确认房地产企业开发的哪些房地产开发产品在何时转为自用，为了防止税基受到不法侵蚀，于是出台了上述限制性规定，也符合固定资产使用时间应当超过 12 个月的认定标准。

项目公司与关联企业之间通常都会存在业务往来，此时应当按照独立企业之间的业务往来收取或支付价款，否则税务机关很可能会认定两者之间存在关联交易，有权进行合理的纳税调整。

（三）其他税收

在土地增值税方面，完工交付阶段不一定满足土地增值税的清算条件，在正式清算之前，项目公司仍旧需要对每一笔销售收入预缴土地增值税，不能自行测算应缴税款可能已经低于已缴税款，也不能擅自停止预缴土地增值税。

在城镇土地使用税方面，开发项目完工后，土地管理部门验收并分割权证，已经交付给业主的商品房对应的城镇土地使用税纳税义务终止，因此项目公司应当及时重新核定城镇土地使用税计税依据，避免产生多缴税的情况。

在房产税方面，开发建造的商品房在售出前不征收房产税，但售出前已使用或出租、出借的商品房应按规定征收房产税[2]。对于已使用的商品房从价计税，计税依据为房产原值一次性减去 10%～30% 后的余值，年税率为 1.2%；对外出租的商品房从租计税，以租金收入为计税依据，年税率为 12%；对外出借的商品房，如果让对方无偿使用，对方视同自用，从价计税，如果获得租金性质的经济利益，对方不需要缴纳房产税，项目公司从租计税。

在房屋正式交付之前，项目公司临时使用的售楼处、样板房、办公场所，通常会按照估值来缴纳房产税，等到完工交付后，应当及时调整房产原值，准确申报缴纳房产税。

在印花税方面，无论是销售期房的"商品房预售合同"，还是销售现房的"商品房销售合同"都应依据产权转移书据，按照合同金额的万分之五缴纳印花税，不过预售时已经缴纳了印花税，收房时不再重复缴纳。项目公司将自己开发的房

---

1 《国家税务总局关于印发〈房地产开发经营业务企业所得税处理办法〉的通知》（国税发〔2009〕31 号）第二十四条。
2 《国家税务总局关于房产税、城镇土地使用税有关政策规定的通知》（国税发〔2003〕89 号）第一条。

地产开发产品用于对外出租，需要依据财产租赁合同，按照合同金额的千分之一缴纳印花税。

六、土地增值税清算环节

土地增值税与增值税是完全不同的两个税种，唯一的相同点都是对增值额进行征税，土地增值税的征税对象是转让（仅限于转让，在一级市场拿地并不需要缴纳）国有土地使用权、地上的建筑物及其附着物（虽然叫土地增值税，却并不仅包括土地），由卖方单方面缴纳。需要注意的是以继承、赠与方式无偿转让房地产并不需要缴纳土地增值税。

对于房地产企业而言，土地增值税清算是一个极为重要，却又极其烦琐的环节，稍有不慎就可能会出错！

（一）土地增值税的清算条件

土地增值税清算分为应清算与通知清算两类，应清算是指满足以下三个条件之一就应当在满足条件之日起 90 日内办理清算，三个条件为：开发项目全部竣工，完成销售；整体转让未竣工决算项目；直接转让土地使用权。

通知清算是指满足一定条件后，尽管企业尚未达到应清算条件，但税务机关按照规定通知企业办理清算，满足通知清算的四个条件分别为：销售面积已达到可售建筑面积的 85%，或者虽未达到 85%，但剩余部分已经出租或自用的；取得销售或预售许可证满三年仍未销售完毕的；纳税人申请注销税务登记，尚未办理土地增值税清算手续；省税务机关规定的其他情况[1]。

（二）土地增值税征收模式

表10-5　土地增值税适用税率表

增值率	项　目	税　率	速算扣除数
增值率 ≤ 50%	普通住宅增值率 ≤ 20%	免税	0
	20%< 普通住宅增值率 ≤ 50%	30%	0
	非普通住宅、其他类型	30%	0
50%< 增值率 ≤ 100%	普通住宅、非普通住宅、其他类型	40%	5%
100%< 增值率 ≤ 200%	普通住宅、非普通住宅、其他类型	50%	15%
增值率 >200%	普通住宅、非普通住宅、其他类型	60%	35%

---

1 《国家税务总局关于房地产开发企业土地增值税清算管理有关问题的通知》（国税发〔2006〕187号）第二条。

土地增值税＝增值额 × 适用税率 – 扣除项目金额 × 速算扣除系数。

其中：增值额＝转让房地产收入 – 扣除项金额；

增值率＝增值额 / 扣除项目金额 ×100%。

（三）收入与扣除项目的确定

项目公司对外销售房地产开发产品取得的所有收入，包括货币收入、实物收入和其他收入都应被确认为收入。如果已经全额开具发票，项目公司应当按照发票所载金额确认收入；未开具发票或未全额开具发票，以双方签订的"商品房预售合同"或"商品房销售合同"所载的售房金额及其他收益确认收入，如果所载商品房面积与有关部门实际测量面积不一致，在清算前已发生补、退房款，应在计算土地增值税时予以调整[1]。

项目公司在销售过程中收取的违约金、滞纳金、赔偿金、分期付款利息及其他性质的经济收益，均应确认为收入，不过因购买方违约，导致销售行为未能实现而收取的违约金，应作为营业外收入，只需缴纳企业所得税即可。

项目公司将房地产开发产品用于职工福利、奖励、对外投资、分配给股东或投资人、抵偿债务、换取其他单位和个人的非货币性资产等，与企业所得税一样视同销售，但收入认定方法却并不太一致，先按本企业在同一地区、同一年度销售的同类房地产的平均价格确定；如果不行，也可以由主管税务机关参照当地当年、同类房地产的市场价格或评估价值确定。

项目公司将部分房地产开发产品转为企业自用或用于出租等商业用途，如果产权并未发生转移，不征收土地增值税，只需缴纳房产税即可。

在土地增值税清算时，如果相应的收入不列为收入，也不能扣除相应的成本和费用[2]。

需要注意的是项目公司在房地产开发过程中的成本费用在土地增值税清算时并非全都允许扣除，仅限于以下六项[3]：

（1）取得土地使用权所支付的金额，包括地价款与按国家统一规定交纳的有关费用，还包括相应的契税[4]。

---

1 《国家税务总局关于土地增值税清算有关问题的通知》（国税函〔2010〕220 号）第一条。

2 《国家税务总局关于房地产开发企业土地增值税清算管理有关问题的通知》（国税发〔2006〕187 号）第三条。

3 《土地增值税暂行条例》第六条、《土地增值税暂行条例实施细则》第七条。

4 《国家税务总局关于土地增值税清算有关问题的通知》（国税函〔2010〕220 号）第五条。

（2）开发土地和新建房及配套设施的成本，包括实际发生的土地征用及拆迁补偿费、前期工程费、建筑安装工程费、基础设施费、公共配套设施费、开发间接费用；销售已装修房屋，其装修费用可以计入开发成本，注意装修费用也应当作为契税的计税依据。

（3）加计扣除金额，房地产开发企业对上述两项支出准予在扣除时加计百分之二十，但如果在实际开发之前就转让土地使用权，不允许进行加计扣除。

（4）开发土地和新建房及配套设施的费用，包括与房地产开发项目有关的销售费用、管理费用、财务费用。如果能够按照项目计算分摊并提供金融机构证明，利息支出允许据实扣除，但不能超过按商业银行同类同期贷款利率计算的金额，其他费用在第 1 项与第 2 项金额之和的 5% 限额以内准予扣除；全部使用自有资金、不能按项目计算分摊利息支出或不能提供金融机构证明，所有费用在第 1 项与第 2 项金额之和的 5% 限额以内准予扣除；既向金融机构借款，又有其他借款，不能同时适用两种方法[1]。

（5）旧房及建筑物的评估价格，指在转让已经使用的房屋及建筑物时，由政府批准设立的房地产评估机构评定的重置成本价乘以成新度折扣率后的价格，评估价格须经当地税务机关确认。如果不能取得评估价格，但能提供购房发票，经当地税务部门确认，可以按照发票所载金额，注意增值税专用发票按照发票所载不含增值税金额加上不允许抵扣的增值税进项税额之和，普通发票为价税合计，老式营业税发票不得扣减营业税[2]；从购买年度起至转让年度止每年加计 5% 计算，"每年"按购房发票所载日期起至售房发票开具之日止，每满 12 个月计一年；超过一年，未满 12 个月但超过 6 个月的，可以视同为一年[3]。如果既没有评估价格，又不能提供购房发票，税务机关实行核定征收。

（6）与转让房地产有关的税金，包括城市维护建设税、印花税以及因转让房地产交纳的教育费附加，还包括旧房及建筑物的契税，但不能作为按年加计 5% 的基数[4]，上述税金必须要取得相关完税凭证，注意不得包括增值税。

如果涉及拆迁，用建造的本项目房地产开发产品安置回迁户，安置用房视同

---

1 《国家税务总局关于土地增值税清算有关问题的通知》（国税函〔2010〕220 号）第三条。
2 《关于营改增后土地增值税若干征管规定的公告》（国家税务总局公告 2016 年 70 号）第六条。
3 《国家税务总局关于土地增值税清算有关问题的通知》（国税函〔2010〕220 号）第七条。
4 《财政部 国家税务总局关于土地增值税若干问题的通知》（财税〔2006〕21 号）第二条第一款。

销售，同时将其确认为拆迁补偿费，项目公司支付给回迁户的补差价款，也计入拆迁补偿费；回迁户支付给项目公司的补差价款，应抵减本项目拆迁补偿费。采取异地安置，如果安置房属于自行开发建造，计入本项目的拆迁补偿费；如果安置房属于外购，以实际支付的购房支出计入拆迁补偿费。货币安置拆迁，项目公司凭合法有效凭据计入拆迁补偿费[1]。

项目公司应当重点关注支付的价款和取得使用权过程中发生的手续费是否取得符合税法规定的有效凭证，重点核查是否将土地闲置费[2]、土地出让金的滞纳金等不允许计入的项目也计入土地成本，如果不慎计入需要及时剔除。

项目公司需要注意留存成本支出的凭证与相关证明文件、证明材料，准确区分开发成本与开发费用，避免将开发费用计入开发成本导致多计加计扣除，如通过融资方式支付土地使用权价款所产生的利息费用不应计入开发成本，应调整至开发费用[3]。

国税发〔2009〕31号文第三十二条规定的企业所得税准予扣除的三项预提成本，土地增值税也予以承认，除此之外，其他的预提成本费用一律不得列为扣除项目。属于多个房地产项目共同的成本费用，应按清算项目可售建筑面积占多个项目可售总建筑面积的比例或其他合理的方法，计算确定清算项目的扣除金额[4]。

按照惯例，房地产开发企业通常会扣留一定比例的工程款作为质量保证金，土地增值税清算时，如果建筑安装施工企业已经开具了全额发票，发票金额中已经包含尚未支付的质量保证金，或者单独提前开具了质量保证金发票，房地产开发企业可以将质量保证金列入土地增值税扣除项目；如果尚未开具发票或者开具的发票中并不包含这部分金额，那么尚未支付的质量保证金不得列入扣除项目[5]。

项目公司办理土地增值税清算附送的前期工程费、建筑安装工程费、基础设施费、开发间接费用的凭证或资料不符合清算要求或存在不实的情形，税务机关

1　《国家税务总局关于土地增值税清算有关问题的通知》（国税函〔2010〕220号）第六条。
2　《国家税务总局关于土地增值税清算有关问题的通知》（国税函〔2010〕220号）第四条。
3　《国家税务总局关于土地增值税清算有关问题的通知》（国税函〔2010〕220号）第三条第二项。
4　《国家税务总局关于房地产开发企业土地增值税清算管理有关问题的通知》（国税发〔2006〕187号）第四条第五项。
5　《国家税务总局关于土地增值税清算有关问题的通知》（国税函〔2010〕220号）第二条。

可以参照当地建设工程造价管理部门公布的建安造价定额资料，结合房屋结构、用途、区位等因素，核定上述四项开发成本的单位面积金额标准，并据以计算扣除[1]。

项目公司开发建造的与清算项目配套的居委会与派出所用房、会所、停车场（库）、物业管理场所、变电站、热力站、水厂、文体场馆、学校、幼儿园、托儿所、医院、邮电通信等公共设施，按以下原则处理[2]：

（1）建成后产权属于全体业主所有的，不计算收入，但其成本、费用可以扣除；

（2）建成后无偿移交给政府、公用事业单位用于非营利性社会公共事业的，不计算收入，但其成本、费用可以扣除；

（3）建成后有偿转让的，应计算收入，并准予扣除成本、费用。

首次清算时未能销售的房产后期售出之后，项目公司应按办理尾盘清算申报，如果发生了多缴土地增值税的行为，可在尾盘申报时申请退税。

（四）免税项目的认定

普通住宅可以享受免征土地增值税的优惠政策，不过需要与其他业态类型分开核算，未分开核算的，不得享受免税政策。目前普通住宅的认定标准主要有以下三个[3]：

（1）住宅小区建筑容积率在 1.0 以上；

（2）单套建筑面积在 120 平方米以下；

（3）实际成交价格低于同级别土地上住房平均交易价格的 1.2 倍以下。

各省级政府可以根据实际情况将单套建筑面积和价格标准适当浮动，但向上浮动的比例不得超过上述标准的 20%。在上述三个标准之中，只要有任意一个条件不能满足，就不能认定为普通住宅，也不能享受免税政策。

对于上述三个条件，由于建筑容积率、建筑面积一般在土地出让合同或者立项的规划审批文件、预（实）测报告中明确记载，通常并不会存在争议，只有实

---

1 《国家税务总局关于房地产开发企业土地增值税清算管理有关问题的通知》（国税发〔2006〕187 号）第四条第二项。

2 《国家税务总局关于房地产开发企业土地增值税清算管理有关问题的通知》（国税发〔2006〕187 号）第四条第三项。

3 《国务院办公厅转发建设部等部门关于做好稳定住房价格工作意见的通知》（国办发〔2005〕26 号）第五条。

际成交价格在实际操作中争议比较大。

复式住宅在房屋管理部门备案的面积是单层面积，后期业主取得的房屋产权证上也是单层面积，但实际交付的却是复式结构，如 50 平方米的住宅面积，业主实际享受的空间却有 100 平方米，因此一些房地产公司主张按照 100 平方米来确定房屋单价，但税务机关对此却往往并不认同，认为不论是复式结构，还是一般平层结构，均应以房屋产权证上的销售面积计算成交价格。

一些房地产企业对于房屋交易价格是否超过同级别土地上住房平均交易价格也存在争议，如果当地没有普通住宅价格认定标准，税务机关通常会参考其他同类楼盘价格，但房地产企业却认为土地级别各有差别，在不同成本的土地上盖的房子在后期销售时，成交价格肯定会有所差别，各项目受开发地域、周边环境、开发时间跨度等因素影响，销售价格肯定会差异，因此将在不同土地成本上开发的房产按照统一价格作为认定标准存在以点概面之嫌。

税务机关对上述争议的通常做法是如果当地有明确文件规定，将不同地区的土地住房价格作了详细的划分，那么就应该严格按照该文件作为划分标准；如果当地没有明确文件规定，附近楼盘价格只是可借鉴的标准范围，并不是说就必须要完全按照附近楼盘价格来作为划分依据。

房地产企业可以从土地地域级别、土地取得时间、周边配套及环境影响等角度提出异议并积极做好沟通工作，以相关资料作为证据支撑，力争取得税务机关的理解与认同，将参考价格划定在一个能够接受的合理区间内，最大限度地享受税收优惠政策。

除此之外，项目公司还需要确定是否存在因国家建设需要被征用或收回而享受免税的项目，这项优惠政策地方差异性很大，可以凭借相关证明文件向税务机关进行申报，必要时还可以争取地方政府的支持。

七、项目公司注销环节

对于房地产企业而言，项目完结之后，项目公司通常会被注销，等新项目开工之后，再成立新项目公司。如果新开发项目面积很大，超过了建筑面积 25 万平方米，有时也会将拥有房地产开发一级资质的项目公司保留下来，开发新项目，不过注销却是绝大多数项目公司的命运。

（一）注销税务登记

公司注销前必须成立清算组进行清算，如果公司财产不足以清偿对外债务，需要申请法院进行清算,只有清算完成之后,才能申请办理注销手续。在清算过程中,企业全部资产的可变现价值或交易价格减除清算费用之后,需要支付职工工资、社会保险费用和法定补偿金,结清企业所得税、以前年度欠税,清偿企业所有债务。

在完成清算后,企业需要分别注销税务登记、企业登记(即工商登记)、社会保险登记,涉及海关报关等相关业务的公司,还需要办理海关报关单位备案注销等事宜。在正式注销税务登记前,税务部门会进行预检,检查其是否存在尚未办结的事项[1]。

项目公司在注销前需要向税务机关缴销尚未使用的发票,注销增值税防伪税控系统,如果领用的全都是数电票就无须注销;注销发票之后,项目公司如果还有开票需求,可以申请税务机关代开。如果仍旧存在留抵税额,项目公司可以办结退税手续。

有的项目公司注销时,可能会有部分商品房还没有出售,此时需要保证所有尾盘涉及的土地增值税都已清算完毕。项目公司还需要向税务机关报送截止到注销时点的企业所得税年度纳税申报表,处置公司资产,偿还公司债务,如果清理或者转让尾盘,需要同步做好计税成本的确认工作。

因预缴土地增值税而导致多缴了企业所得税,项目公司还需要办理企业所得税退税,等所有税款全部结清之后,税务机关才会正式受理注销税务登记申请。

(二)与员工解除劳动合同

项目公司注销前需要遣散员工,通常会向员工支付一定的经济补偿,公式为 $S×N$。

S 指员工在劳动合同解除或者终止前 12 个月的平均工资,注意不仅是劳动合同中约定的基本工资,还包括其他工资性收入,如果超过直辖市、地级市公布的本地区上年度职工月平均工资 3 倍,按照 3 倍的数额支付。

N 指劳动者在本单位工作年限,按照每满 1 年支付 1 个月工资的标准向劳动者支付经济补偿,6 个月以上不满 1 年的,按 1 年计算;不满 6 个月的,向劳动者支付相当于半个月工资的经济补偿,赔偿年限最高不超过 12 年。

---

1 《关于发布〈企业注销指引(2021 年修订)〉的公告》(国家市场监管总局 人力资源社会保障部 商务部 海关总署 税务总局公告 2021 年第 48 号)第四条第一项。

表10-6 解除劳动关系时的经济补偿方案[1]

类　型	劳动合同解除方	经济补偿方案	适用范围
辞职	员工	无须补偿	正式员工需要提前30天申请 试用期员工需要提前3天申请
协商解除	企业	N	所有劳动合同都适用协商解除
即时通知解除（企业单方面解除）	企业	无须补偿	1. 在试用期间被证明不符合录用条件 2. 严重违反用人单位的规章制度 3. 严重失职，营私舞弊，给用人单位造成重大损害 4. 劳动者同时与其他用人单位建立劳动关系，对完成本单位的工作任务造成严重影响，或者经用人单位提出，拒不改正 5. 以欺诈、胁迫的手段或者乘人之危，使企业在违背真实意思的情况下订立或者变更劳动合同的致使劳动合同无效
预告通知解除（即非过失性解除）	企业	N+1	1. 劳动者患病或非因工负伤医疗期满不能从事原工作，也不能从事另行安排的工作 2. 不能胜任工作，经培训或调岗后仍无法胜任 3. 劳动合同订立时所依据的客观情况发生重大变化，致使劳动合同无法履行，经企业与员工协商，未能就变更劳动合同内容达成协议
裁员解除	企业	N+1	1. 企业依照企业破产法规定进行重整 2. 企业生产经营发生严重困难 3. 企业转产、重大技术革新或者经营方式调整，经变更劳动合同后，仍需裁减人员 4. 其他因劳动合同订立时所依据的客观经济情况发生重大变化，致使劳动合同无法履行
随时通知解除（员工单方面解除）	员工	2N	1. 未按照劳动合同约定提供劳动保护或者劳动条件 2. 未及时足额支付劳动报酬 3. 未依法为员工缴纳社会保险费 4. 用人单位的规章制度违反法律、法规的规定，损害劳动者权益 5. 以欺诈、胁迫的手段或者乘人之危，使员工在违背真实意思的情况下订立或者变更劳动合同的致使劳动合同无效 6. 法律、行政法规规定员工可以解除劳动合同的其他情形
固定期限劳动合同期满	企业	N	1. 企业不同意续订 2. 企业降低劳动条件续订劳动合同，员工不同意续订
	员工	无须补偿	企业维持或者提高劳动合同约定条件续订劳动合同，员工不同意续订
企业破产	企业	N	1. 用人单位被依法宣告破产 2. 企业被吊销营业执照、责令关闭、撤销或者企业决定提前解散
员工退休或者死亡	企业	无须补偿	1. 劳动者开始享受基本养老保险待遇 2. 员工死亡 3. 法院宣告员工死亡

---

1 《中华人民共和国劳动合同法》《中华人民共和国劳动合同法实施条例》。

个人与用人单位解除劳动关系，有的人很快便能找到新工作，但也有人迟迟无法实现再就业，因此对个人离职时取得的一次性补偿收入（包括用人单位发放的经济补偿金、生活补助费和其他补助费）给予一定的税收优惠。

一次性补偿收入在当地上一年职工平均工资 3 倍数额以内的部分，免征个人所得税；超过 3 倍数额的部分，不并入当年综合所得，单独适用"个人所得税税率表（综合所得适用）"，计算缴纳税款[1]。

需要注意的是只有符合劳动合同法中规定的解除劳动关系情形，才准予适用上述政策，劳动合同到期后，不再续聘所发放的补偿金不属于解除合同的一次性补偿金，应在发放当月合并计入工资、薪金所得缴纳个人所得税[2]。

（三）分配公司剩余资产

项目公司清算之后的剩余资产可以分配给股东，如果公司账户内的资金提前转入股东的个人账户，股东对公司未清偿的债务与未足额交纳的税款负有继续清偿义务，但以实际收到的金额为限。

在支付给股东的剩余资产中，相当于被清算企业累计未分配利润和累计盈余公积中按该股东所占股份比例计算的部分，应确认为股息所得[3]，法人股东计入投资收益，不需要缴纳企业所得税，自然人股东需要按照利息、股息、红利所得缴纳个人所得税，适用 20% 的税率。

剩余资产减除股息所得后的余额，超过或低于股东投资成本的部分，应确认为投资转让所得或损失，法人股东的投资转让所得计入当期的投资收益，损失计入资产损失在税前予以扣除；个人股东的投资转让所得按照财产转让所得缴纳个人所得税，适用 20% 的税率。

至于分配剩余资产的过程中是否需要缴纳增值税，如果是将自产、委托加工或者购进的货物分配给股东，需要缴纳增值税，但纳税主体并非股东而是项目公司，因为这些货物相应的进项税额之前已经抵扣，所以需要缴纳销项税额，其他资产是否需要缴纳增值税，目前还缺乏明确规定。

---

1 《财政部 国家税务总局关于个人所得税法修改后有关优惠政策衔接问题的通知》（财税〔2018〕164 号）
2 厦门市税务局答疑。
3 《财政部 国家税务总局关于企业清算业务企业所得税处理若干问题的通知》（财税〔2009〕60 号）第五条。

第十一章 金融业涉税风险管理

● 第一节 银行业涉税风险管理

银行业是指中国人民银行，以及在我国境内设立的商业银行、政策性银行、城市信用合作社、农村信用合作社等吸收公众存款的各类银行与非银行金融机构。银行经营货币和信用业务的金融机构，通过发行信用货币、管理货币流通、调剂资金供求、办理货币存贷与结算，充当信用的中介人，是现代金融业的主体，也是国民经济运转的枢纽。银行的业务主要分为负债业务、资产业务与中间业务三大类。

一、负债业务的涉税风险

银行负债业务是可以帮助银行增加贷款额度、提高流动性、实现财富积累的融资方式，有助于促进金融市场发展、稳定市场价格、管控金融风险，最为人熟知的负债业务就是存款业务。

存款是社会公众基于对银行的信任而将资金存入银行并可以随时或按约定时间支取款项的一种信用行为；除此之外，银行负债业务还包括非存款业务，根据负债期限分为短期借入资金业务与长期借入资金业务。

为了防止资本弱化，税法规定金融企业实际支付给关联方的利息支出不得超过相关规定，也就是其接受关联方债权性投资与权益性投资比例不能超过 5∶1，高于其他企业 2∶1 的限额[1]。

---

1 《财政部　国家税务总局关于企业关联方利息支出税前扣除标准有关税收政策问题的通知》（财税〔2008〕121 号）第一条。

银行业务

负债业务　　　资产业务　　　中间业务

负债业务：存款业务、非存款业务

资产业务：现金资产管理、信贷业务、投资业务

中间业务：支付结算类、代理类、银行卡业务、担保类、交易类、其他类

非存款业务：短期借入资金业务、长期借入资金业务

现金资产管理：库存现金、中央银行存款、存放同业存款

信贷业务：信用贷款、担保贷款、票据融资、保理业务、贸易融资

投资业务：中央银行票据、购买金融债券、购买国债

短期借入资金业务：同业拆借、中央银行借款、国际金融市场借款

长期借入资金业务：长期次级债券、混合资本债券、发行金融债券

中央银行借款：再贴现、再贷款、再抵押

国际金融市场借款：固定利率定期存单、欧洲美元存单、本票

支付结算类：汇兑、托收承付、委托收款、信用证
代理类：代收代付、代理保险业务、代理政策性银行业务
代理商业银行业务、委托贷款业务
担保类：银行承兑汇票、备用信用证、银行保函
交易类：远期合约、期货合约、掉期合约、期权合约
其他类：基金托管业务、咨询顾问类业务、保险箱业务

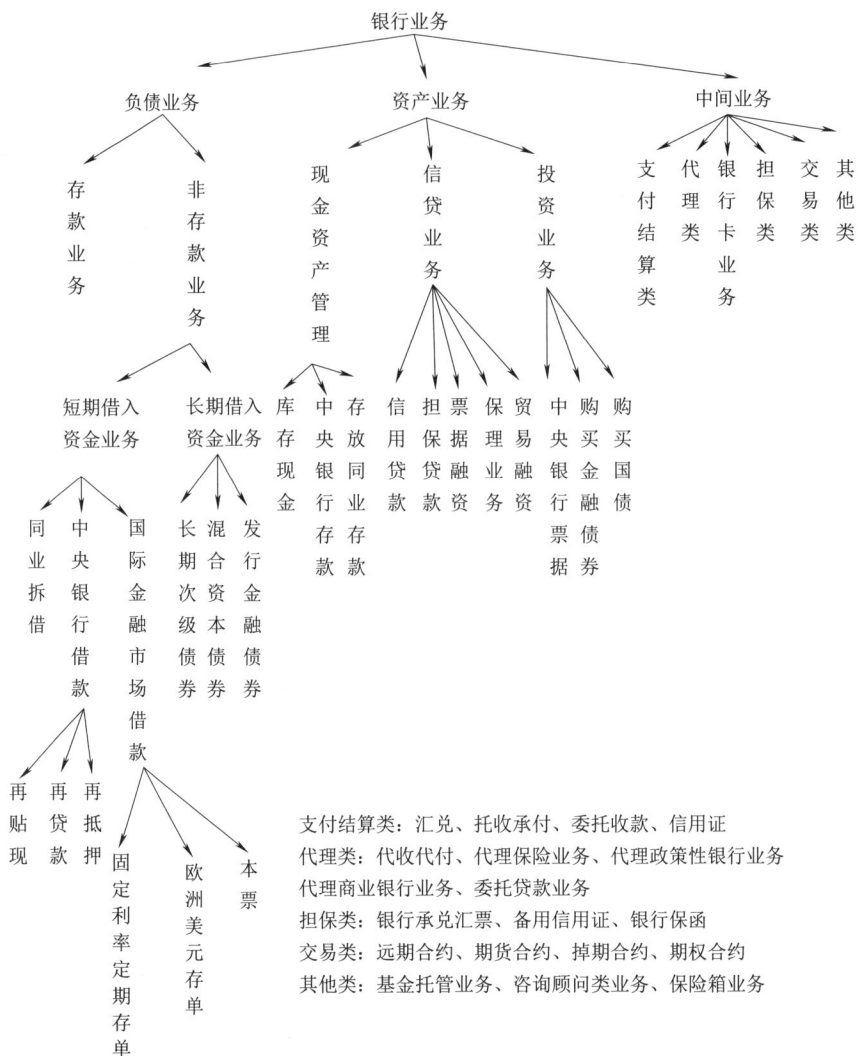

图 11-1　银行业务分类图

为了排查相关风险，银行需要通过审计报告、关联方企业所得税申报表，核实是否存在向关联方借款的情形以及是否超过比例限额，如果超过了，必须提前准备相关资料证明相关交易活动符合独立交易原则或者银行实际税负并不高于境内关联方，在获得税务机关认可之后，其实际支付给境内关联方的利息支出才准予在企业所得税税前扣除。

有些银行会发生海外代付业务，向境外代付行支付利息，或者向国外公司支付 Swift 等网络或系统使用费，却又没有及时代扣代缴相关税款，会带来涉税风险，

因此需要核实本银行向境外付款项目与境外业务开展情况，确定是否存在未按规定代扣代缴相关税款的情形，银行的业务部门与财务部门要建立定期沟通机制，及时通报涉外业务开展情况，财务部门要定期跟踪涉外业务及相关会计科目变动情况，及时做好非居民企业相关所得的代扣代缴工作。

我国有些银行会设立境外分行，也就是在我国境外设立的不具备所在国家或地区法人资格的分支机构，比如中国银行泰国分行就是隶属于中国银行的境外分支机构，从法律意义上属于中国银行的一部分。中国银行（泰国）股份有限公司虽与中国银行存在关联关系，却是在泰国设立的一家独立法人机构，属于我国的非居民企业。

如果境外分行在银行贷款中行使牵头行职能，当利息收入归属于境外分行时，境外分行虽然实际经营地在境外，却属于我国境内法人的分支机构，因此境内机构向境外分行支付利息时并不需要代扣代缴企业所得税，但如果境外分行只是代收利息收入，相关债权和实际取得方是境外非居民企业，在这种情况下，境内机构向境外分行支付利息时，就应当依法代扣代缴增值税及附加与企业所得税，为了杜绝上述涉税风险，需要审核境外分行的收支情况，如果属于为境外非居民企业代收，境外分行需要将相关情况通报给境内机构，支付时严格履行代扣代缴义务。

二、资产业务的涉税风险

银行资产业务是运用其吸收的资金从事各种信用活动从而谋取利润的行为，其中最重要的就是信贷业务，也就是根据国家政策以一定的利率将资金贷给资金需要者，并约定归还期限，一般要求提供担保或者进行抵押，但如果信用良好，有时也会发放并不需要担保或者抵押的信用贷款。

银行在经营过程中收取的罚息、滞纳金、赔偿金的性质需要分情况进行判定，如果与银行收取利息密切相关，应当认定为价外收入，计入销售额并缴纳增值税；如果是合同并未履行而获得的赔偿金，那么就不属于价外费用，不需要缴纳增值税，因此需要审核"营业外收入""其他业务收入""其他应付款"等会计科目，确定罚息、滞纳金、赔偿金的具体性质并与增值税申报表中的相关栏次进行比对，确定是否存在未按规定缴纳增值税的情形。

根据税法规定，银行自结息日期没有超过 90 天的应收未收利息应按照有关规定申报缴纳增值税，90 天之后发生的应收未收利息暂不缴纳增值税，待实际收到利息时再缴纳增值税[1]，但有些银行却将没有超过 90 天的应收未收利息也用来冲减当期销售额，造成少缴增值税的情形，因此应当查阅会计核算说明，确定逾期未超过 90 天利息收入相关的会计科目，通过审查科目明细账并抽查相关会计凭证，核实是否存在在冲减利息收入转至表外并冲减增值税销项税额的情形。

银行按照规定发放的未逾期贷款（含展期），应根据先收利息后收本金的原则，按贷款合同确认的利率和结算利息的期限计算利息，并于债务人应付利息的日期确认收入的实现；逾期贷款在逾期后发生的应收利息，应于实际收到的日期，或者虽未实际收到，但会计上确认为利息收入的日期确认收入的实现。

银行已确认为利息收入的应收利息逾期 90 天仍未收回，且会计上已冲减了当期利息收入，准予抵扣当期应纳税所得额[2]，但有些逾期利息收入后来又收了回来，或者虽未实际收回但又重新确认为收入，此时需要按照规定缴纳增值税、企业所得税。

对于此种情形，应当询问相关人员，查阅相关内控管理文件以及业务信息系统，依据贷款利息的会计核算办法、会计核算系统全面梳理逾期贷款的核算方式与处理方法，分析贷款逾期后应收利息的收入确认时点，确定是否按照规定缴纳增值税。查看表外核算管理系统是否有相应的预警提示功能，对表内计提的超过 90 天的利息收入转到表外，对其将来收回请款进行测试，验证是否按照规定计入当期应纳税所得额，如果存在未缴企业所得税的情形，应当及时进行补缴。

银行向小型企业、微型企业、个体工商户、农户发放小额贷款取得的利息收入免征增值税。小型企业、微型企业必须要符合《中小企业划型标准规定》（工信部联企业〔2011〕300 号）的认定标准，资产总额和从业人员指标均以贷款发放时的实际状态确定，营业收入以贷款发放前 12 个自然月的累计数确定。小额贷款是指单户授信小于 100 万元（含本数），如果没有授信额度，单户贷款合同金额且贷款余额在 100 万元（含本数）以下[3]。

一些银行擅自扩大适用范围与小额贷款的界限，使得一些原本应当缴纳增值税的贷款业务也享受免税政策。银行应将相关免税证明材料留存备查，单独核算

---

1 《财政部 国家税务总局关于全面推开营业税改征增值税试点的通知》（财税〔2016〕36 号）附件三《营业税改征增值税试点过渡政策的规定》第四条。
2 《关于金融企业贷款利息收入确认问题的公告》（国家税务总局公告 2010 年第 23 号）。
3 《关于支持小微企业融资有关税收政策的公告》（财政部 税务总局公告 2023 年第 13 号）、《关于延续实施金融机构农户贷款利息收入免征增值税政策的公告》（财政部 税务总局公告 2023 年第 67 号）。

符合免税条件的小额贷款利息收入，按现行规定向主管税务机关办理纳税申报；未单独核算的，不得免征增值税。税务检查时，税务机关通常会抽查一些数额较大的免税贷款业务，核实贷款主体是否是小型企业、微型企业或者个体工商户，也会核查是否存在将大额贷款拆分为小额贷款的情形。

金融同业往来利息收入免征增值税，具体包括金融机构与人民银行所发生的资金往来业务；银行联行往来业务，同一银行系统内部不同行、处之间所发生的资金账务往来业务；金融机构间的资金往来业务，经人民银行批准，进入全国银行间同业拆借市场的金融机构之间通过全国统一的同业拆借网络进行的短期（一年及以下）无担保资金融通行为[1]，此外还包括同业存款、同业借款、同业代付、买断式买入返售金融商品、持有金融债券、同业存单以及商业银行购买央行票据、与央行开展货币掉期和货币互存等业务，境内银行与其境外的总机构、母公司之间，以及境内银行与其境外的分支机构、全资子公司之间的资金往来业务，人民币合格境外投资者（RQFII）委托境内公司在我国从事证券买卖业务，以及经人民银行认可的境外机构投资银行间本币市场取得的收入[2]。

一些银行会因对政策有所误解等原因将原本并不属于增值税免税范围的收入一并作为同业往来利息收入申报免税，因此应当对"拆放同业利息收入""同业往来"等会计科目进行审核分析，同时查阅相关业务合同与业务系统、财务系统的数据，核实适用免税政策的相关收入是否符合相关规定，如果适用政策有误应当及时补缴税款。

虽然境内银行与其境外的总机构、母公司之间，以及境内银行与其境外的分支机构、全资子公司之间的资金往来业务属于银行联行往来业务，免征增值税，境内银行与境外总机构、母公司之间的持股比例不做要求，但境内银行与境外全资子公司的资金往来才能免税，参股子公司、控股子公司都不属于免税范围，因此要在对"拆放同业利息收入""同业往来"等会计科目进行分析研判的基础上审核同业之间的资金借用及拆借合同，分析跨境资金拆借性质，判断是否属于免税条件。

有些不良贷款无法收回，银行依法行使债权或担保债权而获得债务人、担保

1　《财政部　国家税务总局关于全面推开营业税改征增值税试点的通知》（财税〔2016〕36号）附件三《营业税改征增值税试点过渡政策的规定》第一条第二十三项。
2　《财政部　国家税务总局关于金融机构同业往来等增值税政策的补充通知》（财税〔2016〕70号）。

人或者第三人的相关资产或者财产权利，但处置这些抵债资产时却并未确认收入，也未按规定缴纳增值税、企业所得税、印花税；如果抵债资产为房产，还有可能会未按规定缴纳房产税、城镇土地使用税、土地增值税。

在充分了解取得、管理、处置抵债资产业务流程的基础上，重点审核"抵债资产"这个会计科目，核实抵债资产金额与状况，确认是否对收回的贷款利息转回表内计入利息收入并计提销项税额。调阅抵债资产清单，核实是否存在抵债资产对外出租的行为，结合"其他业务收入—租金收入"或"其他应付款"等会计科目，确认是否对外出租并按照规定缴纳增值税。重点审核"抵债资产""营业外收入""应交税费"等会计科目，了解是否存在抵债房产，查询抵债房产的原始票据与交易价格，与土地增值税、印花税申报表进行比对，确认是否按照规定缴纳了上述税款。

三、投资业务的涉税风险

在资产业务中，除了通过信贷业务赚取利息收入外，银行往往还会用自有或者控制资金进行投资，赚取投资收益。

一些银行将国债转让收入混同于国债利息收入，银行投资国债从国务院财政部门取得的国债利息收入才属于免税收入，国债转让收入并不属于免税收入。国债利息收入以国债发行时约定的应付利息日期确认利息收入的实现，如果在到期前转让，或者并非从发行者手中购买国债，需要计算持有期间尚未兑付的国债利息收入，即国债金额 ×（适用年利率 ÷365）× 持有天数。

为了防止税收政策适用错误，需要审核国债交易交割单、国债交易台账，将银行投资国债的相关业务报表与增值税申报表、企业所得税申报表进行对比分析，核实是否存在将国债转让收入视同为免税收入的情形，同时还要审核取得国债利息时的会计核算方式是否符合税法的相关规定，需不需要进行纳税调整。

如果银行购买了公开发行并上市流通的股票，只有连续持有 12 个月以上才能享受免征企业所得税，但有些银行却将购买的所有股票带来的投资收益都认定为免税收入，需要审核"交易性金融资产""其他权益工具投资""投资收益"等会计科目，重点核实持有时间与持股比例，查看股权投资及投资收益转移凭证，判断相关投资收入是否属于免税收入。

金融商品转让按照卖出价扣除买入价后的余额为销售额，转让金融商品出现的正负差，按盈亏相抵后的余额为销售额。若相抵后出现负差，可结转下一纳税期与下期转让金融商品销售额相抵，但年末时仍出现负差，不得转入下一个会计年度[1]。

不过在实务中，金融商品转让差价一般由资产管理公司提供或者银行投资部门使用的相关信息系统自动计算生成后导入财务系统，财务部门对金融商品转让差价计算是否符合税法规定往往并不容易判断，极有可能存在转让价差计算有误、跨年度结转金融商品转让负价差等情形，因此应当审核"投资收益""应收利息"等会计科目，并与"交易性金融资产""其他权益工具投资"等会计科目进行对比分析，确定买卖差价计算是否准确，是否存在多计、重复计算买价等情况，调阅金融商品转让明细，查明相关信息系统自动计算原理，避免出现少缴或者多缴增值税的情形。

四、中间业务的涉税风险

中间业务是指不构成银行表内资产、表内负债，形成银行非利息收入的业务，在整个业务过程中，银行几乎不运用或者很少运用自己拥有或者控制的资产，以中间人的身份替客户办理收付或者其他委托事项，也就是增值税中的直接收费金融服务，以提供直接收费金融服务收取的手续费、佣金、酬金、管理费、服务费、经手费、开户费、过户费、结算费、转托管费等各类费用为销售额[2]。

除受托收款业务外，手续费收入应在每一个环节按手续费全额作为应税收入，不得扣减支付下一环节的手续费支出。全部收入包括价外费用，但有些银行在申报增值税和企业所得税时，用收到的手续费收入扣减支付给其他合作商户的手续费支出作为收入，扣减部分只开具业务结算单据，因此应当询问相关业务部门了解各项中间业务的名称、范围、收费标准，对照有关合同，审阅利润明细表、业务状况表，结合"手续费及佣金收入""手续费及佣金支出""其他应付款"等会计科目，核查是否严格按照权责发生制原则确认收入，核实发票等相关凭证，查看是否将其计入往来科目。重点核实新开展的中间业务产品和收入比重较大的中间业务，查看是否正确确认收入，是否有坐支收入等违规情形。银行卡手续费收入名目繁多，包括工本费、年费、账户管理费等，应当作为核查重点，尤其是特约商户结算手续费。

一些银行将为客户提供服务应当取得但逾期90天仍未取得的费用性收入，如

1　《财政部 国家税务总局关于全面推开营业税改征增值税试点的通知》（财税〔2016〕36号）附件二《营业税改征增值税试点有关事项的规定》第一条第三项第3目。

2　《财政部 国家税务总局关于全面推开营业税改征增值税试点的通知》（财税〔2016〕36号）附件二《营业税改征增值税试点有关事项的规定》第一条第三项第2目。

手续费、信托收入、融资租赁收入以及表外业务收入等同于贷款利息收入，直接冲减应纳税所得额。这显然违反了税法的相关规定，银行应当准确区分利息收入与非利息收入，逾期90天仍未收入的非利息收入不得冲减当期应纳税所得额。

五、风险拨付的涉税风险

银行资产管理的核心问题就是风险防范，因此银行建立了一套完善的风险防范体系，尤其是构建了以贷款资产减值准备为主、其他资产减值准备为辅的全面的风险准备制度。

准予在企业所得税税前提取贷款损失准备金的贷款资产包括：

（1）贷款（含抵押、质押、保证、信用等贷款）；

（2）银行卡透支、贴现、信用垫款（含银行承兑汇票垫款、信用证垫款、担保垫款等）、进出口押汇、同业拆出、应收融资租赁款等具有贷款特征的风险资产；

（3）由金融企业转贷并承担对外还款责任的国外贷款，包括国际金融组织贷款、外国买方信贷、外国政府贷款、日本国际协力银行不附条件贷款和外国政府混合贷款等资产。

政策性银行、商业银行、财务公司、城乡信用社和金融租赁公司等金融企业准予在当年税前扣除的贷款损失准备金，委托贷款、代理贷款、国债投资、应收股利、上交央行准备金以及金融企业剥离的债权和股权、应收财政贴息、央行款项等不承担风险和损失的资产，以及不属于上述列举范围的其他风险资产，不得提取贷款损失准备金在税前扣除。

发生的符合条件的贷款损失，应先冲减已在税前扣除的贷款损失准备金，不足冲减部分可据实在计算当年应纳税所得额时扣除[1]。

有些银行因对税收政策有误解，对于并不属于税法规定的准予提取贷款损失准备的资产也计提了货款损失准备并在税前进行扣除，形成了少缴企业所得税的风险，因此应当严格按照货款损失准备金的计提与调整方法，全面核查不属于税法规定计提范围的资产是否计提了贷款减值准备。

银行提取准备金之后需要填写"企业所得税年度纳税申报表（A类）"附表A105120"贷款损失准备金及纳税调整明细表"。

---

1 《关于金融企业贷款损失准备金企业所得税税前扣除有关政策的公告》（财政部 税务总局公告2019年第86号）、《财政部 税务总局关于延长部分税收优惠政策执行期限的公告》（财政部 税务总局公告2021年第6号）。

表11-1　贷款损失准备金及纳税调整明细表

A106120

行次	项　目	账载金额				税收金额						
		上年末贷款资产余额	本年末贷款资产余额	上年末贷款损失准备金余额	本年末贷款损失准备金余额	上年末准予提取贷款损失准备金的贷款资产余额	本年末准予提取贷款损失准备金的贷款资产余额	计提比例	按本年末准予提取贷款损失准备金的贷款资产余额与计提比例计算的准备金额	截至上年末已在税前扣除的贷款损失准备金的余额	准予当年税前扣除的贷款损失准备金	纳税调整金额
		1	2	3	4	5	6	7	8（6×7）	9	10（4与8的孰小值-9）	11（4-3-10）
1	一、金融企业（2+3）							*				
2	（一）贷款损失准备金			*	*			1%	*	*	*	*
3	（二）涉农和中小企业贷款损失准备金			*	*			*	*	*	*	*
4	其中：关注类贷款			*	*			2%	*	*	*	*
5	次级类贷款			*	*			25%	*	*	*	*
6	可疑类贷款			*	*			50%	*	*	*	*
7	损失类贷款			*	*			100%	*	*	*	*
8	二、小额贷款公司							1%				
9	三、其他											
10	合计（1+8+9）							*				

第 1 列"上年末贷款资产余额"与第 2 列"本年末贷款资产余额"，第 5 列"上年末准予提取贷款损失准备金的贷款资产余额"与第 6 列"本年末准予提取贷款损失准备金的贷款资产余额"分别按照会计核算要求与税法规定填列上年末、本年末贷款资产余额。

第 8 列是本年末准予在税前扣除的准备金额，根据第 6 列"本年末准予提取贷款损失准备金的贷款资产余额"乘以第 7 列"计提比例"计算而来，不过第 1 行第 8 列为第 2 行第 8 列与第 3 行第 8 列相加之后的合计数，第 3 行第 8 列为第 4 行至第 7 行第 8 列相加之后的合计数。需要注意的是第 2 行至第 7 行不用计算纳税调整额，也就是这些行的第 11 列不用填写数值。第 1 行第 11 列并不是下面有关各行的合计数而是直接计算而来，第 11 列 = 第 4 列 – 第 3 列 – 第 10 列。

这张表并非直接填写会计当期新增的计提的准备金而是展现相关计算过程，通过第 4 列"本年末贷款损失准备金余额"减去第 3 列"上年末贷款损失准备金余额"计算得来，但这个填写规则却并没有充分考虑到金融机构计提准备金的诸多疑难情形，有时未必就是本年末减去上年末这么简单，需要进一步完善报表设计。

按照财政部、国家税务总局 2019 年 86 号公告要求，第 10 列金额应该是第 8 列减去第 9 列，因为计算公式为：准予当年税前扣除的贷款损失准备金＝本年末准予提取贷款损失准备金的贷款资产余额 ×1%– 截至上年末已在税前扣除的贷款损失准备金的余额，上述公式计算的数额如为负数，应当相应调增当年应纳税所得额。

如此一来，计算纳税调整金额的公式应为(第 4 列 – 第 3 列)–（第 8 列 –9 列），但这样有可能会出现负数，需要进行纳税调减，因此填表说明认可的填写方法是第 4 列与第 8 列中的较小者减去第 9 列，虽然这种填表方式不会出现负数，但似乎与 2019 年 86 号公告的相关计算要求并不太相符！

对于涉农贷款与中小企业贷款计提准备金时有特殊要求，涉农贷款是指《涉农贷款专项统计制度》（银发〔2007〕246 号）统计的农户贷款与农村企业及各类组织贷款。农户贷款的判定标准应以贷款发放时的承贷主体是否属于农户为准，包括长期（一年以上）居住在乡镇（不包括城关镇）行政管理区域内的住户，还包括长期居住在城关镇所辖行政村范围内的住户和户口不在本地而在本地居住一年以上的住户，国有农场的职工和农村个体工商户。农村企业及各类组织贷款是指金融企业发放给注册地位于农村区域的企业及各类组织的所有贷款。农村区域是指除地级及以上城市的城市行政区及其市辖建制镇之外的区域。中小企业贷款，是指金融企业对年销售额和资产总额均不超过 2 亿元的企业的贷款。

由于涉农贷款与中小企业贷款呆账坏账率相对比较高，同时这两类贷款又是国家大力鼓励的贷款类型，准许按照贷款的不同类别差异化提取准备金。金融企业按照《中国银监会关于印发〈贷款风险分类指引〉的通知》（银监发〔2007〕54号）的规定至少要将贷款分为正常、关注、次级、可疑和损失五个类别，后三类合称为不良贷款。涉农贷款和中小企业贷款进行风险分类之后，金融企业准予按照以下比例计提的贷款损失准备金准予在计算应纳税所得额时扣除 [1]：

（1）关注类贷款，计提比例为 2%；

（2）次级类贷款，计提比例为 25%；

（3）可疑类贷款，计提比例为 50%；

（4）损失类贷款，计提比例为 100%。

贷款损失准备金与涉农贷款、中小企业贷款损失准备金属于一般与特别的关系，可能会形成叠加享受准备金抵扣政策的风险，银行按照所有贷款资产余额的 1% 计提了贷款损失准备金，其中就包括列为正常类的涉农贷款与中小企业贷款，因此涉农贷款与中小企业贷款损失准备金只涉及除正常类之外的贷款，如果额外再对正常类涉农贷款与中小企业贷款计提准备金，势必会造成重复提取、重复扣除的情形，因此应当认真审核年度各类贷款余额并与已经计提的准备金数额进行比对，重点关注与核实是否存在叠加享受的情形。

按照会计核算要求，无法收回的贷款应当通过确认资产损失的方式进行核销，首先应当冲减已经计提的贷款损失准备金，不足冲减部分可据实在计算当年应纳税所得额时扣除。"企业所得税年度纳税申报表（A 类）"附表 A105090 "资产损失税前扣除及纳税调整明细表"第 1 列"资产损失直接计入本年损益金额"填写会计核算的超过计提的准备金金额的资产损失金额，第 2 列"资产损失准备金核销金额"填写会计核算的通过准备金核销的资产损失金额。除此之外，银行还需要计算资产损失的税收金额，也就是税法规定的资产损失金额，用资产计税基础

---

1 《关于金融企业涉农贷款和中小企业贷款损失准备金税前扣除有关政策的公告》（财政部 国家税务总局公告 2019 年第 85 号）、《财政部 税务总局关于延长部分税收优惠政策执行期限的公告》（财政部 税务总局公告 2021 年第 6 号）。

减去赔偿收入，再减去资产处置收入之后的差额作为资产损失金额。第 7 列"纳税调整金额"= 第 1 列 + 第 2 列 − 第 6 列金额。

A105090

表11-2　资产损失税前扣除及纳税调整明细表

行次	项　　目	资产损失直接计入本年损益金额	资产损失准备金核销金额	资产处置收入	赔偿收入	资产计税基础	资产损失的税收金额	纳税调整金额
		1	2	3	4	5	6(5-3-4)	7
16	八、债权性投资损失（17+23）							
17	（一）金融企业债权性投资损失（18+22）							
18	1.贷款损失							
19	其中：符合条件的涉农和中小企业贷款损失							
20	其中：单户贷款余额300万元（含）以下的贷款损失							
21	单户贷款余额300万元至1 000万元（含）的贷款损失							
22	2.其他债权性投资损失							
23	（二）非金融企业债权性投资损失							

　　银行对于或有事项（如商业票据背书或贴现、未决诉讼、未决仲裁）预计的损失金额确认为预计负债，直接计入当期损益，纳税申报时需要进行纳税调整，否则会导致少缴企业所得税，因此银行应当熟悉预计负债的计量与纳税调整方法，抽查发生预计负债的年度汇算清缴资料，查看是否进行纳税调增，在事项实际发生后，是否及时计入当期损益。

● 第二节　保险业涉税风险管理

　　保险是以合同形式确立双方的经济关系，通过客户缴纳保险费建立保险基金，对保险合同规定范围内的灾害、意外事故造成的损失进行经济补偿或赔付的一种经济形式。我国的保险企业实行分业经营，人寿保险公司与财产保险公司不能混

业经营，但经银保监会批准，财产保险公司可以经营短期健康保险业务和意外伤
害保险业务。

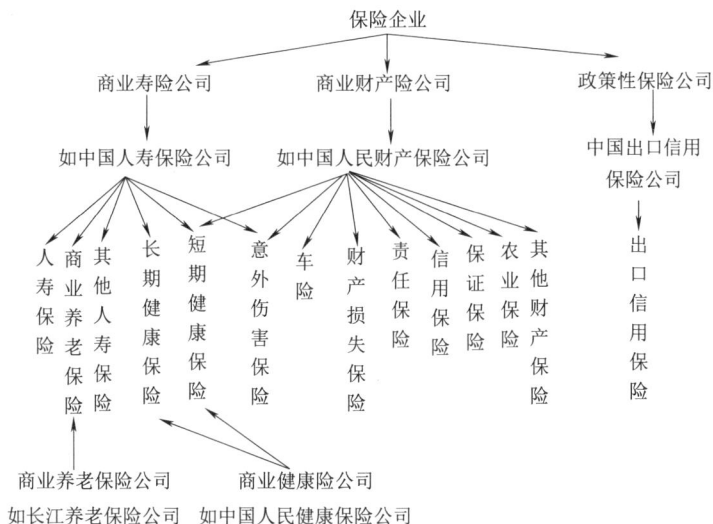

图 11-2　保险公司经营范围

一、保险销售环节的涉税风险

在保险销售环节，保险公司通过营业部直接销售、个人代理人销售、专业或
兼业保险代理机构销售、电话销售、互联网销售等方式销售保险产品，取得保费
收入。保险公司另外还有一项重要收入就是资金运用收入，也就是持有或者出售
符合规定的金融产品取得的收入。

保险公司开发保险期间为一年及以上返还本利的人寿保险、养老年金保险，
以及保险期间为一年及以上的健康保险取得的保费收入免征增值税，人寿保险是
指以人的寿命为保险标的的人身保险；养老年金保险是指以养老保障为目的，以
被保险人生存为给付保险金条件，并按约定的时间间隔分期给付生存保险金的人
身保险，但保险合同约定给付被保险人生存保险金的年龄不得小于国家规定的退
休年龄，相邻两次给付的时间间隔不得超过一年。健康保险是指以因健康原因导
致损失为给付保险金条件的人身保险[1]。开办一年期以上返还性人寿保险产品在保
险监管部门出具备案回执或批复文件前依法取得的保费收入也属于免税范围[2]。

---

[1] 《财政部　国家税务总局关于全面推开营业税改征增值税试点的通知》（财税〔2016〕36号）附件三《营业税改征增值税试点过渡政策的规定》第一条第二十一项。
[2] 《财政部　国家税务总局关于明确养老机构免征增值税等政策的通知》（财税〔2019〕20号）第四条。

不过需要注意的是上述保险产品均属于人寿保险公司的经营范围，财产保险公司经营的短期健康保险并不属于免税范围。除此之外，人寿保险公司经营的很多寿险产品都是不返还本利的，因此这类产品的保费收入也不属于免税范围。

境内保险企业对境外标的物提供保险服务，虽然标的物在境外，但提供服务的销售方却在境内，因此应当认定为在境内提供保险服务，并不属于免征增值税的情形，但有些保险企业的财务人员却存在税收政策适用错误，因此需要通过业务系统核查是否存在为境外标的物提供保险服务的情形，并审核"保费收入""应交税费—应交增值税（销项税额）"的明细账及原始凭证，核实对境外标的物提供的保险服务销售额是否缴纳了增值税。

混合保险合同是保险人与投保人签订的既承担保险风险，又承担其他风险的合同，通常只有人寿保险公司才会涉及，有的在保险合同中包括衍生金融工具，有的包含储蓄成分，还有的包括自由分红保险合同。

有些保险企业在核算混合合同非保险合同部分时，将收取的初始费用直接冲减"其他业务支出—手续费及佣金"，并未按照会计准则要求将其确认为"其他业务收入—初始费用"，存在少缴税款的风险。在增值税方面，需要重点审核"其他业务支出—手续费及佣金""应交税费—应交增值税（销项税额）"科目明细账及增值税申报表，确定其是否计提并申报销项税额；在企业所得税方面，调取非保险合同初始费用费率表及非保险合同的手续费费率表，审核关于非保险合同的"其他业务支出—手续费及佣金"明细账，确定手续费佣金是否实际发生以及初始费用是否已计入应税所得。

财产保险公司为种植业，养殖业、林业等农业项目提供保险服务，可以享受企业所得税税收优惠，按90%计入收入总额[1]，但农业保险有着严格的范围界定，有些保险企业将与农业保险相关险种取得的保费收入也混入农业保险之中，企图达到少缴税款的目的，需要检查保险业务系统里具体险种的保单，提取为种植业、养殖业等农业项目提供保险服务取得的保费收入金额，与企业所得税申报表中的相关数据进行比对分析，确定是否存在违规享受税收优惠的情形。

佣金、手续费按当年全部保费收入扣除退保金等后余额的18%内准予扣除，但部分保险企业未严格按照规定扣除退保金，擅自扩大扣除限额计算基数，存在

---

1 《财政部 国家税务总局关于延续支持农村金融发展有关税收政策的通知》（财税〔2017〕44 号）第三条、《关于延续实施普惠金融有关税收优惠政策的公告》（财政部 国家税务总局公告 2020 年第 22 号）。

少缴企业所得税的风险，因此需要审核"手续费及佣金支出""保费收入""退保金"等会计科目的明细账、保险企业汇算清缴工作底稿以及企业所得税申报表，审核手续费、佣金支出是否计算准确，是否存在在税前超额扣除的风险。

二、保单保全与保险理赔环节的涉税风险

保单保全是指保险公司自签发保单至合同终止期间内发生的一切事务，不仅包括续期保险费的收取、契约内容的变更与订正，还包括保险金、解约金、红利等各类给付事务以及投保人的借款、保险关系转移和投保资料的整理、保管等。保险理赔是保险合同约定的保险事故发生后，被保险人或投保人、受益人提出赔偿或给付保险金申请，保险公司按合同履行赔偿或给付保险金行为的过程。

在保单保全环节，保险企业签订合同时需要履行印花税的完税手续，但之后如果发生退保，冲减保费收入时，并不能要求退还相应的印花税，因此需要审核保单总金额、退保费金额，与印花税纳税申报数据进行比对，核实是否擅自冲减印花税计税金额，是否少缴了印花税，如果发现问题及时进行更正。

在保险理赔环节，财产保险公司在承担赔付责任之后通常会取得原保险标的受损后的相关财产，习惯性地用处置收入来冲抵赔款支出，但处置受损后的财产属于销售行为，应当缴纳增值税，但损余物资的管理与处置一般由综合部门或理赔部门负责，财务部门对于损余物资处置缺乏掌控，可能会存在处置损余物资后却未缴纳增值税的风险，因此财务人员应当定期询问理赔部门或综合部门损余物资的管理与处置情况，及时调取损余物资管理台账，审核"损余物资"这个会计科目的贷方发生额，通过原始凭证还原相关业务流程，及时发现少缴增值税的情形。

三、计提准备金环节的涉税风险

保险企业的主营业务是风险管理，未来的赔款支出只能进行评估测算，并不能准确计量，因此计提准备金便成为保险企业经营活动的重要组成部分，保险公司实际发生的各种保险赔款、给付应首先冲抵按规定提取的准备金，不足冲抵部分，准予在本年度税前扣除。保险公司计提的各类准备金主要包括以下四类：

第一类是保险保障基金。为了拥有足够的能力应付可能发生的巨额赔款，从年终结余中专门提存的后备基金，主要应付巨大灾害事故的特大赔款，只有在当

年业务收入和其他准备金不足以赔付时才能使用。

保险保障存在扣除限额，财产保险公司的保险保障基金余额达到公司总资产6%，人身保险公司的保险保障基金余额达到公司总资产1%，之后再缴纳的保险保障基金不得在税前扣除，除此之外，不同险种的提取要求也有所不同。

表11-3   不同险种保险保障基金提取限额[1]

保险类型	具体类别	收益情况	限 额
财产保险	非投资型	—	不得超过保费收入的0.8%
	投资型	有保证收益	不得超过业务收入的0.08%
		无保证收益	不得超过业务收入的0.05%
人寿保险	—	有保证收益	不得超过业务收入的0.15%
	—	无保证收益	不得超过业务收入的0.05%
健康保险	短期	—	不得超过保费收入的0.8%
	长期	—	不得超过保费收入的0.15%
意外伤害保险	非投资型	—	不得超过保费收入的0.8%
	投资型	有保证收益	不得超过业务收入的0.08%
		无保证收益	不得超过业务收入的0.05%

第二类是将现金收付实现制的收入和费用调整为权责发生制的收入和费用的准备金。包括财产保险公司提取的未到期责任准备、人寿保险公司提取的寿险责任准备金以及长期健康险计提的长期健康险责任准备金，上述准备金依据经保险业监管部门核准任职资格的精算师或出具专项审计报告的中介机构确定的金额提取，税法规定与会计核算对此通常并无差异。

第三类是农业保险准备金，保险企业经营财政给予保费补贴的农业保险，按不超过财政部门规定的农业保险大灾风险准备金计提比例计提的准备金，准予在企业所得税前据实扣[2]。

---

1 《财政部 国家税务总局关于保险公司准备金支出企业所得税税前扣除有关政策问题的通知》（财税〔2016〕114号）第一条、《关于延长部分税收优惠政策执行期限的公告》（财政部 国家税务总局公告2021年第6号）。

2 《财政部 国家税务总局关于保险公司准备金支出企业所得税税前扣除有关政策问题的通知》（财税〔2016〕114号）第四条、《关于延长部分税收优惠政策执行期限的公告》（财政部 国家税务总局公告2021年第6号）。

表11-4　农业保险保费准备金计提比例区间[1]

地　　区	种植业保险	养殖业保险	森林保险
高比例省份	6%～8%	3%～4%	8%～10%
中比例省份	4%～6%	2%～3%	6%～8%
低比例省份	2%～4%	1%～2%	4%～6%

第四类是财产保险公司为发生的保险事故应付未付赔款提存的准备金。称为未决赔款准备金，可进一步细分为理赔费用准备金、已发生已报案未决赔款准备金（即保险事故已经发生并已向保险公司提出索赔、尚未结案的赔案提取的准备金）与已发生未报案未决赔款准备金（即保险事故已经发生、尚未向保险公司提出索赔的赔案提取的准备金）三类，这三类准备金的会计核算与涉税处理存在较大差异，保险企业对此应当高度关注。

根据会计审慎性原则的要求，保险企业可以提取理赔费用准备金，作为成本费用计入当期损益，包括采取逐案评估法计算的与赔款案件直接相关的专家费、律师费、损失检验费等费用而提取的直接理赔费用准备金；采用比较合理的比率分摊法计算的为非直接相关费用而提取的间接理赔费用准备金。

理赔费用准备金与已发生已报案未决赔款准备金都是为理赔环节的相关支出而计提的准备金，但前者是支付在理赔过程中保险公司需要花费的相关费用，后者是支付给被保险人的赔款。会计核算时，虽然理赔费用准备金是未决赔款准备金下面的二级科目，却并不属于准予在税前扣除的准备金，因此保险企业应当审核"提取理赔费用准备金"科目明细账，确定是否提取了理赔费用准备金，如果提取了，具体金额又是多少，在申报企业所得税时需要进行纳税调增。

保险企业对已发生已报案未决赔款准备金应当采取逐案评估法、案均评估法以及其他合理方法谨慎提取，在评估时不得扣减已经预付的赔款，体现的主要是审慎性与预测性。根据税法规定，已报案未决赔款准备金提取金额最高不得超过当期已经提出的保险赔款或者给付金额的100%[2]，由于两者之间的口径存在差异，因此保险企业计提的已发生已报案未决赔款准备金很有可能超过税法规定，超出

1　《财政部关于印发〈农业保险大灾风险准备金管理办法〉的通知》（财金〔2013〕129号）附件。

2　《财政部 国家税务总局关于保险公司准备金支出企业所得税税前扣除有关政策问题的通知》（财税〔2016〕114号）第三条、《关于延长部分税收优惠政策执行期限的公告》（财政部 国家税务总局公告2021年第6号）。

的部分不能在税前进行列支,因此需要审核"应付赔付款""预付赔付款"等会计科目明细账,确定当年已经提出的保险赔款与已经支付的给付金额,与计提的已报案未决赔款准备金进行比较,核实是否超过税法规定的提取限额。

保险企业可以根据不同险种的风险性质、风险分布、经验数据等因素至少采用链梯法、案均赔款法、准备金进展法、B-F 法与赔付率法等方法中至少两种方法谨慎评估已发生未报案未决赔款准备金,依据评估结果的最大值提取准备金,但税法规定的允许税前扣除的已发生未报案未决赔款准备金不得超过当年实际赔款支出额的 8%[1],因此应当审核"应付赔付款"与"赔付支出"科目明细账,提取当年实际赔款支出金额,乘以 8% 计算税前扣除限额,与实际提取的准备金进行比较,如果超过了税法规定的限额,及时进行纳税调增。

● 第三节 资管产品涉税风险管理

资管产品包括银行理财产品、资金信托(包括集合资金信托、单一资金信托)、财产权信托、公开募集证券投资基金、特定客户资产管理计划、集合资产管理计划、定向资产管理计划、私募投资基金、债权投资计划、股权投资计划、股债结合型投资计划、资产支持计划、组合类保险资产管理产品、养老保障管理产品,以及财政部和税务总局规定的其他资管产品。

表11-5 税法规定的资管产品及其管理人对照表

管理人	资管产品	政策依据
银行	银行理财产品	《商业银行个人理财业务管理暂行办法》(银监会令 2005 年第 2 号)
信托公司	资金信托(包括集合资金信托、单一资金信托)、财产权信托	《中华人民共和国信托法》《信托公司集合资金信托计划管理办法》(银监会令 2009 年第 1 号)
公募基金管理公司及其子公司	公开募集证券投资基金	《中华人民共和国证券投资基金法》
	特定客户资产管理计划	《基金管理公司特定客户资产管理业务试点办法》(证监会令第 83 号)

---

1 《财政部 国家税务总局关于保险公司准备金支出企业所得税税前扣除有关政策问题的通知》(财税〔2016〕114 号)第三条、《关于延长部分税收优惠政策执行期限的公告》(财政部 国家税务总局公告 2021 年第 6 号)。

管理人	资管产品	政策依据
证券公司及其子公司	集合资产管理计划	《证券公司客户资产管理业务管理办法》（证监会令第 93 号）《证券公司集合资产管理业务实施细则》（证监会公告〔2013〕28 号）
	定向资产管理计划	《证券公司定向资产管理业务实施细则》（证监会公告〔2012〕30 号）
期货公司及其子公司	—	《期货公司监督管理办法》（证监会令 11 号）
私募基金管理人	私募投资基金	《私募投资基金监督管理暂行办法》（证监会令第 105 号）
保险资产管理公司	债权投资计划、股权投资计划、股债结合型投资计划	《基础设施债权投资计划管理暂行规定》（保监发〔2012〕92 号）
	资产支持计划	《资产支持计划业务管理暂行办法》（保监发〔2015〕85 号）
	组合类保险资产管理产品	《关于保险资产管理公司开展资产管理产品业务试点有关问题的通知》（保监资金〔2013〕124 号）
专业保险资产管理机构	—	—
养老保险公司	养老保障管理产品	《养老保障管理业务管理办法》（保监发〔2015〕73 号）

由于私募股权基金通常会拥有经营实体，因此不能享受资管产品的相关税收政策。

一、资管产品的发行与销售

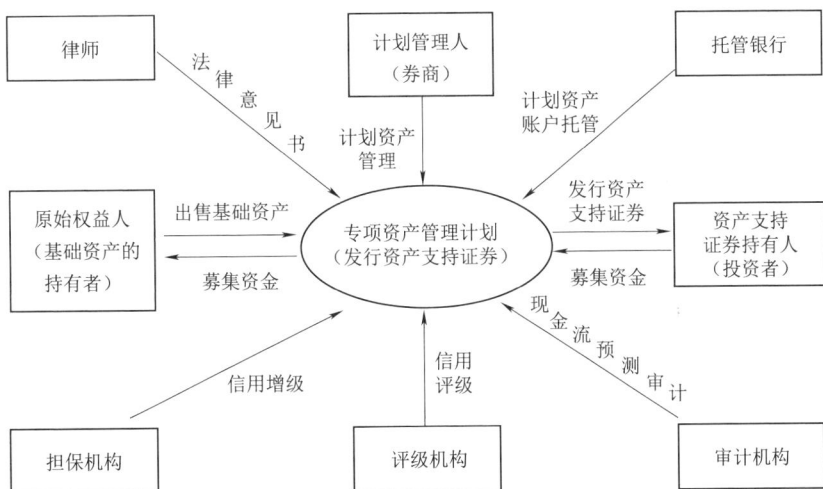

图 11-3　资管产品发行初期关系图

资管产品的"发行"是指通过公开或者非公开方式向投资者发出认购邀约，

进行资金募集。资管产品的"销售"是向投资者进行宣传推介，办理产品申购、赎回。资管产品的"代理销售"是接受合作机构的委托，在本机构渠道内向投资者宣传推介、销售合作机构依法发行的产品。

发行是资金募集行为，销售是产品营销行为，资管产品的发行必然需要借助营销方式得以实现，发行者募集的资金并不是发行者的收入，在资管产品销售过程中取得的相应的手续费、佣金、认购费、赎回费等费用才被确认为收入。

销售活动可以由发行者自己承担，也就是"直接销售"；也可以由合作机构进行"代理销售"，由于资管产品的管理人有可能是保险公司，需要区分代理销售保险与代理销售资管产品，前者取得的保险费是保险公司的收入，后者取得的投资款并不是收入而是受托管理的资金。

普通企业的佣金及手续费支出在服务协议或合同确认的收入金额的 5% 之内准予扣除，保险公司的佣金及手续费支出按当年全部保费收入扣除退保金等后余额的 18% 内准予扣除 [1]。从事代理服务、主营业务收入为手续费、佣金的企业（如证券、期货、保险代理等企业），其为取得该类收入而实际发生的营业成本（包括手续费及佣金支出），准予在企业所得税前据实扣除 [2]。

资管产品发行者支付给代理销售机构的佣金、手续费究竟该如何在税前进行扣除，目前还存在一定的争议，这些佣金、手续费与资管产品管理人的生产经营活动有关，但其实质是从外部主体处购买营销服务，目的是募集资金而不是为了取得销售收入，自然就不应适用财税〔2009〕29 号文规定的不应超过服务协议或合同确认的收入金额的 5% 的相关限制。资管产品发行者接受委托资金，将来可以提供投资管理等金融服务，也不属于从事代理服务、主营业务收入为手续费、佣金的企业，所取得的管理费收入不应认定为手续费、佣金收入。

既然如此，究竟该如何进行税务处理呢？企业通过发行债券、取得贷款、吸收保户储金等方式融资而发生的合理的费用支出，符合资本化条件的，应计入相关资产成本；不符合资本化条件的，应作为财务费用，准予在企业所得税前据实扣除 [3]。既然与取得收入直接相关的、合理的支出可以在企业所得税税前扣除，资

---

1 《关于保险企业手续费及佣金支出税前扣除政策的公告》（财政部 国家税务总局公告 2019 年第 72 号）第一条。
2 《关于企业所得税应纳税所得额若干税务处理问题的公告》（国家税务总局公告 2012 年第 15 号）第三条。
3 《关于企业所得税应纳税所得额若干税务处理问题的公告》（国家税务总局公告 2012 年第 15 号）第二条。

管产品发行者支付给代理销售机构的佣金、手续费、尾随佣金等只要不是通过资管产品财产列支，应当可以全额作为实际发生的费用予以扣除。

二、资管产品的纳税问题

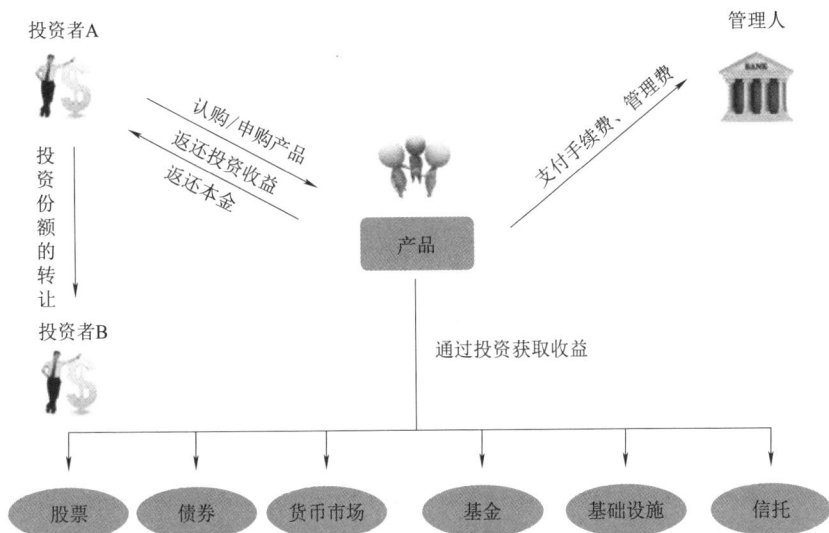

图 11-4　资管产品运营情况

资管产品开始实质化运营之后，主要会涉及两大主体，分别是投资人与管理人，投资人就是想要通过购买资管产品获得投资收益的投资者，管理人是资管产品的实际运营者，包括银行、信托公司、公募基金管理公司及其子公司、证券公司及其子公司、期货公司及其子公司、私募基金管理人、保险资产管理公司、专业保险资产管理机构、养老保险公司，以及财政部和国家税务总局规定的其他资管产品管理人[1]。

资管产品运营过程中发生的增值税应税行为以资管产品管理人为纳税义务人[2]，管理人运营资管产品过程中发生的增值税应税行为暂适用简易计税方法[3]，也就是按照 3% 的征收率缴纳增值税，但管理人应分别核算资管产品运营业务和其他业务的销售额与增值税应纳税额，否则不能适用简易计税方法。

资管产品管理人接受投资者委托或信托对受托资产提供的管理服务以及其他

1　《财政部　税务总局关于资管产品增值税有关问题的通知》（财税〔2017〕56 号）第一条。
2　《财政部　国家税务总局关于明确金融　房地产开发　教育辅助服务等增值税政策的通知》（财税〔2016〕140 号）第四条。
3　《财政部　税务总局关于资管产品增值税有关问题的通知》（财税〔2017〕56 号）第一条。

增值税应税行为，也就是说资管产品运营过程之外发生的增值税，仍旧按照现行规定缴纳增值税[1]，适用一般计税方式，按照 6% 的税率缴纳税款。

随着资管产品准予适用简易计税方法，曾经一度困扰整个行业的进项税抵扣问题也就迎刃而解，极大地降低了管理人的增值税税负与合规成本，同时也降低了税务机关的征管难度。

资产支持证券一般建立在底层资产的未来收益和信用上，与一般债券的发行交易方式存在明显差异，因此，在类别归属上应按照资管产品的"资产支持计划"来认定。由于可转债、可交换债换股时，原先的债券已经注销，不应作为金融商品转让行为征收增值税，应当按照债券持有至到期兑付处理。

投资人购入各类资管产品持有期间（含到期）取得的非保本收益不征收增值税；取得的保本收益，应按贷款利息收入缴纳增值税。资管产品投资人购入各类资管产品，在未到期之前转让其所有权的，按金融商品转让缴纳增值税；持有至到期，不属于金融商品转让[2]。

表11-6 资管产品征税情况

资管产品类型	持有期间（到期）后收益	未到期转让收益	持有至到期
保本	按"贷款利息收入"缴增值税	按"金融商品转让"缴增值税	不征收增值税
非保本	不征收增值税	按"金融商品转让"缴增值税	不征收增值税

保本是指合同中明确承诺到期本金可全部收回的投资收益[3]，判断资管产品是否属于保本范畴，应当严格按照合同约定。如果合同明确承诺保本，应当按照保本处理；如果明确承诺不保本，应当按照不保本处理；如果合同未明确的，按照合同的具体条款确定。

证券投资基金（封闭式证券投资基金、开放式证券投资基金）管理人运用基金买卖股票、债券的差价收入免征增值税[4]。新三板市场属于全国性的非上市股份有限公司的股权交易平台，目前交易形式有协议转让和做市交易，两者在流动性

---

1 《财政部 税务总局关于资管产品增值税有关问题的通知》（财税〔2017〕56 号）第二条。
2 《财政部 国家税务总局关于明确金融 房地产开发 教育辅助服务等增值税政策的通知》（财税〔2016〕140 号）第二条。
3 《财政部 国家税务总局关于明确金融 房地产开发 教育辅助服务等增值税政策的通知》（财税〔2016〕140 号）第一条。
4 《财政部 国家税务总局关于全面推开营业税改征增值税试点的通知》（财税〔2016〕36 号）附件三《营业税改征增值税试点过渡政策的规定》第一条第二十二项第四款。

上存在一定的差异，在国家税务总局进一步明确前，视为股权转让，暂不征收增值税。

对于按贷款服务缴纳增值税的运营资管产品收益，对应的应纳税额为：应纳税额＝销售额（含增值税）×征收率/（1+征收率）。如某资管产品购买新发行的面值为 20 000 元，年利率 5%，发行期为一年，该债券拟持有至到期后应缴纳增值税为 20 000×5%÷（1+3%）×3%=29.13（元）。

未到期转让资管产品应纳税额为：应纳税额＝转让价差的销售额（含增值税）×征收率÷（1+征收率），其中转让价差的销售额＝卖出价－买入价。例如某资管产品处置金融资产取得收入 30 000 元，该项金融资产原账面成本 25 000 元，处置该金融资产应缴纳增值税为（30 000－25 000）÷（1+3%）×3%=145.63（元）。

三、分别核算与汇总申报

资管产品管理人可选择分别或汇总核算资管产品运营各项目销售额和增值税应纳税额[1]，在产品运营过程中主要涉及"贷款服务"与"金融商品转让"两个税目，贷款服务以提供服务取得的全部利息及利息性质的收入为销售额，确认口径相对简单，不存在任何抵减项目，因此分别核算与汇总核算并不存在本质差别。对各产品最终的销售额和应纳税额通常并不会产生影响。

金融商品转让按照卖出价扣除买入价后的余额为销售额，出现的正负差，按盈亏相抵后的余额为销售额。若相抵后出现负差，可结转下一纳税期与下期转让金融商品销售额相抵，但年末时仍出现负差的，不得转入下一个会计年度，所以金融商品转让会存在正负差抵减和年末负差不得继续结转的问题，分别核算和汇总核算将会对产品税负会产生实质性影响。

在分别核算方式下，各产品的金融商品转让负差只能抵减产品自身在以后期间的转让正差，可能会出现同一管理人所管理的部分产品在年度末或产品到期清算时仍存在转让负差，却无法继续结转抵扣的情况。在汇总核算方式下，某一产品的金融商品转让负差可以抵减其他产品的转让正差，从税负成本角度来看，在一定程度上实现了整体的节税效果，不过需要特别注意的是，该方式可能出现各产品共担税负成本的问题，管理人需要考虑这个结果是否符合监管机构对产品管

1　《财政部　税务总局关于资管产品增值税有关问题的通知》（财税〔2017〕56 号）第四条。

理的要求，能否被不同资管产品的投资人所接受。

在现金流方面，金融商品转让正负差相互抵减后，最终计算的应纳税款在实际纳税时如何在各产品中分摊，也将会成为管理人需要仔细斟酌的问题。由于监管层面要求资管产品独立核算，若管理人采用了分别核算不同产品的销售额和应纳税额的方式，将与监管要求保持完全一致。如果管理人采用了汇总核算不同产品的销售额和应纳税额的方式，需要考虑在满足监管要求的前提下，为每款资管产品建立统一的税务会计台账，计算汇总应交税款并记录各产品之间可能存在的增值税账务处理，以备后续管理使用和应对税务机关检查。

目前税收政策还存在一些尚未明确的地方，管理人是否可以仅对一部分产品采用汇总核算方式，对其他产品采用分别核算方式？管理人对产品采用一种核算方式后，后续是否可以变更为另一种核算方式？这些都是需要后续明确的问题。

按照税法要求，资管产品不需要单独进行纳税申报，管理人应汇总申报缴纳资管产品运营业务和其他业务的增值税。监管层面一般要求资管产品独立运营，因此管理人应当在兼顾监管要求的情况下进行纳税申报，避免产生税收滞纳金。由于管理人很可能同时管理多款资管产品，缴纳税款时相关资金要在资管产品账户与管理人自身账户之间进行划转，未免显得有些烦琐与复杂。由于增值税申报采用月度或季度申报的形式，管理人在运作产品的资金时，还需要充分考虑配合申报周期，为产品预留充足的资金来缴纳税款。

第十二章　服务业涉税风险管理

● 第一节　生活服务业涉税风险管理——以餐饮业为例

生活服务是指为满足城乡居民日常生活需求提供的各类服务活动，涉及企业多，范围广。

虽然生活服务业不同的子行业面临的涉税风险并不完全一致，不过却是大同小异，下面我们就以餐饮为例，对生活服务业面临的涉税风险进行深入分析。

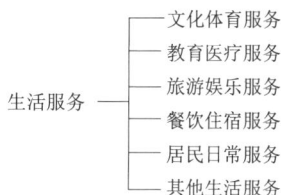

```
                      ┌── 文化体育服务
                      ├── 教育医疗服务
                      ├── 旅游娱乐服务
            生活服务 ──┤── 餐饮住宿服务
                      ├── 居民日常服务
                      └── 其他生活服务
```

图 12-1　生活服务

一、收入确认的涉税风险

餐饮业主要面向的是个人客户，这些人往往并没有索要发票的习惯与需求，因此很多餐饮企业并没有严格按照税法要求向客户开具发票，甚至为了防止消费者索要发票，还会给予一定的折扣或者赠送饮料，在纳税申报时往往不申报或者少申报不开票收入。

为了防止税务机关对企业账户进行检查，那些未申报的款项通常并不通过对公账户收取而是通过现金结算，如今随着电子支付的普及，热衷于通过个人微信、支付宝等方式收款，然后通过设置账外账的形式进行隐匿。

如果某家餐饮企业与同地区、同行业申报收入差距过大，税务机关将会对该企业股东、经营者、财务会计人员的个人账户收支情况进行检查，如果发现存在大量异常流水，将会深入排查是否存在偷税嫌疑。

此外还有一些餐饮企业以免费提供餐饮服务或者发放消费券的形式抵消部分房屋租金以及粮油米面等成本费用，那些被悄无声息抵消的收入往往也不进行申报。按照税法规定，纳税人有偿提供服务都应进行申报，有偿包括取得货币、货物或者其他经济利益，债权债务的抵消并不能免除纳税义务，因此那些用于抵消房屋租金、原材料费用的金额也应被认定为收入。

如今越来越多的餐饮企业与网络平台进行合作承接网络订单，却以自己实际收到的金额确认收入，但实际上平台向其转账时已经自动扣除了相关手续费与佣金。增值税销售额是纳税人发生应税行为时取得的全部价款和价外费用，因此餐饮企业应当按照客户实际支付的总价作为销售额计算增值税销项税额，向网络平台支付的手续费与佣金，如果能够取得增值税专用发票，可以作为进项税额抵扣增值税；如果是普通发票，在不超过服务协议或合同确认的收入金额 5% 的额度内准予在企业所得税税前进行扣除。

有些餐饮企业会附设产品展销区，销售外购的辣椒酱、腊肉、粽子、月饼、酒水等产品，到店的顾客在就餐的同时会购买上述产品，这些收入不再属于餐饮服务收入而是销售货物收入，通常适用 13% 的税率，比餐饮业税率高出 7 个百分点，如果售卖人的食品，餐饮企业参与了生产、加工，按餐饮服务缴纳增值税。一些餐饮企业在申报时故意混淆收入性质，统一按照餐饮服务进行申报，这么做涉嫌偷税。

酒类应税消费品在生产环节缴纳消费税，因此餐饮企业销售外购的酒水通常并不需要缴纳消费税，但如果销售的是人参酒、梅子酒、啤酒等自制酒类，餐饮企业就需要缴纳消费税，因此餐饮企业应当准确掌握应税消费品的征税范围和环节，准确选用自制酒的消费税税率，准确核算自制酒的售价和销售数量，按规定申报消费税及附加税费。

有的住宿业企业也会提供餐饮服务，虽然两者都适用 6% 的税率，但餐饮服务不能作为进项税额抵扣增值税。一些企业为了招揽顾客，将全部或者部分餐饮服务收入变成住宿服务并向其开具增值税专用发票，这属于虚开增值税专用发票，如果数额较大将会被追究刑事责任。

二、违规抵扣增值税的涉税风险

很多餐饮企业会向农户采购其自产农产品，既可以要求该农户向税务机关代开农产品销售发票，也可以自行开具农产品收购发票，实际上就是自己给自己开具发票。由于农户销售自产的农产品免征增值税，农产品价格波动往往又比较大，税务机关要想核实交易的真实性通常会有一定难度，因此一些餐饮企业抓住这个税收征管中的薄弱环节，在没有真实业务的情况下虚开发票，或者虽有真实业务，却蓄意虚增金额、数量。

针对此类虚开行为，税务机关调查取证的难度相对比较大，但依旧可以通过核查农户个人账户银行流水等方式进行核实，餐饮企业应当如实开具农产品收购发票，规范取得农产品销售发票，同时妥善保管与收购农产品或购进农产品相关的原始凭证，如收付款凭证、运输单据等，以备税务机关检查。

需要注意的蔬菜、部分鲜活肉蛋虽然在批发、零售环节免征增值税，但餐饮企业购进这些商品取得的普通发票并不属于农产品销售发票，不能进行抵扣，只有取得增值税专用发票之后才能抵扣票面上载明的增值税税额。

餐饮企业从小规模纳税人处购进农产品，如果取得征收率为3%的增值税专用发票，可以按照发票上注明的金额和9%的扣除率计算进项税额，但如果取得的是征收率为1%的增值税专用发票，只能按照票面税额进行抵扣，也就是只能抵扣1%的增值税税额。

店面装修是餐饮企业吸引顾客的重要因素，一些餐饮企业为了少缴税款居然接受虚开的增值税专用发票，比如在某次税收检查时，税务机关发现某餐厅频繁对店面进行升级改造，但经过实地调查却发现装修规模与店面实际并不相符，其实是通过取得大量虚开的装修发票虚抵增值税进项税额。餐饮企业应当合法取得发票，按照实际装修装潢支出如实在税前列支，如实计算营业利润。

用于免征增值税项目、简易计税项目、集体福利或者个人消费的购进货物、应税劳务、服务所涉及的增值税进项税额要作转出处理，已经计提加计抵减额的进项税额，应当相应调减加计抵减额。

如某日料餐饮企业将购进货物用于员工集体福利，购进的部分食材因管理不善导致霉烂变质，这期间用于免税餐饮服务的进项税额未作进项税额转出，相应增值税加计抵减额也未进行调减，构成偷税。餐饮企业应当加强对购进货物的管理，避免出现因管理不善发生的被盗、丢失、霉烂变质的情形；对购进货物用途做好准确划分和确认登记，对应转出的进项税额按期转出，并相应调减加计抵减额。

三、成本费用核算的涉税风险

餐饮企业员工流动性大，导致有些企业继续列支已经离职或退休的员工的工资，有的是因为工作失误没有及时变更个人所得税代扣代缴申报表，但也有企业想要借此虚增工资薪金支出，逃避缴纳企业所得税。个人所得税实行年度汇算清缴之后，本人可以清晰地看到自己本年度所有收入，如果对某笔收入有异议可以向税务机关提起申诉，税务机关将会对相关情况进行调查。

餐饮企业发生的相关支出应取得税前扣除凭证，作为计算企业所得税应纳税所得额时扣除相关支出的依据，但很多餐饮企业的蔬菜、水产等食材供应商为个人，对这些人开具的发票应当高度关注，取得私自印制、伪造、变造、作废、开票方非法取得、虚开、填写不规范等不符合规定的发票，以及取得不符合国家法律、法规等相关规定的其他外部凭证，不得作为税前扣除凭证。

如果供应商是依法无须办理税务登记的单位或者从事小额零星经营业务的个人，以税务机关代开的发票或者收款凭证、内部凭证作为税前扣除凭证，收款凭证应载明收款单位名称、个人姓名及身份证号、支出项目、收款金额等相关信息，如果的确属于小额零星经营业务，可以不用取得发票，但也要附列证明业务真实性的相关凭据；如果不属于小额零星经营业务，没有发票不得入账，若支出真实且已实际发生，应当在当年度汇算清缴期结束前，要求对方补开、换开发票或者提供相应的外部凭证。

四、其他涉税风险

印花税属于一个小税种，餐饮企业又多是小型微型企业，对印花税往往不太熟悉，有时会造成不缴、少缴的情形。

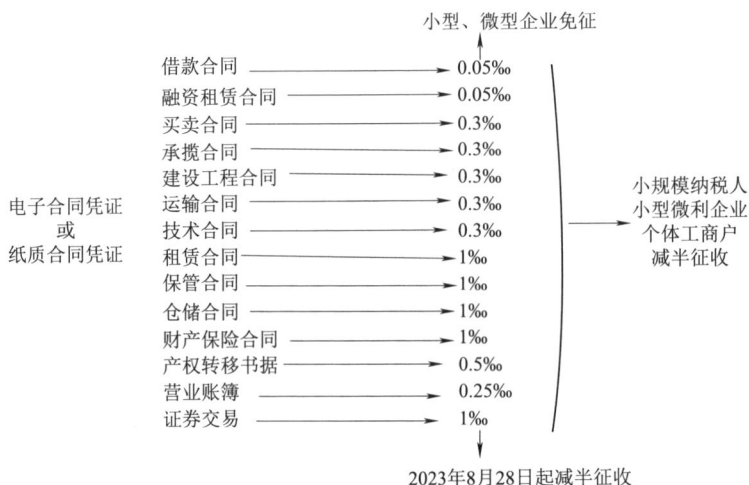

图 12-2 印花税税率情况

印花税的征收对象是具有法律效力的凭证，具体包括计税合同、产权转移书据、营业账簿，还有依法设立的证券交易所、国务院批准的其他全国性证券交易场所交易的股票和以股票为基础的存托凭证（仅对出让方征收）。并非所有合同、书据都属于印花税的征收范围，印花税采取正列举的方式，不在列举范围内的合同不征收印花税。

金融机构与符合《中小企业划型标准规定》（工信部联企业〔2011〕300号）认定标准的小型企业、微型企业签订的借款合同免征印花税，但借款合同的一方必须是国务院金融管理部门监督管理的银行（含村镇银行）、农村信用社、农村资金互助社、信托公司、金融资产管理公司、金融租赁公司、企业集团财务公司、汽车金融公司、消费金融公司、货币经纪公司、理财公司等，注意并不包括地方金融局批准成立的小额贷款公司，无论是向自然人借款、向非金融企业以及小额贷款公司等不符合税法认定条件的企业借款签订的合同，都不需要交纳印花税。

应税合同、产权转移书据的印花税计税依据是上面载明的金额，如果上面并没有载明金额，依然需要缴纳印花税，要按照实际结算金额缴纳。如果买卖法律关系实质性成立，即便双方并未正式签订合同，依旧要根据订货单、送货单等单据上载明的金额缴纳印花税。如果同一份应税合同涉及多个企业，分别按照涉及本企业的金额缴纳印花税。营业账簿并非年年缴纳增值税，只有在本企业实收资本与资本公积之和较上期有所增加时才会对增加部分缴纳印花税。

未履行的应税合同、产权转移书据，如果已经缴纳了印花税，相关税款不予退还，也不允许抵缴下期税款。如果合同或者书据载明的金额后续进行了变更，减少的部分可以向税务机关申请退还或者抵缴下期税款。如果计算有误，重新确定计税依据，减少的部分也可以向税务机关申请退还或者抵缴下期税款。餐饮企业应当加强合同管理，准确计算印花税计税依据，及时足额申报印花税。

计征房产税时，对按照房产原值计税的房产，无论会计上如何核算，房产原值均应包含地价，包括为取得土地使用权支付的价款、开发土地发生的成本费用等。与房屋不可分割的各种附属设备或一般不单独计算价值的配套设备，以及以房屋为载体、不可随意移动的附属设备和配套设施，也应计入房产原值，计征房产税。无偿使用其他单位房产的应税单位和个人，依照房产余值缴纳房产税。

一些餐饮企业将房产和土地分别核算入账，房产原值未包含土地价款、房屋附属设备和配套设施，且其无偿使用的房产也未申报房产税，餐饮企业应熟练掌握房产税计税政策规定，准确核算房产原值，如实申报房产税。

餐饮企业股权转让现象较为普遍，但一些企业却通过阴阳合同等手段，不申报、少申报股权转让收入。比如某餐饮公司由两名自然人股东共同设立，后来其中一人将自己的股份转让给另外一人，双方签订了一份低于实际转让价格的股权转让合同，后通过合同补充件、合同附加说明载明真实转让价格并通过其他渠道实现利益补偿，从而达到逃避个人所得税和印花税的目的。

股权转让收入是指转让方因股权转让而获得的现金、实物、有价证券和其他形式的经济利益。转让方取得与股权转让相关的各种款项，包括违约金、补偿金以及其他名目的款项、资产、权益等，均应计入股权转让收入。纳税人按照合同约定，在满足约定条件后取得的后续收入，也应当作为股权转让收入。

绝大多数股权转让收入按照公平交易原则确定，因此税务机关通常会认可双方达成的股权协议，但如果出现以下情形，税务机关也可以核定股权转让收入[1]。

（1）申报的股权转让收入明显偏低且无正当理由的；

（2）未按照规定期限办理纳税申报，经税务机关责令限期申报，逾期仍不申报的；

（3）转让方无法提供或拒不提供股权转让收入的有关资料；

（4）其他应核定股权转让收入的情形。

在上述四种情形之中，最常见的情形便是第一种，不过税务机关认定股权转让收入明显偏低要有充足证据，有以下情形视为股权转让收入明显偏低：

（1）申报的股权转让收入低于股权对应的净资产份额的，其中被投资企业拥有土地使用权、房屋、房地产企业未销售房产、知识产权、探矿权、采矿权、股权等资产的，申报的股权转让收入低于股权对应的净资产公允价值份额的；

（2）无正当理由，申报的股权转让收入低于初始投资成本或低于取得该股权所支付的价款及相关税费的；

（3）申报的股权转让收入低于相同或类似条件下同一企业同一股东或其他股东股权转让收入的；

（4）申报的股权转让收入低于相同或类似条件下同类行业的企业股权转让收入的；

（5）不具合理性的无偿让渡股权或股份；

---

1 《关于发布〈股权转让所得个人所得税管理办法（试行）〉的公告》（国家税务总局公告 2014 年第 67 号）。

（6）主管税务机关认定的其他情形。

针对税务机关对股权转让收入明显偏低的怀疑，纳税人可以进行申辩，有以下情形视为有正当理由：

（1）能出具有效文件，证明被投资企业因国家政策调整，生产经营受到重大影响，导致低价转让股权；

（2）继承或将股权转让给其能提供具有法律效力身份关系证明的配偶、父母、子女、祖父母、外祖父母、孙子女、外孙子女、兄弟姐妹以及对转让人承担直接抚养或者赡养义务的抚养人或者赡养人；

（3）相关法律、政府文件或企业章程规定，并有相关资料充分证明转让价格合理且真实的本企业员工持有的不能对外转让股权的内部转让；

（4）股权转让双方能够提供有效证据证明其合理性的其他合理情形。

若是纳税人申辩理由不成立，税务机关可以依法对股权转让收入进行核定，应依次按照净资产核定法、类比法、其他合理方法来核定股权转让收入，不能随意颠倒顺序。

（1）净资产核定法。股权转让收入按照每股净资产或股权对应的净资产份额核定。被投资企业的土地使用权、房屋、房地产企业未销售房产、知识产权、探矿权、采矿权、股权等资产占企业总资产比例超过20%的，可参照纳税人提供的具有法定资质的中介机构出具的资产评估报告核定股权转让收入。6个月内再次发生股权转让且被投资企业净资产未发生重大变化的，可参照上一次股权转让时被投资企业的资产评估报告核定此次股权转让收入。

（2）类比法。参照相同或类似条件下同一企业同一股东或其他股东股权转让收入核定。参照相同或类似条件下同类行业企业股权转让收入核定。

（3）其他合理方法。主管税务机关采用以上方法核定股权转让收入存在困难的，可以采取其他合理方法核定。

为了避免被税务机关核定股权转让收入，餐饮企业应当按照实际转让价格及时、如实申报股权转让收入。

● 第二节　现代服务业涉税风险管理——以影视娱乐行业为例

现代服务是指围绕制造业、文化产业、现代物流产业等提供技术性、知识性服务的业务活动。

影视娱乐行业是现代服务业的重要组成部分，此处所指娱乐行业是与视频网站、直播平台密切相关的新型业态，生活服务业中的娱乐业是指同时提供场所与服务的娱乐活动，如歌厅、舞厅、夜总会、酒吧、游艺厅等，新兴互联网娱乐业态与影视行业更为接近。

影视娱乐产业链上游为资金提供方、内容提供方和数据监测方；中游为内容制作方，包括电影、电视剧、综艺、网剧等内容的制作；下游为播映渠道和衍生获利平台，最终对客户施加影响。

现代服务 ── 研发和技术服务 / 信息技术服务 / 文化创意服务 / 物流辅助服务 / 租赁服务 / 鉴证咨询服务 / 广播影视服务 / 商务辅助服务 / 其他现代服务

图 12-3　现代服务

近年来，随着网络短视频平台的异军突起，诞生了一大批网红与自媒体从业人员，也使得各种涉税问题层出不穷，税务部门已经对影视娱乐行业进行了几轮清理整顿，给相关从业人员敲响了警钟。

一、影视娱乐行业的盈利模式

电影产业是以电影产品为核心的创作、投资、制片、发行、放映、衍生品等环节的集合，涉及的相关主体有创作方、投资方、制片商、发行商、院线、衍生品经营商等。制片商将创作方的剧本、投资方的资金以及组建成剧组的导演、演员和服务商等要素进行整合，制作成电影后通过发行商投放到影院。很多影视企业集团，分设不同职能公司参与剧本构思、电影产出以及院线投放整个流程。

目前电影产业链条主要采用票房盈利模式，也就是以电影门票售出情况为主要统计标准和盈利手段，以影院公开放映为窗口向消费者提供可被观赏的呈现在银幕上的连续影像并要求观众为之付费的行为。目前分账制是电影行业最常见的盈利分配方式。

电影票房收入首先需要缴纳 5% 的国家电影事业发展专项资金，中央按照上缴数额的一定比例（不低于 40%）回拨给各省。缴纳完专项资金之后，票房收入剩余部分在制片方、发行方、院线与放映方（即电影院等）之间分配，通常按照制片方 16% ～ 28%、发行方 5% ～ 15%、电影院线 5% ～ 7%、电影院 50% ～ 52% 的比例进行分配，

销售电影拷贝（含数字拷贝）收入、转让电影版权（包括转让和许可使用）收入、电影发行收入以及在农村取得的电影放映收入，免征增值税 [1]。电影发行收

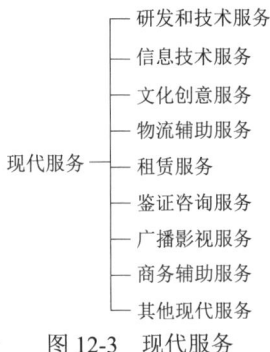

---

[1] 《财政部　税务总局关于继续实施支持文化企业发展增值税政策的通知》（财税〔2019〕17 号）。

入是指以影片发行权、放映权、播映权、网络传播权等为销售对象而取得的各种收入，包括分账收入、卖断收入、片租收入、代理费收入、播映权转让收入、网络传播权转让收入等。放映收入是指直接公开再现影片而取得的各种收入，包括影院票房收入以及其他直接以社会公众为受众的收入。电影院取得的放映收入（不含在农村取得的放映收入）需要按照 6% 缴纳增值税，但上交给制片公司、发行公司的电影票房分账收入属于免税收入。

电影院线是以电影院为依托，以资本和供片为纽带，由一个电影发行主体和若干电影院组合形成的一种电影发行放映经营机制，对旗下影院实行统一品牌、统一排片、统一经营、统一管理，比较著名的有万达院线、中影星美院线等。

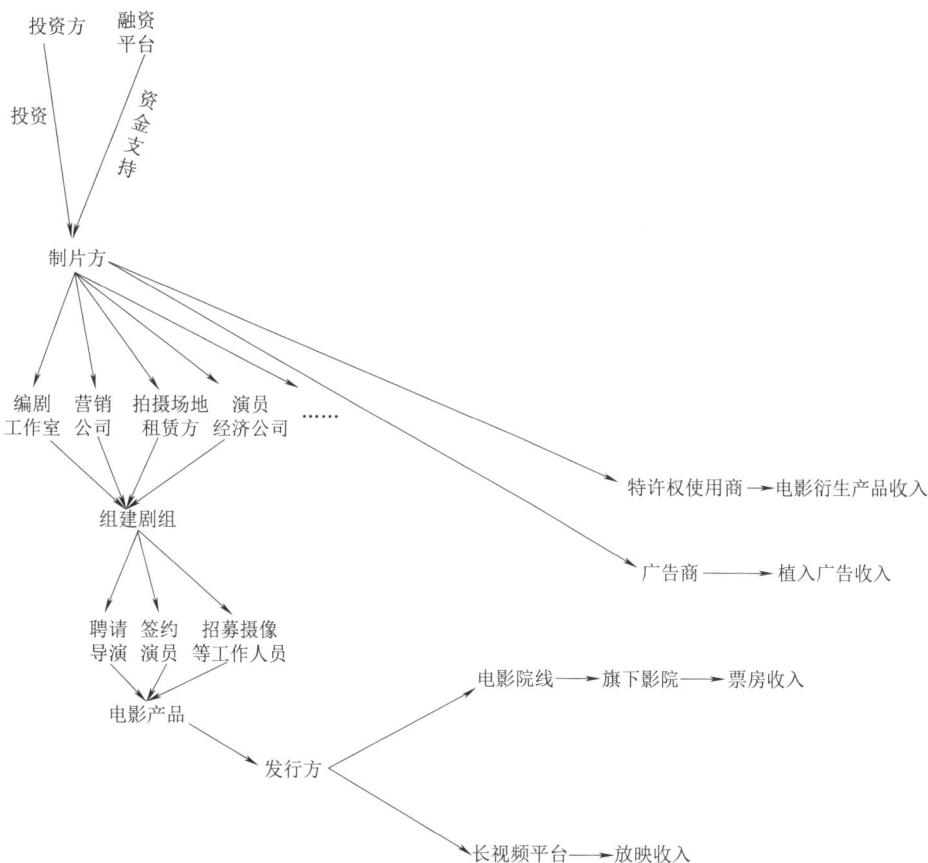

图 12-4　电影盈利模式

电视剧产业是以电视剧产品为核心的创作、投资、制片、发行、放映、衍生品等环节的集合，主要涉及制作机构、电视台、长视频平台、广告商等。电视剧作品存在两次销售过程：第一次销售的对象为电视剧产品，电视台、长视频平台依据电视剧制作水准从制作机构购买电视剧的播映权；第二次销售的对象为广告时间，广告商依据预期的收视率或者网络热度从电视台、长视频平台购买电视剧播出期间的广告时段。

广告是电视剧产业链区别于其他影视产业链条的一个显著标态，分为植入式广告（细分为硬植入广告与软植入广告）、贴片广告（即片头、片尾广告）和播放广告（播出前或者播放后投放的广告）三种类型。软植入广告是制片方巧妙地将广告融入电视剧剧情中，硬植入广告是视频网站的惯用手段，也就是在播放过程中硬性插入广告，为了不显得过于突兀，广告代言人通常为剧中人物，广告设计与剧情贴合度也比较高。

电视剧产业链条主要采用广告盈利模式，实质就是播放平台将电视剧产品的影响力提前出售给广告商，从而获取投资收益。电视剧产品的发行渠道主要为电视台、长视频平台等，核算模式相对简单，主要依据投资合同、广告合同进行收益比例分配。电视剧市场的核心要素是收视率与广告量，两者相互影响，相互制约，广告收入在整个电视剧产业链的价值创造环节中占据着很重要的位置。

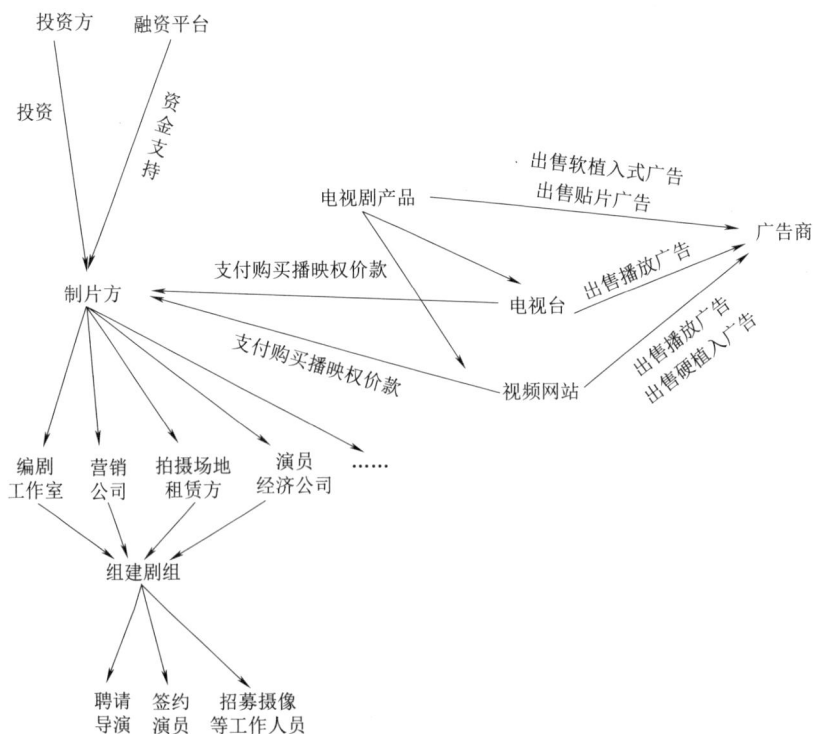

图 12-5　电视剧盈利模式

网络视听产业以网络视听作品为核心，将创作、投资，制片、发行、放映、行生品等环节集合在一起，让互联网用户在线流畅发布、浏览和分享视频作品。近年来，消费者从传统模式加速转向数字网络模式，网络视听产业迎来了意料之外的大爆发，形式创新多变，内容日趋丰富，既涵盖传统的院线电影、电视剧，还会上线专门为网友定制的网络大电影、网络剧与网络综艺节目，还有越来越受追捧的短视频、网络直播、网络授课等新型业态。

网络视听产业涉及制作公司、视频平台、广告商、服务机构等，以爱奇艺、腾讯、优酷为代表的长视频网站深入挖掘版权分割、广告商业、会员付费、视频应用等新价值增长点。从拼融资、拼概念、拼流量纷纷转向内容为王。随着版权内容、独家制作内容、会员特权的增多，长视频网站对会员的黏合性也变得越来越强，"内容＋广告＋会员"的模式使得长视频网站在与电视台的博弈中逐渐赢得了优势，在未来将实现从用户原始积累到精细发展的转型。

近年来，以小红书、抖音、快手为代表的短视频平台有了蓬勃发展，与长视频平台有所不同的是，短视频平台上的内容几乎都是用户免费自动上传，并不像长视频平台那样需要花费巨资购买版权或者自行制作，用户也不用缴纳会费就能免费观看，更为重要的是满足了用户碎片化观看需求。

短视频平台的盈利点主要有两个，一个是向全平台投放广告并取得广告费，另一个就是对依托平台取得的各类收入进行抽成。短视频平台火爆的同时造就了一大批网红，那些网红在拥有一定粉丝并获取足够的流量之后便会寻找各式各样的盈利模式。

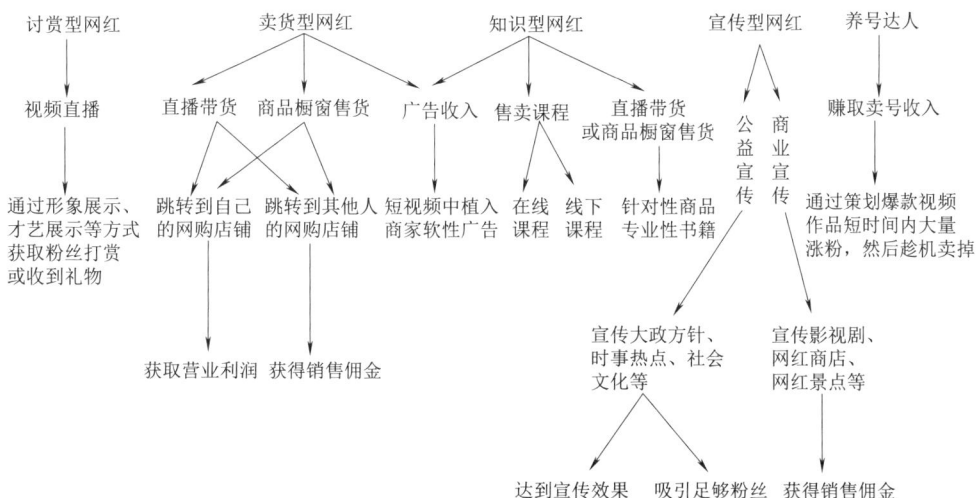

图 12-6　不同类型网红的盈利模式

二、影视娱乐行业从业人员

无论是网络视频平台、电视台等播出机构，还是影视公司等制作机构，几乎都很重视自己的社会公众形象，税法遵从度往往也都比较高，但一些明星艺人、网络主播却在巨大利益的驱使之下频频触碰法律红线。

近年来，税务机关不断加强和改进对明星艺人、网络主播等文娱领域从业人员及其经纪公司、经纪人的税法教育和宣传引导，着力加强明星艺人、网络主播经纪公司和经纪人及相关制作方的税收管理，督促其依法履行个人所得税代扣代缴义务。

由于综合所得实行超额累进税率，明星艺人、网络主播为了降低税负常用的避税手段就是签署阴阳合同，也就是针对片酬等劳务报酬签订两份合同，数额较小的阳合同可以对外公开并作为申报纳税的依据；数额较大的阴合同双方都会对外严格保密。

著名演员范某冰参与拍摄电影《大轰炸》时实际获取的片酬为 3 000 万元，但她却只对其中的 1 000 万元正常进行申报纳税，其余 2 000 万元通过拆分合同方式偷逃个人所得税 618 万元，少缴营业税及附加（当时还没有进行"营改增"）112 万元，合计 730 万元。税务机关通过深入调查认定她通过拆分合同手段隐瞒真实收入偷逃税款共计 6 000 万元，处以 4 倍罚款即 2.4 亿元。

除了签署阴阳合同之外，范某冰还利用"税收洼地"进行避税，通过个人工作室隐匿个人报酬的真实性质，偷逃税款 7 967 万元，处以 3 倍罚款即 2.39 亿元。这其实一直是明星艺人、网络主播常用的手法，注册性质为个体工商户、个人独资企业的个人工作室的个人所得税可以采取核定征收的方式。由于纳税人会计账簿不健全、资料残缺难以查账，或者计税依据明显偏低等其他原因，导致难以确定纳税人应纳税额时，税务机关准许采用合理的方法依法核定应纳税额。

个体工商户核定的征收率通常为 1%～2%，个人独资企业核定征收率通常为 3%。明星艺人取得片酬、网络主播获取的佣金从本质上属于劳务报酬所得，年度汇算清缴时，综合所得的最高适用税率为 45%。

假设某明星取得劳务报酬 500 万元，不考虑相关扣除因素，那么需要缴纳的个人所得税税款为：500×（1–20%）×45%–18.192=161.808（万元）。

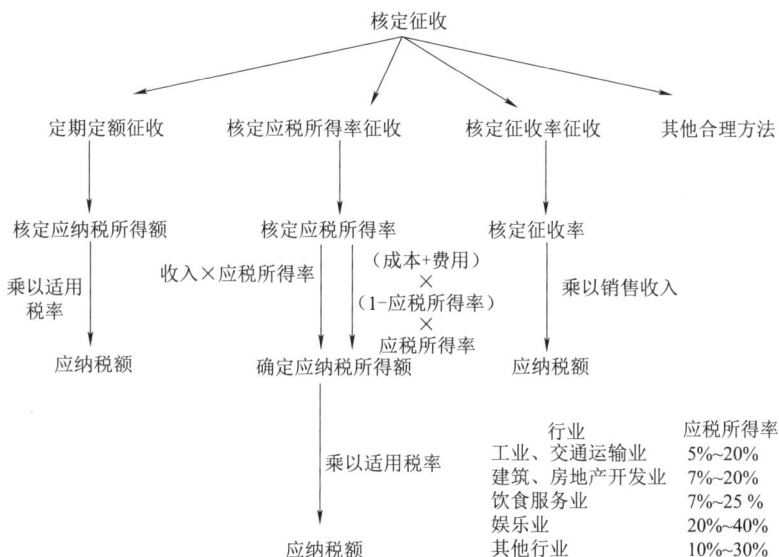

图 12-7　核定征收方式

如果她通过改头换面将上述劳务报酬转换为其个人工作室的生产经营所得，最高税率为 35%，比综合所得低了 10 个百分点。如果采取核定征收方式，假设征收率为 3%，个人所得税应纳税款：500×3%=15（万元）。

不过个人工作室取得收入需要缴纳增值税，假设该工作室为小规模纳税人，征收率为 3%，需要缴纳增值税税款：500×3%=15（万元）。

此外，个人工作室还需要缴纳城建税、教育费、教育费附加：15×（7%+3%+2%）×50%=0.9（万元）

通过上述操作导致应纳税款减少金额：161.808−15−15−0.9=130.908（万元）。

应纳税额减少幅度：130.908÷161.808×100%=80.9%。

利用税收洼地进行避税不同于通过签署阴阳合同等方式故意隐瞒收入，这种方式实际上是利用税收漏洞来进行避税，一直以来属于灰色地带，因此不少明星艺人、网络主播热衷于采取这种方式，却对其中可能蕴含的涉税风险缺乏足够的了解。

如果多名编剧联合创作一部影视剧，多名摄影师联合拍摄某部视频，相关收入或许还可能会被认定为工作室收入，但无论是明星演戏，还是明显代言抑或参加商务活动，都带有鲜明的个人劳动性质，认定为工作室收入显然是为了避税。目前越来越多的明星开始在网络直播平台带货，虽然站在前台的是明星一个人，但对直播进行服务保障与策划推广的却是一个团队，在这种情况下或许还可以认定为是工作室收入。

近年来，税务机关已经意识到了相关制度性漏洞，整顿力度也在不断加大，明星工作室几乎都改为查账征收，于是又诞生了更隐蔽的郑某模式。

著名演员郑某参演了一部电视剧，她与制片方约定的片酬为 1.6 亿元，2018 年，三大视频网站联合六大影视制作公司共同发布的《关于抑制不合理片酬，抵制行业不正之风的联合声明》，声明承诺单个演员片酬（含税）不超过 100 万元 / 集，总片酬（含税）不超过 5 000 万元。

鉴于此，郑某与制片方签订了一阴一阳两份合同，阳合同约定片酬为 4 800 万元，既不违反限薪令，又可以少缴税款，剩余的 1.12 亿元，制片方委托有关公司以投资形式投入上海晶 ×× 科技有限公司。这家公司表面上与郑某不存在任何形式的关联关系，但这家公司的实际控制人却是她的母亲。郑某的母亲通过张敏丽（化名）等三人代持这家公司的股份，代持协议约定郑某的母亲是公司实际出资人，也是唯一实际股东，持股比例为 100%，可谓是名副其实的家族公司。

由于上海晶 ×× 科技有限公司的注册资本只有 8 000 万元，如果制片方委托的浙江某公司注资 1.12 亿元，郑某的母亲势必会丧失控股股东地位，进而失去对这家公司的控制权，因此双方约定浙江某公司在支付 1.12 亿元投资款之后只能获得公司 10% 的股权。截至案发时，浙江某公司实际向上海晶 ×× 科技有限公司注资 1.08 亿元，其中 888 万元被认定为注册资本，剩余将近 1 亿元的投资作为资本溢价计入资本公积。该公司每股价格高达 12.6 元，甚至超过了很多蓝筹股上市公司的股权估值，显然有违常理。

浙江某公司向上海晶 ×× 科技有限公司支付的 1.08 亿元属于投资款，自然不会被认定为收入，也不需要缴纳增值税及其附加税、企业所得税，只需要按照营业账簿缴纳印花税，10 800×0.25‰ =2.7（万元）。

营业利润在缴纳企业所得税税款、计提完法定资本公积之后可以分配给股东，注意以注册资本、资本公积等形式获取的 1.08 亿元投资款不能直接分配给郑某母亲，不过她却可以通过将请他人代持的股份转让给其他人的方式套现离场，相关收入将会被认定为财产转让所得，按照 20% 的税率缴纳个人所得税，比综合所得适用税率降低了 25 个百分点，此外还需要缴纳印花税，产权转移书据的印花税税率为万分之五。假设该公司转让时采用净资产法，认缴的注册资本 8 000 万元并未实际缴纳，除此之外该公司也没有其他留存收益。

郑某的母亲转让股份应缴纳的个人所得税税额：10 800×90%×20%=1 944（万元）。

郑某的母亲转让股份应缴纳的印花税税额：10 800×90%×0.5‰=4.86（万元）。

如果郑某按照劳务报酬缴纳个人所得税：10 800×（1-20%）×45%-18.192=3 869.81（万元）。

通过上述方式少缴纳税款金额：3 869.81-1 944-4.86=1 920.95（万元）。

税款减少的幅度：1 920.95÷3 869.81×100%=49.64%。

这种避税手段的确很隐秘，不过随着郑某与丈夫张某关系的持续恶化，张某主动出面揭发她的偷税漏税行为，郑某担心"天价片酬"的事实败露，迅速解除了增资协议，但这却并不能改变她的违法事实，也不影响对其偷税主观故意的认定。

可能很多人会觉得如果不是亲密人举报，如此隐秘的偷税行为很难被税务机关发现。其实在股权变更之前，企业需要向税务机关报送股权转让协议、财务报表等相关材料。税务机关工作人员查阅财务报表时很容易便会发现这家公司的股价被严重高估，股价与其资产状况、留存收益状况严重不符。

再说说阳合同中约定的4 800万元片酬，郑某也没有按照劳务报酬所得进行纳税申报而是将其作为关联公司新沂萃××影视文化有限公司的营业收入。郑某母亲是这家公司的法定代表人，持股比例为97%。这是一家注册资金只有200万元的有限责任公司，当时属于增值税小规模纳税人。

获取4 800万元的收入之后，新沂萃××影视文化有限公司需要缴纳的增值税税额：4 800÷（1+3%）×3%=139.81（万元）。

新沂萃××影视文化有限公司需要缴纳的城建税、教育费附加、地方教育费附加：139.81×（7%+3%+2%）×50%=8.39（万元）。

假设新沂萃××影视文化有限公司没有任何成本费用，需要缴纳的企业所得税税额：[4 800÷（1+3%）-8.39]×25%=1 162.95（万元）。

郑某按照劳务报酬需要缴纳的个人所得税税额：4 800×（1-20%）×45%-18.192=1 709.81（万元）。

改变收入性质后少缴纳的税款：1 709.81-1 162.95-8.39-139.81=398.66（万元）。

税款减少的幅度：398.66÷1 709.81×100%=23.32%。

实际上新沂萃××影视文化有限公司不可能没有任何成本费用，可以在税前列支员工工资、管理费用、财务费用、销售费用等一系列成本费用，这样应纳税所得额将会大幅度下降。根据 2019 年度、2020 年度的企业所得税相关政策，如果能够设法将应纳税所得额压缩到 300 万元以内，那么它就可以适用小型微利企业的相关税收优惠政策，100 万元以内的部分税率只有 5%，100 万元至 300 万元部分的税率为 10%，应纳企业所得税税额：100×5%+200×10%=25（万元），连同其他税款共计 173.2 万元，减少了 1 536.61 万元，降幅高达 89.87%。这也是很多明星艺人、网络主播喜欢将个人劳务报酬收入改头换面变为公司经营收入的原因。

经过缜密的调查，税务部门最终认定郑某 2019 年至 2020 年未依法申报个人收入 1.91 亿元，其中偷税金额为 4 526.96 万元，其他少缴税款金额 2 652.07 万元，对郑某依法追缴上述税款 7 179.03 万元并加收滞纳金 888.98 万元。对改变收入性质偷税部分处以 4 倍罚款，共计 3 069.57 万元；对收取所谓"增资款"完全隐瞒收入偷税部分处以 5 倍罚款，属于顶格判罚，共计 1.88 亿元；郑某需要向税务机关合计支付 2.99 亿元，可谓得不偿失！

《中华人民共和国刑法》第二百零一条第四款规定，经税务机关依法下达追缴通知后，补缴应纳税款，缴纳滞纳金，已受行政处罚的，不予追究刑事责任；但是，五年内因逃避缴纳税款受过刑事处罚或者被税务机关给予二次以上行政处罚的除外。

郑某等人涉税金额虽然都很大，却都属于首次接受行政处罚，如果在规定期限内补缴了应纳税款与滞纳金，税务机关便不会将其移送公安机关追究刑事责任，不过亲手断送了自己原本锦绣的前途，付出的代价不可谓不大！